服务营销

（第2版）

主　审　丑文亚
主　编　任　滨
副主编　胡红英　夏建辉　粟献科
　　　　刘　鹰　包月娇　李文婷
　　　　冯　蓉
参　编　叶　伟　谭铁莲　刘　浩
　　　　张　庆

北京理工大学出版社
BEIJING INSTITUTE OF TECHNOLOGY PRESS

内 容 简 介

"服务营销"是一门应用性较强的学科,也是高职高专市场营销专业的重要基础课程之一。该课程既包含服务营销必要的基本理论、基本知识和基本技能,又涉及当前企业服务营销实践过程中遇到的问题和常用的解决方法。本书根据高职高专院校学生特点及教学要求,以任务式教学为导向,以案例分析为工具,介绍了服务营销的理论知识和实践经验。主要内容包括服务营销概述、服务营销战略、客户管理、客户服务管理、服务营销技巧、服务质量管理、客户投诉处理、客户关系管理、内部服务营销、服务营销创新,共10章,分39个教学任务。本教材注重理论与实践相结合,各章配有案例分析和情景演练,突出"了解服务营销知识、理解服务营销问题、掌握服务营销技巧"的特点。

本书适合营销、管理、物流等专业的高职院校师生以及对服务营销感兴趣的各阶层人士学习研究,并对从事服务营销工作的企业营销和管理人员具有一定的参考价值。

版权专有 侵权必究

图书在版编目(CIP)数据

服务营销 / 任滨主编. —2 版. —北京:北京理工大学出版社,2017.6(2023.8重印)
ISBN 978-7-5682-3648-5

Ⅰ.①服… Ⅱ.①任… Ⅲ.①服务营销–高等学校–教材 Ⅳ.①F713.50

中国版本图书馆 CIP 数据核字(2017)第 021132 号

出版发行 / 北京理工大学出版社有限责任公司
社　　址 / 北京市海淀区中关村南大街 5 号
邮　　编 / 100081
电　　话 /(010)68914775(总编室)
　　　　　(010)82562903(教材售后服务热线)
　　　　　(010)68948351(其他图书服务热线)
网　　址 / http://www.bitpress.com.cn
经　　销 / 全国各地新华书店
印　　刷 / 廊坊市印艺阁数字科技有限公司
开　　本 / 787 毫米×1092 毫米 1/16
印　　张 / 19　　　　　　　　　　　　　　　责任编辑 / 张慧峰
字　　数 / 446 千字　　　　　　　　　　　　文案编辑 / 张慧峰
版　　次 / 2017 年 6 月第 2 版 2023 年 8 月第 4 次印刷　责任校对 / 周瑞红
定　　价 / 55.00 元　　　　　　　　　　　　责任印制 / 李志强

图书出现印装质量问题,请拨打售后服务热线,本社负责调换

前 言

21世纪是服务经济时代，单纯的产品和技术已经不能满足客户多层次的需求。同时，企业之间的竞争也不再是追求市场份额的多少，而是以忠诚客户的多少为衡量标准。忠诚的客户不仅给企业带来稳定而持久的利润，而且也成为企业核心竞争力的标志。随着服务经济的发展，客户的角色也在转变，而且变得越来越成熟、越来越苛刻。如何做好服务营销，如何为客户服务，如何使客户满意进而使客户忠诚，成为企业面临的共同问题。本书正是在这种背景下编写而成的。

本书尝试以"案例—原理—实务"三位一体的观点，即立足个案，寓原理于实务的思路，既向学生提供必要的服务营销基本理论和基本知识，又着重介绍服务营销的方法、技巧及应用。一方面，案例背后有原理，而原理又是从案例中抽象出来的，同时，案例是实务的凝结；另一方面，也是为适应培养新世纪高职高专学生的素质与技能之需要。

本书以任务式教学为主导，以突出实务性为宗旨，力争从内容到形式上有所突破。

1. 内容上紧扣应用

在内容取舍上，本书始终紧扣高职高专教育培养生产、管理、服务第一线需要的高等技术应用型专门人才的目标，特别注意处理好理论知识与操作能力的关系，重点突出应用性；在基础知识与操作能力二者关系处理上依照"是什么""为什么""怎样做"的逻辑思维进行陈述，但对"是什么""为什么"的陈述以"适度、够用"为原则，尽量从简，点到为止，尽可能多陈述"怎样做"。另外，注意知识更新，尽可能将国际上最新服务营销成果和我国企业在服务营销实践过程中的鲜活个案引入教材。

2. 结构上力求创新

在结构及章节安排上，本书以课程教学需要为线索，以应用型能力为主干，并通过知识、能力的分支延伸和实践性教学环节的内容放大，构建本书的体系框架，力求探索培养高职高专学生的新型教学模式。

本书采用了任务式教学思路，将全书分为服务营销概述、服务营销战略、客户管理、客户服务管理、服务营销技巧、服务质量管理、客户投诉处理、客户关系管理、内部服务营销、服务营销创新10章，共39个教学任务。

在编写方式上，本书做了如下安排：

问题引入、本章内容、本章要求构成学习目标：主要包括知识学习目标与能力实训目标。既是教师教学的依据，又是学生学习的目标。

案例引入：每个任务开始均设置一个有针对性的案例，引导学生由感性认识上升到理性认识。

知识内容：主要阐明服务营销的基本概念、基本原理。学生通过学习，能知道有关名词、概念、知识的意义，并能正确认识与表述。

技巧与方法：学生在理解基本概念、基本原理的基础上，能掌握有关服务营销实践的技巧、方法和步骤。

案例分析：根据每个任务的学习目标，挑选实际案例。学生通过理解知识、掌握方法来进行案例分析，以巩固学习效果。

情景演练：根据每个任务的学习目标，选择应用性的情景，供学生进行实训练习，达到理论联系实际的效果。

本教材共分 10 章，其中第一章、第九章由丑文亚编写，第二章、第三章、第五章、第十章由湖南邮电职业技术学院的任滨编写，第六章由胡红英编写，第四章由夏建辉编写，第七章由粟献科编写，第八章由刘鹰编写。湖南环境生物职业技术学院的包月娇、长沙职业技术学院的谭铁莲、福州软件职业技术学院的李文婷、山东外国语职业学院的冯蓉和刘浩、兰州财经大学的张庆也参与了编写。全书由任滨负责总体设计与总纂，叶伟负责稿件协调，丑文亚负责审稿。

在本书的编写过程中，我们得到了中国电信集团公司、中国移动通信集团公司、中国联合通信股份有限公司、中国通信服务有限公司、湖南邮电职业技术学院的领导与同事的大力支持。同时，我们也参考了国内外学者的相关著作、教材以及相关网站资料。在此，我们一并表示衷心的感谢。

鉴于时间和编者水平有限，书中不当及疏漏之处在所难免，在此诚恳地希望广大师生及服务营销专家、专业人员、同行提出宝贵意见，以便再版时得以修正、改进和完善。

编　者

目 录

第一章　服务营销概述 ………………………………………………………………（1）
　任务一　如何理解服务及其基本特征 ………………………………………………（2）
　任务二　如何理解服务营销的演进 …………………………………………………（12）
　任务三　如何理解三位一体的服务营销理论 ………………………………………（19）
　任务四　如何理解服务营销的要素组合 ……………………………………………（26）

第二章　服务营销战略 ………………………………………………………………（36）
　任务一　如何细分服务市场 …………………………………………………………（37）
　任务二　如何选择目标市场 …………………………………………………………（44）
　任务三　如何建立差异化服务营销战略 ……………………………………………（51）
　任务四　如何实施大客户服务营销战略 ……………………………………………（56）

第三章　客户管理 ……………………………………………………………………（63）
　任务一　如何寻找客户 ………………………………………………………………（64）
　任务二　如何挖掘潜在客户 …………………………………………………………（70）
　任务三　如何保持客户关系 …………………………………………………………（78）
　任务四　如何防范客户流失 …………………………………………………………（82）

第四章　客户服务管理 ………………………………………………………………（91）
　任务一　如何管理排队 ………………………………………………………………（92）
　任务二　如何对客户进行拜访服务 …………………………………………………（101）
　任务三　如何做好细节服务 …………………………………………………………（113）
　任务四　如何做好客服经验的积累与推广 …………………………………………（120）

第五章　服务营销技巧 ………………………………………………………………（124）
　任务一　如何把握顾客心理 …………………………………………………………（125）
　任务二　如何与顾客有效沟通 ………………………………………………………（132）

  任务三 如何接听顾客服务电话 …………………………………………（139）
  任务四 如何提高服务生产效率 …………………………………………（147）

第六章 服务质量管理 …………………………………………………（157）
  任务一 如何缩短服务质量差距 …………………………………………（158）
  任务二 如何制定服务标准 ………………………………………………（165）
  任务三 如何管理服务承诺 ………………………………………………（172）
  任务四 如何减少服务质量风险 …………………………………………（179）

第七章 客户投诉处理 …………………………………………………（188）
  任务一 如何正确认识客户投诉 …………………………………………（189）
  任务二 应对客户投诉的方法与技巧 ……………………………………（196）
  任务三 特殊客户投诉有效处理技巧 ……………………………………（205）
  任务四 将客户投诉转化为商机 …………………………………………（209）

第八章 客户关系管理 …………………………………………………（214）
  任务一 如何做好客户关系管理 …………………………………………（215）
  任务二 如何应对客户跳槽 ………………………………………………（220）
  任务三 如何成功管理大客户 ……………………………………………（226）

第九章 内部服务营销 …………………………………………………（235）
  任务一 如何实施服务利润链管理 ………………………………………（236）
  任务二 如何实施内部营销管理 …………………………………………（243）
  任务三 如何对员工授权 …………………………………………………（250）
  任务四 如何提高员工满意度和忠诚度 ……………………………………（256）

第十章 服务营销创新 …………………………………………………（265）
  任务一 如何设计服务蓝图 ………………………………………………（266）
  任务二 如何建立服务品牌 ………………………………………………（272）
  任务三 如何开发新服务 …………………………………………………（279）
  任务四 如何建设服务文化 ………………………………………………（286）

参考文献 …………………………………………………………………（293）

第一章

服务营销概述

本章结构图

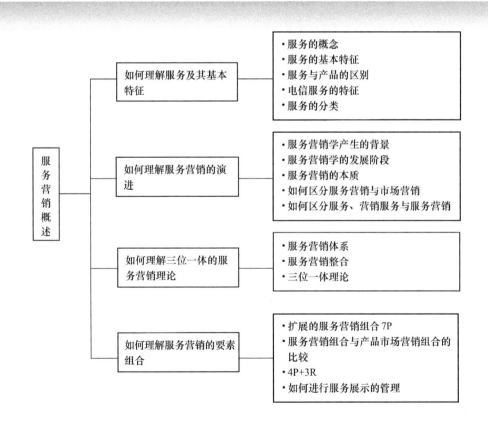

问题引入

进入21世纪以来,服务营销逐渐成为我国营销理论界和企业界谈论的热点。随着市场竞争的加剧,服务的重要性日益突出,它已经不仅仅是服务企业经营的核心,也是所有企业在市场竞争中取胜的关键。可以说,服务观念是现代企业必须具备的经营思想,如何理解服务及其特征?

什么是服务营销？为什么服务组织需要整合营销、运营和人力资源这三大职能？如何理解服务营销的要素组合？这些都是本章需要解决的问题。

本章内容

本章将分四个任务，介绍和讨论服务及其基本特征、服务营销的演进、三位一体的服务营销理论以及服务营销的要素组合。

本章要求

1. 识记：服务的定义、服务的基本特征、服务营销的概念、服务营销体系的概念。
2. 领会：服务营销的演进过程、服务与产品的区别、服务营销与市场营销的区别、三位一体理论。
3. 应用：服务的分类、服务营销的要素组合、服务展示的管理。

任务一　如何理解服务及其基本特征

问题引入

研究服务营销必须从服务的概念入手。通过对服务的认识和了解，分析服务的分类与特征，为服务营销打下基础。在服务经济时代，产品变成了一种手段，而不是最终的目的，顾客所关心的是独特需求是否最终得到满足。相应地，在许多产业里，产品与服务呈现出越来越走向融合的趋势。因此，要严格地区分纯粹的产品和纯粹的服务往往是非常困难的。那么究竟什么是服务？服务的基本特征有哪些？服务的分类方法有哪些？这是在本任务环节需要掌握的内容。

任务要求

1. 识记：服务的概念。
2. 领会：服务的基本特征、服务与产品的区别。
3. 应用：服务的分类、电信服务的特征。

名家名言

我们的经济是一个服务型的经济，并且这种经济形态已经存在一段时间了。

——［德］卡尔·阿尔布雷克特（Karl Albrecht）

案例引入

海尔的"三全服务"创造中国彩电服务新概念

（一）案例描述

在天津，流传着一个"董积忠百里送嫁妆"的感人故事：一对新婚夫妇从汉沽区赶到天津买彩电，下定决心要买海尔彩电作为陪嫁，可是他们要买的这种型号恰好都卖光了。望着小夫妻依恋又失望的样子，负责商场销售的董积忠站长赶紧过来安慰，并答应送货上门。将信将疑的顾客走了。回到中心后，董积忠立即多方联系，经过核实，静海国合专卖店有这种彩电，但两地相距两百余里，运费昂贵，调动手续复杂，怎么办？董积忠想到顾客的需求就是命令，想尽办法终于在万家灯火中用海尔服务车把一台崭新的海尔彩电"影音王"送到了张兰武家中。正在准备婚事的小夫妻几乎不相信自己的眼睛，姑娘激动得跳起来。新郎面对准备整齐的嫁妆，连声致谢说："海尔彩电让我们生活更幸福美满。"

（二）案例分析

海尔全天候 24 小时服务做到了以诚待客：24 小时电话咨询服务、24 小时服务到位、365 天服务等。全方位登门服务做到了同行业无微不至：售前详尽咨询服务、售中全部送货上门、售后全部建档回访、上门调试各类问题，这种温馨的服务举措看似举手之劳，却充分展示了名牌企业处处为消费者着想的求实精神。全免费义务服务做到了一诺千金：保修期内全免费维修费等，使海尔特色的服务美誉深深扎根于顾客心中。海尔是中国第一家推出"三全"服务的彩电生产企业，它几乎囊括了服务方面的所有内容。这种服务措施的推出，对整个行业的服务都起到了规范和推动作用。

知识内容

（一）服务的概念

"服务"在古代意为侍奉。后来，随着时代的发展，"服务"不断被赋予新意。在近代，"服务"已从其身份的约束中解脱出来，成为整个社会不可或缺的人际关系的基础。经济学意义上的服务同奴婢、仆人的服务以及我们通常所说的"为人民服务"是有区别的，因为这些服务活动并不采取等价交换的形式，在很大程度上是无偿提供的。而经济学意义上的服务则是一种可供销售的活动，是以等价交换的形式为满足企业、公共团体或其他社会公众的需要而提供的劳务活动或物质产品。

经济学领域研究服务概念最早可追溯到亚当·斯密（Adam Smith）时代，而市场营销学界对服务概念的研究大致是从 20 世纪五六十年代开始的。区别于经济学界的研究，市场营销学者把服务作为一种产品进行研究。西方市场营销专家分别从不同的角度给服务下了许多定义，每一条都或多或少地概括了服务的某些特征。

1960 年，美国市场营销协会（AMA）最先将服务定义为"用于出售或者是同产品连在一起进行出售的活动、利益或满足感，"这一定义在此后的很多年里一直被人们广泛采用。但与此同时，其他学者也从不同的角度提出了自己的定义。例如：

1974 年，斯坦通（Stanton）指出："服务是一种特殊的无形活动。它向顾客或工业用户提供所需的满足感，它与其他产品销售和其他服务并无必然联系。"

1983 年，莱特南（Lehtinen）则认为："服务是与某个中介人或机器设备相互作用并为消费者提供满足的一种或一系列活动。"

1900 年，格鲁诺斯（Gronroos）给服务下的定义是："服务是以无形的方式，在顾客与服务职员、有形资源、产品或服务系统之间发生的，可以解决顾客问题的一种或一系列行为。"

1993年，艾德里安·佩恩（Adrian Payne）将服务定义为："服务是一种涉及某些无形性因素的活动，它包括与顾客或他们拥有财产的相互活动，它不会造成所有权的更换。条件可能发生变化，服务产出可能或不可能与物质产品紧密相联。"而当代最著名的市场营销学专家、美国西北大学教授菲利普·科特勒（Philip Kotler）在《营销管理——分析、计划、执行和控制》一书中对服务下的定义如下："一项服务是一方能够向另一方提供的任何东西的所有权问题，它的生产可能与实际产品有关，也可能无关。"

很显然，迄今为止尚未有一个权威性的定义能为人们所普遍接受。事实上无论AMA的定义还是其他学者的定义都有一定的片面性，过于强调某些方面而忽视另外一些方面。这不仅是因为服务作为一种看不见、摸不着的经济活动难以为人们所感知从而无法准确地进行研究，而且随着服务在国民经济生活中的地位越来越重要，其范围亦愈来愈宽广，使得研究人员无法从整体上予以概括。但无论如何，上述研究对拓展服务的内涵进而推动服务市场营销学的发展无疑作出了重要贡献。它们从不同的侧面揭示出服务的一些共同特点。如不可感知、有时和有形商品一起用于交换等，这就为其他学者从基本特征的角度研究服务的内涵奠定了基础。

（二）服务的基本特征

为了将服务同有形商品区分开来，自20世纪70年代以来，西方市场营销学者从产品特征的角度来探讨服务的本质。对于大多数服务而言，无形性、差异性、不可分离性、不可储存性和缺乏所有权是被公认的五个最基本的特征。

1. 服务的无形性

无形是服务最明显的特点。不少市场营销学家认为无形和有形是服务和产品的最主要区别。产品是一种有某种具体特征和用途的物品，是由某种材料制成的，是有一定的重量、体积、颜色、形状和轮廓的实物。而服务不是实物产品，服务是无形的，顾客在购买服务之前，看不见、尝不到、摸不着、听不见、嗅不到。如想要整容的人在购买之前是看不到整容效果的；在精神病医生的诊所内看病的人，不可能事先知道医疗效果。虽然有些服务项目包括一些物质产品（如售后维修服务的零部件供应），但服务的中心内容是向顾客提供有价值的活动，并非转移某种产品的所有权。因此，顾客只能从看到的服务设备、资料、人员、价格上作出服务质量的评价。一般而言，顾客只有充分信任服务的提供者才会购买或消费。

服务提供者可以在增强顾客信心方面发挥一定的作用。第一，他们可以增加服务的有形性。如外科整容医生可以为病人事先出示图样表示病人整容后所发生的变化。第二，服务提供者可以强调服务带来的好处，而不只是描述服务的特点。例如，某校的一位招生负责人可以对有希望的考生谈谈学校的毕业生已找到了称心的工作，而不只是描绘一下校园内的生活。第三，服务提供者可以为其服务制定品牌名称，以增加顾客的信任感，如世界有名的麦当劳、肯德基快餐连锁店。第四，服务提供者可以利用一个名人来为服务创造信任感，如赫茨公司就利用了O·J·辛普森的声誉，北京长城饭店20世纪80年代曾经利用了美国总统里根的声誉。

2. 服务的差异性

差异性是指服务的构成成分及其质量水平经常变化，很难统一界定。"服务是人与人之间的游戏。"（贝尔语）由于人类个性的存在，对于服务的质量检验很难采用统一的标准。一方面，由于服务人员自身因素（如心理状态）的影响，即使由同一服务人员所提供的服务也可能会有不同的水准；另一方面，由于顾客直接参与服务的生产和消费的过程，顾客本身的因素（如知识水平、兴趣和爱好等）也直接影响服务的质量和效果。比如，同是去旅游，有人乐而忘返，有人败兴而归；同是在听课，有人津津有味，有人昏昏欲睡。这正如福克斯所言："消费者的知识、经验、诚实和动机，影响着服务业的生产力。"

差异性使顾客对企业及其提供的服务产生"形象混淆"。因为，对于同一企业，两家不同的分店所提供的服务，可能出现一个的服务水平显著地优于另一个分店的情形。前一个分店的顾客可能认为该企业的服务质量很好，而另一个分店的则可能对低劣服务予以投诉。这种"企业形象"或者企业的"服务形象"的不一致性，将对服务的推广产生严重的负面影响。

3. 服务的不可分离性

有形的实物产品在从生产、流通到最终消费的过程中，往往要经过一系列的中间环节，生产与消费过程具有一定的时间间隔，即生产与消费是可分割的，生产在先，消费在后。然而服务则与之不同，它具有不可分割性，即是指服务的生产过程与消费过程同时进行，也就是说服务人员提供服务于顾客时，也正是顾客消费服务的时刻，二者在时间上不可分离。例如，一位旅客乘汽车从武汉到宜昌，司机开车之时正是旅客消费的时候，车到宜昌司机停车旅客消费结束，生产和消费是同时进行的。服务一开始消费就开始，服务一结束消费也就结束。

不仅如此，由于服务本身不是一个具体的物品，而是一系列的活动或者说是过程，所以在服务的过程中消费者和生产者必须直接发生联系，从而生产的过程也就是消费的过程。服务的这种特性表明，顾客只有而且必须加入到服务的生产过程中才能最终消费到服务。一个最简单的例子是，病人必须向医生讲明病情，医生才能作出诊断，对症下药。同样，想到黄山旅游观光的人，只有亲自去黄山，才能欣赏到黄山的风景，享受到旅游服务。

4. 服务的不可储存性

服务是一种在特定时间内的需要。一个厂家可以先生产一种产品（如彩电、冰箱、洗衣机等），然后储藏在仓库里等待销售和消费，但却不可能把服务储存起来等待消费。因为服务的生产与消费同时进行，当消费者购买服务时，服务即产生，而当没有消费者购买服务时，服务的提供者只好坐待顾客。服务的不可储存性并非表示它不产生储存成本，只是服务业的储存成本与制造业的储存成本不同而已。制造业的储存成本发生在储藏的产品上，而服务业储存成本则主要发生在无顾客上，后者叫作闲置生产力成本，指的是一个人或公司有提供服务的能力和时间，却没有顾客，假如一个医生一天的收入为200元，然而一周之内他只有三天有病人看病，另外两天则闲置生产能力，也就是说这两天损失的400元的收入应算作这个医生提供服务的储存成本。

服务不可储存，也容易消失。服务在可以利用的时候如果不被购买和利用，它就会消失。比如一架客机起飞之后，民航公司未售出的机票，就像烂苹果一样，永远失去了销售的机会。当需求稳定时，服务的易消失性不成问题，但当需求上下波动时，对服务企业而言，就会产生很大困难。因此，需求管理是服务企业的一项极为重要的工作。在旺季，为了满足市场需求，服务企业往往会增添服务设备，增加服务人员；在淡季，许多服务企业经常削价促销，希望增加销售量，提高服务设施的利用率。

5. 缺乏所有权

缺乏所有权是指在服务的生产和消费过程中不涉及任何东西的所有权转移。既然服务是无形的又不可储存，服务在交易完成之后便消失了，消费者并没有"实质性"地拥有服务。

旅客乘坐航班抵达目的地后，除了机票和登机卡在手上外，其他一切都清算交割，同时航空公司也没有把任何东西的所有权转移给旅客。在银行提取存款，在服务过程结束后，储户手中拿到钱，但并没有引起所有权的转移，因为这些存款本身是储户自己的，银行只不过是一个存放场所，而且银行还要给储户一定的利息。当然，也有例外的情况，比如在超市购物后，购买者取得了所购商品的所有权，这样，超市的服务导致有形商品所有权的转让。

这里需要指出的是，关于上述服务的五个基本特征，一方面它不可能充分描述所有的服务，另一方面有些工业制品也具有一到两个服务的特征。如教育、心理咨询等服务无疑是无形的，然而，餐厅的服务却同有形的菜肴联系在一起。从某种意义上讲，只能说服务具有无形性、差异性、不可分离性、不可储存性和缺乏所有权的倾向，而产品同样具有某些服务的特征。因此，每一项具体的服务只是以上五项特征的一个综合，如图 1-1 所示。例如，快餐服务具有相当高的有形性，而且非常标准化，通常靠近顾客完成，并且是不可储存的；而金融服务则有很少的有形性，并且有很高的变化性，可以远离顾客运作，并且通常是瞬间需要。

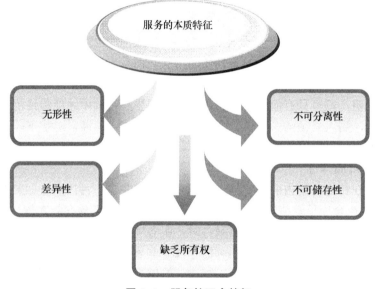

图 1-1　服务的五个特征

从上述五个特征的分析中可以看出，"无形性"大体上可以被认为是服务的最基本特征。其他特征都是从这一特征派生出来的。事实上，正是因为服务的"无形性"，它才"不可分离"。而"差异性""不可储存性""缺乏所有权"在很大程度上是由"无形性"和"不可分离性"两大特征所决定的，同时，就对服务市场的营销行为的影响而言，其他几种特征也不如这两种特征影响深远。

知识拓展

服务是什么

服务究竟是什么呢？服务的英文是"SERVICE"，除了字面意义，还有没有其他意义呢？我认为"S"表示微笑待客（Smile for everyone），"E"就是精通业务上的工作（Excellence in everything you do），"R"就是对顾客的态度要亲切友善（Reaching out to every customer with hospitality），"V"就是要将每一位顾客都视为特殊的和重要的大人物（Viewing every customer as special），"I"就是要邀请每一位顾客下次再度光临（Inviting your customer to return），"C"就是要为顾客营造一个温馨的服务环境（Creating a warm atmosphere），"E"则是要用眼神表达对顾客的关心（Eye contact that shows we care）。

我们可以根据这7个字母的含义，来检查自己的服务表现，并要求为我们提供服务的厂商也做到这一点。

——摘自屈云波《服务优势与全面顾客服务系统规划》

（三）服务与产品的区别

产业用品和消费品等有形产品的营销与服务营销是有区别的（见表1-1）。然而，无论是生产性企业还是服务性企业，其所提供的产品既不纯粹是有形的物质产品，也不纯粹是无形的服务产品，往往是无形与有形产品结合在一起进入市场，在市场交换中一般很难把服务从有形产品中分离出去。科特勒根据服务与有形物质在产品中大致所占的比重，把市场上的产品分成五种：

（1）纯粹有形产品：如洗衣粉、牙膏、牙刷、盐等产品几乎没有附加任何服务成分。
（2）附加部分服务的有形产品：这些服务通常是为了促使消费者乐意去购买该产品。
（3）混合物，其中服务与有形产品各占一半：如在餐馆里往往是服务与食品并举。
（4）主要服务附带有少量的有形产品和其他服务：如旅客乘飞机购买的是运输服务，他们到达终点后没有得到任何有形产品。不过，在旅途中航空公司会为其提供一些食品、饮料和杂志等。
（5）纯粹的服务：如法律咨询、心理咨询等。

表1-1 服务与产品的区别

服务	产品	相应的营销含义
无形性	有形性	服务不可储存 服务不能申请专利 服务不容易进行展示或沟通 难以定价 服务质量不容易评估
异质性	标准化	服务的提供与顾客的满意取决于许多不可控因素 无法确知提供的服务是否与计划或宣传相符 难以提供质量一致的服务
过程性	生产与消费相分离	顾客参与并影响交易结果 顾客之间相互影响 员工影响服务的结果 分权可能是必要的 难以进行大规模生产
易逝性	可储存	服务的供应和需求难以同步进行 服务不能退货或转售
缺乏所有权	拥有所有权	服务的生产和消费过程中不涉及所有权转移

由此看来，要想严格地把有形产品同无形的服务分离是十分困难的，有形产品与无形服务从本质上来讲是相同的，即都是产品，都能为消费者提供利益和满足感，只不过服务是一种特殊的产品。由于有形产品与无形服务有一定的共同特征，传统的以有形产品为基础的市场营销理论和原则在服务营销领域具有一定的适用性，但因无形服务又有其特殊性，与有形产品具有不同概念及特征，也就要求服务营销必须具有自身的营销理论和框架。

（四）电信服务的特征

电信作为国民经济和社会发展的基础设施，是国家的神经系统及国民经济的命脉，同衣食住行一样是现代人类生存的必要条件，同时也是衡量一个国家安全系数大小的重要标志。目前，世界各国都把电信行业置于国民经济的先行地位，列为优先发展的行业之一，是社会生产力的重要组成部分。

1. 电信行业的特点

电信行业是为全社会传递信息的生产组织。它具有与一般物质生产部门不同的特点，主要表现在以下四个方面：

（1）电信产品不具实物形态，只是一种服务，称之为有益效用，这是最基本的特点。这种特点决定了电信企业不仅有生产的职能，而且有服务的职能；必须制定科学合理的时限限制，提高劳动生产率，加快传递速度；必须准确、安全。

（2）电信的生产过程也是消费过程。生产与消费不可分割的特性，决定了电信产品的质量具有特殊的重要性，要把质量放在第一位；电信企业没有制造产品的原材料库和半成品库等仓储设施，仅有辅助材料库。

（3）电信业务量的不均衡性造成电信生产的不均衡性。电信生产从实际需要出发，具有一定的随机性，造成了生产组织和劳动组织的复杂化，所以要求电信企业组织生产时要尽量适应业务量的不均衡性；还要求电信企业的生产能力有一定的后备力量，保证业务量大时在规定时限内满足需要。

（4）电信是全程全网联合作业。要求必须组织全国性的完整的通信网，以保证国内每一地点都能与其他任何一地点进行通信；完整的信息传递还需要两个或两个以上相关企业共同完成。

2. 电信产品的特点

电信企业是以电信服务来满足客户通信需求，它不产生实物产品，不涉及商品转移。因此，电信产品作为服务产品具有如下特点：

（1）电信产品的无形性。

电信产品的无形性是它与可脱离生产者单独存在、可投入现实商品流通的一般工农业实物产品最重要的差异之一。用户在使用电信服务之前，不可能看到、听到或感觉到这种服务。由于电信产品不具有实物形态，因此电信产品又称电信服务，两者代表同一内容：信息传递。由于电信产品不具有实物形态，因此电信产品价格又称电信资费，两者代表同一内容：电信产品价值的货币表现。

（2）电信产品的生产与消费在时间上的等一性。

与工农业实物产品的生产、流通和消费在时间上的非同步性不同，电信企业与客户直接发生联系，通信生产过程同时也是客户使用电信产品过程，两者在时间上是不可分割的。

（3）电信产品的不可储存性。

电信产品不可能像工农业实物产品那样储存待售。虽然构成通信能力的通信网、机线设备、局所网点准备在通信需求之前存在，但提供的通信能力如果不及时被客户消费使用，就会造成损失。这种损失表现为机会的损失和折旧的损失。

（4）电信产品的复杂性。

电信产品是以"效用"形态提供的产品，由于客户所需通信"效用"复杂多样，因此电信产品必然是功能各异、复杂多样。

（5）电信产品的相互替代性。

电信产品具有很强的替代性。客户为达到同一传递信息的目的，可进行如下产品替代：

第一，电信企业内各类电信产品替代。例如为传递"火车接站"的信息，可使用短信发送、固定电话、移动电话。

第二，电信企业外各类电信产品替代。例如为传递"火车接站"信息，可使用中国移动、中国电信或中国联通的移动电话或固定电话进行相互替代。

技巧与方法

服务的分类

前文的案例分析与知识内容阐述了服务的概念和基本特征，那么服务产品的分类有哪些呢？服务产品纷繁复杂，概念的分类是服务营销研究的一个重要问题。因为分类本身将使服务营销管理具有针对性。自 20 世纪 60 年代以来，西方市场营销学家从不同的角度对服务进行了若干分类。其中具有代表性的分类方法有以下几种。

（一）休斯分类法

美国亚利桑那大学休斯（Richard B Chase）根据顾客与服务体系的接触程度将服务分为三大类，即高接触性服务、中接触性服务和低接触性服务。所谓高接触性服务是指顾客在服务推广的过程中参与其中全部或大部分的活动，如电影院、娱乐场所、公共交通、餐馆、学校等部门所提供的服务；中接触性服务则是指顾客只是部分地或在局部时间内参与其中的活动，如银行、律师、房地产经纪人等所提供的服务；而低接触性服务即是指在服务推广的过程中顾客与服务的提供者接触甚少，他们的交往大都是通过仪器设备进行的，如信息中心、互联网等所提供的服务。休斯的分类方案表明，企业应针对顾客与服务体系接触程度的不同而制定相应的营销战略，显然，高接触性的服务会因顾客需求的多样性而对企业营销提出更高的要求。

（二）科特勒分类法

美国西北大学教授菲利普·科特勒（Philip Kotler）从四个方面对服务进行分类。一是根据提供服务的内容不同，划分为以设备为基础的服务和以人员为基础的服务两种。其中以设备为基础的服务主要是由自动化设备或由技术人员操作的设备所提供的，如自动汽车擦洗机、自动售货机、飞机、计算机等；而以人员为基础的服务又可以分为非技术性、技术性服务等。二是根据顾客在服务现场出现的必要性大小进行划分，有的服务必须要求顾客亲临现场才能进行，如体检、理发、美容等，而有的服务则不需要顾客亲临现场，如汽车修理服务。三是根据顾客的不同的购买动机划分，服务会因个人需要的不同而有区别，服务提供者一般都对个人市场和企业市场制定不同的营销方案。四是根据服务组织的目的与所有制形式的不同，分为营利性服务和非营利性服务以及私人服务和公共服务等。

（三）洛夫劳克分类法

瑞士洛桑国际管理发展学院访问教授洛夫劳克（Christopher Lovelock）将服务分类同管理过程结合起来，认为简单地提出一个分类方案是远远不够的，更为重要的是通过分类能够概括出不同行业中服务的共同特征，以便为营销管理过程提供决策依据。他从五个角度对服务进行划分。

（1）根据服务活动的本质（即服务活动是有形的还是无形的以及服务对象是人还是物），可将服务分成几类：作用于人的有形服务，如民航服务、理发；作用于物的有形服务，如航空运输、草坪修整；作用于人的无形服务，如广播、教育；以及作用于物的无形服务，如保险、咨询服务等。

（2）根据服务机构同顾客之间的关系，可将服务分为四类：连续性、会员关系的服务，如保险、汽车协会和银行；连续性、非正式关系的服务，如广播电台；间断的、会员关系的服务，如担保维修、对方付款电话服务；以及间断的、非正式关系的服务，如邮购、街头收费电话等。

（3）根据在服务过程中服务提供者选择服务方式的自由度大小以及服务本身对顾客需求的满足程度进行划分。有些服务过程比较标准化，无论是服务提供者还是顾客的选择余地都较小，如公共汽车司机必须行驶在固定的路线上，而顾客又只能在固定的车站下车；有些服务虽然能使每个顾客的需求得到充分满足，但服务提供者对服务方式的选择自由度却很小，如电话服务、旅馆服务等；有些服务虽然服务提供者的选择余地较大，但却难以满足单个顾客的需求，如老师在很大的教室讲课，尽管老师可以尽情地去讲述，却很难照顾到每一个学生；还有一类服务不仅单个顾客的需求能够得到充分满足，服务提供者也有发挥的空间，如美容、建筑设计、律师服务以及医疗保健等职业性服务。

（4）根据服务供应与需求的关系进行划分，可分为需求波动较小的服务，如保险、法律、银行服务；需求波动幅度大而供应基本能跟上的服务，如电力、天然气、电话等；以及需求波动大并会超出供应能力的服务，如交通运输、饭店和宾馆等。

（5）根据服务推广的方法进行划分，可分为顾客在单一地点主动接触服务机构，如电影院、烧烤店；服务机构在单一地点主动接触顾客，如直销、出租汽车服务；顾客与服务机构在单一地点远距离交易，如信用卡公司；顾客在多个地点主动接触服务机构，如邮寄；以及顾客和服务机构在多个地点远距离交易，如广播网、电话公司等。

除了上述三种分类方案之外，其他的分类方法还有很多。从这些研究中不难看出，由于研究的出发点不同，某个特定的服务可能会被划归入不同的类型，这不仅说明了服务内涵的复杂性，而且进一步说明在特定的场合仔细地分析服务活动特点的重要性。但是这并非意味着我们可以借口服务活动内涵的复杂性与独特性而否定服务的共同特点。事实上，认清不同行业、不同部门服务的共同特征，对于有效地制定服务营销战略具有重要的指导意义。

实战演练

（一）案例分析

价格大战打得精疲力竭　商家看好服务竞争

近年来，某地商界掀起了一股前所未有的低价倾销大战，各路商家纷纷亮出低价格，以期抢得市场。漫步街头，一些降价名词不时冲击着市民的耳鼓、眼帘，如"醉价""错价""箱价""冲撞价""地价""本价""平价再平价"等，令人颇感"新奇"却又难以弄懂。"一折起售""全场三折""买一送一""买什么送什么""买200送60""逢200送80"等广告更是铺天盖地，令人眼花缭乱。然而一番激烈的"火拼"过后，不少商家却发现，自己的销售额虽有上升，利润却下降了10个百分点左右，自身的形象在某种程度上也打了折扣。生产厂家大叹利润微薄，正常生产受到冲击。精明的消费者因弄不懂价格走势，也产生了持币观望的消费心理。

面对如此窘境，被价格大战折腾得精疲力竭的商家共同发出了"再也不能这样过，再也不能这样活"的感叹。于是，精明的商家一番苦思冥想之后，不约而同地选择了优质服务。

打响当地商界"服务战"第一枪的是中南商业大楼。他们抢先推出"不满意就退货""顾客投诉有理""商家礼貌接待""为投诉人准备礼品"等活动，同时将每年创利30万元的橱窗广告撤掉，代之以商场四名模范员工的塑像，并为其配备专线电话，推出"买微波炉找刘某某、买床上用品找王某某、买服装找杨某某、维修家电找姜某某"四个"个人服务品牌"，利用其技艺、业务专长、商品知识去带动全柜人员，共同为广大顾客服务。

其他商场、超市、连锁店等也纷纷打出"把烦琐的家务劳动留给商家，把方便、卫生、节时、省力等实惠留给消费者"的服务口号，甘当市民家庭厨房的"帮工"，推出了净菜系列，满足了一些因工作繁忙而没有时间上街买菜的双职工家庭需求。不少大型高档餐饮企业也放下架子，纷纷推出即食家宴和特色菜肴的外卖系列，并根据消费者的需求，随时搭配制作。

某商场将鲜花业务引进大商场后，随即推出了电话购物、送货上门服务，并针对部分消费者闲暇时间不多和花卉养护知识缺乏的实际，推出了免费进行花卉栽培和养护技术培训，请专业人士根据买花人的喜好和家居环境进行专业搭配等服务，为爱花人排忧解难。

与此同时，一家百货商场开展了"星级员工、文明信誉柜组"竞赛；各大中商场在服务上下功夫，积极开展以优势商品和服务为主题的活动，通过完善服务功能，赢得消费者的信任，进而赢得市场、占领市场。

思考题：

（1）为什么说市场竞争最终将是服务的竞争？

（2）分析本案例对服务营销的启示。

（二）情景演练

结合本任务知识内容，试述你最熟悉的某项服务的特征。

任务二　如何理解服务营销的演进

问题引入

服务营销学产生于市场营销学,并在市场营销学发展的基础上不断发展和走向成熟。服务营销学成为一门专门的学科,离不开服务营销实践的发展。那么,如何理解服务营销这一概念?服务营销的本质是什么?服务营销与市场营销的联系与区别以及服务、营销服务与服务营销的关系又是什么?这是在本任务环节需要掌握的内容。

任务要求

1. 识记:服务营销的概念、服务营销学的发展阶段。
2. 领会:服务营销的本质。
3. 应用:如何区分服务营销与市场营销?如何区分服务、营销服务与服务营销?

名家名言

企业成功就要在产品、资讯、市场拓展等方面对经销商提供全方位服务。

——创维集团总裁　杨东文

案例引入

(一)案例描述

创维集团的服务营销模式

在 2016 年 4 月 14 日创维春季新品发布会上,创维集团彩电事业部副总裁中国区域营销总部总经理彭劲先生表示,过去的一年对于整个彩电市场来说日子并不好过,但创维在彩电行业却表现得非常优异,保持着市场逆势情况下的增长,从整个 2015 财年(2015 年 4 月 1 日—2016 年 3 月 31 日)的数据来看,国内彩电销售企业中,创维的销量是 1 036 万台,是整个彩电行业里面首个突破千万台的彩电企业,比去年同期增长了 6%;不但销量保持高速增长,效益上也是创维彩电成立之后盈利最高的年份,取得规模和盈利双丰收。

创维集团总裁杨东文先生认为,对于创维乃至类似的企业来说,不管最终的发展方向是什么,生存之道首先在于选择一个好的市场营销模式,做好市场,并建立一支战无不胜的营销队伍。

创维集团在市场营销活动中贯彻服务营销理念。在产品上,创维集团力争提供技术领先、品质优秀、差异性显著并能领导市场潮流的新产品;价格上,保持产品的中档价格,在降价大战中不领先也不拖后;在渠道上则整合社会资源,利用商业资本的庞大市场营销终端,并同时不断完善自身拥有的终端网络,适当选择一批有实力、高信誉的经销商,进而形成卓越的经销网络;促销方面,注重对促销人员进行推销技巧、产品知识、卖点挖掘、经验介绍、潜能训练和语言训练等方面的培训。通过上述市场营销管理，创维集团力争建立起"制造业理想的市场营销模式"：运营成本低、物流速度快、资源效率高、市场控制力强、客户信用高和员工积极性高。

（二）案例分析

企业的市场营销活动包括生产前的市场调研、产品开发、市场细分、目标市场选择和市场定位以及产品、价格、渠道、促销决策、消费者反馈和售后服务等。近年来，无论是营利机构，还是非营利机构，都对市场营销管理产生了浓厚的兴趣，很多企业包括创维集团已经形成了一套有效的营销模式。

知识内容

菲利普·科特勒将市场营销定义为"一个社会及管理过程"。在这一过程中，个人或群体通过创造有价值的产品或服务，并与他人交换来满足自身的需求。可见，市场营销的实质就是促进交换，而服务营销的实质就是促进服务的交换。不过，在许多情况下，市场营销也是对顾客关系的管理，是向顾客交付更多的顾客价值。这样，可以把服务营销界定为：在充分认识顾客需求的前提下，以顾客导向为理念，通过相互交换和承诺以及与顾客建立互动关系来满足顾客对服务过程消费的需求。其中，这里所指的承诺，是指合作关系中的一方在某种程度上存在着与另外一方进行合作的积极性。

（一）服务营销学产生的背景

在现代经济的发展过程中，服务业不断迅猛发展，其在国民经济中的地位越来越重要。服务业在发展过程中，必然遇到许多问题，要求服务企业有效探讨如何通过提供更好的服务产品以满足消费者的需要。在这种背景下，就需要有一种理论来探讨与指导服务营销的实践活动，这就导致服务营销学的兴起与发展。

服务企业最初的市场营销活动没有专门的理论，都是以有形产品为基础的市场营销理论为指导的。以4P（传统的产品、价格、分销渠道和促销四个市场营销组合）为核心的现代市场营销理论为企业经营和发展提供了强有力的竞争武器，这些理论与技巧对服务企业最初的营销活动也产生了较大的影响。但随着服务业的不断发展，其在现代经济中所占比例越来越大，服务市场竞争不断加剧，消费者的市场需求变得越来越复杂，要求服务企业在服务内容、服务手段或方式上不断创新，也要求理论界与服务营销的实践者跳出传统的4P框架，探讨以无形产品为基础的服务营销的理论与技巧。这样，市场营销学的一个分支——服务市场营销学就逐步产生并发展起来。

西方学者从20世纪60年代就开始研究服务营销问题。1966年，美国的拉斯摩（John Rathmall）教授首先对无形的服务同有形的实体产品（包括产业用品和日用消费品）进行区分，提出要以非传统的方法研究服务市场营销问题。1974年拉斯摩写出第一本《服务营销学》。书中进一步明确指出，把现在的市场营销概念、模型和技巧应用到服务领域显然是行不通的，必须建立服务导向的理论架构。但当时研究服务营销的学者很少，直到70年代中后期，美国及北欧才陆续有市场营销学者正式开展服务市场营销学的研究工作，并逐步创立了较为独立的服务营销学。

(二) 服务营销学的发展阶段

服务营销学的发展大致经历了 4 个阶段。

1. 第一阶段

第一阶段的研究主要是探讨服务同有形产品（主要指产业用品与消费品）的异同，并试图界定大多数服务所共有的特征。在 1977 年至 1980 年，理论界对服务特征进行了大量的研究，总结归纳出服务具有无形性、不可分离性、差异性、不可储存性和缺乏所有权等特点。

2. 第二阶段

第二阶段的研究主要包括两个方面：

（1）探讨服务的特征如何影响消费者的购买行为，尤其是集中于消费者对服务的特征、优缺点以及潜在购买风险的评估。

（2）探讨如何根据服务特征将其划分为不同的种类，不同种类的服务需要市场营销人员运用不同的市场营销策略和技巧来进行推广。如萧斯塔克根据产品从有形向无形的变化来区分服务，提出了"有形性与无形性差异序列理论"；威斯的"高卷入与低卷入模式"，按照顾客参与服务生产过程的高低划分服务；贝尔（Bell）利用"无形"的程度与"服务是否为顾客量身订制"对服务进行分类；而拉夫罗克则根据服务的生产过程、会员制度、以人提供服务或者是以机器提供服务等不同标准，提出多种区分服务的方法。

3. 第三阶段

20 世纪 80 年代中期，服务营销学的研究进入第三阶段，在这个阶段服务营销学研究的一个重要变化就是一些学者开始利用实证方法验证和创新理论，通过收集服务实践中的大量数据，来支持自己的理论，而不是仅局限于概念层面的研究。这个阶段研究的成果包括：

（1）探讨服务营销组合应包括哪些因素。在传统市场营销 4P 组合的基础上逐渐确定"人"（包括顾客和企业员工）在推广服务以及生产服务的过程中所扮演的角色，并由此衍生出两大领域的研究，即关系市场营销学（relationship marketing）和服务系统设计（service system design）。在关系市场营销学研究中，有学者着重研究如何维系和改善同现有顾客的关系、要与不同的顾客建立不同类型的关系、企业同顾客的关系对服务企业市场营销的巨大影响等内容。在有关服务系统设计的研究中，萧斯塔克提出的蓝图技巧理论，解释"蓝图技巧"对于分析和设计服务以及服务生产过程的作用；威斯与坦斯克（Tansik）合作，根据顾客投入服务生产过程的程度设计服务；包文（Bowen）和琼斯（Jones）则利用交易成本理论（transaction cost theory）研究顾客在何种情况下愿意参与生产服务。

（2）对服务质量进行了深入的研究。葛劳罗斯就"服务质量"提出新的解释，认为服务质量由技术质量（technical quality）和功能质量（functional quality）组成。前者指服务的硬件要素，后者指服务态度及员工行为等软件要素。在 20 世纪 80 年代后期，美国的三位学者巴拉苏罗曼、贝瑞和西斯姆提出差距理论（gap theory），指出服务质量受五种"差距"的影响和制约，并提出服务质量可以从五个角度或标准进行测量，即可靠性、可感知性、应对性、保证性和移情性。

（3）提出了有关"服务接触"的理论。贝特森等一批学者分析了服务接触对顾客整项服务感受的影响，使服务企业的管理者懂得如何利用服务人员及顾客双方的"控制欲""角色"和对投入服务生产过程的"期望"等因素来提高服务的质量。

4. 第四阶段

20 世纪 80 年代后期，服务营销的研究内容包括：

（1）有效服务营销的组合策略。在传统的 4P 市场营销组合策略的基础上，又增加了有形展示、人、服务过程三个因素，形成了 7P 组合，有关服务营销的理论研究围绕 7P 组合进行。

（2）服务营销的一些特殊领域的专题研究，如服务的出口战略、现代信息技术对服务生产、管理以及市场营销过程的影响等。

（三）服务营销的本质

服务营销是现代市场营销的一个新领域，是随着服务业的不断发展和市场竞争焦点逐步由以商品为中心转向以服务为中心的背景下而从市场营销之中独立出来的一门新的学科。虽然服务与有形的产业用品和消费品在本质上没有什么不同，但因服务有其特殊的内涵和特征，服务业的经营活动与有形产品的生产过程的组织是有明显区别的，这就有必要架构起适合服务营销活动的营销理论和原则。所谓服务营销是服务企业为了满足顾客对服务产品所带来的服务效用的需求，实现企业预定的目标，采取一系列整合的营销策略而达成服务交易的商务活动过程。服务营销的核心理念是顾客满意和顾客忠诚，通过取得顾客的满意和忠诚来促进相互有利的交换，最终实现营销绩效的改进和企业的长期成长。

要理解服务营销这一概念，必须从三个方面认识：

（1）服务营销的核心是满足顾客对服务产品的需求。为此，服务企业必须充分了解顾客的需求，不断地提供创新服务，以向顾客提供满足其需要的服务产品。顾客对服务产品的需要，不是服务产品本身，而是服务产品所能够给顾客带来的服务效用。

（2）服务营销的手段是一系列整合的营销策略。服务营销要得实效，不能单靠某一项营销策略与措施，必须将企业各部门及营销组合各因素整合起来，采取综合的服务营销策略与措施。

（3）服务营销的目的是达成市场交易，实现企业预定的目标。

技巧与方法

（一）如何区分服务营销与市场营销

市场营销理论于 20 世纪初诞生于美国。它的产生是基于工业生产迅速发展，市场规模迅速扩大、企业分销系统发生变化的背景。它研究的对象是以满足消费者需求为中心的企业市场营销活动过程及规律性，具体地说，市场营销是指企业旨在占领市场、扩大销售、实现预期利润目标的商务活动过程，它以顾客为终点，更以顾客为起点，包括市场调研、选择目标市场、产品开发、市场开发、产品定价、渠道选择、产品促销、产品储运、产品销售、售后服务等一系列与市场有关的业务经营活动，市场营销的实质就是在市场研究的基础上，以消费者需求为中心，在适当的时间、适当的地点、以适当的价格、适当的方式，把适合消费者需要的产品和服务提供给消费者。在市场竞争越来越激烈的今天，随着市场环境和经营条件的变化，企业更加重视采取有效的营销策略以占领或保住市场。

由于服务具有无形性、不可分离性、差异性、不可储存性和缺乏所有权等基本特征，决定了服务营销与有形产品的市场营销有着本质区别。

1. 产品特点不同

有形产品表现为一个具体的物质实体或一个实实在在的东西，在营销活动中推销的是一个看得见、摸得着的实体，消费者可从其实体的外观及具体的运转中判定产品质量的好坏。由于服务是无形的，这就产生了两个问题：一是顾客难以感知和判断其质量和效果，他们更多的是根据服务设施和环境，或通过他人之口来衡量，因而顾客在购买服务产品时冒有较大风险；二是服务不能依法申请专利，新的服务概念可以轻易地被竞争对手所模仿。因此，有形展示成了服务营销的一个重要工具。

2. 顾客参与服务的生产过程

顾客直接参与服务的生产过程及其在这一过程中同服务人员的沟通和互动行为向传统的营销理论和产品质量管理理论提出了挑战：

（1）传统的产品生产管理完全排除了顾客在生产过程中的作用，管理的对象是企业员工而非顾客。而在服务行业中，顾客参与服务生产过程的事实则迫使服务企业的管理人员正视如何有效引导顾客正确扮演他们的角色，如何鼓励和支持他们参与生产过程，如何确保他们获得足够的服务知识达成生产和消费过程的和谐并行。若企业管理人员忽略这些问题，则可能导致顾客因不懂自身的职责而使服务产品的质量无法达到他们的要求。而在这种情况下，顾客通常并不会责怪自己的失误，而会将之归咎于企业，认为该企业的服务水平低，进而丧失日后与之打交道的兴趣和信心。

（2）服务人员与顾客的互动行为也严重影响着服务的质量及企业与顾客的关系。由于服务的生产过程与消费过程同时进行，工业企业在生产车间进行质量管理的方法无法适用于服务企业，要保证实际提供的服务达到每一位顾客预期的质量水平，就必须保证服务人员与顾客间的充分沟通，同时，服务人员必须针对不同顾客的需求差异保持足够的应变能力。所以服务产品的质量管理应当扩展至对服务过程及顾客的管理。

3. 服务的供求平衡更为重要

与有形产品相比，服务的不可储存性产生了对服务的供求进行更为准确的平衡的需要。这种情况可以由汽车的销售加以说明。一个典型的汽车经销商在销售汽车的同时，也出售汽车保养和维修服务。由于汽车能够储存，所以汽车订单增加或减少通常不会带来严重后果，虽然较大量的存货会导致成本的增加，但本周未出售的汽车可以在下一周出售。供大于求的状况还可以通过将汽车转交给其他经销商而得到缓解。而需求大于供给时，经销商可以从其他经销商或厂家那里增加进货。然而，如果汽车保养和维修服务的能力过剩或短缺，则可能损失大量的利润和机会。本周未能利用的生产能力无法储存，因此无法在需求超过服务能力时再用于满足。与汽车销售不同的是，服务不能轻易地运输到需求水平较高的经销商那里，这种过剩的能力是闲置的能力，只会增加成本而不会增加利润。至少在短期内，当需求大于供给时，与增加汽车进货相比，增加服务能力（如设备、设施和训练有素的人员）要困难得多。因此，虽然制造企业与服务企业都不愿意有生产能力过剩或不足的情况发生，但与制造业企业相比，供给与需求间的"同步营销"对确保服务企业经济地使用其生产能力重要得多。

4. 容易产生"形象混淆"

差异性易使顾客对企业及其提供的服务产生"形象混淆"。因为对于同一个企业，两家不同的分支机构所提供的服务，可能出现一个分支机构的服务水平明显优于另一个的情形。前者的顾客确实会认为该企业服务质量很好，而另一分支机构的顾客则可能认为整个企业的服务质量都非常低劣。这种"企业形象"和"服务产品形象"的混淆将对服务产品的推广产生负面影响。

5. 分销特点不同

由于服务不具有实体特征，因而不能运输，从而使得服务的分销具有不同于有形产品的特点。有形产品可以在一地或多地生产，然后运送到中间商或最终用户所在地进行销售。大多数服务却不能这样。对这些服务来说，要么顾客必须到生产设施所在地，要么生产设施必须运到顾客所在地，后一种情况，如教师、律师、会计师和球队，可以运到需要他们的地方。专家的咨询报告、税务文书、保险单这些服务产品形式，也都可以运输。虽然如此，表述这些文件内容的实际服务却不能运输。

6. 需要更多的运营成本和管理成本

服务不能储存或运输的特性也给大规模的生产和销售服务带来了限制，所以服务企业要获得规模经济的效益就必须比制造企业付出更多的营运成本和管理成本。

（二）如何区分服务、营销服务与服务营销

服务营销不等于服务，也不等于营销服务。

1. 关于服务

科特勒认为："服务是指交换的一方向另外一方提供的任何活动或利益，而这些活动主要是不可感知的，且不涉及所有权的转移，它们的生产可能与或不与实物产品紧密地联系在一起。"而在我国的《汉语大词典》中，对"服务"一词的解释则是："为社会或他人利益办事"。

显然，服务是一种独立的产品，就像具有实体形状的工业品或消费品一样，这就把"服务"同"顾客服务"（customer service）区分开来。因为顾客服务，无论是售前服务还是售后服务，都只是附属于其他产品之上并为之提供附加值的一种产品要素。

2. 关于营销服务

营销服务属于市场营销概念，服务被作为售后的一个环节紧随着销售成功而发生作用，同时，服务是不产生利润的。营销服务依然以市场为导向，因为，企业的营销活动是围绕市场需求来做的，在这种思想的带领下，企业虽然也重视产品的售后服务，但总会认为：售后服务是解决有形产品的售后维修，并由此得出推论：售后服务部门是成本中心而不是利润中心。

3. 关于服务营销

服务营销是以服务为导向，服务是营销的重要组成部分，企业营销的是服务，硬件是作为服务的媒介（行行都是服务业）。服务并不是从售后才开始的，它存在于企业的各个环节中，是产品设计、生产、广告宣传、销售安装、售后服务等各个部门的事（环环都是服务链），甚至是一线、后台每一位员工的事（人人都是服务员）。

在服务营销的概念中，服务部门不是成本消耗部门，企业的产品经过每一个部门都被赋予了新的增值。这个概念作出了新的范畴设定：企业关心的不仅是产品是否成功售出，更注重的是客户对企业所提供的解决方案的全过程感受。为了向客户提供更好的解决方案，企业的各个部门必须密切配合。

所以，我们可以看到，服务、营销服务与服务营销三者间的不同，而且我们也可以找到三者间的关联，如图1-2所示。

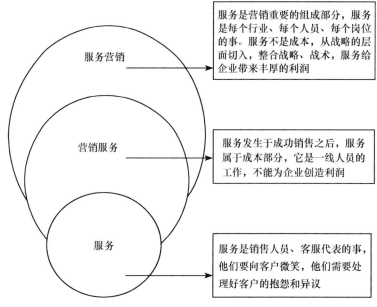

图1-2　服务、营销服务与服务营销的区别与联系

实战演练

（一）案例分析

世界进入"服务经济时代"

随着科学技术和企业管理水平的全面提高，消费者购买能力的增强和需求趋向的变化，服务因素在国际市场的竞争中，已取代产品质量和价格而成为竞争的新焦点。世界经济开始进入了"服务经济时代"。

在西方发达国家，一些有代表性的企业已通过向顾客提供服务产品，为企业创造了大量的利润。

美国IBM公司公开表示自己不是电脑制造企业，而是为顾客提供满足其需求的服务。该公司的总裁说："我们公司并不卖电脑，而是卖服务"。

美国电话电报公司从1974年开始，一半以上的收入来自向顾客提供服务。

1982年美国有10家工业公司脱离《幸福》500家大企业的行列，变成服务性公司。

1989年美国波士顿的福鲁姆咨询公司在调查中发现，顾客从一家企业转向与之竞争的另一家企业的原因，10人中有7人是因为服务问题，而不是因为质量或者是价格的缘故。

美国的马萨诸塞州沃尔瑟姆市一家销售咨询公司经计算证实，公司服务质量（如合同履约率等可衡量因素）每提高1%，销售额能增加1%。

广义的服务行业是当代社会不可须臾离开的一个重要部门，它深入到社会的每个角落，联系着每一个消费者。企业如何为顾客提供全面良好的售前、售时、售后的服务，以吸引长久的顾客;随着各种服务业的蓬勃发展,如何在服务领域内提高效率,改善服务质量,不断完善服务实践,深入研究服务理论,已成为当今世界面临的一项重要课题。

思考题:

为什么 IBM 公司的总裁说:"我们公司并不卖电脑,而是卖服务"?

(二)情景演练

2004 年年底,中国电信新任总经理王晓初透露,中国电信集团公司这一最大的"基础电信网络运营商"正谋求转型,其目标是发展成为"综合信息服务提供商"。如果你是电信公司的一员,怎么看待中国电信当时的转型?

任务三　如何理解三位一体的服务营销理论

问题引入

著名服务管理专家洛夫洛克(Lovelock)把服务营销的整合思想表述为三位一体理论,它揭示了市场营销、生产和人力资源职能之间的相互依赖关系,企业必须努力确保这些职能共同为顾客提供服务。那么,如何理解服务营销体系?如何理解服务营销管理的整合思想?如何描述三位一体理论中的六种关系?这是在本任务环节需要掌握的内容。

任务要求

1. 识记:服务营销体系、三位一体理论。
2. 领会:服务营销管理的整合思想、有形产品营销三角形、服务营销三角形。
3. 应用:描述三位一体理论中的六种关系。

名家名言

营销是非常基础的工作,不能认为它只是一项孤立的职能……无论从最终成果的角度还是从顾客的角度来看,营销都贯穿整个商业活动。因此,企业的各个部门都必须关心营销,为营销尽心尽职。

——【美】彼得·德鲁克

案例引入

(一)案例描述

"美的"的顾客管理策略

美的集团在 1980 年正式进入家电行业。在 35 年时间里,"美的"由一家 5 000 元起家的镇办小厂,发展成年销售额 1 500 亿元的世界著名家电企业。2015 年《财富》中国 500 强榜单,美的排名第 32 位,位居家电行业第一。

"美的"的成功与其确立以顾客为中心的经营导向策略是分不开的,美的集团"100%让顾客满意"的价值主张，主要建立在市场营销接触面、产品接触面和服务接触面这三类顾客接触面上。对最终顾客的全面服务，就是在所有这三类顾客接触面上都做到让顾客满意。同时，"美的"把市场划分为内部市场和外部市场，把质量视作市场营销、服务、产品开发和制造、采购和财务等企业全部工作质量。类似地，顾客服务也涵盖了企业经营活动的所有方面，贯穿从市场营销到研发再到生产和售后工作的整个企业运作流程的始终。通过服务、质量和市场营销的整合，美的集团获得了较高的顾客满意度，并进而培育出很高的顾客忠诚度。图1-3是"美的"与顾客的接触面及其管理体系。

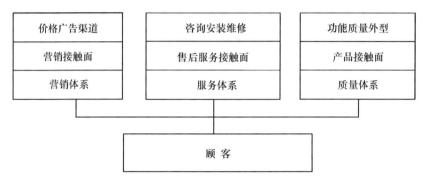

图1-3 "美的"与顾客的接触面及其管理体系

美的集团在与顾客进行积极接触的同时，还提出了营运模式转型的目标，强调以战略为先、以财务为本、以利润为链、以速度为魂的战略模式。在市场营销管理和营销战略上，美的集团运用市场营销中的4C理论来指导整个集团的市场营销活动。4C理论是1990年由美国学者劳特朋（Lauteborn）教授基于顾客视角提出来的，即顾客的需要与欲望（consumer needs and wants）、顾客愿意付出的成本（cost）、购买商品的便利（convenience）和沟通（communication）。4C理论充分地注重了消费者需求。

另外，"美的"还投资800万元打造了自己的呼叫中心，实现了客户服务平台的全面升级。该中心采用了Avaya公司的解决方案，新的呼叫中心大大提高了"美的"对顾客需求的响应速度，具有了提供个性化服务的能力。美的集团的顾客管理策略给很多国内企业提供了参考。但是随着顾客期望的不断提升和竞争对手的模仿，"美的"能否继续保持自己在顾客管理方面的优势呢？

（二）案例分析

美的集团的营销活动坚持以顾客现实和潜在的需求为导向，精心设计易为顾客所接受的产品或促销方案，选择适当的传播媒介，并注意传播过程中信息的双向沟通。例如，在饮水机的促销活动中，"美的"坚持的原则是建立起一个饮水机产品优质低价的标准，让顾客选择最适合自己的产品，充分体现了"为人们创造更多的美、为家庭创造美好生活"这一价值定位。

美的集团认为不仅渠道的选择，而且包括经营全过程各个环节，均应给顾客的购买和消费带来便利。为此，美的集团的市场营销平台把"终端"放到了一个前所未有的高度。可以说，凡是有产品消费者或是存在潜在消费者的地方，都有"美的"的终端和产品。"美的"始终把顾客对便利性的需求放在首位。

以 4C 理论为基础来指导市场营销实践的企业一般不会轻易运用价格战，而是从顾客的购买成本出发来制定价格。在市场上美的集团采取的对顾客优惠、让利和赠礼等形式，体现了对顾客的充分尊重，让他们觉得"物有所值"，使他们获得美的产品的成本（物质成本和心理成本）降到最低。

"美的"并不采取那种高空轰炸式的广告策略，它将与顾客保持联系体现在各个方面。"美的"的现场促销员和终端货物的摆放陈列等，都是该公司与顾客沟通的窗口和重要机会。

知识内容

（一）服务营销体系

消费者对服务企业的整体评价，除了可视部分的服务操作体系之外，还有一些其他因素。这些因素包括服务企业的广告部、公关部、营销部的市场沟通活动，服务人员与消费者之间的电话交谈，电子邮件和信件往来，财会部门寄给消费者的账单，大众传媒的宣传报道，消费者的口口相传，消费者所能看到的有形证据和服务人员等。这些因素与服务操作体系共同构成服务营销体系，如图 1-4 所示。服务营销体系实际是消费者接触或了解服务企业的各种途径。服务营销体系中的各个组成部分都向消费者表明服务的性质和服务的质量。服务营销体系由以下几个部分组成。

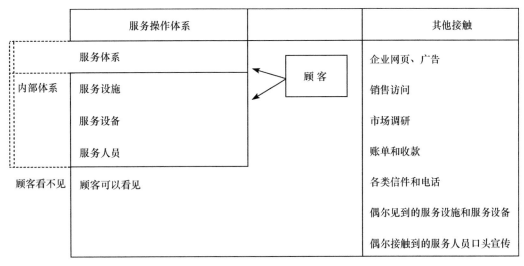

图 1-4　服务营销体系

1. 服务人员

因为服务人员是服务企业的核心，其言谈举止在一定程度上代表着服务企业的服务质量与水准。服务人员在服务营销体系中起重要作用。消费者可通过面对面接触、电信设备（电话、电传、电报、传真、电子邮件等）、邮件等方式与服务人员联系。服务企业的服务人员主要包括：销售代表、客户服务人员、收银员和财会人员、售后服务人员、企业保安人员、与消费者非直接接触人员（仓库保管员、设备检修人员等）、分销商等。

2. 服务设施和服务设备

服务设施和服务设备是服务企业有形展示的重要内容，消费者往往从这些有形展示证据中认识服务企业,得出自己对服务企业的"第一印象"。服务设施和服务设备主要包括:企业的标识、建筑物的外观、停车场、园林绿化;建筑物内部装饰和室内陈设、自助服务设施、车辆和其他服务设备。

3. 其他接触

对于服务企业与消费者的沟通,除了服务人员与消费者沟通以外,还必须搞好非人员促销,通过各种媒介搞好非人员沟通。非人员沟通可采用以下媒介:企业网页、印刷函件、广告、宣传册、产品目录册、操作手册、企业形象标志图样、大众传播媒介的宣传报道等。除此之外,其他人员也是营销体系的组成部分。

其他人员主要指消费者在消费过程中及在日常生活工作中所接触的其他消费者,例如,亲友、同事和其他人的口头宣传。

(二)服务营销整合

1. 有形产品营销三角形

有关学者曾采用产品营销三角形来说明营销的作用:即"作出承诺、遵守承诺和兑现承诺"。按照传统的观点,顾客不参与有形产品的生产过程,生产具有封闭性特征。企业通过市场营销等活动来了解顾客的需求,在生产出来相应的产品之后,则通过外部营销活动将产品推荐给目标顾客,并作出承诺。如果产品特性符合顾客需求,则企业就遵守了先前的承诺。因此,企业就是在作出承诺、遵守承诺、兑现承诺的过程中在市场竞争中取得生存和发展的,如图1-5所示。

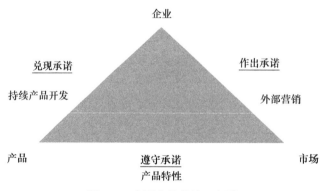

图1-5 有形产品营销三角形

2. 服务营销三角形

比较而言,服务营销的复杂程度要远远超过有形产品的市场营销。仅仅像有形产品那样借助营销或销售人员的力量来完成服务营销的任务,几乎是不可能的。在服务过程中,由于人员的过多参与,使得服务过程多种多样。在服务开始之前,企业无法预知顾客的需要与期望(即使有了顾客数据库,也未必能够确切地了解顾客当时的特殊需求);在服务过程中,各类人员对服务结果的影响也是未知的;在服务结束后,企业可能也无法准确了解顾客的感知服务质量和感知价值。因此,面对这一系列的不可知因素,格罗斯将员工、技术、知识、顾客时间和顾客作为企业的资源纳入到服务营销中来,形成了服务营销三角形,由外部市场营销、内部市场营销和互动市场营销三个核心部分构成,如图1-6所示。

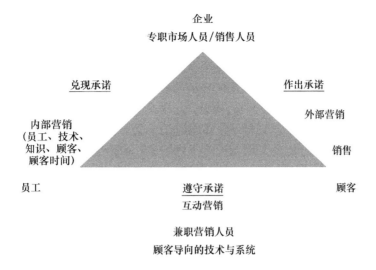

图1-6 服务营销三角形

服务营销三角形表明了服务营销的关键组合要素：企业、一线员工（直接与顾客接触的人员）与顾客之间的关系，它们必须紧密联系，为促进服务的生产与交付而协同动作。当然，共同目的就是建立企业与顾客之间的长期关系和提升顾客忠诚度。

（1）外部市场营销——建立关系。

外部市场营销是企业根据顾客期望向顾客作出承诺的过程。外部市场营销不但包括传统的市场营销活动，如广告、人员推销和有形展示等，而且也包括服务营销特有的要素组合：如服务人员和服务过程等。例如，航空公司把那些经常乘坐本公司飞机的顾客称为"最具价值的顾客"，并发给贵宾卡，为他们提供有别于其他顾客的贵宾式服务（如所谓的"常客"计划）。在外部市场营销的过程中，企业需要做出一致的、现实的且能兑现的承诺。

（2）互动市场营销——维持关系。

在服务营销三角形中，企业的员工都是市场营销人员，他们都承担着为顾客创造价值的职责。无论是专职的市场营销人员，还是兼职的营销人员，他们与顾客之间的接触都是为了更好地获得顾客信息、为顾客提供更个性化的服务。具体来说，互动市场营销就是在服务人员与顾客接触的过程中，将顾客、员工和设备都视为市场营销资源，使他们都参与到市场营销活动中来，以便于达到交换，是实现承诺的一种市场营销手段。由此可见，互动市场营销不但是企业遵守承诺的过程，而且也是企业保持与顾客持久的关系、保留忠诚顾客的关键所在。

（3）内部市场营销——支持关系。

企业的一切活动都需要员工来实现，企业要兑现对顾客的承诺，就必须利用一切资源与沟通方式，使员工能够利用企业资源和信息来建立、维持与顾客之间的关系。内部市场营销活动包括为服务人员提供培训、建立内部激励机制和定期的企业文化沟通等。

（三）三位一体理论

为了解决服务营销问题和提高服务营销的效率与效果，营销整合的思想被引入到了服务营销中来。服务是无形的，它不能像有形产品那样利用自身来展示竞争优势；服务不产生所有权的转移；服务投入和产出的可变性不但会降低顾客的消费信心，而且也会使顾客更难于评价服务质量；服务活动是个过程，是服务人员和顾客都参与互动的过程。因此，在服务营销过程中，迫切需要把市场营销管理、生产管理和人力资源管理等管理职能纳入到服务过程之中，特别是在与顾客接触的每一个关键时刻把它们有机地整合起来。所以，服务营销需要企业内部所有部门的参与，服务营销需要整合。著名服务管理专家洛夫洛克（Lovelock）把这种思想表述为三位一体理论，它揭示了市场营销、生产和人力资源职能之间的相互依赖关系，企业必须努力确保这些职能共同为顾客提供服务，如图1-7所示。

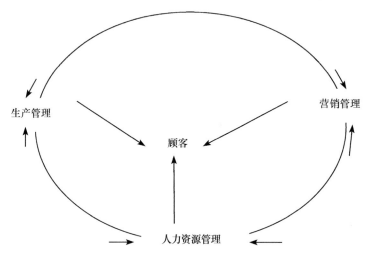

图1-7 营销、人力资源和生产管理的关系

1. 营销管理职能

在服务过程中，顾客与员工直接接触或间接接触的情况非常频繁。一般说来，在服务企业中，营销管理承担着以下职能：

（1）评价和选择所要服务的细分市场；

（2）研究每个细分市场内的顾客需要和偏好；

（3）监控竞争对手提供的产品，确定它们的主要特征、质量水平和把产品推向市场的策略；

（4）设计核心产品，使它的特征符合所选择的细分市场的需要，并且确保它等同于或优于竞争对手提供的产品；

（5）增加核心产品的价值和吸引力，或者以其他方式促进核心产品的购买，使用附加服务要素，并确定服务标准；

（6）设定能反映成本、竞争策略和消费者对不同价格水平敏感度的价格；

（7）使可获得服务的地点和时间安排适应顾客的需要和偏好；

（8）制定沟通策略，使用合适的媒体传递信息，告诉未来的顾客有关服务的信息，并且宣传它的优势；

（9）为稳定和衡量服务质量水平建立绩效标准；

（10）制定奖励和加强顾客忠诚度的方案。

营销管理职能最终使得自己同生产职能和人力资源职能紧密结合成为一体、密切合作，并因此获得了前所未有的管理权限。

2. 生产管理职能

虽然顾客对服务质量的评价掺有许多个人意见,但是服务质量的提高离不开生产能力的提高。从本质上看,顾客对服务的评价源于整体产品:产品、环境、价格、服务人员的态度、便利程度等,服务生产部门必须对服务的全部要素予以综合考虑,包括服务设计、服务质量和服务交付等方面。更重要的是,企业要想使服务能够满足顾客的需求、使顾客满意,就必须使生产部门与营销部门充分合作,获得包括顾客的购买动机和偏好、购买习惯、新产品开发机会等方面的信息,与顾客及时沟通有关产品与服务的各种信息,制定出有效的培育顾客忠诚的策略。不过,生产部门与市场营销部门的合作,远远不止这些。同时,在服务的生产与交付过程中,由于生产部门需要领导大量员工进行工作,尤其是那些与顾客直接接触的服务人员,所以生产部门和人力资源部门的合作也必不可少。

3. 人力资源管理职能

在服务的创造与交付过程中,尤其是高接触性服务的创造与交付过程中,往往需要服务人员拥有较高的技能。实际上,服务人员的素质已经成为企业优势的一个重要来源。服务人员的态度和技能直接影响着顾客对企业的评价,是顾客感知服务质量的主要方面。在某种程度上说,如果员工了解和支持组织的目标,拥有在工作上取得成功所需要的技能,而且能认识到创造和保持顾客满意度的重要性,并在这方面得到了培训和激励,那么营销和生产职能的管理就会变得容易得多。

技巧与方法

以市场为导向的服务管理新模式认为:顾客是企业一切经营活动的中心,是企业所有决策和行动的着眼点。服务管理新模式可以用服务三角形来表示,如图 1-8 所示。那么,如何描述三位一体理论中的六种关系呢?

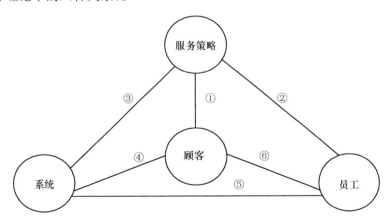

图 1-8 服务三角形

总体来说,服务三角形以顾客为导向,描述了 6 种主要的关系:

① 要求企业的服务策略必须与目标顾客进行沟通,以便使顾客了解竞争优势。

② 强调服务战略也需要与企业内部的员工进行沟通。只有员工深入了解企业战略,最终才能有效地贯彻实施企业的战略,提高经营效率和效果。

③ 保持服务策略与指导企业日常运作系统之间的一致性。从逻辑的角度来看，企业系统应当服从于服务策略的要求，并且需要同时强化面向员工和顾客的服务流程。

④ 包括组织系统对顾客的影响。与企业系统的交往联系应当以为"顾客的服务感受"提供便利为中心。

⑤ 强调组织系统和企业员工努力的重要性。为此，组织系统和政策不应该成为员工提供优质服务的障碍。

⑥ 顾客与服务提供者之间的相互作用关系，这种相互作用的质量通常是提升顾客满意程度的驱动要素。

实战演练

（一）案例分析

联邦快递的服务营销三角形

美国联邦快递公司是使三角形三条链很好结合的一个例子。在外部营销方面，联邦快递是行家，它了解自己的顾客。公司经常开展广泛的市场研究，每季度进行 2 400 项的顾客调查，每天都调查顾客的满意度并倾听顾客的意见。公司通过获取广告信息以及员工所做的宣传，有效地向市场传达承诺。在互动营销方面，保持承诺是联邦快递经营战略的核心。发给每位联邦经理人员一本《经理人员指南》，强调，"每一次与顾客接触都是一个展示联邦快递形象的关键时刻"。公司内的一个共同目标是使顾客感到："这些服务过程中的每一环节都是无懈可击的。"直接提供联邦快递服务的人们（司机、前台人员、业务后勤顾问）都知道达到100%的互动式营销成功的目标。联邦快递公司也知道，除非服务提供者具有提供优质服务所需的奖励支持系统，否则，100%的成功是不可能的。另外，与员工的广泛沟通也是全体员工发挥积极性和创造性的关键。对员工的支持和公平对待换来了联邦快递员工的高度忠诚，并保持对顾客的承诺。

思考题：

联系"联邦快递公司"的案例，阐述三位一体理论中所描述的六种关系。

（二）情景演练

结合服务营销体系图，了解当地某通信运营企业的服务营销体系构成。

任务四　如何理解服务营销的要素组合

问题引入

市场营销组合是市场营销中的最基本概念，它由组织可以控制、能使顾客满意或与顾客沟通的若干因素构成。由于服务的特殊性，需要对服务营销组合进行进一步的调整和扩展。那么，服务营销组合由哪些要素组成？服务营销组合与产品市场营销组合有什么区别？如何进行服务展示的管理？这是在本任务环节需要掌握的内容。

任务要求

1. 识记：扩展的服务营销组合 7P。
2. 领会：服务营销组合与产品市场营销组合的比较、4P+3R。
3. 应用：如何进行服务展示的管理。

名家名言

经理们需要更好地理解他们所拥有的能创造氛围的资源与他们想为顾客创造的体验之间的关系。

——让–查尔斯·舍巴（Jean-Charles Chebat）

案例引入

（一）案例描述

背景音乐对饭店顾客惠顾行为的影响

国外一些学者曾经专门对背景音乐对饭店顾客惠顾行为的影响进行了研究，该项研究得出了许多重要的研究结论（见表1–2）。

表1–2　背景音乐对饭店顾客惠顾行为的影响

顾客行为 \ 背景音乐	慢节奏音乐	快节奏音乐
时间	29 分钟	27 分钟
顾客在餐桌停留时间	56 分钟	45 分钟
进入饭店的顾客离去率	10.5%	12%
食品购买金额	55.81 美元	55.12 美元
饮料及酒类购买金额	30.47 美元	21.62 美元
毛利	55.82 美元	48.62 美元

从上述实证研究资料我们可以看出，在饭店中，背景音乐会对顾客消费行为产生很大的影响。在快节奏背景音乐中，就餐的顾客会相应缩短就餐时间，其消费金额也会相应下降。例如，音乐节奏不同时，毛利的差距竟然达到了 7.2 美元，这是一个相当惊人的数字。

（二）案例分析

该案例对服务企业的启示是：无论是背景音乐，还是服务场所的灯光、温度、装饰等，都会对顾客的服务质量感知、顾客的心理和消费行为产生重要的影响。企业应当善于利用有形证据，最大限度地将无形的服务"有形化"，从而降低顾客对服务质量感知的难度，使顾客的购买动机顺利转化为购买行为。

从上面的分析可以看出，服务的营销与有形产品的营销存在着相当大的差异，这种差异源自于服务自身的特性。也正因为两者的特性不同，使得服务营销组合由原来的 4P 扩展到现在的 7P。

知识内容

（一）传统营销组合的 4P

市场营销组合（Marketing Mix）是现代营销学理论中一个重要的新概念。这一概念是 20 世纪 50 年代由美国哈佛大学的鲍敦（Borden）教授首先提出来的，之后受到学术界和企业界的普遍重视和广泛运用。

所谓市场营销组合，也就是企业的综合营销方案，即企业针对目标市场的需要对自己可控制的各种营销因素优化组合和综合运用，使之协调配合，扬长避短，发挥优势，以取得更好的经济效益和社会效益。

企业可控制的营销因素很多，可分成几大类，最常用的一种分类方法是 E·J 麦卡锡提出的，即把各种营销因素归纳为四大类：产品（Product）、价格（Price）、地点（Place）和促销（Promotion），因这 4 个词的英文首字母都是 "P" 故简称 4P。所谓市场营销组合，也就是这 4 个 "P" 的适当组合与搭配，它体现着现代市场营销观念中的整体营销思想。

市场营销组合是一个多层次的复合结构。四个 "P" 之中又各自包含若干小的因素，形成各个 "P" 的亚组合。因此，企业在确定营销组合时，不但应求得四个 "P" 之间的适当搭配，而且要注意安排好每个 "P" 内部的搭配，使所有这些因素达到灵活运用和有效组合。

市场营销组合又是一个动态、整体性的组合。每一个组合因素都是不断变化的，是一个变数，同时又是互相影响的，每个因素都是另一个因素的潜在替代者。在四个大的变数中，又各自包含着若干小的变数，每一个变数的变动，都会引起整个营销组合的变化，形成一个新的组合。

由此可见，市场营销组合是企业可控因素多层次的、动态的、整体性的组合，即具有可控性、复合性、动态性和整体性的特点。它必须随着不可控的环境因素的变化和自身各个因素的变化，灵活地组合与搭配。

市场营销组合这一概念的提出与应用，是建立在企业经营指导思想从 "以生产为中心" 转变为 "以消费者为中心" 的基础上的。在第二次世界大战以前，企业经营指导思想实质是以生产为中心，企业的每个职能部门都发展自己的经营观点，从自己的部门的业务出发，强调各自的重要性及各自独立地运用某种手段。如生产管理部门负责人只考虑如何降低成本，生产出质地优良的产品；采购部门只考虑如何买到优质价廉的生产资料，并能按期进货；财务部门仅考虑如何节约财政开支；销售部门则仅考虑如何能以高价销售产品。可见，企业中的各职能部门均力求实现自己的目标。尽管各职能部门各自采取的措施会直接或间接地影响消费者的利益，但由于企业缺乏一个从整体上考虑消费者需求的计划与机构，因而不可能协调各职能部门之间的矛盾，也就不可能以消费者为出发点以及从整体上满足消费者的需求。第二次世界大战以后，特别是 20 世纪 50 年代后，企业经营观念发生了根本的变化。因而，客观上要求企业营销必须从整体上满足消费者需求，这就要求企业建立统一的营销组织，以便于领导与协调各职能部门的活动，提高企业营销效益。

(二)扩展的服务营销组合 7P

尽管鲍敦和麦卡锡的市场营销组合一直被广泛重视和运用。但是,如果要将他们的营销组合策略有效地应用于服务市场营销,还必须将他们的某些观点加以调整,理由如下:

首先,最初的营销组合,是根据制造业的情况确定的,鲍敦原来的组合源自于对制造业的案例研究和调查,也就是那些制造实物产品的厂商。因此他的营销组合中的要素,与制造业密切相关。这些要素组合并不能很好地满足服务业的需要。服务产品的非实体性特征很强,这些组合不见得能配合所需。

其次,服务业的营销实务从事者认为营销组合内容不足以涵盖服务业的需要。有些研究报告显示,服务业管理者发现,与制造业相比,他们必须要应付一些显然不同性质的问题。例如:维持服务质量的问题、从事服务的人成为"产品"的一部分、服务产品不能储存。

最后,越来越多的证据显示,营销组合的层面和范围,不适应于服务业营销。以上种种,足以说明有必要重新调整营销组合以适应服务营销。例如,以现在的结构和背景,提供或从事服务的人并没有想到现有的布局、气氛和陈列方式的问题,但这些问题可能对某些服务的购买,具有重要影响。事实是有一系列的要素是传统营销组合框架所未能涵盖的。

因此,为服务业营销管理设计修正的营销组合框架是必要的。20 世纪 80 年代初,市场营销学家布姆斯(Booms)和比纳(Bitner)将服务业营销组合修改和扩充为七个要素,即产品(Product)、定价(Price)、地点或渠道(Place)、促销(promotion)、人员(People)、有形展示(Physical Evidence)、过程(Process),简称 7P。在制定营销组合战略时,服务营销人员需要考虑这些组合要素间的关系,如图 1-9 所示。

修正后的服务营销组合包括三项添加的要素(人员、有形展示和过程),这 7 项要素可以说是许多服务营销方案的核心,其中的任何一项要素都会关系到整体方案的成败。在服务营销中,传统的 4P 也发生了相应的变化和调整。表 1-3 对产品市场营销和服务营销中的 4P 进行了比较。

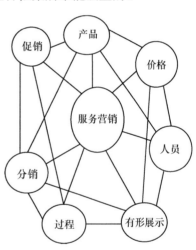

图 1-9 扩展的服务营销组合

表 1-3 服务营销组合与产品市场营销组合的比较

营销组合	产品	价格	渠道	促销	人员	有形展示	过程
服务	服务范围 服务质量 服务水准 服务品牌 包装 保证	灵活性 区别定价 折扣 认知价值 付款条件	渠道设计 店面位置 可用的网络 仓储运输	媒介类型 广告 宣传 公共关系 个性服务 营业推广 人员推销	员工招聘 员工培训 内部营销 顾客参与程度 顾客教育 顾客行为	员工服装 设施设置 色彩 声音 招牌 招贴画	活动流程 标准化 定制化 员工授权 顾客参与

续表

营销组合	产品	价格	渠道	促销	人员	有形展示	过程
有形产品	产品线 产品组合 包装 品牌 质量 售后服务	折扣 付款条件 价格变动 贸易折扣	渠道选择 渠道设计 运输 仓储 递送服务	广告 人员推销 媒体选择 公共关系 营业推广			

1. 产品（product）

产品要素强调的是：企业要设计和生产符合顾客需求的实体商品和服务。在服务产品策略中，企业还必须特别考虑提供服务的范围、服务的质量和服务的水准以及服务的品牌等因素。

2. 价格（price）

价格要素强调企业应该为能够满足顾客需求的产品与服务制定具有竞争力的价格。在服务产品营销策略中，价格不仅是与顾客支付能力相关的重要因素，而且也是顾客判断服务质量的重要依据，他们根据自己对认知价值的理解来评判服务的价值。因此，服务价格策略应该更注重定价的灵活性、价格与服务定位的匹配性以及服务产品的区别定价等因素。

3. 渠道（place）

渠道要素指的是企业为了将产品交付到目标市场而建立有效的分销渠道。服务场所的店面位置、仓储及运输的可达性及其覆盖的地理范围等因素，在服务营销的渠道策略中显得至关重要。而且，时至今日，对于许多服务产品而言，特别是对于新兴的网络通信服务来说，互联网络都成为重要的渠道之一。

4. 促销（promotion）

促销强调企业为促进产品销售而从事特定的信息传播活动。在服务营销中，促销更注重向不同顾客传递不同的信息。为了塑造和提升顾客的忠诚度，企业往往要为他们提供个性化的服务和信息。因此，企业应该面向存在不同需求的顾客传递不同的服务信息、采取不同的促销策略。

5. 人员（people）

确切地说，人员要素应该是参与者，是指参与到服务过程中来并对服务结果产生影响的所有人员，可能包括企业的员工、顾客和处于服务环境中的其他人员。企业员工的着装、仪表、态度和行为等因素，都会影响到顾客对服务的感知。实际上，对于某些服务，如顾问、咨询服务和教练以及其他基于关系的专业服务，提供者本身就是一种服务。同时，员工也担当着企业兼职营销人员的责任，他们代表着企业的形象。因此，企业必须对员工进行培训、指导和激励，并通过竞争来保证员工能够按照企业的承诺向顾客提供服务和有效地处理各种突发事件。同时，由于服务的过程性（不可分割性），顾客自身也会参与到服务过程中来，他们也会对服务质量与服务感知产生重要影响，他们的态度也会影响其他顾客对服务质量与服务过程的感知。例如，在美容服务中，顾客自身需求对服务提供者制定的美容护理方案的影响非常大，而且其合作与否的态度也会对服务质量产生巨大影响。此外，处于服务环境中的其他人员也影响着服务生产与服务消费过程。例如，持有某银行贵宾卡而能够享受到特殊服务的人，往往会因为其他人的羡慕而提高对服务质量的感知和服务价值的认同。

6. 有形展示（physical Evidence）

服务有形展示包括服务环境（如装潢、音乐和员工服饰等）、服务过程中的实物设施（如游乐场的各种游玩设备）以及其他有助于服务的生产、消费和沟通的有形要素。需要强调的是：有形展示的存在，一定要使服务变得更加便利或者能够提高服务质量和生产率。例如，服务地点（服务场所）应该有便利的交通、方便的停车场、醒目的店面标志以及令人感到舒适的外部环境等；对于连锁服务机构来说，内部设施应该拥有一致的装潢（如色调、外观和照明等），而且盥洗室和柜台等都应考虑到顾客的需要、偏好和便利性。

7. 过程（process）

过程因素指的是服务交付的流程和运营系统。服务过程是顾客对服务质量产生感知的关键所在，构成了顾客对服务质量的评价过程。其中，过程要素主要包括服务任务流程、服务时间进度、标准化和定制化等因素。在向顾客提供之前，服务一般都是一样的。不同的人在不同的时间、不同地点的参与，才使服务过程呈现出不同的结果。因此，服务设计要考虑到服务的生产与交付过程性以及顾客的真正需求。值得指出的是，具有不同市场定位的企业，往往在服务过程的设计上呈现较大的差异，因此无法简单地判断孰优孰劣。例如，有的企业以提供高度标准化的服务过程为主，如麦当劳、肯德基；有的企业则以提供个性化服务过程为主，如美容店。事实证明，它们在市场上都有可能获得成功。

（三）4P+3R

关系营销的兴起和关系营销所带来的收益，也促使人们开始关注营销中的顾客满意和顾客忠诚问题，以顾客忠诚为标志的"顾客份额"因为会对利润产生更大的影响而备受关注，而且所受的关注程度甚至远远超出了对市场份额的关注程度。在这种情况下，不少学者和企业重新界定了服务营销组合，提出来了 4P+3R 服务营销组合策略。其中，4P 仍然是传统的市场营销组合：产品、价格、渠道和促销，3R 则是指顾客挽留、相关销售和顾客推荐。下面就对 3R 加以诠释。

1. 顾客挽留（retention）

顾客挽留是指通过持续地、积极地做出与顾客建立长期关系的努力，以维持与保留现有顾客，并取得稳定的收入。不少研究和企业实例已经表明：老顾客往往可以比新顾客更能给企业带来利润。一般而言，随着老顾客对企业越来越熟悉，企业对这些顾客的市场营销费用也越来越低，对顾客的服务费用也会下降；同时，由于存在着一定的转移成本，老顾客不会轻易转向其他企业，对价格的敏感程度也不会太高。因此，长期与顾客保持联系能为企业带来持续的利润增长。例如，莱希赫尔德（Reichheld）的研究表明：如果企业的顾客挽留率维持在每年增加 5 个百分点，则企业的顾客基数每 14 年就会翻一番，倘若每年维持 10% 的增长优势，那么每 7 年即可以实现成倍增长。

2. 相关销售（related sales）

所谓相关销售，是指企业将新产品销售给老顾客。由于与企业保持联系的老顾客对企业产品建立了消费信心，因此不但新产品的推广费用可以大大降低，而且推广时间也会缩短。同时，老顾客在购买新产品的时候，对价格也不是很敏感。因此，相关销售的利润率通常会较高。另外，企业也可以根据对老顾客的了解而围绕原产品设计开发出新产品，这类产品更能满足消费者的需求，从而为企业带来新的利润增长点。实际上，现在人们常说的交叉销售和升级购买行为等都是相关销售的具体表现形式。

3. 顾客推荐（referral）

提高顾客满意度和忠诚度的最大好处之一，就是忠诚顾客对其他潜在顾客的"推荐"。顾客往往要面对大量的广告信息或宣传信息，因此更倾向于重视朋友与亲人的推荐，尤其是拥有产品使用经验的人的推荐。美国消费者协会近几年所做的一项调查研究显示：一般而言，高度满意与忠诚的顾客至少会向5个人推荐自己所使用的产品，而对产品不满意的顾客会告诉11个人。由此可见，顾客的满意程度将会对企业形象和企业声誉产生积极的或消极的影响，从而影响企业的获利能力。

通过上述分析可以发现，任何类型的服务营销组合都以传统的4P为基础，包含着传统营销组合的各种要素，而且会结合服务的特性给传统的产品、定价、渠道和促销赋予某些新的含义或要求，但同时也会结合服务过程与服务结果感知引入关系营销、顾客满意、顾客忠诚等组合因素。在顾客的重要性越来越大的服务经济时代，只有提高顾客满意度与忠诚度才能确保企业的长期利益。

技巧与方法

服务展示管理不仅是营销部门的工作，企业的每个员工都有责任传送有关服务的适当线索。如何进行服务展示的管理？下面就如何进行服务展示的管理列出一份行动的清单：

（1）有一套高效的方法来进行服务展示管理：对顾客可能感觉到的有关服务的每一件事都给予充分的重视。

（2）积极地进行服务展示管理：积极地分析如何使用有形因素来强化服务概念和服务信息。

（3）对细节进行很好的管理，关注"小事情"。举例来说，我们保持了服务环境的一尘不染吗？如果我们的霓虹灯忽然坏了，我们是立即换呢还是过后再换？我们作为管理人员有没有举例向员工说明没有任何细节小到不值得管理？

（4）将服务展示管理和市场营销计划结合起来。例如，当我们作出环境设计的决定时，是否考虑到这一设计能否支持高层管理营销策略？我们作为管理人员，是否熟知展示在市场营销计划中的作用，进而对计划作了有益的补充？作为管理人员我们知道在营销计划中有什么是首要的吗？

（5）通过调查来指导服务展示管理。例如：我们预先有否测定我们的广告向顾客传递了什么样的信息？在服务设备设计过程中，我们征求过顾客和员工的意见吗？我们有没有雇佣"职业顾客"按照清洁度、整齐度、营销工具的适用性等标准对我们的服务环境作出评价？我们作为管理人员，在提高公司整体形象过程中，是如何运用环境设备和其他展示形式的呢？

（6）将服务展示管理的主人翁姿态扩展到整个组织范围：在服务营销中，向员工讲授服务展示管理的特点和重要性；向组织内的每个人提问，让他们回答个人在展示管理中的责任。

（7）在服务展示管理过程中富有创新精神。例如：我们所做的每件事都有别于竞争者和其他服务提供者吗？我们所做的事有独创性吗？我们是在不断地提高展示水平使之合乎时尚呢，还是跌入沾沾自喜、自鸣得意之中？

（8）对第一印象的管理。例如：和顾客早期接触的经历是否给我们留下了深刻印象？我们的广告、内部和外部的环境设备、标志物，以及我们员工的服务态度对新顾客或目标顾客是颇具吸引力呢，还是使他们反感？

（9）对员工的仪表进行投资：向员工分发服装并制定符合其工作角色的妆扮标准；对于负责联系顾客的员工，考虑为其提供服装津贴；考虑提供个人妆扮等级津贴。

（10）以员工进行服务展示管理：使用有形因素使服务对员工来说不再神秘；使用有形因素来指导员工完成其服务角色；工作环境中的有形因素充分表达管理层对员工的关心。

实战演练

（一）案例分析

麦当劳（MeDonald）公司是世界上最大的快餐集团。它的成功归因于以下几点：

（1）明确的企业理念。

麦当劳的企业理念是"Q、S、C+V"，即向顾客提供高质量的产品；快速、准确、友善的优良服务；清洁优雅的环境及做到物有所值。麦当劳几十年遵守这个理念，始终如一地落实到每项工作和员工的行动中去。

① Q（Quality）即质量。

麦当劳制定了一套严格的质量标准。例如，要求牛肉原料必须挑选精瘦肉，不能含有内脏等下水货。马铃薯要贮存一定时间，以调整其淀粉糖的含量。在保证质量的同时，还竭尽全力求"快"——要在50秒钟内制出一份牛肉饼、一份炸薯条及一杯饮料，烧好的牛肉饼出炉后10分钟及法式薯条炸好后7分钟内若卖不掉就必须扔掉。

② S（Service）即服务。

在麦当劳餐厅内就餐，会受到员工的微笑服务。"微笑"是麦当劳的特色，所有店员都面露微笑，让顾客觉得很有亲切感。麦当劳还会设置小型游乐园，让孩子能在此游玩，充分体现麦当劳的关怀。

③ C（Cleanness）即清洁。

麦当劳在对员工的行为规范中明文规定：男士必须每天刮胡子，修指甲，随时保持口腔清洁，经常洗澡，工作人员不留长发；女士要带发网；顾客一走便要清理桌面，丢落在客人脚下的纸片要马上捡起来。所有员工必须遵守这样一条规定："与其背靠墙休息，不如起身打扫"。

④ V（Value）即价值。

麦当劳强调"提供更有价值的高品质物品给顾客"的理念。麦当劳公司的食品不仅质量优越，而且所有的食品所包含的营养成分也是在经过严格的科学计算之后，根据一定的比例配制的。由于这些食品不仅营养均衡丰富，而且价格公道合理，因此顾客可以在明亮的餐厅环境中，心情愉快地享用快捷而营养丰富的精美食品。

（2）严格统一的行为规范。

为了使企业理念"Q、S、C+V"（质量、服务、清洁、价值）能够在连锁店贯彻执行，保持企业稳定，每项工作都做到标准化、规范化，即"小到洗手有程序，大到管理有手册"，与此同时，还制定出了一套考核加盟者的办法，使一切都有章可循，有"法"可依。

（3）麦当劳的企业标志。

麦当劳（McDonald's）取其英文名称的第一个字母 M 为标志，标准色采用金黄色，象征双臂打开的黄金双拱门，表示欢乐与美味，象征着麦当劳以"Q、S、C+V"像磁石一般不断地把顾客吸进这座欢乐之门。麦当劳叔叔是麦当劳的吉祥物，他亲切幽默，象征着祥和、友爱和欢乐。

总之，麦当劳识别标志——金黄色双拱门"M"，简洁、醒目，麦当劳叔叔的形象喜庆、友善、可爱、可亲，这首先从视觉识别上、心理上吸引住了顾客，给人们留下深刻而良好的印象。

思考题：

（1）以上案例，突出了服务营销组合 7P 的哪些要素？

（2）麦当劳的服务要素有何特点？

（二）情景演练

假若你是某电信营业厅客服经理，请为该营业厅设计服务要素组合。

本章小结

- 由于市场竞争的加剧，越来越多的企业认识到服务的重要性，它已经不仅仅是服务企业经营的核心，也被认为是获得竞争优势和形成产品差异化的关键手段，是所有企业在市场竞争中取胜的关键。

- 服务的基本特征包括无形性、差异性、不可分离性、不可储存性和缺乏所有权。服务的分类方法有：休斯分类法、科特勒分类法、洛夫劳克分类法。

- 服务营销是指在充分认识顾客需求的前提下，以顾客导向为理念，通过相互交换和承诺以及与顾客建立互动关系来满足顾客对服务过程消费的需求。服务营销学是研究服务营销理论与实践的学科，其发展大致经历了 4 个阶段。服务营销的核心是满足顾客对服务产品的需求，手段是一系列整合的营销策略，目的是达成市场交易，实现企业预定的目标。

- 服务营销与市场营销的区别在于：产品特点不同、顾客参与服务的生产过程、服务的供求平衡更为重要、容易产生"形象混淆"、分销特点不同、需要更多的运营成本和管理成本。服务、营销服务、服务营销的区别在于：服务是销售人员、客服代表的工作，他们要向客户微笑，需要处理好客户的抱怨和异议；营销服务发生于成功销售之后，属于成本部分，它是一线人员的工作，不能为企业创造利润；服务营销是营销重要的组成部分，是从战略层面切入，整合战略、战术，服务给企业带来丰厚的利润。

- 服务营销体系实际是消费者接触或了解服务企业的各种途径，其各个组成部分都向消费者表明服务的性质和服务的质量，包括服务人员、服务设施和服务设备以及其他接触。服务营销三角形，由外部市场营销、内部市场营销和互动市场营销三个核心部分构成，并形成了企业、一线员工与顾客之间的三种关系：外部市场营销——建立关系、互动市场营销——维持关系、内部市场营销——支持关系。三位一体理论揭示了市场营销、生产和人力资源职能之间的六种相互依赖关系，企业必须努力确保这些职能共同为顾客提供服务。

● 服务营销要素组合理论包括：传统的 4P 营销组合，即产品、定价、渠道、促销；7P 服务营销组合，即产品、定价、渠道、促销、人员、有形展示和过程；4P+3R 的关系营销组合，即产品、定价、渠道、促销、顾客挽留、相关销售和顾客推荐。

● 进行服务展示管理的方法有：有一套高效的管理方法、积极地进行服务展示管理、对细节进行很好的管理、将服务展示管理和市场营销计划结合起来、通过调查来指导服务展示管理、将服务展示管理的主人翁姿态扩展到整个组织范围、富有创新精神、重视对第一印象的管理、对员工的仪表进行投资、以员工进行服务展示管理。

第二章

服务营销战略

本章结构图

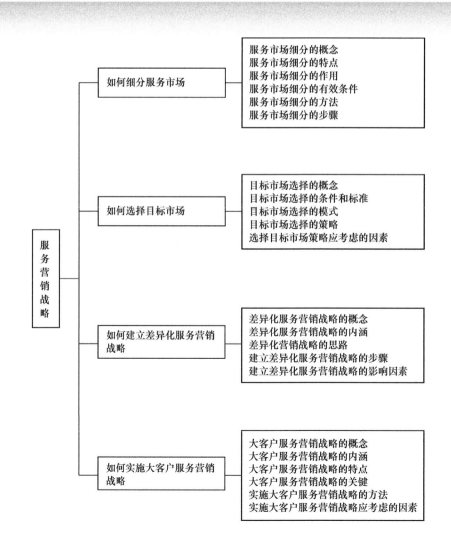

第二章　服务营销战略

问题引入

服务营销战略是指服务企业为了谋求长期的生存和发展，根据外部环境和内部条件的变化，对企业所作的具有长期性、全局性的计划和谋略。任何一个企业都有为数众多、分布广泛的客户，由于影响客户需求的因素是多种多样的，服务需求具有明显的个性化和多样化特征。因此，每个企业在实施其服务营销战略时都需要把其服务市场或客户进行细分，在市场细分的基础上选择目标市场，有针对性地开展服务营销战略，才能取得良好的营销效益。那么服务市场如何细分？目标市场如何选择？常见的服务营销战略有哪些？各有什么特点？如何实施？这些都是本章需要解决的问题。

本章内容

本章分四个任务介绍细分服务市场、定位目标市场、建立差异化服务营销战略、实施大客户服务营销战略。

本章要求

1. 识记：市场细分的概念和特点、目标市场定位的含义、差异化服务营销战略的概念、大客户服务营销战略的概念。
2. 领会：市场细分的作用和有效条件、目标市场定位的过程和步骤、差异化服务营销战略的特点、大客户服务营销战略的特点。
3. 应用：市场细分的方法和步骤、目标市场定位的技巧与原则、建立差异化服务营销战略的方法和技巧、实施大客户服务营销战略的方法和技巧。

任务一　如何细分服务市场

问题引入

没有一种产品或服务能吸引所有的顾客，因此有效的营销战略要求企业将服务市场细分成具有相同特征的不同部分，了解各个部分的需求特征，通过服务产品的差异化来建立竞争优势。那么究竟什么是服务市场细分？服务市场细分的特点和有效条件有哪些？服务市场细分的方法和步骤是怎样的？这是在本任务环节需要掌握的内容。

任务要求

1. 识记：服务市场细分的概念和特点。
2. 领会：服务市场细分的作用和有效条件。
3. 应用：服务市场细分的方法和步骤。

名家名言

任何一个市场的顾客都是有差异的，他们有不同的需要，寻求不同的利益，我们需要对市场进行细分，而不是仅仅停留在产品差异上。

——【美国】营销学家 温德尔·史密斯

案例引入

春秋航空公司的赚钱秘诀

（一）案例描述

受全球经济低迷影响，我国民航业经营举步维艰，国航、东航、南航三大航空公司均出现了巨亏数十甚至上百亿元的情况。当然，在全行业几乎都亏损的民航业，也有少数几家凭借着有特色的经营，业绩斐然，春秋航空公司就是其中的代表。2005年7月18日，春秋航空股份有限公司作为中国第一家民营低成本航空公司正式开航。经过10余年的发展，春秋航空已然成为中国最大的低成本航空公司，市场前景广阔，并于2015年1月上市，被称为"民营航空第一股"。2015年，春秋航空平均客座率92%，客户满意度达97%，大幅超过同行业平均水平。

搭乘春秋航空的飞机遨游蓝天要容忍这样的事实：比老牌航空公司略微狭小的座椅空间；餐食要自掏腰包，只有一瓶330毫升的免费矿泉水；除此之外，行李箱的重量要格外留意，这里的免费行李额度通常要比老牌的航空公司低5千克……

也许你仍然会选择它，原因很简单，它能提供与火车硬卧一较高低的票价：99元、199元、299元。如果运气好，还能买到1元钱的飞机票。此外，还有美丽大方的空姐提供跪蹲式服务，想想看，这是在老牌航空公司头等舱才可能享受到的待遇。

作为国内首家打出低成本概念的民营航空公司，春秋航空采取高客座率和高效率、低营销费用和低管理费用、单一机型和单一舱位等策略来体现成本优势。而为了鼓励旅客网上购票，春秋航空在每条航线上都推出了99系列特价票，票价相当于2折左右，该特价票仅限网上或手机订购。其他舱位网上购票也低于门市30元/张。

省钱有道，春秋航空赚钱秘诀又是什么呢？春秋航空总经理王正华说，春秋航空的目标客户定位在三个层面：旅游客户——这是春秋国旅的老客户；自掏腰包的商务旅客——这部分群体对价格敏感；年轻的都市白领——他们赚的钱多，但是花钱的地方也很多，而且他们上网购买机票的能力很强。第一部分主要依赖春秋国旅年组团200万人次的庞大客源网络，它每年可以为春秋航空贡献40%的旅客量；余下的60%则依靠春秋廉价的机票政策和优质的服务。为了体验乘客的心理，提高服务质量，王正华和管理团队每次都自己装卸行李包和推行李车。他说"只有离客户近了，才能与竞争对手拉远距离。"

（二）案例分析

春秋航空作为我国首家低成本民营航空公司，在激烈的行业竞争中能够获得一席之地，固然与它长期坚持低成本营销战略紧密相关，同时，也与它正确的市场细分与定位分不开。该公司自创立伊始就明确自己的业务范围，面对自己的细分市场，把目标市场定位为三个层面：旅游客户、自掏腰包的商务旅客和年轻的都市白领。所有的经营策略都围绕着节省资金和成本展开，并取得了不俗的经营业绩，最终取得了成功。

知识内容

没有太多的服务企业能够依赖没有差异性的营销办法去获得最大的利润回报。更多的服务提供者通过瞄准更可能购买他们服务的那些细分市场,并提供有所差异的服务,以求提高他们的业绩。

（一）服务市场细分的概念

市场作为一个复杂而庞大的整体,由不同的购买个体和群体组成。由于这些购买个体和群体在地理位置、资源条件、消费心理、购买习惯等方面存在差异,在同类产品市场上,会产生不同的购买行为。所谓服务市场细分是指服务企业根据消费者需求的差异,按照细分变量将某一整体服务市场划分为若干个消费群体,每一个消费群体都是一个具有相同需求或欲望的细分子服务市场,从而找出适合本企业为之服务的一个或几个细分子服务市场的过程。换言之,服务市场细分就是把服务市场分割成界限清晰的消费者子集。这些消费者子集在产品需求上具有同质性,而子集之间的需求属性差异显著。

（二）服务市场细分的特点

（1）服务市场细分的客观基础是顾客需求的差异性。这些差异是客观存在的,它是由消费者所处的不同地理环境及千差万别的文化、社会、个人和心理特征的影响而形成的。因此,市场上任何一项产品或服务如果包含有两个以上的消费者,这个市场就可以细分。

（2）服务市场细分的实质是细分消费者,而不是细分产品。我们知道,市场上的消费者具有各种不同的需求,企业进行细分,就是要辨别具有不同需求与欲望的消费者,然后把需求与欲望基本相同的消费者归为一类,这样就可以把一个整体市场划分成若干细分市场,即"异中求同"。由此可知,市场细分并不是一个单纯的市场分解过程,它实质上是通过市场分解,把那些需求特点相似的顾客聚合在一个群体中,因此,分解是手段,聚合才是目的。

（3）服务市场细分的原则是：各细分市场之间,需求差异应尽可能大；各细分市场之内,需求差异应尽可能小。即各个不同的细分市场之间,消费者的需求存在着明显的区别；而在每个细分市场内,消费者的需求却具有相似性。

（4）服务市场细分的最终目的是选择和确定目标市场,制定最佳市场营销战略,达到企业预期的目标。

（三）服务市场细分的作用

在当今人们生活水平不断提高、消费需求日益多样化、产品和服务市场越来越广的社会中,服务市场细分是一项很重要的市场营销策略。实践证明,服务企业科学、合理地进行市场细分,就可以更好地为顾客服务,开展有效的竞争,达到企业的盈利目标。具体地说,市场细分的作用有以下几点：

（1）有利于发掘市场机会,开拓新市场。通过市场细分,服务企业可以对每个细分市场进行了解,掌握不同市场顾客群的需求,从中发现各细分市场的购买者的满足程度,同时,分析和比较不同细分市场中竞争者的营销状况,着眼于需求未满足而竞争对手又较弱的细分市场,寻找有利的市场营销时机,开拓新市场。

（2）有利于调整市场营销策略。在细分市场基础上,企业选择目标市场,并制定特殊的销售策略,满足不同目标市场顾客的需求。这样,就可以有针对性地了解各细分市场需求的变化，迅速而准确地反馈市场的信息，使企业有比较灵活的应变能力，如舒肤佳以前以销售香皂为主，其产品以杀菌去污强、清爽舒适、不刺激皮肤而在市场上建立了信誉。后来该企业了解到某些消费者群对液体泡沫的沐浴露有需求，于是推出了沐浴露生产线，设计了新配方，价格也随之发生了变化。

（3）有利于集中人力、物力投入目标市场。对于竞争力弱的企业，细分市场更加有效，因为这些企业资源能力有限，在整体市场上缺乏强有力的竞争能力和手段，通过市场细分，可选择符合自己需要的目标市场，集中有限的资源能力，去取得局部市场上的相对优势。

（4）有利于分配市场营销预算。通过市场细分，企业可以了解不同细分市场群的顾客对市场营销措施反应的差异，对产品的需求状况，据此将企业营销预算在不同细分市场群上进行分配。这样，可以避免企业资源的浪费，使资源用于适当的地方。一般来说，企业应当把注意力与费用分配到潜在的、最有利的细分市场上，以提高经济效益。

（四）服务市场细分的有效条件

对服务市场进行细分的方法有很多，但是并非所有细分方法都能行之有效。对大米的购买者进行年龄的市场细分就毫无意义。因此，要想使细分市场充分发挥作用，必须具备如下条件。

1. 可衡量性（measurability）

可衡量性是指细分市场的特征、规模和购买力等的可衡量程度。有些细分变量很难衡量。例如，我国有 9 000 万左撇子，但是绝少有产品是针对左撇子市场的。主要问题在于很难找到和衡量这个市场。没有有关左撇子人口的统计数据，而且人口普查局也没有相关的调查记录。

2. 可接近性（accessiblity）

可接近性是指能有效接触和服务细分市场的程度。假定某香水公司发现本公司品牌的经常使用者是回家晚、社交活动多的单身女人和男人。那么除非这些人在某些地方居住或者购买东西，并且接触某些新闻媒体，否则就很难接触到他们。

3. 足量性（substantiality）

足量性是指细分市场的容量够大或其获利性够高，达到值得公司去开发的程度。细分市场应是值得专门制订营销计划去追求的最大同类顾客群体。例如，汽车制造商如果为身高不足 4 英尺的侏儒生产汽车，则会得不偿失。

4. 可行动性（actionability）

可行动性是指要拟订有效营销方案以吸引和服务细分市场的程度。例如，一家小型航空公司发现了 5 大细分市场，但是它的雇员太少，所以不能为每个细分市场单独制订市场营销方案。

技巧与方法

案例分析与知识内容阐述了服务市场细分对于企业的重要意义，那么如何对服务市场进行细分呢？服务市场细分的方法与步骤是怎样的？

（一）服务市场细分的方法

服务市场细分主要是依据一定的细分变量来进行的，运用一系列的细分变量可以把一个市场细分为多个市场。细分的方法可以分为两种：一是根据顾客特征细分市场；二是通过顾客对产品的反应细分市场。如图 2-1 所示。

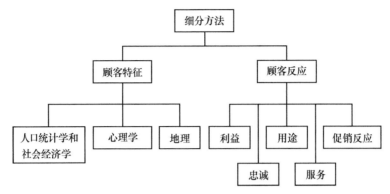

图 2-1　服务市场细分的方法

1. 人口统计和社会经济因素细分

人口统计学的细分变量包括年龄、性别、家庭人数、生命周期等。社会经济学细分变量主要是指收入水平、教育程度、社会阶层和宗教种族等。这些人口变量和需求差异性之间存在着密切的因果关系。不同年龄、不同文化水平的消费者，会有不同的生活方式，因而对同一产品和服务必定会产生不同的消费需求；而经济收入的不同，则会影响人们对某一产品和服务在质量、档次等方面的需求。在实际工作中，某些行业一直按照一个人口变量来细分市场。比如，服装、化妆品市场一直就是按照性别细分市场；而汽车、旅游等行业则是按照收入来进行市场细分的。但是，也有许多公司依据"多变量细分"，即依据两个或两个以上的人口变量来细分市场。

2. 心理因素细分

影响消费者需求的心理因素，如生活方式、个性、购买动机、购买习惯等，都可作为细分服务市场的依据，尤其是当运用人口和社会经济因素难以清楚地细分服务市场时，结合考虑顾客的心理因素如消费者个性特征等将会变得有效。许多服务企业已越来越倾向于采用心理因素进行市场细分。例如中国移动校园品牌动感地带，针对新一代大学生以自我为中心、追求特立独行的心理，设计广告宣传语"动感地带，我的地盘我做主"，受到大学生的追捧，在高校通信市场占有绝对地位。

3. 地理因素细分

这是根据顾客工作和居住的地理位置进行市场细分的方法。由于地理环境、气候条件、社会风俗和文化传统的影响，同一地区的消费者往往具有相似的消费需求，而不同地区的消费者在需求内容和特点上有明显差异。如俗话所说的"一方水土养一方人"。生活在草原和山区、内陆和沿海、温带和寒带、城市和乡村的人们有各自不同的需求和偏好。不仅如此，处于不同地理环境中的消费者对企业所采取的营销策略也会有不同的反应。例如，对同一种产品的广告宣传，城市消费者讲究时代感，农村消费者看重的则是实在、朴实。

4. 顾客利益细分

顾客之所以购买某项服务是因为他们能够从中获得某种利益。因此，可以根据顾客在购买过程中对不同利益的追寻进行市场细分。这种方法与前面几种方法不同，它侧重于消费者的反应，而不是产品的购买者本身。例如服装生产者可以把服装定义为：舒适，廉价，品牌等，并根据这三个特性将客户设置为三个不同的市场群，为各自的客户群体推出符合他们需要的产品。

5. 用途细分

用途细分就是根据顾客对产品的使用方式及其程序进行细分。据此，顾客大体上可以被分为经常使用者、一般使用者、偶尔使用者和不使用者。服务企业往往关注那些经常使用者，因为他们比偶尔使用者的使用次数要多得多。所以电信部门将企事业单位中使用通信业务多、种类全、资费高的单位称作"大客户"，并专门设立"大客户部"给予"大客户"服务和价格上的特别优惠。

6. 促销反应细分

这是根据顾客对促销活动的反应进行市场细分的方法。显然，不同的顾客对于诸如广告、销售推广、室内演示和展览等促销活动的反应是各不相同的。例如，春秋航空公司针对年轻的都市白领推出网上订票优惠措施，就是考虑到现代的年轻都市白领是属于互联网的新一代，上网能力强。与传统的电话预定相比较，年轻人更容易接受网上订票。

7. 服务要素细分

这是根据顾客对企业服务的反应进行细分。了解顾客对企业服务产品中不同要素的看法及反应将非常有助于企业设计合理的服务产品组合。例如参加旅游团，有些游客看重交通工具、有些游客看重食宿，有些游客看重导游素质等，各有侧重点。利用服务要素进行细分时通常要考虑如下三个问题：

（1）是否存在拥有同种服务要求的顾客群体？

（2）企业能否使自己的产品差异化？

（3）是否所有的产品都需要同一水平的服务？

（二）服务市场细分的步骤

借鉴美国营销学家麦卡锡首先提出的细分市场的七个步骤，可以对服务市场的细分步骤列举如下：

（1）选定产品市场范围，当企业确定市场细分的基础之后，必须确定进入什么行业，生产什么产品，为哪些人服务。产品市场范围应以顾客的需求，而不是产品的本身特性来确定。

（2）列出企业所选定的产品市场范围内，所有潜在顾客的所有需求，这些需求多半是心理性、行为性或地理性变数特征。

（3）企业将所列出的各种需求，交由各种不同类型的顾客挑选他们最迫切的需求，最后集中起来，选出两、三个作为市场细分的标准。

（4）检验每一细分市场的需求，抽掉各细分市场的共同需求，尽管它们是西方市场的重要的共同标准，但可省略，而寻求具有特性的需求作为细分标准。

（5）根据不同消费者的特征，划分为相应的市场群，并赋予一定名称，从名称上可联想该市场消费者的特点。

（6）进一步分析每一细分市场的不同需求和购买行为及原因，并了解要进入细分市场的新变量。这样，可能引起重新划分和重新命名细分市场，使企业不断地适应市场变化，在竞争中才能不败。

（7）决定市场细分的大小及市场群的潜力，从中选择使企业获得有利机会的目标市场。

实战演练

（一）案例分析

中国移动的服务细分战略

中国移动通信共有全球通、动感地带、神州行三大个人客户品牌，其中全球通主要针对高端商务人士设计，动感地带主要针对喜欢新潮的年轻一代设计，神州行主要为喜好经济实惠的普通百姓设计。当"全球通"的资费超出低端客户的心理上限时，"神州行"应运而生；当眼花缭乱的移动新业务层出不穷时，"动感地带"又有了精彩的亮相。让企业从价格战的泥潭中解脱出来，中国移动的市场细分战略功不可没。这就印证了一个有趣的逻辑链：初步竞争打破了独家垄断，后来者更是拿资费开刀，祭起价格战的大旗，不健全的监管体系又无力阻止竞争双方一步步滑向"囚徒困境"，由于利益的牵扯还或明或暗地影响到互联互通，给客户通信造成很大的障碍，单一的价格战不会有真正的赢家，市场的无形之手迫使运营商不断进行自我调整，最终仍是通过市场的手段解决竞争的问题。以品牌战略统领企业的所有经营行为，是企业保持市场领先、巩固主导地位的必然选择。有句话说得很形象，防御竞争对手的进攻，首先要学会自己进攻自己。中国移动在细分市场的基础上对强势品牌进行整合，开发出面向中低端客户的"神州行"，让这些客户从"全球通"的品牌中自然剥离，主动维护了"全球通"的高端定位，突出了"专家品质，值得信赖"的卓越气质，使产品的溢价能力并没有随价格的变动而降低，这在近乎同质竞争的移动通信市场中十分难得。中国移动的品牌战略，得到了市场的丰厚回报，短短几年时间，就以超过一亿的客户规模跃居世界首位，企业实力迅速增强，无论是客户份额还是盈利能力，都远远领先于对手，一举奠定了国内移动通信运营商的主导地位。

如果说"全球通""神州行"是按照业务类别进行的品牌划分，"动感地带"就是以客户诉求点为依据开发的崭新的服务品牌。"全球通"突出了国际漫游、网络优越、服务到位、业务齐全并有丰厚的积分回报诸多特点，在其麾下聚集了相对稳定、忠诚度较高的社会精英群体，他们中的大多数作为老客户见证了中国移动的奋斗历程，更贴切地讲是和中国移动携手历经了风雨征程，伴随着中国移动一起走向成功，一句广告词颇有概括力：尽享成功，信赖全球通。而"神州行"的面世，直接原因是受到了来自竞争者的冲击和挑战，免入网费、免入网手续、免月租费的"三免"政策确实达到了让客户省钱、省事、省心的"三省"效果，根据客户需要，"神州行"还可以提供多个亲情号码的通话优惠，在中低端市场上迅速打开了局面，"神州行"与"全球通"高低搭配，相互呼应，对于中国移动巩固市场份额，扩大客户规模贡献卓著。"动感地带"的推出则标志着中国移动的品牌战略向纵深拓展，它糅合了最时尚的增值业务，以更为超值的功能组合直指15~25岁的年轻一代。一句"我的地盘听我的"赋予了中国移动时尚个性的亲和形象，受到目标客户的热忱欢迎。以客户的年龄来设计品牌，有意识地规划和培育明天的市场,虽称不上是通信服务的创新,但对于中国移动乃至整个电信业来说,堪称是划时代的壮举,业内的共识是:"动感地带"的面世,推倒了电信业品牌竞争的第一张多米诺牌。

思考题:
(1)根据有关原理分析中国移动服务市场营销战略的特点。
(2)中国移动服务市场营销战略的启示。

(二)情景演练

假若你是中国电信某区域的营销经理,能否根据本任务所学的知识,对你的服务市场进行细分?

任务二　如何选择目标市场

问题引入

服务企业进行市场细分后,面临着选择目标市场的问题。因为并不是所有的细分市场对本企业都有吸引力,任何企业都没有足够的资源和资金去满足整个市场或追求过大的目标,只有扬长避短,找到有利于发挥本企业现有人、财、物优势的目标市场,才能获取最大的经济效益。那么究竟什么是目标市场选择?目标市场选择的条件和标准有哪些?目标市场的选择模式如何理解?目标市场选择的策略及影响因素是怎样的?这是在本任务环节需要掌握的内容。

任务要求

1. 识记:目标市场选择的概念、条件和标准。
2. 领会:目标市场选择的模式。
3. 应用:目标市场选择的策略及影响因素。

名家名言

只有一种取胜战略,那就是,精心确定目标市场并提供一种卓越的价值。

——【美】营销大师　菲利普·科特勒

案例引入

麦德龙的会员制服务战略

(一)案例描述

德国麦德龙集团,是德国最大、欧洲第二、世界第三的零售批发超市集团,位于当今世界500强的前50位。在激烈竞争的中国零售业也名列前茅,独领风骚。其成功来自一种叫现购自运(现金购物、自主运货)的商业模式。这种商业模式,与沃尔玛和家乐福最大的不同在于,麦德龙只服务拥有会员卡的公司客户,它的店面并不向个人客户开放。

作为全球最知名的两个零售品牌，沃尔玛和家乐福几乎在各个国家都所向披靡，每到一处都成为当地居民最喜欢的购物地点。但是在这两大零售巨头之后，全球第三大零售商麦德龙在中国却显得没有什么名气。但这并不意味着麦德龙的业绩比其他两家公司逊色，在2015年中国连锁百强名单里，麦德龙在中国市场的销售额为191亿元人民币，开店82家，排名第28位，其销售额和排名第5的沃尔玛的735亿元以及排名第11的家乐福的401亿元相比虽然有一定差距，但值得关注的是，麦德龙的店铺数远远少于沃尔玛的432家和家乐福的171家。

现金付款，自己运货，这是这个世界第三大商业集团最大的特色，已经在23个国家运行得很成功。这种业态实际是某种批发，其营销理念是只针对专业客户，比如小型企业、零售商、餐馆、机关团体、政府部门，等等。它的主要特征是进销价位较低，现金结算，勤进快出，顾客自备运输工具。现付自运制实现了麦德龙和顾客的双赢：现金支付可以保证麦德龙有充足的现金流，使它有足够的能力长期为顾客提供高品质的产品和服务；由于顾客一般都有自己的运输工具，自备运输工具既可以发挥它们的作用，又可以减少麦德龙的经营成本，而经营成本的降低最终体现为产品价格的下降。其他超市会选择一个人口稠密的地方，而麦德龙的原则是，不在市中心开店，并且还实行会员制，这样愈加缩小了客户范围。

麦德龙还有一个听来似乎不可思议的规矩，身高1.2米以下的儿童一律不准进场。曾经有些朋友本想带着小孩逛逛"洋超市"，让孩子们自己挑选所喜爱的食品，顺便开开眼界，可他们无一例外地被挡在了门外。对商家而言，顾客总是多多益善。反其道而行之，麦德龙的解释令人寻味：作为一家大型仓储式超市，麦德龙经常需要进行叉车作业，补充货品，而1.2米以下，恰恰是叉车驾驶员的视觉盲区。因此让儿童进场，存在着安全隐患。同时，麦德龙面对的消费群不是个人和家庭，而是通过会员制的形式，锁定具有批量购买能力的终端零售商和机关事业单位等，进行批量销售。拒绝儿童消费群体进场，不让孩子们到处乱跑，实质是为了更好地服务自己的目标消费群。

（二）案例分析

麦德龙超市的经营表面上看是阻挡了一批零售消费者进场消费，而从另外一个侧面则反映了麦德龙强烈的目标消费群意识，从一个细节上反映了"顾客第一"的服务理念。回过头再看新兴的超市业，有的超市贪大求全，或是销售面积效仿"巨无霸"，或是经营品种从食品到日用百货直至家电、服装无所不包，却没有弄准自己的目标消费群究竟是谁。结果是有限的经营面积被浪费，家电"尘封"，服装滞销。顾客总是有限的，但是顾客却又是无穷的。麦德龙的成功告诉我们，锁定稳定的消费群体，从经营品种、服务时间、商品价位等方面为他们考虑，了解顾客，理解顾客，才能为商家占得竞争中的一席之地。

知识内容

企业的目标市场是企业营销活动所要满足的市场需求，是企业决定要进入的市场。企业的一切营销活动都是围绕目标市场进行的。选择和确定目标市场，是企业制订营销战略的首要内容和基本出发点。

（一）目标市场选择的概念

目标市场是企业经过市场细分后决定要进入的市场。目标市场选择就是指企业从可望成为自己的目标市场的几个细分市场中，根据一定的条件和标准，选择其中哪一个或哪几个细分市场作为营销对象的决策过程。

目标市场选择与市场细分既有联系又有区别。市场细分是企业按照消费者需求与消费者行为差异性划分消费者群体的过程；目标市场选择则是企业根据一定的条件或标准选择一个或两个以上细分市场作为营销对象的决策过程，目标市场是在市场细分的基础上确定的，是对细分市场选择的结果。

（二）目标市场选择的条件和标准

企业在选择目标市场时，必须认真评价细分市场的营销价值，分析研究是否值得去开拓，能否实现以最小的投入，取得最大的营销成果。一般来讲，一个理想的目标市场应具备以下条件和标准。

1. 有足够的市场规模和购买力

目标市场是否具备足够的规模和购买力是企业要考虑的首要问题。因为企业开发一个新的市场，要付出较高的渠道、促销等费用，如果市场规模狭小，趋于萎缩，或是购买力低，保证不了足够的销售额，企业进入后就难以获得发展，无利可图，这样的子市场没有开发价值。大公司一般重视销售量大的目标市场，小公司则应避免进入规模较大的目标市场。

2. 目标市场符合企业的目标和资源

目标市场若与企业的长期目标不一致，或企业不具备在该细分市场中获利所应具备的人、财、物等资源条件，企业则应放弃该细分市场。例如，企业原来生产高价位产品，后来发现中档产品市场供不应求，企业是否要进入这一市场必须谨慎考虑。因为如果企业产品的定位是高档产品，生产中档产品就会降低消费者心目中原来产品的档次，与企业的发展目标冲突；对于原来生产中档产品的企业，发展高档产品，就需考虑企业的技术能力以及相应的人力、物力、财力。

3. 企业在目标市场上具有竞争优势

竞争优势具体表现为：该细分市场上没有或者很少有竞争；即使有竞争，竞争也不激烈，并且本企业有足够的优势跟上或者超过竞争者；本企业在该细分市场上有望获得较大的市场占有率。

（三）目标市场选择的模式

企业在对不同细分市场评估后，就必须对进入哪些市场和为多少个细分市场服务作出决策。企业在进行目标市场选择时，一共可采用五种模式。如图 2-2 所示。

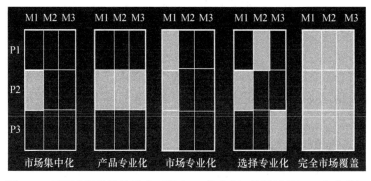

图 2-2　目标市场选择的模式（图中 M 为市场，即顾客群；P 为产品）

1. 市场集中化

企业选择一个细分市场，集中力量为之服务。较小的企业一般这样专门填补市场的某一部分。集中营销使企业深刻了解该细分市场的需求特点，采用针对的产品、价格、渠道和促销策略，从而获得强有力的市场地位和良好的声誉。但同时隐含较大的经营风险。

2. 产品专业化

企业集中生产一种产品，并向所有顾客销售这种产品。例如服装厂商向青年、中年和老年消费者销售高档服装，企业为不同的顾客提供不同种类的高档服装产品和服务，而不生产消费者需要的其他档次的服装。这样，企业在高档服装产品方面树立很高的声誉，但一旦出现其他品牌的替代品或消费者的偏好转移，企业将面临巨大的威胁。

3. 市场专业化

企业专门服务于某一特定顾客群，尽力满足他们的各种需求。例如企业专门为老年消费者提供各种档次的服装。企业专门为这个顾客群服务，能建立良好的声誉。但一旦这个顾客群的需求潜量和特点发生突然变化，企业要承担较大风险。

4. 选择专业化

企业选择几个细分市场，每一个对企业的目标和资源利用都有一定的吸引力。但各细分市场彼此之间很少或根本没有任何联系。这种策略能分散企业经营风险，即使其中某个细分市场失去了吸引力，企业还能在其他细分市场盈利。

5. 完全市场覆盖

企业力图用各种产品满足各种顾客群体的需求，即以所有的细分市场作为目标市场，例如服装厂商为不同年龄层次的顾客提供各种档次的服装。一般只有实力强大的大企业才能采用这种策略。例如 IBM 公司在计算机市场、可口可乐公司在饮料市场开发众多的产品，满足各种消费需求。

技巧与方法

案例分析与知识内容阐明了目标市场选择对于服务企业的必要性，那么选择目标市场的策略是怎样的？选择目标市场策略应考虑的因素有哪些？

（一）目标市场选择的策略

企业在经过市场细分并选择了目标市场后，接下来就该考虑采取什么样的营销策略进入目标市场。一般来说，目标市场的选择策略有三种，即无差异市场营销策略、差异性市场营销策略、集中性市场营销策略。

1. 无差异市场营销策略

无差异市场营销策略是指企业将产品的整个市场视为一个目标市场，用单一的营销策略开拓市场，即用一种产品和一套营销方案吸引尽可能多的购买者。如图 2-3 所示。无差异营销策略只考虑消费者或用户在需求上的共同点，而不关心他们在需求上的差异性。可口可乐公司在 20 世纪 60 年代以前曾以单一口味的品种、统一的价格和瓶装、同一广告主题将产品面向所有顾客，就是采取的这种策略。

无差异营销的理论基础是成本的经济性。生产单一产品，可以减少生产与储运成本；无差异的广告宣传和其他促销活动可以节省促销费用；不搞市场细分，可以减少企业在市场调

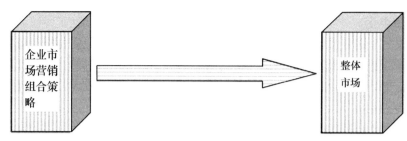

图 2-3　无差异市场营销策略

研、产品开发、制定各种营销组合方案等方面的营销投入。这种策略对于需求广泛、市场同质性高且能大量生产、大量销售的产品比较合适。

对于大多数产品，无差异市场营销策略并不一定合适。首先，消费者需求客观上千差万别并不断变化，一种产品长期为所有消费者和用户所接受非常罕见。其次，当众多企业如法炮制，都采用这一策略时，会造成市场竞争异常激烈，同时在一些小的细分市场上消费者需求得不到满足，这对企业和消费者都是不利的。再次，易于受到竞争企业的攻击。当其他企业针对不同细分市场提供更有特色的产品和服务时，采用无差异策略的企业可能会发现自己的市场正在遭到蚕食但又无法有效地予以反击。正是由于这些原因，世界上一些曾经长期实行无差异营销策略的大企业最后也被迫改弦易帜，转而实行差异性营销策略。被视为实行无差异营销策略典范的可口可乐公司，面对百事可乐、七喜等企业的强劲攻势，也不得不改变原来策略，一方面向非可乐饮料市场进军，另一方面针对顾客的不同需要推出多种类型的新可乐。

2. 差异性市场营销策略

差异性市场营销策略是将整体市场划分为若干细分市场，针对每一细分市场制定一套独立的营销方案。比如，服装生产企业针对不同性别、不同收入水平的消费者推出不同品牌、不同价格的产品，并采用不同的广告主题来宣传这些产品，就是采用的差异性营销策略。如图 2-4 所示。

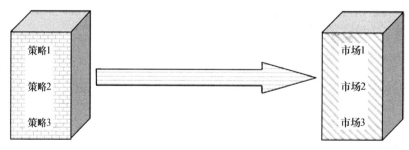

图 2-4　差异性市场营销策略

差异性营销策略的优点是：小批量、多品种，生产机动灵活、针对性强，使消费者需求更好地得到满足，由此促进产品销售。另外，由于企业是在多个细分市场上经营，一定程度上可以减少经营风险；一旦企业在几个细分市场上获得成功，有助于提高企业的形象及提高市场占有率。

差异性营销策略的不足之处主要体现在两个方面：一是增加营销成本。由于产品品种多，管理和存货成本将增加；由于公司必须针对不同的细分市场发展独立的营销计划，会增加企业在市场调研、促销和渠道管理等方面的营销成本。二是可能使企业的资源配置不能有效集中，顾此失彼，甚至在企业内部出现彼此争夺资源的现象，使拳头产品难以形成优势。

3. 集中性市场营销策略

实行差异性营销策略和无差异营销策略，企业均是以整体市场作为营销目标，试图满足所有消费者在某一方面的需要。集中性营销策略则是集中力量进入一个或少数几个细分市场，实行专业化生产和销售。实行这一策略，企业不是追求在一个大市场角逐，而是力求在一个或几个子市场占有较大份额。如图 2-5 所示。

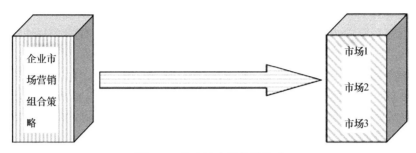

图 2-5 集中性市场营销策略

例如，生产空调器的企业不是生产各种型号和款式、面向不同顾客和用户的空调机，而是专门生产安装在汽车内的空调机，又如汽车轮胎制造企业只生产用于换胎业务的轮胎，均是采用此一策略。

集中性营销策略的指导思想是：与其四处出击收效甚微，不如突破一点取得成功。这一策略特别适合于资源力量有限的中小企业。中小企业由于受财力、技术等方面因素制约，在整体市场可能无力与大企业抗衡，但如果集中资源优势在大企业尚未顾及或尚未建立绝对优势的某个或某几个细分市场进行竞争，成功可能性更大。

集中性营销策略的局限性体现在两个方面：一是市场区域相对较小，企业发展受到限制。二是潜伏着较大的经营风险，一旦目标市场突然发生变化，如消费者趣味发生转移；或强大竞争对手的进入；或新的更有吸引力的替代品的出现，都可能使企业因没有回旋余地而陷入困境。

（二）选择目标市场策略应考虑的因素

目标市场策略选择的多样性和企业情况的复杂性，决定了企业在具体选择目标市场策略时，要通盘考虑，权衡利弊，才能作出最佳选择。一般来说，企业选择目标市场策略时，必须考虑以下因素。

1. 企业资源

企业资源主要指企业的人力、物力、财力和技术状况。企业实力雄厚，供应能力强，可采用无差异营销策略和差异性营销策略；如果企业实力有限，无法覆盖整个市场，应采用集中性营销策略。企业目标市场策略的选择，取决于企业的资源状况、产品的特点、市场特点、产品生命周期、竞争对手的营销策略以及市场供求状况等因素。

2. 产品特点

对于同质性产品，例如面粉、食盐、火柴等产品，他们的差异性较小，产品的竞争主要表现在价格上，较适宜无差异营销策略；对于差异性较大的产品，例如家用电器、照相机、服装等适宜于采用差异性和集中性营销策略。

3. 市场特点

如果消费者对产品的市场需求比较接近，口味相同，每次购买的数量也大致相同，对销售方式也无特别要求，就可以采用无差异营销策略。反之，市场需求的差别很大，就应采用差异性或集中性营销策略。

4. 产品市场生命周期

产品市场生命周期是产品从投入市场到退出市场的全过程。如果在市场上推出的是新产品，由于竞争者少，可采取无差异营销策略；当产品进入成熟阶段后，就应改为差异性营销策略，以开拓新的市场，或者实行集中性营销策略，以保持原有市场，延长产品生命周期。

5. 竞争对手策略

如果竞争对手实行无差异营销策略，企业一般可采用差异性营销策略与之相抗衡，如果竞争对手已采取差异性营销策略，企业就应当采用更为有效的市场细分，实行差异性或集中性营销策略去占领需求尚未得到满足的细分市场。

实战演练

（一）案例分析

麦当劳选址秘笈

业内曾经流传这样一种"傍大款"的说法："选铺跟着麦当劳、肯德基走，肯定没错！"似乎无论麦当劳和肯德基把店开在哪里，哪里就是黄金市口的象征，我们甚至可以经常看到麦当劳和肯德基把店开在一些看起来并不特别惹眼的地方，而其门庭若市的状况又让人不得不佩服其选址的精明。

麦当劳在我国的发展步伐无疑是飞速的，而如今也几乎没有孩子不知道麦当劳叔叔。有人说，这是麦当劳的本土化策略带来的结果。确实有这方面的原因，麦当劳会根据当地人的口味适当调整自己的配方，但只是一小部分，不管到哪里，它都把汉堡包作为自己的特色。但本土化只是它成功的一个方面，麦当劳最成功的地方在于选址，它只选择在适合汉堡包生存的地方开店，所以它的每个店都非常成功。

"应该说，正因为麦当劳的选址坚持通过对市场的全面资讯和对位置的评估标准的执行，才能够使开设的餐厅，无论是现在还是在将来，都能健康稳定地成长和发展。"麦当劳的工作人员表示。

以先标准后本土的思想建立的麦当劳，首先寻找适合自己定位的目标市场作为店址，再根据当地情况适当调整。他们不惜重金、不怕浪费更多的时间在选址上。但他们一般不会花巨资去开发新的市场，而是去寻找适合自己的市场；不会认为哪里都有其发展的空间，而是选择尽可能实现完全拷贝母店的店址。用一个形象的比喻来说，他们不会给每个人量体裁衣，他们需要做的只是寻找能够穿上他们衣服的人。

连锁企业发展的标志就是规模扩张，它的前提是总部统一控制发挥整体优势，而实现这一目标的第一步就是通过选择合适的店址，进行最大限度的拷贝，使分店更加标准化，使总部经营管理更加简单化。麦当劳连锁经营发展成功的三个首选条件是"选址、选址、选址",他们就是要选择目标市场以加快连锁经营的步伐。

麦当劳的选址主要分为如下步骤:

首先,市场调查和资料信息的收集。包括人口、经济水平、消费能力、发展规模和潜力、收入水平以及前期研究商圈的等级和发展机会及成长空间。

其次,对不同商圈中的物业进行评估。包括人流测试、顾客能力对比、可见度和方便性的考量等,以得到最佳的位置和合理选择。在了解市场价格、面积划分、工程物业配套条件及权属性质等方面的基础上进行营业额预估和财务分析,最终确定该位置是否有能力开设一家麦当劳餐厅。

最后,商铺的投资是一个既有风险、又能够带来较高回报的决策,所以还要更多地关注市场定位和价格水平,既考虑投资回报的水平,也注重中长期的稳定收入,这样才能较好地控制风险,达到投资收益的目的。

思考题:

(1)根据有关原理分析麦当劳选址实施了怎样的目标市场营销策略?
(2)实施该目标市场营销策略考虑了哪些因素?

(二)情景演练

假若你是一家公园的营销策划师,能否根据本任务所学的知识,选择新的目标市场,为企业寻找新的利润增长点?

任务三 如何建立差异化服务营销战略

问题引入

随着市场竞争的日趋激烈,竞争对手之间的产品、服务和竞争手段越来越同质化,客户接受服务的意识越来越强,对服务的要求也越来越高,越来越具有个性化和多样化的特征。因此,营造一个与众不同的营销战略,形成差异化优势,是服务企业值得考虑的发展模式。那么究竟什么是差异化服务营销战略?建立差异化服务营销战略的步骤是怎样的?建立差异化营销战略的影响因素有哪些?这是在本任务环节需要掌握的内容。

任务要求

1. 识记:差异化服务营销战略的概念。
2. 领会:建立差异化服务营销战略的影响因素。
3. 应用:建立差异化服务营销战略的步骤。

名家名言

客户不希望一视同仁,他们希望能够被区别对待。

——【美】彼得·德鲁克

案例引入

中国电信的差异化服务战略

（一）案例描述

目前，中国电信针对两大核心客户群的两大品牌——"商务领航"和"我的e家"，正以良好的态势拓展。"商务领航"进一步明确了定位——为大企业量身定做、为中小企业提供按聚类市场细分的专业化服务。通过"我的e家"，家庭客户可以按需要选择语音、宽带互联网、视频等家庭信息服务，实现家庭电信终端的融合。

作为公司正式推出的移动业务品牌，"天翼"以整合移动与固网的全业务优势，为用户提供真正意义上的互联网手机服务。中国电信将"天翼"紧密地与转型业务"商务领航""我的e家""号码百事通"等进行融合，为用户提供全程全网的综合信息服务。

同时，中国电信积极拓展农村市场，推进"号码百事通"和"商务领航"优势业务向农村延伸，促进农民增收、农业增产、农村和谐；加大海外市场的拓展力度，积极探索推出适应海外市场的中文信息内容；加快互联网与增值业务发展，做大互联网媒体价值。

中国电信接手CDMA网后，公司突出差异化经营，最快速地运用最新的通信技术为广大用户提供最适合的通信服务，在更高层面满足不同用户的通信消费需求。

针对个人用户，具备数据业务优势的中国电信能最快启动3G，将数据传输、邮件、音频视频下载等各种数据业务纳入移动互联网的范畴，通过深入挖掘宽带业务和互联网资源，实现两大优势的结合；针对家庭用户，"我的e家"能为家庭客户提供固定电话、移动通信、一号通、宽带接入、无线接入、IPTV、视频监控等业务，甚至可以争取整合CDMA以及WiFi向家庭客户提供更优质的"我的e家"服务；针对集团客户，以基础通信业务为基础，在固定移动融合的基础上加强重点行业应用的深度捆绑，而之前针对政企客户的"商务领航"可以成为创新融合的最佳平台。在CDMA的经营策略和定位上，中国电信将通过针对性营销，实现与客户价值提升的对接。

聚焦、融合、差异化，中国电信将继续担当起信息化基础设施建设和现代信息服务业的重任，面向信息服务的蓝海拓展。

（二）案例分析

不同地区、不同目标市场客户在产品使用、售后服务等方面可能有着迥然不同的需求，特别是在区域文化差异性较大的市场，这种对产品和服务的差异性尤为突出。正因为如此，企业在制定客户服务战略时必须考虑到客户的差异性，也只有在这些差异性的基础上，结合不同的市场结构、不同的客户对象，以及所处的环境、自身的目标及竞争对手的情况等因素，企业才能制定出成功的客户服务战略，由此以客户价值为导向的全新营销模式——差异化服务战略应运而生。

知识内容

客户是善变的，客户满意度不等于客户忠诚度。每个顾客对服务的偏好是不相同的，这种偏好又随着时间的变化而变化。不同的客户对服务的感受不同，对服务的期望也不同。这就要求服务企业针对不同客户的不同需求，实施差异化服务营销战略。

（一）差异化服务营销战略的概念

差异化服务营销战略是服务企业面对较强的竞争对手而在服务内容、服务渠道和服务形象等方面采取有别于竞争对手而又突出自己特征，以战胜竞争对手，在服务市场立住脚跟的一种做法。目的是要通过服务差异化突出自己的优势，与竞争对手相区别。

（二）差异化服务营销战略的内涵

差异化服务营销战略在内涵上主要包括以下几个方面的营销革新观点：

（1）在营销战略构成上，将形象营销、概念营销、关系营销、服务营销、信息营销等营销模式融为一体；

（2）在管理模式上，是自外而内的平行沟通与自上而下的短平垂直管理相结合的互动式管理模式；

（3）在执行运作上，实行对特定客户群的项目运作责任制；

（4）在组织构架上，除原有营销部门（如市场部、策划部、销售部、公关推广部、客户服务部等营销部门）外，必须着重建立信息情报部门、培训部门，并采取流程化管理，以顺应其全新的营销理念。

（三）差异化服务营销战略的思路

（1）调查、了解和分清服务市场上现有的服务种类、竞争对手的劣势和自己的优势，有针对性、创造性地开发服务项目，满足目标顾客的需要。

（2）采取有别于他人的传递手段，迅速而有效地把企业的服务运送给服务接受者。

（3）注意运用象征物或特殊的符号、名称或标志来树立企业的独特形象。

（4）差异化服务营销的意义。

实施差异化战略的意义在于：

① 建立起顾客对企业的忠诚；

② 形成强有力的产业进入障碍；

③ 削弱消费者讨价还价的能力。一方面，企业通过差异化战略，使得消费者缺乏与之可比较的服务选择，降低了消费者对价格的敏感度。另一方面，通过服务差异化使消费者具有较高的转换成本，使其依赖于企业；

④ 由于差异化战略使企业建立起顾客的忠诚，使得替代服务无法在品质上与之竞争。

技巧与方法

案例分析与知识内容阐明了差异化服务营销战略对于服务企业的重要意义，那么如何建立差异化服务营销战略呢？实施差异化服务营销战略应考虑的因素有哪些？

（一）建立差异化服务营销战略的步骤

建立差异化服务战略由了解客户需求，设计价值定位、产品方案，制订详细的客户群产品方案，实施产品方案，制订沟通计划等五个步骤组成。

1. 了解客户需求

成功的客户服务是企业战略规划的一个重要组成部分，甚至使之成为企业文化的一部分，这有助于企业顺利达成销售目标，增加客户保有率并增加投资回报率。为了成功实施既定的差异化服务战略，企业必须十分清楚各细分客户群的期望和需求，深入了解、把握客户的期望和需求。企业可以采用的方法包括：

（1）采取电话、拜访、会议等访谈形式，与主要客户群建立起各种形式的定期交流。

（2）采取研讨、客户联谊会等形式与主要客户群展开互动讨论，保证了解到客户需求的深层内涵。

（3）观察、了解主要客户群是如何使用产品和服务的。

（4）记录下每个市场、每个客户或细分市场的具体表现。

（5）与公司销售人员、生产人员和客户服务人员分享所有相关信息，这将有助于加强客户服务工作。

2. 设计价值定位、产品方案

为了成功实施差异化服务战略，企业需要仔细分析客户、客户群及各主要目标市场，通过对上述群体的分析找到企业在产品或服务组合方面及客户需求方面可以改进的地方，这样做的最终目的是争取在与客户打交道的过程中持续超越客户的期望值。

3. 制订详细的客户群产品方案

企业应该保持足够的弹性，并能快速反应，这是保证业绩持续增长的基本条件。为持续提升客户服务水平，必须针对特定客户群制订详细的产品和服务解决方案，从而充分调动自己的资源来随时随地满足该客户群的各种需求。

4. 实施产品方案

企业在引入新产品和服务时，必须与市场及客户的需求保持适应，才能培育并促进市场的繁荣与发展。企业不仅要通过调整产品和服务组合来适应目标市场的需求及变化，还应该使企业的客户服务组织也能适应目标市场的需求及变化。通常企业会在自己的客户服务组织内安排相关人员扮演市场专家的角色，通过这些人员，企业可以在市场上保持足够的适应性，从而保证能持续为目标客户提供高品质的服务项目。

5. 制订沟通计划

企业必须持续关注客户的需求及期待，抢在竞争者之前发现客户的具体需求或变化趋势，注重客户的意见和反馈，并能有效地改进自己的客户服务工作，因此企业需要制订有效的沟通计划。通过沟通计划的执行，努力接近客户，搜集情报、提供建议、总结经验、反馈信息，与客户一直保持紧密接触，促进销售，增进客户的满意度和忠诚度。

（二）建立差异化服务营销战略的影响因素

为排除差异化服务战略实施过程中的障碍因素，整合营销过程中在决策、组织与执行层面的各个有利资源，使整体服务由零敲碎打向统筹规划、精耕细作的差异化服务方向发展，应切实把握以下 6 个支持差异化服务战略顺畅执行并对其产生关键性作用的必要因素。

1. 差异化服务战略必须由高层往下开展

不管企业的结构或其业务形态为何，差异化服务战略计划必须由高层管理阶层开始推行，并向下渗透到整个企业，而不是由中层或基层开始。由上而下的方向和领导是非常重要的，最高执行者必须主动支持差异化服务战略的计划，排除阻碍，这意味着不仅要有财务上的支持，而且要积极地以一种指导式、提起式，甚至鼓舞的方式加以支援，让每个员工均清楚了解差异化服务战略的重要性。

2. 扁平化的垂直管理与平行沟通的互动作用

垂直的管理，可使任务下达与决策执行，保持固有的快速反应与连贯性。同时，扁平的管理模式减少了管理过程中的不必要的环节，避免了管理层或执行层相互扯皮，以免贻误战机。在实行扁平化的垂直管理的同时，组织内部的平行沟通，将使决策层的理念与执行层的思维有机的融合，产生互动沟通的合力，并协调一致，通过脑力激荡与营销观念的共享，整合有效资源，使差异化服务战略具备最大竞争性与最大涵盖。

3. 客户导向的营销

差异化服务战略要有效运作，就必须适时关注客户，随时随地关心各阶层消费者，吸取有关资讯，以便了解与满足客户需求，并获取优质客户群，而不仅限于制造产品或提供服务。

4. 差异化服务战略活动必须"中央"控制

差异化服务战略的功能必须由企业的最高领导阶层所掌握，而且它必须被视为主要活动，就如同财务或企业其他的功能一般。规划和组织良好的营销策略固然有可能获得短期局部成功，但全面性的成功，无疑须依赖对整个企业发展方向与经营运作有通盘了解的主要负责人来掌控。

5. 充分授权，且授权明晰化

对分管人员要充分授权，使差异化服务战略从市场调研、目标确定、整体规划、计划制订到计划执行、效果测定、整体控制，均能够顺畅、有效进行，并获取其他有关部门的有力支持。而授权的明晰化，将有效地调动分管人员在专业上的潜在力与能动性，并能合理的控制差异化服务战略的成本与效果。二者有机的结合可使决策层与执行层之间的诸多理念更易达成共识，连接更加紧密，亦使过程管理简单、明确、有效。

6. 建立与之对接的客户服务管理体系

差异化服务战略必须建立在"以客户为中心"的环环相扣、协同作战的链型客户服务管理体系之上。企业各部门在服务链中责任明确，虽各司其职，但紧密结合，有效运作，避免服务盲区的出现。

实战演练

（一）案例分析

深港驾校的"个性化学车服务"

在深圳驾驶培训行业不断改革与发展的浪潮中，伴随着客户服务需求的纵深化发展，作为广东省首家通过 ISO9001 国际质量体系认证的驾驶培训行业的品牌驾校——深港驾驶学校，顺应潮流、改革创新，凭借其个性化的服务成为深圳乃至华南培训驾驶员数量最多的驾培企业之一。该驾校拥有教练车辆 400 多台，教职员工近 700 余人，大小训练场 19 个，学员已逾 20 万人。

深港驾驶学校结合自身资源条件和品牌优势，首推"个性化学车服务"，满足不同学员差异化的学车需求,进一步拓展细分培训市场,此举对引领深圳驾培市场的改革有着重要的实际意义。

自驾培行业产生以来,驾驶培训一直是一台车、一个教练员进行统一的教学,而随着社会、经济的高速发展,以及驾培行业从传统教学模式向服务模式的转变,单一的服务模式已不能满足各阶层学车人士的需求。2004年该校审时度势,根据客户的需求,率先推出个性化的服务,从单一的服务模式逐渐向多样化的服务模式转变:

首先,考虑到车辆舒适性,由单一的服务车型(捷达)向多种车型(风神、帕萨特、本田、丰田等)发展;其次,考虑到上班时间的不同,推出平日班、双休日班;再次,考虑到学车技术的不同要求,推出考试强化班、技术质量班;最后,考虑到对服务要求的程度不同,推出高级商务班、贵宾班等;从2011—2015年运行的4年中,该项服务的差异化不仅满足了社会各阶层的需要,得到市场的认可,而且也被行业内人士争相模仿。目前,该校已经推出6个个性化服务班别,以满足不同的学车需求。

思考题:
(1)根据有关原理分析深港驾校实施了怎样的服务营销战略?
(2)实施该服务营销战略要注意哪些要点?

(二)情景演练

假若你是一家快餐店的店长,你能否根据本任务所学的知识,为该店建立差异化服务营销战略?

任务四　如何实施大客户服务营销战略

问题引入

不同的客户对企业的利润贡献差异很大,根据帕累托"20/80"法则,20%的大客户贡献了企业80%的利润。因此大客户是实现企业利润和可持续发展的最为重要的保障之一,发展大客户,提高大客户的忠诚度,留住大客户,才能使企业获取较高的客户满意度和忠诚度,才能在竞争中立于不败之地。那么究竟什么是大客户服务营销战略?建立大客户服务营销战略的步骤是怎样的?建立大客户营销战略的影响因素有哪些?这是在本任务环节需要掌握的内容。

任务要求

1. 识记:大客户服务营销战略的概念。
2. 领会:大客户服务营销战略的影响因素。
3. 应用:建立大客户服务营销战略的步骤。

名家名言

企业80%的利润由20%的大客户创造。

——【意】经济学家　帕累托

案例引入

VIP 客户的银行大管家

（一）案例描述

如果你有 100 万元以上的个人资产存在银行里，你将可以享受如下待遇——去医院看名医会诊时拥有"优先看病权"；全国教育界知名专家为你的孩子做考前辅导和心理调适；需要时，明星会来陪你过年；乘飞机享有优先登机权……

上述杰作都是由银行一手炮制的。

VIP：very important person，意为"非常重要的人物"。根据麦肯锡公司最近的一项调查，最富裕客户仅占中国本土银行个人客户总数的 20%，利润却占到个人银行业务总利润的 55%~65%；而占客户总数 80%的大众市场则几乎不盈利。大客户就意味着大单的生意和大块的利润，拼抢那二成的 VIP，自然而然地成了金融机构角逐的重点。

囊括各种特殊服务的银行 VIP 俱乐部，新近已经登陆沈阳。建设银行、招商银行率先让沈阳 VIP 尝鲜。建行于 8 月初成立的"乐当家理财俱乐部"，是在以前该行 VIP 客户群的基础上组建的。据建行辽宁省分行相关负责人介绍："俱乐部的成员共分两种，一种是总行级的，要求客户在银行资产达到 100 万元以上；第二种是省行级的，要求 80 万以上。"

招商银行则将 VIP 俱乐部成员的准入门槛设在 100 万以上，而这家俱乐部的主题就是让客户"感受财富带来的快乐"。尽管"VIP 俱乐部"的准入门槛在 100 万~150 万元，但实际成员往往都是身家百万、千万的富翁。

据沈阳某银行相关负责人介绍，目前，搜索这些 VIP 客户主要是通过客户信息库，这也是目前银行获取 VIP 客户的普遍方式。通过分析，银行对重点客户进行动态跟踪和实时监测，计算客户价值，锁定特定客户群，从而与创造利润的优良客户建立长期关系。

不过发现容易，留住就难了。有研究表明，挽留可使银行获利的客户所花时间往往为获得这些客户所费时间的 4~10 倍。怎么办？这就要求银行提供全方位的服务。"VIP 俱乐部"于是成了一个行之有效的方法。

这时的银行，已扮演了一个全能的客户"大管家"角色，对大客户"大事、小事、事事关心"，把触角伸向了大客户衣食住行的各个方面。要知道，一旦被套上了"VIP"光环，享受这东西上瘾容易戒了难，"VIP 俱乐部"成员就这样被幸福地套牢。

（二）案例分析

"20%的客户创造 80%的利润"，这充分说明了大客户对一个企业、一个公司发展的至关重要性。我们可以这样来比喻大客户的重要性——企业是车，大客户是轮。轮子运转好了，车才会平稳行驶。大客户才是企业应该正确地投入时间、金钱及资源的客户，也是企业创造利润的关键，这就是银行为何绞尽脑汁、甚至自掏腰包为大客户打造如此细致服务的真正原因。

知识内容

"大客户"是企业的伙伴型客户，是企业忠实的客户，是为企业创造 80%利润的客户，是为企业带来高收益而企业只需支付低服务成本的客户，因为他们与企业建立的是长期的可盈利关系，传承并认可企业文化，并愿意和企业建立长期合作的关系。

（一）大客户服务营销战略的概念

大客户服务营销战略，就是服务企业针对大客户的一系列营销组合战略。大客户是相对于一般消费者而言的，一般指的是企业客户或者渠道商，其价值相对比较大，需要服务企业一对一地进行客户管理与营销战略实施。

（二）大客户服务营销战略的内涵

大客户有两个方面的含义，其一指客户范围大小，客户不仅包括普通的消费者，还包括企业的分销商、经销商、批发商和代理商；其二指客户的价值大小，不同的客户对企业的利润贡献差异很大，20%的大客户贡献了企业80%的利润，因此，企业必须要高度重视高价值客户以及具有高价值潜力的客户。在大客户营销战略中的大客户是指后者，是指企业所辖地域内使用产品量大或单位性质特殊的客户，主要包括经济大客户、重要客户、集团客户与战略客户等。其中经济大客户是指产品使用量大，使用频率高的客户。重要客户是指涉及党政军、公检法、文教卫生、新闻等国家重要部门的客户。集团客户是指与本企业在产业链或价值链中具有密切联系、使用本企业产品的客户。战略客户是指经市场调查、预测、分析，具有发展潜力，会成为竞争对手的突破对象的客户。

（三）大客户服务营销战略的特点

1. "一对一"营销

"一对一"营销指的是企业以客户份额为中心，通过与每个客户的互动对话，与客户逐一建立持久、长远的"双赢"关系，为客户提供定制化的产品，从而使客户满意的过程。"一对一"营销的基础和核心是企业与顾客建立起一种新型的学习关系，即通过与顾客的一次次接触而不断增加对顾客需求的了解，生产和提供完全符合单个顾客特定需要的产品或服务。

2. "个性化"营销

随着社会财富的不断积累，人们的消费观念已经从最初的追求物美价廉的理性消费时代过渡到感性消费时代，感性消费时代最突出的一个特点就是消费者在消费时更多的是在追求一种心灵的满足，追求的是一种个性的张扬。因此企业要想赢得更多的客户，必须要能够为大客户提供个性化的产品和服务，满足不同类型群体的需要。

（四）大客户服务营销战略的关键

大客户服务营销战略的关键在于以下几个方面：

（1）大客户管理：转变传统的客户管理观念，即从客户关系管理（CRM）转向客户资产管理（CAM），将不同类型的客户看作企业的资产，其目的是实现顾客忠诚度与客户资产获利能力的最大化，对客户价值不断优化，发挥80/20原则的作用。

（2）客户导向的销售：充分满足大客户的要求，首先对大客户信息进行收集和分类，其次为大客户制订发展目标和定制的客户解决方案，最后建立大客户管理战略及计划，实施顾问式的销售行动。

（3）建立互动的沟通平台：使大客户在短暂的时间内一次性解决所有的难题，构筑双方相互沟通的平台，如大户室、大客户服务中心等，用展板、图片、声像资料等来说明问题，经常性地与大客户展开研讨，有效地实现双方的互动。

技巧与方法

案例分析与知识内容阐明了大客户服务营销战略对于服务企业的重要意义，那么如何实施大客户服务营销战略呢？实施大客户服务营销战略应考虑的因素有哪些？

（一）实施大客户服务营销战略的方法

1. 细分大客户市场

为了能更有效、更有针对性地对大客户开展服务，满足大客户的需求，进一步地细分大客户市场成为大客户营销的重要工作，甚至可以将具有特色的单个用户作为一个细分的市场，最后再进行不同层次、不同行业、不同特性的服务产品的市场定位、开发、包装和营销。经过进一步细分，才能更加清楚细致地明确大客户市场对企业服务的需求。同时，准确的市场细分也是服务企业进行业务创新的前提。

2. 从个性化需求分析到个性化服务

充分理解大客户的需求，做到"比客户更了解客户"。个性化需求分析要点包括建立完整详细的大客户档案、了解大客户现用产品和服务的使用情况、了解大客户的决策流程、分析客户的潜在需求。为客户制订出更有针对性、更切实可行的个性化产品、服务和解决方案。对于大客户，既有统一的普遍服务的原则，也要针对不同的客户群精细服务的策略，站在具体用户的角度，制订更具灵活性、实用性的功能与流程以及相应的业务策略，切实提高大客户满意度。

3. 以非价格策略为主、价格策略为辅，提升大客户价值

首先，建立以市场为导向的、以成本为基础的价格机制，制订综合服务协议，提高对大客户营销的价格优惠的灵活性。其次，区分各大客户的价格敏感度，通过服务差异化转移客户对价格的敏感；根据客户不同情况，为大客户提供整体业务优惠计划；根据市场竞争状况，对有流失风险的大用户给予适当的折扣。最后，通过培训提高大客户经理谈判能力，降低优惠幅度，尽量避免恶性价格战。

4. 充分利用大客户渠道营销

实行客户经理个人责任制，明确客户经理的职责和服务范围，加强客户经理的培训和考核工作，建立一支高效运作的客户经理队伍，增强大客户渠道能力。除了强化自身的营销渠道外，企业还应充分利用社会代理商的渠道力量，推动新业务发展和保留客户。但要明确规定业务代理商的任务和权限，采取适当的合作措施，以避免与自身渠道发生冲突。

5. 建立完善的大客户服务制度

首先，应该树立"做到真正以客户为中心，全心全意为客户着想"的服务理念；其次，建立服务管理机构，完善各项保障制度，具体包括：设立大客户部和设立专人负责大客户服务质量管理；建立大客户申告投诉管理流程，贯彻客户首问负责制，保证客户申告投诉得到快速处理，提高客户服务的便利性和满意度；建立"内部客户承诺"制度，促进内部业务流程的通畅；加强客户走访工作，保证客户业务主管与客户经理的紧密联系和友好关系；最后，提升大客户的服务层次，全面保障大客户优越服务。

6. 大客户营销战略实施的有效后台支持

首先，服务企业应做好建立大客户档案的基础工作，整理现有大客户和潜在大客户的资料，为实施客户关系营销战略提供有力依据。其次，对客户关系进行分析评价，鉴别不同类型的客户关系及其特征，评价客户关系的质量，并及时采取有效措施，保持企业与客户的长期友好关系。再次，根据不同等级服务的要求实施不同级别的服务，如走访制度、座谈会，努力与大客户建立相互信任的朋友关系和互利双赢的战略伙伴关系。最后，可以建立大客户俱乐部，开展各项活动，增强客户经理、客户业务主管与高层管理人员个人关系，加强信息和情感沟通，同时加强高层公关营销。

（二）实施大客户营销战略应考虑的因素

1. 让客户 100%满意

在以前的市场竞争中，企业往往会形成一种以利润最大化为唯一目的的企业文化，在这一思想指导下，许多企业为获利自觉不自觉地损害了客户利益，而导致客户的满意度和忠诚度很低。而在大客户营销战略中，我们将大客户作为企业重要的资产，因而企业应当更加重视客户满意、客户忠诚和客户保留，企业拥有了许多忠诚的客户后，再不断的升级相关的服务，这样在客户得到了 100%满意的同时企业也获得了很大的利润，真正实现了客户和企业的双赢。

2. 前台资源与后台资源的整合

在特定的经济环境和管理背景下，传统企业管理的着眼点在于内部资源，即企业管理后台部分。而对于直接面对以客户为主的外部资源的前台部分，缺乏相应管理。在大客户营销战略中，需重视前台资源的运用，要求企业将市场营销、生产研发、技术支持、财务金融、内部管理这 5 个经营要素全部围绕以客户资源为主的企业外部资源来展开，实现前台资源和后台资源综合管理。

3. 充分利用大客户的社会资本

客户成为企业发展的动脉，当客户这种独特的资产与其他资产发生利益冲突时，企业应当留住客户资产。因为客户资产将为企业带来长期效应，只要不断给予他足够的满意。企业通过实施大客户营销战略，利用大客户的口碑与其社会网络，来进一步优化企业客户资源的管理，从而实现客户价值最大化。

4. 培育以大客户为中心的企业文化

大客户服务营销战略定义为公司如何建立和管理大客户，其至少包括 4 个元素：

（1）客户理解；

（2）客户竞争；

（3）客户亲和力；

（4）客户管理。

且必须要能够回答：客户是谁？客户想要什么？客户如何被管理？只有制订了长远的企业客户战略，才能正确回答上述问题，才能形成以大客户为中心的企业文化。从另一方面来看，企业在实施客户战略时，又离不开组织变革、文化转变。

实战演练

（一）案例分析

当前，电信市场竞争格局发生着深刻的变化，整个电信市场的营销模式也逐渐从单一的业务品牌推广演变到全方位、多层次的品牌体系管理以及相应的各种营销配套的层次。面对能给企业带来巨大营业收入和利润的大客户，各大企业均采取了灵活多样的营销手段。A 电信公司在实施大客户营销战略方面有成绩，但缺点也很显著，主要不足如下：① 公司的客户很多，大小客户都混在一起，没有一个客观、准确的评判标准来真正区分大客户，从而也谈不上好好的去经营大客户。② 大客户部门虽然已经建立，但是服务水准和服务项目和普通客户没有多大的区别。③ 代理商很多，但是没有一整套的规范和约束制度，而且标准也不是完全统一，业务有些混乱；同时也出现代理商的客户与公司的客户重叠冲突的局面。④ 市场竞争激烈，价格战此起彼伏，利润越来越薄，行业通病。⑤ 最近，一些大客户流失严重，初步调查显示，大部分客户是因为服务不及其他公司优惠和明显，所以被竞争对手抢走了。

思考题：

面对这样的压力，A 电信公司该如何根据自身在大客户营销方面的不足，来提高自身的营销策略，创造新的赢利模式？

（二）情景演练

假若你是一家大型超市的大客户营销经理，能否根据本任务所学的知识，在中秋节来临之际，为超市制订一个大客户服务营销方案？

本章小结

- 服务营销战略是指服务企业为了谋求长期的生存和发展，根据外部环境和内部条件的变化，对企业所作的具有长期性、全局性的计划和谋略。服务营销战略的制订过程，首先是细分服务市场，然后选择正确的目标市场，再制订相应的服务营销战略。

- 服务市场细分就是把服务市场分割成界限清晰的消费者子集。服务市场细分的客观基础是顾客需求的差异性；实质是细分消费者；原则是各细分市场之间的需求差异应尽可能大，各细分市场之内的需求差异应尽可能小；最终目的是选择和确定目标市场，制订最佳的服务市场营销战略。

- 衡量服务市场细分的有效条件是：可衡量性、可接近性、足量性、可行动性。服务市场细分的方法可以分为两种：一是根据顾客特征细分市场；二是通过顾客对产品的反应细分市场。服务市场细分的步骤包括：选定产品市场范围、列出潜在顾客的所有需求、建立市场细分的标准、检验细分市场的需求、划分不同特征的市场群、分析每一细分市场的不同需求及原因、选择有最佳获利机会的目标市场。

- 目标市场选择就是指企业从可望成为自己的目标市场的几个细分市场中，根据一定的条件和标准，选择其中哪一个或哪几个细分市场作为营销对象的决策过程。一个理想的目标市场应具备以下条件和标准：有足够的市场规模和购买力、符合企业的目标和资源、企业在目标市场上具有竞争优势。

- 目标市场选择的模式有：市场集中化、产品专业化、市场专业化、选择专业化、完全市场覆盖。目标市场的选择策略有三种,即无差异市场营销策略、差异性市场营销策略、集中性市场营销策略。选择目标市场策略应考虑的因素:企业资源、产品特点、市场特点、产品市场生命周期。

● 差异化服务营销战略是服务企业面对较强的竞争对手而在服务内容、服务渠道和服务形象等方面采取有别于竞争对手而又突出自己特征,以战胜竞争对手,在服务市场立住脚跟的一种做法。其内涵主要包括在营销战略构成、管理模式、执行运作、组织构架等方面的营销革新观点。

● 差异化服务营销战略的制订包括了解客户需求,设计价值定位、产品方案,制订详细的客户群产品方案,实施产品方案,制订沟通计划等5个步骤。支持差异化服务战略顺畅执行并对其产生关键性作用的必要因素有必须由高层往下开展、扁平化的垂直管理与平行沟通的互动作用、客户导向的营销、战略活动必须"中央"控制、充分授权且授权明晰化、建立与之对接的客户服务管理体系等。

● 大客户服务营销战略,就是服务企业针对大客户的一系列营销组合战略。在大客户营销战略中的大客户是指企业所辖地域内使用产品量大或单位性质特殊的客户,主要包括经济大客户、重要客户、集团客户与战略客户等。其特点是"一对一"营销和"个性化"营销。

● 大客户服务营销战略的关键是:大客户管理、客户导向的销售、建立互动的沟通平台。实施大客户服务营销战略的方法包括细分大客户市场、从个性化需求分析到个性化服务、以非价格策略为主、充分利用大客户渠道营销、建立完善的大客户服务制度、有效的后台支持。

第三章

客户管理

本章结构图

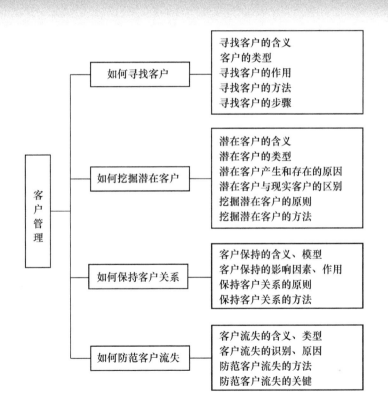

问题引入

对于今天的管理者而言,要使企业在激烈的市场竞争中超越对手,除了要有超越竞争对手的产品技术创新外,充分地利用现代客户管理手段,寻找客户、挖掘潜在客户、保持客户关系、防范客户流失,建立与客户的良好关系,保持客户的稳定性和长期性,以此来达到获取长远和稳定利润的目标也十分必要和关键。那么如何在客户管理上建立企业特色,如何寻找客户、如何挖掘潜在客户、如何保持客户关系、如何防范客户流失?这些都是本章需要解决的问题。

本章内容

本章分四个任务介绍寻找客户、挖掘潜在客户、保持客户关系、防范客户流失等。

本章要求

1. 识记:寻找客户的含义、潜在客户的含义与类型、客户保持的含义、客户流失的含义。
2. 领会:寻找客户的作用、潜在客户与现实客户的区别、客户保持的影响因素和作用、客户流失的识别和原因。
3. 应用:寻找客户、挖掘潜在客户、保持客户关系、防范客户流失的方法。

任务一 如何寻找客户

问题引入

随着服务经济和客户中心时代的到来,衡量企业市场竞争优势的标准不再是产品和服务市场占有率的高低,而是企业客户拥有率的多少,尤其是满意和忠诚客户对企业利润有重大影响。那么什么是寻找客户,客户有哪些类型,寻找客户的作用是怎样的,如何寻找客户,寻找客户的方法和步骤有哪些,这是在本任务环节需要掌握的内容。

任务要求

1. 识记:寻找客户的含义。
2. 领会:客户的类型、寻找客户的作用。
3. 应用:寻找客户的方法和步骤。

名家名言

企业的目的只有一个正确而有效的定义,那就是创造客户。

——【美】彼得·德鲁克

案例引入

寻找企业最有价值的客户

(一)案例描述

电信企业的套餐越来越多,用户的响应度却越来越低,参与套餐的用户表现出越来越低的使用热情。花了大力气吆喝,却没挣到钱,该怎么办呢?

寻找企业最有价值的客户,成为一种呼声应运而生!采用特征刻画方法建立目标客户定位模型能有效解决企业难题,在输出目标客户名单及消费特征上辅助企业进行针对性营销。

某通信运营商自去年元旦推出 IP 长途低价产品后,短短半年时间发展了几十万用户,占同期发生长话通话用户数的 20%,发展很充分,但与此同时,运营商整体长途通话量稳中趋降,运营商担心 IP 电话减少了长途收入、担心 IP 电话增量不足、担心 IP 电话替代其他长话产品。问题来了:IP 电话应如何有效经营?为此,围绕 IP 电话应如何发展问题,该通信运营商展开了 IP 电话业务情况调研。研究发现,区分不同 IP 电话用户对 IP 电话营销意义重大。为帮助运营商迅速锁定有效目标用户并进行针对性营销,调研组采用特征刻画方法构建 IP 电话用户定位模型。特征刻画方法构造的特征刻画变量包括消费水平、消费构成、消费变化趋势以及时段消费特征等。调查组抽取去年 4~6 月间使用过 IP 电话的客户,跟踪其前后长话消费情况。发现不同用户使用 IP 电话情况有差别:增量增收用户、减量减收用户、增量不增收用户等。总结用户特征,明确为以下 3 类:(1)第一类用户使用 IP 电话后,长途业务收入增加,且长途业务量增加,包括 IP 电话使用量激增,或替代其他长途产品等。(2)第二类用户使用 IP 电话后,长途业务收入增加,但长途业务量减少。(3)第三类用户使用 IP 电话后,长途业务收入不变甚至减少。

调查认为,长途业务增量增收用户才是有效的目标用户群。有效的目标用户不仅需要给运营商带来收入,还须激发大量长途使用量。于是该通信运营商在该项调查的基础上,果断做出决策,对增量增收客户采取针对性营销。经过 1 个月的营销努力,效果验证显示,在对调查组输出的 1 万多户增量增收目标用户采取针对性营销后,目标用户响应率高,营销命中率从最初漫无目标的 3% 上升到 19%,提高 5 倍多。且营销后用户话务消费表现令人满意,各项话务指标提升,电信收入增长。

(二)案例分析

该案例表明了有效寻找客户对企业的重要性。该通信运营商推出 IP 电话最初定位是一款应对竞争、释放长话价格风险的低价产品,但大面积推广不利于长话收入保持,通过定位模型,应用数据挖掘技术,找准目标用户后再针对推广,实现精确营销,有效节省了营销资源,获得了事半功倍的效果。

知识内容

寻找客户是企业销售和服务的起点,只有找到恰当的客户,清楚他们的需求,才有可能顺利地进行销售和服务。

(一)寻找客户的含义

客户是有购买需求又有购买能力的消费者。寻找客户是指企业营销人员在分析客户有效需求的基础上,通过广告、拜访、电话、网络、资料寻找等途径找到企业目标客户的活动。寻找客户的前提是分析客户需求,过程是有效与客户沟通、建立客户信任,目的是找到企业的目标客户。

（二）客户的类型

1. 从成交的时间分

（1）成熟客户：通过沟通活动，顾客对企业的产品或服务满意，并能在一个月内成交；

（2）有望客户：通过沟通活动，顾客对企业的产品或服务基本满意，并能在三个月内成交；

（3）潜在客户：通过沟通活动，顾客对企业的产品或服务产生兴趣，成交时间超过三个月。

2. 按照客户价值分

以客户对企业的消费额或利润贡献等重要指标为标准，可以把客户分为关键客户、主要客户、普通客户三个类别。

关键客户是客户金字塔中最上层的金牌客户，是在过去特定时间内消费额最多的前5%客户。这类客户是企业的优质核心客户群，由于他们经营稳健，做事规矩，信誉度好，对企业的贡献最大，能给企业带来长期稳定的收入，值得企业花费大量时间和精力来寻找并建立长期良好的客户关系。

主要客户是指客户金字塔中，在特定时间内消费额最多的前20%客户中，扣除关键客户后的客户。这类客户一般来说是企业的大客户，但不属于优质客户。由于他们对企业经济指标完成的好坏构成直接影响，不容忽视，企业应倾注相当的时间和精力关注这类客户的生产经营状况，并有针对性地提供服务。

普通客户是指除了上述两种客户外，剩下的80%客户。此类客户对企业完成经济指标贡献甚微，消费额占企业总消费额的20%左右。由于他们数量众多，具有"点滴汇集成大海"的增长潜力，企业应控制在这方面的服务投入，按照"方便、及时"的原则，为他们提供大众化的基础性服务，或将精力重点放在发掘有潜力的"明日之星"上，使其早日升为主要客户甚至关键客户。

（三）寻找客户的作用

在产品和服务日趋同质化的今天，寻找客户对于企业意义重大，主要体现在以下方面。

1. 有利于维持和提高企业的营业额

寻找到客户，尤其是高价值客户，可以有效提高企业产品和服务的市场占有率，维持和提高企业的营业额，从而实现企业利润。

2. 有利于保持竞争优势

在服务经济时代，衡量企业竞争优势的标准，已经不是过去的产品或服务的市场占有率，而是客户尤其是忠诚客户的拥有率，拥有忠诚客户越多，企业盈利能力更大。

3. 有利于提高企业知名度

通过寻找客户，企业的产品或服务被客户拥有的同时，企业的服务理念和服务文化得到广泛的传播，企业的知名度在市场中得到了提升。

技巧与方法

案例分析与知识内容阐述了寻找客户对于服务企业的重要意义，那么如何寻找客户？寻找客户的方法有哪些？寻找客户的步骤是怎样的？

（一）寻找客户的方法

客户就在身边，客户无处不在，但客户绝不会主动来敲你的门。在寻找客户时，不能像大海捞针般地盲目工作，必须先掌握寻找客户的方法。

1. 逐户访问

逐户访问是指营销人员在特定的区域内，挨家挨户地进行访问，以挖掘潜在的客户。在访问中赠送样品或向客户提供产品和说明书。通过这种渠道，可以对特定区域内的个人、家庭或组织进行逐个寻找。

2. 广告搜寻

广告搜寻是利用广告媒体来发布产品和服务信息，并对产品和服务进行宣传，由营销人员对被广告吸引来的客户进行服务。

3. 连锁介绍

通过老客户的介绍来寻找有可能购买该产品的其他客户。每个人都有一个关系网，而连锁介绍就是依靠关系网进行人与人之间的交往、交流，客户开发的过程也就是一个编制客户网的过程。

4. 资料查询

目标客户的信息可能来源于某些公共资料，如人名地址簿、登记名录以及专业名册等，这些公共信息的来源很多，并且有些是公开的。例如售楼处的名单，它可为通信运营商提供宽带目标客户。

5. 名人介绍

名人介绍法的关键在于名人。因为名人往往在某方面有所成就，因而受人尊重甚至崇拜。名人具有相当的说服力，对广大客户具有示范效应，因而容易取得目标客户的信任。

6. 会议寻找

会议寻找是指利用参加会议的机会，通过与其他与会者建立联系来寻找客户。例如新产品洽谈订货会、产品展销会、贸易年度洽谈会，以及其他类型的展览会等。

7. 电话寻找

在电话中，如果客户询问你代表哪一家公司或者你要销售什么产品或服务，你可以详细地告诉他。如果你公司的名称有助于你寻找客户，则应该主动地报出公司的名称。

8. 直接邮寄寻找

直接邮寄寻找法，是以邮寄信函的方式来寻找目标客户。例如度假村可以直接邮寄信函邀请客户会餐，或让他们做短期休假等。

9. 市场咨询

信息时代出现了许多专门搜集市场信息的咨询机构，通过这些机构往往能获得许多有价值的信息。众多的咨询机构可以提供各种各样的服务，包括客户的一些基本资料。如，姓名、籍贯、年龄、地址、电话等，还有一些包括工作经历、工资、现在的单位、职务等更详细的资料，企业可以根据自己的需求，向咨询机构进行咨询。

10. 个人观察

个人观察是指销售人员通过自己对周围环境的分析和判断来寻找客户。这种方法具有成本低的优点，但对销售人员的观察能力和判断能力要求较高，且要求判断时要尽可能客观。

11. 代理寻找

代理寻找是指由代理人代理销售主体寻找客户来销售商品或服务，并从中收取中介费用，例如商场或超市的导购小姐，专门为外地游客服务，帮助他们在最短的时间里买到他们需要的商品。

12. 从竞争对手手中抢客户

客户是产品销售的对象，客户的多少直接影响着产品的销量。如果不去开发新客户，客户只会越来越少。那么，作为企业生力军的销售人员该如何为开发新客户而去争夺竞争对手的客户呢？这就需要销售人员别出心裁，寻找竞争对手的特点，既要有别于竞争对手，又要有自己鲜明的特色。

13. 委托助手

委托助手法指委托与客户有联系的专门人士协助寻找客户。这种方法也是增加成交可能性的一个方法，利用与客户有关系的专门人士，登门代其销售，一方面可充分利用委托人与客户的关系，增大成交概率；另一方面可减免自身不必要的时间和精力的花费。

14. 行会突击

行会突击法是指选择一些容易触发购买动机的行会作为客户开发访问的对象，进行集中性销售访问来寻找客户。采用该方法要求销售人员要关注经济发展的态势，关心经济产业结构的现状及其未来的发展趋势。采用该方法，若选择得当、销售得法，能够挖掘出大批潜在客户。

15. 设立代理店

设立代理店是指选择恰当的企业，与之签订代理合同，确定代理业务，使其成为本企业的销售点来寻找客户。通过代理店的设立可获得较稳定的潜在客户。

16. 合作企业之间互相推荐

竞争性不强的企业营销人员之间相互推荐，交换客户名单。大家的产品、业务各不相同，你有10名客户，我也有10名，两个人交换之后，就都拥有了20名客户。这也是扩充企业客户的一个省力而又有效的方法。

17. 俱乐部寻找

客户们一般都有自己的社交圈子和特定活动场所。进入他们的圈子，让他们接受你，自然业务也就很好开展。

18. 企业关系

企业是无法单独生存的，至少要有进货的上家和销售商品的下家，另外，与银行的交往也是必不可少的。因此，企业可以说是建立在各种联系的关系上。假如能善加运用这些连锁关系，对销售产品也将有莫大的帮助。

（二）寻找客户的步骤

1. 收集信息

信息收集是进行分析的基础，它要求收集方法科学、信息准确、尽可能的详细。

2. 分析资料

在得到一些基本信息后，就可以对每类客户群体进行如下6个方面的分析：

（1）客户消费动机分析。客户的动机是非常复杂的，有的客户甚至自己都不清楚。所以，了解客户的消费动机变化，清楚在客户的眼中，我方产品或服务到底好在哪里？其购买的主要动机是什么？是十分必要的。

（2）客户消费选择分析。非垄断市场产品或服务竞争十分激烈，客户对产品或服务的选择有很大的空间。任何产品或服务都不是不可以替代的。所以，在分析中，就必须了解谁是你的主要竞争对手？搞清楚客户可能用我方产品或服务去替代他的什么产品或服务？而客户又可能用他的什么产品或服务来替代我方的产品？哪些客户对我方产品或服务有较高的忠诚度？哪些客户对我方的忠诚度低？为什么？如何改进？

（3）客户消费时机分析。在不同的时间里，客户对不同的产品或服务的购买动机和频率是不同的，只有搞清其特点，才能掌握促销主动权。

（4）客户消费地点分析。客户对产品或服务的购买和使用都有一个适当的场所，要搞清客户习惯的消费地点，由此找出理想的销售渠道和产品应用范围。

（5）客户消费数量分析。购买我方产品的客户多而复杂，其中必然有几类客户购买量大，而且每类客户群体消费特点也不同，所以，我们要分析每类客户群体消费量是多少？数量不够，就不能单独作为一个细分市场来开发。

（6）客户内部角色分析。客户往往是一个复杂的群体，根据在购买行为中所起的作用，一般将其划分为五种角色。一是发起者，他是第一个提议购买商品或服务的人；二是影响者，他是对决策具有某种影响的人；三是决策者，他是对购买有决定权的人；四是购买者，他是从事购买行为的人；五是使用者，他是使用该商品或服务的人。有时这五种角色集中于一个人身上，有时是分别于不同的人。针对目标客户做详细的分析，才能制订出针对性的营销措施。

3. 制订方案

通过以上 6 个方面分析，找出最佳客户群体，有的放矢地制订出营销方案；根据其需求特性，改进产品，改变宣传重点，选择最佳销售通路和销售时机；根据其组织特点，对不同角色分别采取不同说服策略。

4. 反馈调整

事物是发展变化的，社会在变，客户需求也在变。实时监控市场，根据市场反馈信息，及时调整认识，改进方案，十分重要。另外，市场分析的基础是信息，但可能受到各种因素的干扰，信息的可靠性就存在问题，也需要不断地根据反馈，修正错误。

实战演练

（一）案例分析

乔认为干营销这一行，需要别人的帮助，乔的很多生意都是"猎犬"帮助的结果。乔的一句名言就是"买过我的汽车的客户都会帮我营销"。在生意成交之后，乔总是把一叠名片和猎犬计划的说明书交给客户。说明书告诉客户，如果他介绍别人来买车，成交之后，每辆车他会得到 100 美元的酬劳。几天之后乔会寄给客户感谢卡和一叠名片，以后至少每年客户会收到乔的一封附有猎犬计划的信件，提醒他乔的承诺仍然有效。如果乔发现客户是一位领导人物，其他人会听他的话，那么，乔会更加努力促成交易并高兴让其成为猎犬。实施猎犬计划的关键是守信用——一定要付给客户 100 美元。乔的原则是：宁可错付 50 个人，也不要漏掉一个该付的人。2007年，猎犬计划为乔带来了110笔生意，约占总交易额的1/3。乔付出了11 000美元的猎犬费用，收获了210 000美元的佣金。他的方法是简便有效的。

思考题：

（1）分析营销员乔使用了什么方法寻找客户？

（2）这种方法有什么特点？

（二）情景演练

假若你是一名电信公司的营销经理，如何寻找你的客户？

任务二　如何挖掘潜在客户

问题引入

对于任何一名营销人员来说，都面临着相同的一个问题，那就是找到客户，把产品或服务销售出去。除非企业的产品或服务处于垄断地位，除非公司的品牌处于一个非常强势的市场状况，否则，任何企业的营销人员都将面临如何寻找潜在客户的严峻现实。那么，什么是潜在客户？潜在客户的含义和类型是怎样的？潜在客户产生和存在的原因是什么？潜在客户与现实客户的区别有哪些？如何挖掘潜在客户？挖掘潜在客户的原则和方法是怎样的？这是在本任务环节需要掌握的内容。

任务要求

1. 识记：潜在客户的含义和类型。
2. 领会：潜在客户产生和存在的原因、潜在客户与现实客户的区别。
3. 应用：挖掘潜在客户的原则和方法。

名家名言

只有一个总经理，那就是客户，他只要用把钱花在别处的方式，就能将公司的董事长和所有雇员全部都炒鱿鱼。

——【美国】沃尔玛公司总裁　萨姆·沃尔顿

案例引入

世界首席推销员齐藤竹之助的故事

（一）案例描述

一年夏天，齐藤竹之助参加了公司组织的旅游活动，乘火车前往上山田温泉。上火车后，他发现对面坐着一位三十几岁的女士，带着两个小孩，大的有五六岁，小的约三岁。

职业习惯让齐藤竹之助判断，这位女士一定是位家庭妇女。他心里想，今天真是太幸运了，从小孩到大人的保险都有希望做成。

由于座位挨在一起，齐藤竹之助趁火车在熊谷站停靠之机，买了熊谷特产"五家宝"，很礼貌地赠送给这位女士。以此为契机，齐藤竹之助与她聊起了家常，谈到小孩的学费和她先生的工作等。

女士对齐藤竹之助说："我们打算在轻井车站住一晚，第二天再乘轻铁去草津。"由于话题是避暑胜地，现在又是盛夏，自然而然聊到度假的人特别多，每家旅店都是人满为患。齐藤竹之助说："我比较熟悉轻井，如果你不介意的话，我可以帮助你找个旅馆。"

女士听后十分高兴，非常感谢齐藤竹之助，她把家里的地址和先生的姓名都告诉了齐藤竹之助。希望他有空到她家做客。

两周之后，齐藤竹之助主动登门拜访。女士的先生十分感谢齐藤竹之助的帮助，并且与齐藤竹之助成了好朋友。最后，他们全家都成了齐藤竹之助的客户。

（二）案例分析

营销人员首先要做的工作，就是寻找潜在客户。一般情况下，营销人员都是从自己熟悉的人如亲戚、朋友开始营销，但任何人的人际关系网都是有限的，只有设法创造机会，参加各种活动，接触各类人群，才能结识更多的人，积累更多的潜在客户。案例中齐藤就是抓住旅游的机会，做成了一笔生意。

知识内容

寻找潜在客户是企业开展营销活动的开端，其成败对于企业有着重大的影响。谁先寻找到潜在客户，无疑在市场竞争中就占据了先机和主动。

（一）潜在客户的含义

潜在客户是指既有购买所营销的商品或服务的欲望，又有支付能力的个人或组织。

有可能成为潜在客户的个人或组织则称为"线索"或"引子"。引子要成为潜在客户，应具备三个条件：一是有购买某种产品或服务的需要；二是有购买能力；三是有购买决定权。在营销活动中，营销人员面临的主要问题之一就是把产品卖给谁，即谁是自己的营销目标。营销人员在取得引子之后，要对其进行鉴定，看其是否具备成为潜在客户的资格和条件。如果具备，就可以列入正式的潜在客户名单中，并建立相应的档案，作为营销对象。如果不具备资格，就不能算一个合格的潜在客户，也不能将其列为营销对象。一个尚未找到目标客户的企业或营销员，就开始进行狂轰滥炸式的营销，其结果只能是大炮打蚊子。所以，寻找客户是营销工作的重要步骤，也是营销成败的关键性工作。

寻找潜在客户，营销员首先必须根据自己所营销的产品特征，提出一些可能成为潜在客户的基本条件，再根据潜在客户的基本条件，通过各种可能的线索和渠道，拟出一份潜在客户的名单，采取科学适当的方法进行客户资格审查，确定入选的合格潜在客户，并做出客户分类，建立客户档案，妥善保管。

（二）潜在客户的类型

在营销活动中，一般可将潜在客户分为以下三种类型。

1. 新开发的潜在客户

营销人员必须经常不断地寻找新的潜在客户。一般来讲，开发的潜在客户数量越多，完成营销任务的概率就越大。根据公式（掌握的潜在客户数量/营销区域内的客户数量×100%），就可以知道自己所掌握的潜在客户数量在营销区域所占的比例。营销人员手上的潜在客户，不论是属于哪种类型的企业、组织和个人，都有可能成为自己的新客户，所以平时要在这些新开发的潜在客户身上多下功夫。

2. 现有客户

无论哪一种类型的企业，一般均有数百家甚至上千家现有小客户，营销人员应该时常关注这些客户并欢迎他们再度惠顾。利用这些既有的老客户，可实现企业一半以上产品的销售目标。在这些老客户中，有一些客户由于业务量小而被企业忽视了，营销人员应该多拜访这些顾客，调查过去发生的业务量、客户对产品使用情况以及对售后服务的满意状况、新的成交机会等。一旦发现问题，就要设法解决，尽量捕捉产品销售的机会。一般来说，现有客户是新产品最好的潜在客户。

3. 中止往来的老客户

以往的客户由于种种原因没有继续购买本企业产品，但仍是营销人员重要的潜在顾客。事实上，许多老顾客都在期待营销人员的再度拜访，营销人员必须鼓起勇气再次拜访他们，并从中探究他们不再购买本企业产品的真正原因，找到满足他们需求的对策。

（三）潜在客户产生和存在的原因

1. 潜在客户自身因素

潜在需求是潜在客户存在的根本原因。离开了潜在需求，潜在客户就无法产生。有了潜在需求，就有可能产生购买动机或购买欲望，如果购买能力具备，购买时机成熟，且市场上具有所需的产品或服务，那么潜在客户就极有可能转化为现实客户。因此，潜在需求是潜在客户产生、存在的首要因素。此外，购买动机如何，购买欲望如何，购买能力如何，购买时机如何，这些都是重要的影响因素。缺少了上述任何一个因素，潜在客户只能是永远的潜在客户而不可能变成现实客户。

2. 企业或组织自身因素

如产品质量低劣或不稳定，品牌包装平淡无奇，产品价格明降暗升，服务手续烦琐，服务效率低下，服务人员素质差，企业分销渠道不畅，信息传递失灵，广告促销乏力，产品宣传失实，企业形象不佳等。只要有一个方面出了问题，都将影响潜在客户的购买心理，制约潜在客户的购买行为。近年来，因企业自身的产品或服务问题而造成客户大量流失的事件与日俱增。这无疑又降低了潜在客户的购买意向，更增强了其持币待购的心态。

3. 其他因素

诸如竞争者的一举一动、一言一行，媒体宣传，公众态度，专家意见，政府倾向及国家宏观政策等，都将对潜在客户与现实客户产生重要而深远的影响。

（四）潜在客户与现实客户的区别

1. 定义

所谓潜在客户，是针对现实客户而言的，是可能成为现实客户的个人或组织。这类客户或有购买兴趣、购买需求，或有购买欲望、购买能力，但尚未与企业或组织发生交易关系。所谓现实客户，是已经实现了需求的客户，或需求已经得到满足的客户。这类客户既有购买需求，又有购买能力，且与企业或组织已发生交易关系。

2. 组成

潜在客户包含一般潜在客户和竞争者客户两大部分。所谓一般潜在客户，是指已有购买意向却尚未成为任何同类产品或组织的客户，以及虽然曾经是某组织的客户但其在购买决策时，对品牌（也即组织）的认可较为随意的客户。所谓竞争者客户，是相对于本企业的客户而言的，也就是竞争者所拥有的客户群体，这类客户既可以是中间客户（如代理商、批发商、零售商），也可以是最终的消费者即我们一般意义上所说的客户。现实客户包含与企业或组织发生一次交易关系的新客户和与企业或组织发生多次交易关系的老客户。由于客户购买心理、购买行为复杂多变，市场竞争亦日趋白热化，潜在客户与现实客户之间的界限是比较模糊的，况且两者本身就处在不断的动态转化之中。

3. 数量

就消费者市场而言，消费者需求的永无止境性、复杂多变性，市场竞争的日益激烈化，企业资源的绝对有限性，决定了任何一个企业或组织都不可能拥有市场上的所有客户，也就是说任何一个企业或组织的客户即现实客户相对于整个市场中所有客户而言总是有限的。换句话说，在一个有限的市场中，企业或组织的潜在客户要远远多于其所拥有的现实客户。

4. 市场争夺

在现代社会，除了极个别的自然垄断性行业（如提供公共服务的政府、邮政、电力、电信等）之外，其他任何产品或服务的提供者，都不可能是一家。在竞争状态下，一家企业或组织失去的潜在客户，就成为另一家企业或组织的现实客户。由于各个企业或组织都十分重视自身的现实客户的投资与建设（因企业 80%的利润来自 20%的客户），因此，企业或组织争夺的主要对象，就是潜在客户。

5. 地位或作用

一方面，现实客户是现代企业生存的根本和基础，是现实客户供养着企业或组织，解决了企业的生存问题，奠定了企业发展的基础；没有现实客户，企业就无法生存，更谈不上什么发展。另一方面，潜在客户是现代企业发展的重要动力，也是现代企业在激烈的市场竞争中寻求发展的主要目标。企业经营犹如逆水行舟，不进则退。面对优胜劣汰的市场竞争，企业要想长期扎根市场，除了稳固现实客户之外，就要在市场盲点——大量存在的潜在客户上寻求突破，以求发展。事实上，在企业经营活动中，仅仅把眼光盯住现实客户不放，而忽视对潜在客户的开发，这样的企业是永远长不大的，也成不了什么气候。因此，不论是潜在客户还是现实客户，都事关企业的生存与发展，都事关企业的兴衰与成败。

6. 风险

美国市场营销协会 AMA 的调查数据显示：企业或组织争取一个新客户即潜在客户的成本是维持一个老客户即现实客户的 5～6 倍；争取一个新客户比维持一个老客户要多付出 6～10 倍的工作量。此外，由于潜在客户较之现实客户具有更大的不确定性、消费需求的模糊性以及购买行为的复杂多变性。因此，潜在客户往往不易感知，不易把握，风险更大。

技巧与方法

老客户是企业稳定收入的主要来源，是企业发展的基石，特别是 20/80 原则中那 20%的客户，对企业的可持续发展有着非常重大的影响。然而，挖掘新客户与稳定老客户有着同等重要的地位。新客户的加入，为企业注入了新的血液，特别是大的潜在客户的加入，对企业赢利产生重要的影响。那么如何挖掘潜在客户？挖掘潜在客户的原则和方法是怎样的？

（一）挖掘潜在客户的原则

首先是量身定制的原则，也就是选择或定制一个满足自己企业具体需要的寻找潜在客户的原则。不同的企业，对寻找潜在客户的要求不同，因此，营销人员必须结合自己企业的具体需要，灵活应对。任何拘泥于形式或条款的原则都可能有悖企业的发展方向。

其次是重点关注的原则，即 80/20 原则。该原则指导我们事先确定寻找客户的轻重缓急，首要的是把重点放在具有高潜力的客户身上，把潜力低的潜在客户放在后边。

最后是循序渐进的原则。即对具有潜力的潜在客户进行访问，最初的访问可能只是"混个脸熟"，交换一下名片，随着访问次数的增加，访问频率的加快，可以增加访问的深度。

除了上述几个大的原则之外，作为营销人员，你需要调整你对待寻找潜在客户的态度。如果你想成为一名优秀的营销人员，那么你需要将寻找潜在客户变成你的爱好。寻找潜在客户是你走向成功之路的第一步。你不能仅仅将寻找潜在客户视为一项工作，并且是你不愿意做却不得不做的事情。事实上，寻找潜在客户不仅是一项有意义的工作，而且会充满乐趣，你只需要改变一下你对待工作的态度，使寻找潜在客户成为一种乐趣与爱好，成为一种值得追求的职业与需要提高的技能。

（二）挖掘潜在客户的方法

1. 地毯式搜索法

所谓地毯式搜索法是指营销人员在事先约定的范围内挨家挨户访问的方法，又称逐户访问法、上门推销法。这种方法的优点是具有访问范围广、涉及顾客多、无遗漏等特点，但是这种方法有一定的盲目性，对于没有涉足营销工作的人来说，运用此法最大的障碍是如何接近客户，即在客户购买商品或者接受服务之前，营销人员努力获得客户的接见并相互了解的过程。接近客户可采用如下几种方法：

（1）派发宣传资料。营销人员直接向客户派发宣传资料，介绍公司产品或服务，引起客户的注意力和兴趣，从而得以接近客户。

（2）馈赠。这是现代营销常用的接近法。营销人员利用赠送小礼品等方式引起顾客兴趣，进而接近客户。

（3）调查。营销人员可以利用调查的机会接近客户，而且此法还隐藏了直接营销的目的，易被客户接受。

（4）利益引导。营销人员通过简单说明商品或服务的优点以及将为客户带来的利益而引起顾客注意，从而转入面谈的接近方法。

（5）赞美接近。营销人员利用人们的自尊和被尊敬的需求心理，引起交谈的兴趣。需要注意的是赞美一定要出自真心，而且还要讲究技巧，否则会弄巧成拙。

（6）求教接近。对于虚心求教的人，人们一般不会拒绝他。但营销人员在使用此法时，应认真策划，讲究策略。

2. 广告搜索法

所谓广告搜索法是指利用各种广告媒体寻找客户的方法。越来越多的大企业利用广告帮助销售人员挖掘潜在客户。利用广告媒体的方法多种多样，如利用杂志广告版面的下部提供优惠券或者抽奖券，让读者来信索取信息；或者在杂志背面设置信箱栏目，让读者通过信箱了解更多有关产品或服务的信息；也可以利用高技术工具如传真机，把个人电脑和传真机的自动送货系统联系在一起，客户只需拨通广告媒体上的电话号码，就可以听到类似语音信箱的计算机自动发出的声音，客户可以选择一个或多个服务项目，而且只要提供传真号码，几分钟内就可以收到文件。虽然广告媒体能够提供许多潜在客户的信息，但营销人员也得花相当多的时间去筛选，因此广告搜索法只有和高科技工具及电子商务结合起来，才能发挥其最佳效能。

3. 中心开花法

所谓中心开花法是指在某一特定的区域内选择一些有影响的人物，使其成为产品或服务的消费者，并尽可能取得其帮助或协作。这种方法的关键在于"有影响的人物"，即那些因其地位、职务、成就或人格等而对周围的人有影响力的人物。这些人具有相当强的说服力，他们的影响能够辐射到四面八方，对广大客户具有示范效应，因而较易取得其他客户的信赖。而且这些有影响的人物经常活跃于商业、社会、政治和宗教等领域，他们可能会因为资深的财务背景或德高望重的品行而备受他人尊敬，因此如果能够得到他们的推荐，效果尤其明显。因为他们代表了权威。但是，在使用该法时，应注意同有影响的人物保持联系，而且当他们把你推荐给他人之后，不管交易是否成功，一定要向他表示感谢。

4. 连锁关系链法

所谓连锁关系链法是指通过老客户的介绍来寻找其他客户的方法。它是有效开发市场的方法之一，而且花时不多。营销人员只要在每次访问客户之后，问有无其他可能对该产品或服务感兴趣的人。第一次访问产生2个客户，这2个客户又带来4个客户，4个又产生8个，无穷的关系链可一直持续发展下去，销售人员最终可能因此建立起一个自己的潜在顾客群。这种方法尤其适合如保险或证券等一些服务性的行业，而且这种方法最大的优点在于其能够减少营销过程中的盲目性。但是在使用该法时需要提及推荐人以便取得潜在客户的信任，提高成功率。

5. 讨论会法

所谓讨论会法是指利用专题讨论会的形式来挖掘潜在客户。这也是越来越多的公司寻找潜在客户的方法之一。由于参加讨论会的听众基本上是合格的潜在顾客，因为来参加的必定是感兴趣的。但是在使用讨论会方式时，应注意以下几点：

（1）地点的选择。要想最大限度增加到会人数，应选择诸如饭店、宾馆或大学等中性地点。

（2）时间的选择。时间选择应注意适当原则，不宜过长也不宜过短，以连续两天为宜。因为第一天没有时间到会的潜在客户可以在第二天赶上。

（3）讨论会上的发言应具备专业水平，且需要布置良好的视觉环境、装备高质量的听觉设备。

（4）与会者的详细资料要进行备案。个人资料可以通过一份简短的问卷调查获得。

6. 会议找寻法

所谓会议找寻法是指营销人员利用参加各种会议的机会，和其他与会者建立联系，并从中寻找潜在客户的方法。这种方法比较节约成本，但在实际运用时要注意技巧，暂时不提或委婉提出营销意图，以免对方对你产生反感情绪。

7. 电话找寻法

电话找寻法是指营销人员利用打电话的方式寻找潜在客户的方法。它是一种重要的营销手段，这种方法的最大优点是速度快，但是采用这种方法时一定要注意谈话技巧，要能提起对方的注意力，并继而引发其兴趣，否则很容易遭到拒绝，而且对通话的时机要把握一定的分寸。虽然电话营销是一种与大众接触的重要方式之一，但是由于它是通过非形体的声音工作，很难有较强的说服力，因此成功率相对传统的面对面销售方式要低。

8. 函件找寻法

所谓函件找寻法指以直接邮寄函件的方式来寻找潜在客户，它是一种比较有效的营销方式。采用函件找寻法应注意：（1）最好以私人名义撰写信函，最重要的是要搞清楚潜在客户的姓名。（2）最好在信件结尾亲笔签名，以表示对对方的尊重和重视。（3）重要的卖点或信息列于信尾"附言"中，因为这是被阅频率最高的地方。（4）尽可能说服顾客立即采取行动。如某个日期前订货的折扣或优惠，前100个回信人的奖励及礼品，提供送货日期的保证，免费试用，等等。这种方法的优点是覆盖范围广，涉及客户数量大，但是由于回函率低，使得其成本相对较高，而且等待时间较长。

9. 资料查询法

所谓资料查询法是指通过查阅各种资料来获取潜在客户的方法。这些可供查阅的资料有报纸、出版物、名录和电话簿等。报纸是挖掘潜在客户信息的重要线索之一。如一个新公司的开业为办公设备和家具的销售提供了机会；出生或结婚为保险提供了可能的需求，等等。报纸提供的销售线索无穷无尽，关键在于销售人员能否挖掘出信息背后的销售机会。商业电话簿和名录是提供潜在客户信息的又一重要来源。还有各种各样的可供查询的公开资料也都能为销售人员提供一定的有关潜在客户的线索。虽然通过这种方法能较快的获得有关市场容量和潜在客户的信息，而且成本较低，但是时效性却比较差。

10. 观察法

所谓观察法是指营销人员通过自己对周围环境的分析和判断来寻找潜在客户的方法。如房地产代理商可以亲自出门寻找门前挂有"出售"字样的人家；卖天花板的销售人员可以沿街观察谁家的顶棚坏了，等等。同时，作为营销人员，应该随时对无意中听到的信息保持一定的敏感性，特别是在一些公共场所，如吃饭、购物和休闲场所。这种方法具有成本低等优点，但是它对营销人员的观察能力和分析判断能力的要求比较高，而且要求判断尽可能的客观。

总之，挖掘潜在客户是一项艰巨的工作，需要营销人员综合运用以上各种方法与技巧，才能取得最终的成功。

实战演练

（一）案例分析

一个戴尔营销员，利用"偶遇"获取了一个订单。当时，某电信公司有一个项目，戴尔、惠普等几家公司都在竞争。戴尔没有任何优势，没有相关客户关系。大家知道电信行业的销售，都以客户关系为导向。所以他几乎没有机会。但是，他非常成功地运用了"偶然相遇"的方法。因为他了解到处长要坐飞机出差，所以购买了同一个航班的飞机票，然后想办法坐在处长的旁边。而且，做了精心准备，去之前把处长过去写过的各种文章都整理成册。当坐在处长旁边的时候，他故意拿出来翻来覆去看，这自然引起了处长的注意，"哇？你怎么看我写的文章啊？小伙子，你是哪个公司的呀？"就这样，飞机飞行的一个多小时中，两个人建立了良好的关系，处长下飞机的时候，留下一句话："小伙子，我两天以后回公司，有时间你打电话给我。"这位戴尔的营销员马上买了一张机票返回，做准备和那位处长碰面。后来这个项目就给他了。

思考题：

（1）分析该戴尔营销员挖掘潜在客户的方法。

（2）该方法有何特点？

（二）情景演练

刘伟是某著名大学工商管理学院的三年级学生。刚刚接受了一份阳光岛度假村俱乐部的暑期工作。刘伟第一次参加销售会议，女经理谭园在阐述她对销售人员的希望。

谭园：我知道当你们被聘时就已经知道需要做什么。但是，我还想再次就有关事情做进一步说明。现在你的第一项工作是销售阳光岛会员卡。每一张会员卡价值为2 000元人民币。如果你们有什么问题，直接提问。

刘伟：每笔买卖我们可以提取多少佣金？

谭园：每销售一张会员卡，你可以拿到其会员卡价值的10%，也就是200元。会员卡赋予会员很多权利，包括每年可以到太阳岛度假村免费入住2天，届时可以享受度假村的桑拿浴与健身，可以获得两份免费早餐。若会员平时到度假村度假，住宿、餐饮、娱乐、健身等都可以享受50%的优惠折扣。而且，你还可以从会员的所有费用中提取5%的报酬。

刘伟：不错，我可以获得双份的报酬了。

谭园：不错。你销售得越多，提取的佣金就越高。

刘伟：我到哪里去寻找太阳岛度假村的会员呢？

谭园：你完全可以自己决定如何做。但是，寻找潜在顾客是你成功的关键。根据以往的经验，每10个你找到的潜在客户中，你将会与其中的3个顾客面谈，最后与一个顾客成交。还有问题吗……可以从你的亲朋好友开始。

问题讨论：

（1）刘伟应集中于哪一个目标市场？

（2）刘伟应该怎样挖掘潜在客户？

任务三　如何保持客户关系

问题引入

在日趋激烈的市场竞争中，企业营销的重点开始由交易转变为关系。客户保持率成为衡量企业市场竞争力的关键因素，与顾客保持长期关系不仅可以为企业节省成本、增加利润，而且能为企业带来长期效益，因此保持客户关系对于企业意义重大。那么什么是客户保持，如何理解客户保持模型，客户保持的影响因素与重要性是怎样的，如何保持客户关系，保持客户关系的原则和方法有哪些？这是在本任务环节需要掌握的内容。

任务要求

1. 识记：客户保持的含义。
2. 领会：客户保持模型、保持客户关系的影响因素和重要性。
3. 应用：保持客户关系的原则和方法。

名家名言

获取订单是最容易的一步，营销真正的关键是产品卖给客户之后。

——【美】美国十大营销高手、原IBM营销副总经理　罗杰斯

案例引入

（一）案例描述

三年前，韩国一家大集团副总裁到澳大利亚出差。当他住进丽滋·卡尔登饭店（Ritz Carlton hotel，美国国家品质奖服务类奖得主）后，他打电话给该饭店客房服务部门，要求将浴室内原放置的润肤液换成另一种婴儿牌的产品。服务人员很快满足了他的要求。

事情并没有结束。三周后，当这位副总裁住进美国新墨西哥的丽滋·卡尔登饭店时，他发现浴室的架子上已经摆放着他所熟悉的乳液，一种回家的感觉在他心中油然而生……

"凭借信息技术和多一点点的用心，丽滋·卡尔登饭店使宾至如归不再是口号。"丽滋·卡尔登饭店澳大利亚地区品质训练负责人琴·道顿说出了卡尔登饭店成功的秘密。

在丽滋·卡尔登全球联网的电脑档案中，详细记载了超过24万个客户的个人资料。这是每一个顾客和卡尔登员工拥有的小秘密，使顾客满意在他乡。

（二）案例分析

保持客户绝不是信手拈来，而是要通过企业的优质服务使客户满意。只有客户满意了，才会保持与企业长久的关系。如何使客户满意？丽滋·卡尔登饭店可以说是匠心独运，它在全球联网的电脑档案中，记载了超过24万个客户的个人资料，根据这些资料，有针对性地提供个性化服务，满足客户需要，使得客户宾至如归，满意在他乡。

知识内容

企业服务营销战略的目的主要在于维持现有客户，而不是一味地争取新客户。客户保持率成为衡量企业成功的重要标志。

（一）客户保持的含义

客户保持是建立企业与客户良好关系的重要策略。客户关系是指企业为达到其经营目标，主动与客户建立起的某种联系。这种联系可能是单纯的交易关系，也可能是通讯联系，也可能是为客户提供一种特殊的接触机会，还可能是为双方利益而形成某种买卖合同或联盟关系。而客户保持是指企业维持已建立的客户关系，使客户不断重复购买产品或服务的过程。

（二）客户保持模型

图 3-1 是客户保持模型，其中：

（1）客户满意是客户对企业总的服务评价。

（2）客户认知价值指客户对企业提供产品或服务相对价值的主观评价。

（3）转移成本指客户对结束与现服务供应商的关系和建立新的替代关系所涉及的相关成本的主观认知。

客户保持模型的内在逻辑是，企业通过优质服务，增强客户的认知价值，客户认知价值增加会大大提升客户满意，并增加客户的转移成本。良好的客户认知价值、客户满意及不断增加的转移成本都会导致顾客产生重复购买的意向。

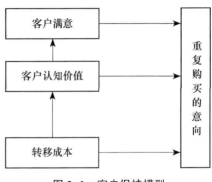

图 3-1　客户保持模型

（三）客户保持的影响因素

在客户关系的建立中，影响客户保持的因素主要体现在：

（1）客户购买行为要受到来自文化、社会环境、个人特性、心理等方面因素的影响。

（2）客户满意与客户保持有着非线性的正相关关系。

（3）客户在考虑是否转向其他企业时必须要考虑的转移成本。

（4）客户关系具有明显的生命周期的特征，在不同的生命周期阶段中，客户保持具有不同的任务。

（四）客户保持的作用

保持与客户的长期、稳定的关系可以给企业带来如下益处。

1. 在现有客户中获取更多客户份额

由于企业着眼于和客户发展长期的互惠互利的合作关系，从而提高了相当一部分现有客户对企业的忠诚度。忠诚的客户愿意更多地购买企业的产品和服务。忠诚客户消费，其支出是随意消费支出的两倍到四倍。而且随着忠诚客户年龄的增长、经济收入的提高或客户企业本身业务的增长，其需求量也将进一步增长。

2. 赢得口碑宣传

对于企业提供的某些较为复杂的产品或服务，新客户在作购买决策时会感觉有较大的风险,这时他们往往会咨询企业的现有客户。而具有较高满意度和忠诚度的老客户的建议往往具有决定作用,他们的有力推荐比各种形式的广告更奏效。这样,企业既节省了吸引新客户的销售成本,又增加了销售收入,企业利润自然提高。

3. 提高了员工忠诚度

这是客户保持的间接效果。如果一个企业拥有相当数量的稳定客户群,也会使企业与员工形成长期和谐的关系。在为那些满意和忠诚的客户提供服务的过程中,员工实现自身价值,而员工满意度的提高导致客户服务质量的提高,使客户满意度进一步提升,形成一个良性循环。

技巧与方法

案例分析与知识内容阐述了客户保持对于服务企业的重要意义,那么如何保持客户关系?保持客户关系的原则和方法是怎样的?

(一)保持客户关系的原则

1. 用心待客

用你的心去了解客户的需求并加以解决,清楚客户的一切。例如,客户的亲人是谁?生日是多少?结婚周年纪念日是几号?创业的历史是怎样的?等等。

2. 坚持待客

当你决定用心去维护客户关系的时候就要学会坚持。比方说每周给客户发一次短信问候;给客户一些有纪念意义的小礼品等。有些人发短信只是短时间付出,发一段时间就不发了,或是觉得花钱太浪费了。其结果就是客户认为你是三分钟的热度没诚意。为什么说要坚持呢?当你决定要做一件"傻事"的时候,就请你做一辈子吧,要不就别做否则就不叫用心了!其实所做的一切就是让客户感动、相信、并且对你付出!

3. 真诚待客

真诚地站在客户的角度去思考问题。想客户的需求在哪里?当客户不明白或是不了解时,要有耐心地去讲解,要很真诚地说出我们能做到什么不能做到什么,把利与弊说清楚,让客户自己去挑选。我们只做建议而不是逼迫客户非达成协议不可;我们所做的一切都要让客户知道我们是为了他好,并且要很用心,够坚持,非常真诚的做事情。其实当你做人做事真诚的时候客户是能感觉到的,他也会被你的行为所感动,并且行动。

(二)保持客户关系的方法

现在,各企业对关系营销越来越重视,"客户就是上帝"已经是共识。下面的 10 条将会帮助我们成功地保持客户关系。

1. 找出客户对我们的产品或服务的真实的感觉

仔细研究客户反馈和以往的市场调查报告,并与公司内负责客户服务的部门联系。注意每一个特别是反面批评的意见。虽然那些反面的、批评的意见会很让人不快乐,但我们将会从那些我们不愿看到的材料中知道用户为什么不满意,并且在以后的发展中将这些因素去除掉。

2. 要在一周内给联系过的客户反馈

对产品促销后客户的反应进行快速反馈,这不仅仅是指对客户的要求的一般的快速反应,而且要对那些投诉说"谢谢"。行动比语言更有说服力。

3. 要切合客户的实际情况与他们讨论他们的具体需求

如果先听一听客户的声音,真诚地与他们沟通,交换双方的观点,就可以与客户建立真正的真诚的关系。全神贯注于客户的需求,分析你的最好的客户,并从正在进行的沟通交流中学习。

4. 选择专业的客户交流人员

选择一个专门负责客户交流的人员,最好是在你的目标客户群体关注的刊物或媒体上发表文章/评论并有一定影响力的人,他的文章要在适当的程度宣扬你的公司,介绍你的公司,去影响那些目标客户,你要提供翔实的经过证实的材料,并确定涉及的内容是新颖的,独特的。

5. 设立范围较广、多样化的客户关系发展计划

赋予你的客户忠诚计划多条"腿"和仔细建立包括产品和产品的使用的多样化的长期沟通平台,但这些计划不应该是独立的自我服务的系统,而应该是相辅相成的。

6. 确信不断学习到新的东西,而不是只停留在口头上

有些营销人员已经厌倦了那些重复的、千篇一律的客户沟通行为。但我们生活在我们生产并推销的产品或服务中,回顾那些有关的市场计划时,如果你学到了以前你不知道的东西,那么你的客户将比你要学到的多并将为你带来很多机会。你也将可以在客户群中保持一定的品牌忠诚度。

7. 避免导致麻烦的无谓的讨论,过多的讨论只会影响公司的声誉和形象

拒绝那些关于销售价格、有形展示、突发事件或广告的无休止的讨论。太多的市场行为将会破坏本来建立的与客户良好的关系,或影响这种关系停滞不前。

8. 如果要做广告,就要让它引人注意,并且要与众不同

要让你的客户知道,你和你的竞争对手是不一样的,他们将从你这里获得更多更好的。要让每次广告都造成不同的冲击和影响。

9. 逐字推敲给客户的信件,要引起客户注意

给客户的信件通常是企业市场活动的一部分,如果你对客户的反应和回复令客户非常满意,将对你的产品或服务的发展起到有利的促进作用。

10. 给予客户独特的待遇

包括客户在其他地方不能获得的特殊待遇,或者提供特别的信息和服务,让他们感到只有你能为他们做到这些。

实战演练

(一)案例分析

圆苑酒家的信息营销

备战"黄金周",各大商家都会向会员推出打折促销活动;旅游旺季到来之前,旅行社也纷纷推出优惠线路和特价机票；季节更迭，各餐饮集团也会推出时令菜肴。然而，如何让消费者获知这些信息呢？使用中国移动的企信通业务平台，应该算是一个不错的选择。圆苑酒家是较早使用企信通的商家之一，在使用过程中经历过一些波折，自然也就多了一份心得。

圆苑酒家，是一家以上海传统本帮菜为主的知名餐厅，经过近10年的努力经营，"圆苑"在上海本地开设了宛平店、兴国店、静安店、淮海店4家餐厅，在北京等地的分店也相继开业。上海圆苑餐饮管理有限公司市场推广部部长李渊介绍说，近年来，随着餐饮业竞争的加剧，圆苑酒家逐渐意识到企业宣传以及老客户维护的重要性，但一直苦于没有找到合适的途径。两年前使用企信通后，酒家就可以将店里最新的优惠促销信息通过短信及时传递到老客户的手机上。"这在使用企信通前是不可想象的，那时候优惠和促销活动只能通过传单及电话的形式告知客户，传单和电话都有局限性，远远比不上'企信通'好用。"企信通的最大作用是帮助"圆苑"维护客户关系。餐厅向就餐顾客发送优惠卡时，会要求客人填写个人信息，其中包括手机号码和客人的生日等，这些都为日后企信通的应用留下伏笔。使用初期，"圆苑"主要利用企信通发送产品促销的信息，由于当时使用这种方式的商家不是很多，"圆苑"的信息群发收到了不错的效果。

圆苑餐厅进行了深入的探讨，认为不应把企信通当作简单的促销工具，而是要让它成为企业文化的传播渠道。如今，"圆苑"的信息不再以促销为目的，转而与顾客进行情感交流。比如：中秋、国庆将至，餐厅会献上对客人事业及家庭的祝福；客人生日的前一天，祝福之余还会善意提醒——客人如需预订生日宴，餐厅会妥善预留座位；餐厅还会不定期向顾客发送一些营养健康方面的小常识，希望他们在工作之余，照顾好自己和家人的饮食起居。此外，圆苑酒家还像对待菜品、就餐环境、经营方式一样，对企信通的短信发送作出了严格规定：针对特定群体发送必须经过公司同意，内容须经公司批准，发送时间段必须上报。

思考题：
（1）圆苑酒家采取了什么方式来保持客户关系？
（2）除了案例里提到的方法，你认为还有什么方法可以帮助圆苑酒家保持客户关系？

（二）情景演练

假若你是某通信公司的社区经理，你将采取什么措施来保持客户关系？

任务四　如何防范客户流失

问题引入

在今天产品高度同质化的品牌营销阶段，企业与企业之间的竞争集中地体现在对客户的争夺上。"客户就是上帝"促使众多的企业不惜代价去争夺尽可能多的客户。但是，企业在不惜代价追逐新客户的过程中，往往会忽视或无暇顾及已有客户的流失情况，结果就出现这样一种窘况：一边是新客户在源源不断地增加，而另一方面是辛辛苦苦找来的客户却在悄然无声地流失。那么什么是客户流失，如何识别客户流失，客户流失的原因是什么，防范客户流失的作用是怎样的？如何防范客户流失，防范客户流失的方法和关键是怎样的？这是在本任务环节需要掌握的内容。

任务要求

1. 识记：客户流失的含义、客户流失的识别。
2. 领会：客户流失的原因、防范客户流失的关键。
3. 应用：防范客户流失的方法。

名家名言

客户关系具有两个要素：一是保留客户，二是理解客户的价值。

——【加】客户关系管理专家　詹姆斯·巴恩斯

案例引入

中国移动的"精准营销"

（一）案例描述

中国移动通信集团公司将前一年10～12月份连续ARPU值高于120元的客户定义为拍照客户，要求各公司的拍照客户保有率达到80%，这是对各省KPI（关键业绩指标）考核的重要指标之一。2015年，H移动通信公司成功地化解了拍照客户流失危机，完成了集团下达的KPI指标。

及时察觉市场危机

2015年以来，H移动通信公司面临着更加激烈的市场竞争环境，竞争对手针对H移动通信公司的"全球通""神州行""动感地带"等品牌接连推出具有很大优惠力度的套餐和营销活动，同时H移动通信公司本身的资费政策也接连调整，这些都使H移动通信公司在客户维系和收入保持两方面都面临更加严峻的挑战。

2015年9月，H移动通信公司根据对BI（客户智能）数据的分析发现，拍照客户群连续几个月来平均每月流失率竟达到2.5%左右，这引起了相关部门的高度重视。截至2015年8月底，这部分客户保有率已经下降到85.5%，如果这样的流失现象不能得到抑制，拍照客户群保有率将很快跌破80%，这个关键的公司级KPI将不保。

H移动通信公司在了解到自身面临的危机之后，立即组成了专题咨询小组，依托BI系统的强大数据支持，并结合团队BI领域的丰富经验和对客户业务的深刻理解，制订了完整的拍照客户保有方案。

实施精准营销

基于当时的市场形势，若要使2015年年底保有率达到80%以上，就意味着从2015年9月到12月的4个月必须将客户流失率控制在每月1.4%以内。

为了实现这一目标，H移动通信公司启动相关咨询工作：全面分析前期的客户保有形势，测算成本，提出营销活动的策划和改进方案，通过BI数据分析识别高危用户，对活动效果进行评估。

按照方案，H移动通信公司对目标客户的数据加以系统梳理，对目标客户进行精准定位。

根据对 BI 系统数据进行的全面分析,划分了拍照客户群中保有工作的重点和次重点,并对低话费用户的情况进行了分析。

在此基础上,H 移动通信公司确定了精准营销活动中急需保有客户、次需保有客户以及基本安全客户的数量。

基于以上分析,H 移动通信公司确定了整套营销方案,即选择适当的时间,以适当的方式,开展适当的营销活动;把成本控制在合理的范围之内;对每月的营销活动执行过程进行及时反馈,实现整个流程的闭环控制,不断提升精准营销方案的执行水平。

2015 年 9 月,营销活动开始实施。在营销过程当中,H 移动通信公司针对"全球通""神州行""动感地带"用户的不同特点,推出了一系列有针对性的营销活动。在活动实施过程中,H 移动通信公司还展开了全面的效果跟踪,根据不同的市场反应和营销效果,及时给出活动后效果评估,包括活动响应效果分析、活动保有效果分析以及活动投资回报率测算。

客户保有目标成功实现

2015 年 9 月,在精准营销实施的当月,H 移动通信公司拍照客户群流失率下降到了 1.8%。在随后的三个月中又连续开展了 3 次保有营销活动。H 移动通信公司对每一波营销都进行了全程跟踪,在第一时间对响应客户的数据进行分析处理,对营销效果进行评估,并根据时间和营销资源情况调整下一次的营销策略和目标用户选取规则。

同时,H 移动通信公司对营销模式进行了持续改进,并通过深度的数据洞察提出了一系列切实可行的营销建议,在多个营销的关键时刻发挥了显著的作用,实现了拍照客户群流失率的逐月递减。到 2015 年 12 月,流失率已经降到了 1.02%,最终将拍照客户群保有率定格在 80.6%,有惊无险地完成了集团下达的 KPI 指标。

由于数据准确、策划周密,本次精准营销结果与预期效果非常吻合。H 移动通信公司在方案中预计的可能流失用户数与最终实际流失用户数相比,误差仅为 3.9%。

(二)案例分析

H 移动通信公司以高端客户服务为起点,建立一系列 BI 专题来实现高端客户服务的精细化、个性化、人性化,实现了客户流失率的有效降低。其提供的贴身咨询服务,重点考虑了在对每次营销活动目标用户的选取过程中,用户的保有危险程度以及营销资源的实际情况,提供了具有针对性的推广方式以及预期营销效果数字,确保了以有限的资源达到良好的营销效果。

知识内容

在营销实践中,争取一个新客户的成本是留住一个老顾客的 5 倍,一个老客户贡献的利润是新客户的 16 倍,可见保持客户,防范客户流失能给企业带来重大的正面影响。

(一)客户流失的含义

在市场竞争日趋激烈的今天,企业的客户是一个很不稳定的群体,在营销实践中,下列现象是经常发生的:客户决定终止和你企业的合作,转为经营某竞争企业品牌的产品或服务;你企业的一个业务员辞职,接着他负责的几个客户都相继结束了和你公司的合作;你的已经合作三年的一个客户最近居然连续三个月没有进货了……由于各种原因而导致的客户中止合作的现象就是客户流失。

（二）客户流失的识别

对于企业而言，如何识别客户流失呢？一般可借助下列指标。

1. 客户指标

主要包括客户流失率、客户保持率和客户推荐率等。

客户流失率是客户流失的定量表述，是判断客户流失的主要指标，用公式表示为：客户流失率=客户流失数/消费人数×100%，它直接反映了企业经营与管理的现状。

客户保持率是客户保持的定量表述，也是判断客户流失的重要指标，用公式表述为：客户保持率=客户保持数/消费人数×100%或1-客户流失率，它反映了客户忠诚的程度，也是企业经营与管理业绩的一个重要体现。

客户推荐率是指客户消费产品或服务后介绍他人消费的比例。客户流失率与客户保持率、客户推荐率成反比。通过客户调查问卷和企业日常记录等方式可获得上述客户指标信息。

2. 市场指标

主要包括市场占有率、市场增长率、市场规模等。通常客户流失率与此类指标成反比。企业可通过市场预测统计部门获得这方面信息。

3. 收入利润指标

例如销售收入、净利润、投资收益率等。通常客户流失率与此类指标成反比。企业可通过营业部门和财务部门获得这方面信息。

4. 竞争力指标

在激烈的市场竞争中，一个企业所流失的客户必然是另一个企业所获得的客户。

因此，判断一下企业的竞争力，便可了解该企业的客户流失率。通常竞争力强的企业，客户流失的可能性要小些。企业可借助行业协会所开展的各类诸如排名、达标、评比等活动或权威部门和人士所发布的统计资料获得此类信息。

（三）客户流失的分类

客户流失可以是与企业发生一次交易互动关系的新客户的流失和与企业长期发生交易互动关系的老客户的流失；可以是中间客户（代理商、经销商、批发商和零售商）流失，也可以是最终客户流失。不论是哪一类客户，由于种种原因，随时随地都存在着离开企业的可能性。通常而言，老客户的流失率小于新客户的流失率；中间客户的流失率小于最终客户的流失率；老年人的流失率小于青年人的流失率；男性的流失率小于女性的流失率。

（四）客户流失的原因

1. 主观原因

从根本上看，客户不满意是导致客户流失的根本原因。这种不满意主要表现在以下几方面：

（1）产品因素。诸如产品质量低劣或不稳定，品种单一或不全，样式单调或陈旧，产品附加值低，价格缺乏弹性，产品销售渠道不畅，广告宣传虚假，售后服务滞后，投诉处理效率低，产品缺乏创新等。

（2）服务因素。诸如服务环境脏，服务秩序乱，服务态度差，服务能力弱，服务效率低，服务设施落后，服务流程烦琐，服务项目不全，服务环节欠缺，服务数量不足，服务渠道不畅，服务缺乏个性化与创新化，收费不尽合理等。

（3）员工因素。诸如仪表不整，言行不一，缺乏诚意与尊重，缺乏责任心与事业感，知识面窄，能力不强，整体素质差等。

（4）企业形象因素。诸如对产品形象、服务形象、员工形象、企业的生活与生产环境形象、企业标识、企业精神、企业文化、企业责任、企业信誉等的不满。

2. 客观原因

主要体现在以下几个方面：

（1）客户因素。例如客户往往对产品或服务期望太高，而实际的消费体验比较差，所以心理不平衡，产生了不满情绪。由于不满，客户就要流失掉。当然，由于客户消费的多样化、多层次化、复杂多变性和非理性化，客户在消费时，并不承诺放弃尝试其他企业的产品或服务。另外，由于购买力的提高，其需求与期望也会发生相应转移，他可以把货币选票投给他认为有价值的产品或服务。

（2）竞争者因素。竞争者通过正当手段或不正当手段建立了某种竞争优势，挖走了或吸引走了本企业客户。

（3）社会因素。诸如社会政治、经济、法律、科技、教育、文化等方面的政策对客户的购买心理与购买行为的影响。

（4）其他因素。诸如战争、季节、时令、自然灾害等因素而使客户流失。

（五）防范客户流失的作用

（1）防范客户流失可使企业的竞争优势长久。企业的服务已经由标准化细致入微服务阶段发展到个性化顾客参与阶段。成功的企业和成功的营销员，把防范客户流失作为企业与自己发展的头等大事来抓。某顾问公司多次调查证明：防范客户流失比只注重市场占有率和发展规模经济对企业效益奉献要大得多。

（2）防范客户流失还会使成本大幅度降低。发展一位新客户的投入是巩固一位老客户的 5 倍。在许多情况下，即使争取到一位新客户，也要在一年后才能真正赚到钱。对一个新顾客进行营销所需费用较高的主要原因是，进行一次个人推销访问的费用，远远高于一般性顾客服务相对低廉的费用。因此，确保老顾客的再次消费，是降低销售成本和节省时间的最好方法。

（3）防范客户流失，还会大大有利于发展新客户。在商品琳琅满目、品种繁多的情况下，老客户的推销作用不可低估。因为对于一个有购买意向的消费者而言，在购买产品前需要进行大量的信息资料收集。客户的口碑效应在于：一个满意的客户会引发 8 笔潜在的生意，其中至少有 1 笔成交；一个不满意的客户会影响 25 个人的购买意向。

（4）获取更多的客户份额。由于企业着眼于和客户发展长期的互惠互利的合作关系，从而提高了相当一部分现有客户对企业的忠诚度。忠诚的客户愿意更多地购买企业的产品和服务，忠诚客户消费，其支出是随意消费支出的 2～4 倍。

技巧与方法

案例分析与知识内容阐述了防范客户流失对于服务企业的重要意义，那么如何防范客户流失呢？防范客户流失的方法和技巧有哪些？防范顾客流失的关键是什么？

（一）防范客户流失的方法

1. 着眼于当前的应急性措施——重点抓好两项工作

（1）访问流失的客户，争取把流失的客户找回来。具体方法包括：

① 设法记住流失的客户的名字和地址。

② 在最短的时间用电话联系，或直接访问。访问时，应诚恳地表示歉意，送上鲜花或小礼品，并虚心听取他们的看法和要求。

③ 在不愉快和不满消除后，记录他们的意见，与其共商满足其要求的方案。

④ 满足其要求，尽量挽回流失的客户。

⑤ 制订措施，改进企业工作中的缺陷，预防问题再发生。

⑥ 想方设法比竞争对手做得更多、更快、更好一些。

（2）正确处理客户投诉，提高解决客户投诉问题的效率。具体步骤包括：

① 道歉。让你的客户知道，你因为给客户带来不便而抱歉。即便这并不是你的过错，也不管这是谁的过错，你所要做的第一件事就是向客户道歉。你还得告诉他们，你将完全负责处理客户的投诉。

② 复述。用自己的话把客户的抱怨复述一遍，确信你已经理解了客户抱怨之所在，而且对此已与客户达成一致。如果可能，请告诉客户你愿想尽一切办法来解决他们提出的问题。

③ 移情。当与客户的交流达到一定境界时，你会自然而然理解他们提出的问题，并且会欣赏他们的处事方式。你应当强调，他们的问题引起了你的注意，并给你改正这一问题的机会，对此你感到很高兴。

④ 补偿。尽己所能满足客户。只要不是拿走整个商店，你可以提供给客户他想从你这里、需要从你这里、期望从你这里得到的任何东西。在你解决了客户的抱怨后，你还可以送给他们其他一些东西，比如优惠券、免费礼物、同意他廉价购买其他物品。

⑤ 跟踪。客户离开前，看客户是否已经满足。然后，在解决了投诉的一周内，打电话或写信给他们，了解他们是否依然满意，你可以在信中夹入优惠券。一定要与客户保持联系，尽量定期拜访他们。

⑥ 想方设法一定要比竞争者做得更多、更快、更好一些。这样，才会给客户留下深刻的印象，客户也才会投给企业更多的货币选票。在这方面，摩托罗拉公司为现代企业树立了良好榜样。该公司有两句话值得深思：我们不关照客户，别人会代劳的；投诉是客户送给企业的礼物。

2. 着眼于长远的永久性措施——应打好八张牌

（1）理念牌。即树立客户满意 CS 理念。近年来，成功企业的经营实践表明：客户满意是企业活动的基本准则，是企业获取竞争优势的锐利武器。

（2）产品牌。即提供令客户满意的产品。这就要求企业必须识别自己的客户，调查客户的现实和潜在的要求，分析客户购买的动机、行为、能力，从而确定产品的开发方向与生产数量，进而提供适销对路的产品来满足或超越他们的需求和期望，使其满意。

（3）服务牌。即提供令客户满意的服务。

（4）员工牌。即充分调动企业员工的积极性、主动性和创造性，使其充分参与企业的经营管理活动，从而激发其成就感、事业感和自豪感，最终实现由员工满意向客户满意的转变。

（5）形象牌。即在客户和社会公众中树立、维持和提升企业形象。良好的企业形象既可以创造客户消费需求，增强企业筹资能力，又可以改善企业现状，开拓企业未来。

（6）管理牌。即通过加强内部自身管理和外部客户管理，来赢得更多的客户与市场，获得更大的经济效益与社会效益。管理是现代企业前进的两大车轮之一，管理也是生产力。

（7）创新牌。面对瞬息万变的市场环境，面对个性化、多样化的客户需求，面对优胜劣汰的游戏规则，企业唯有不断地创新、创新、再创新，才能持续地发展与壮大。

（8）客户联盟战略牌。即与客户建立一种互相依赖、长期稳定、利益共享、风险共担的战略联盟关系。

（二）防范客户流失的关键

在营销实践中，防范客户流失的关键是建立与客户的良好关系。

1. 向客户灌输长远合作的意义

企业与客户合作的过程中经常会发生很多的短期行为，这就需要企业对其客户灌输长期合作的好处，对其短期行为进行成本分析，指出其短期行为不仅给企业带来很多的不利，而且还给客户本身带来了资源和成本的浪费。企业应该向老客户充分阐述自己企业的美好远景，使老客户认识到自己只有跟随企业才能够获得长期的利益，这样才能使客户与企业同甘苦、共患难，不会被短期的高额利润所迷惑，而投奔竞争对手。

2. 深入与客户进行沟通，防止出现误解

（1）将厂家的信息及时反映给客户。

企业应及时将企业经营战略与策略的变化信息传递给客户，便于客户工作的顺利开展。同时把客户对企业产品、服务及其他方面的意见、建议收集上来，将其融入企业各项工作的改进之中。这样，一方面可以使老客户知晓企业的经营意图，另一方面可以有效调整企业的营销策略以适应顾客需求的变化。当然，这里的信息不仅包括我们企业的一些政策，如新制订的对客户的奖励政策、返利的变化、促销活动的开展、广告的发放等，而且还包括产品的相关信息，如新产品的开发、产品价格的变动信息等。

（2）加强对客户的了解。

很多营销人员跳槽带走客户，主要原因就是企业对客户情况不了解，缺乏与客户的沟通和联系。企业只有详细地收集客户资料，建立客户档案，进行归类管理并适时把握客户需求才能真正实现"控制"客户的目的。企业还要确保客户的订货能正确及时地得到满足，收集客户有关改进产品服务方面的意见，并将其反馈到企业的各个部门。

（3）经常进行客户满意度的调查。

一些研究表明，客户每四次购买中会有一次不满意，而只有5%的不满意客户会抱怨，大多数客户会少买或转向其他企业。所以，企业不能以抱怨水平来衡量客户满意度。企业应通过定期调查，直接测定客户满意状况。可以在现有的客户中随机抽取样本，向其发送问卷或打电话咨询，以了解客户对公司业绩各方面的印象。也可以通过电话向最近的买主询问他们的满意度是多少，测试可以分为：高度满意；一般满意；无意见；有些不满意；极不满意。在收集有关客户满意的信息时，询问一些其他问题以了解客户再购买的意图将是十分有利的。一般而言，客户越是满意，再购买的可能性就越高。衡量客户是否愿意向其他人推荐本公司及其产品也是很有用的，好的口碑意味着企业创造了高的客户满意。了解了客户不满意所在才能更好地改进，赢得客户满意，防止老客户的流失。

3. 优化客户关系

感情是维系客户关系的重要方式，日常的拜访、节日的真诚问候、婚庆喜事、过生日时的一句真诚祝福、一束鲜花，都会使客户深为感动。交易的结束并不意味着客户关系的结束，在售后还须与客户保持联系，以确保他们的满足持续下去。

实战演练

（一）案例分析

今天去剪头发，到常去的那家，被告知过年暂停营业。就到旁边的新开的那家去看看。里面生意挺好，老板招呼我们先坐会，不久他亲自给我洗头，剪发。我们从猜我是哪里人？谈到企业管理、培训，到做公益，聊得挺投机的。剪好发，他问我今天是否要扎起来，我答："不用。"他说："那我就帮你吹直点，再修修"。当时觉得他的服务很周到。我就闲聊问他自己什么发型合适？他说："下次来找我给你做"，我随口问："您贵姓"他说："胡"。旁边坐在镜前的一个女客户马上接过去："我也姓胡"。于是，他们二人就你来我往地聊了起来……连我两次跟他打招呼，他都没再注意到我。

出门后，我跟先生说："这是第一次到他这里来，虽然我觉得他剪头发不如以前那家仔细，但感觉还可以。本来有点动心，想下次来这里焗油。他最后几秒钟的表现，让我改变了主意。"先生说："地板上的垃圾也没有及时清理"。

思考题：

（1）这家理发店客户流失的原因是什么？

（2）如果你是该店老板，应该如何防范这种原因引起的客户流失？

（二）情景演练

假设你是某电信营业厅前台值班营销经理，现在有客户要求转网，请问你如何接待这个客户？

本章小结

- 客户管理是企业市场开发的重要内容之一，它能够有效锁定目标客户，筛选有利于企业的客户群体，保持企业客户的稳定性和长期性。本章介绍客户管理的几个常见问题，如何寻找客户、如何挖掘潜在客户、如何保持客户关系、如何防范客户流失。

- 寻找客户是指企业营销人员在分析客户有效需求的基础上，通过广告、拜访、电话、网络、资料寻找等途径找到企业目标客户的活动。寻找客户有利于维持和提高企业的营业额、有利于保持竞争优势、有利于提高企业知名度。寻找客户的方法包括逐户访问、广告搜寻、连锁介绍、资料查询、名人介绍、会议寻找、电话寻找、直接邮寄寻找、市场咨询、个人观察、代理寻找、从竞争对手手中抢客户、委托助手、行会突击、设立代理店、合作企业之间互相推荐、俱乐部寻找、企业关系。寻找客户的步骤是收集信息、分析资料、制订方案、反馈调整。

- 潜在客户是指既有购买所营销的商品或服务的欲望，又有支付能力的个人或组织。潜在客户包括新开发的潜在客户、现有客户、中止往来的老客户。潜在客户产生、存在的原因有潜在客户自身因素、企业或组织自身因素以及其他因素。潜在客户与现实客户在定义、组成、数量、市场争夺、地位或作用、风险等方面存在区别。挖掘潜在客户的原则有量身定制原则、重点关注原则、循序渐进原则。挖掘潜在客户的方法包括地毯式搜索法、广告搜索法、中心开花法、连锁关系链法、讨论会法、会议找寻法、电话找寻法、函件找寻法。

● 客户保持是指企业维持已建立的客户关系，使客户不断重复购买产品或服务的过程。客户保持模型揭示了良好的客户认知价值、客户满意及不断增加的转移成本都会导致顾客产生重复购买的意向。影响客户保持的因素包括客户购买行为、客户满意、转移成本、客户关系生命周期。客户保持的作用有更多客户份额、赢得口碑宣传、提高了员工忠诚度。保持客户关系的原则有用心待客、坚持待客、真诚待客。保持客户关系的方法包括找出客户对我们的产品或服务的真实的感觉、要在一周内给联系过的客户反馈、要切合客户的实际情况与他们讨论他们的具体需求、选择专业的客户交流人员、设立范围较广及多样化的客户关系发展计划、确信不断学习到新的东西、避免导致麻烦的无谓的讨论、做有特色的广告、逐字地推敲给客户信件、给予客户独特的待遇。

● 客户流失是于各种原因而导致的客户中止合作的现象。识别客户流失的指标有客户指标、市场指标、收入利润指标、竞争力指标。客户流失可以分为老客户的流失、中间客户流失和最终客户流失。客户流失的原因包括主观原因，例如产品因素、服务因素、员工因素、企业形象因素。客观原因包括客户因素、竞争者因素、社会因素及其他因素。防范客户流失的作用有可使企业的竞争优势长久、使成本大幅度降低、有利于发展新客户、获取更多的客户份额。防范客户流失的方法有两种：一是着眼于当前的应急性措施。重点抓好两项工作包括访问流失的客户，争取把流失的客户找回来；正确处理客户投诉，提高解决客户投诉问题的效率。二是着眼于长远的永久性措施。应打好八张牌：理念牌、产品牌、服务牌、员工牌、形象牌、管理牌、创新牌、客户联盟战略牌。防范客户流失的关键是建立与客户的良好关系，包括向客户灌输长远合作的意义、深入与客户进行沟通、优化客户关系。

第四章

客户服务管理

本章结构图

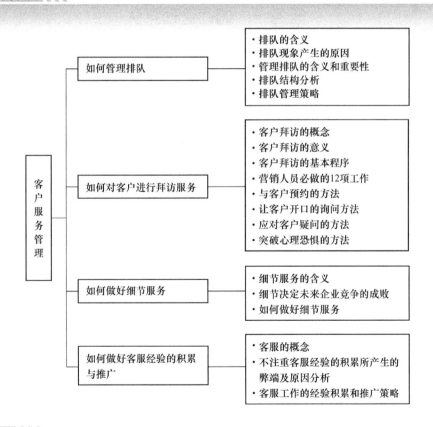

问题引入

随着经济全球化步伐的加快,服务客户的理念已在世界范围内广泛传播。树立正确的客户服务理念,加强与客户的沟通,为客户提供富有成效的服务,已为越来越多的企业所接受。帮助客户就是帮助企业自己,客户市场占有率的提高,即是企业竞争力的提升。优秀的企业纷纷通过加强客户服务管理，拉近与客户的关系，更好地满足客户的需求，借此来确立和提高公司的竞争优势。那么，如何管理排队？如何对客户进行拜访服务？如何做好细节服务？如何做好客服经验的积累与推广？这些将是本章将要解决的内容。

本章内容

本章分四个任务介绍排队管理、客户拜访、细节服务、客服经验的积累与推广等。

本章要求

1. 识记：排队结构、排队管理、建设性客户拜访、细节服务的概念。
2. 领会：管理排队的重要性、客户拜访的程序、做好细节服务需把握的几个问题、客服经验的积累和推广无法有效进行的原因及产生的弊端。
3. 应用：管理排队的策略、客户拜访必做的几项主要工作、服务内容的设计、客服工作经验积累和推广的策略。

任务一 如何管理排队

任务引入

服务企业通过排队管理，可以对顾客进行合理的分流及管理，确保良好的排队秩序，给予每一个顾客公平的优质服务，并寻求一个最优化排队方案，以提升企业的服务质量，为企业赢得更多的忠诚顾客。那么，什么是排队，排队现象产生的原因是什么，排队结构是怎样的，如何管理排队？这是在本任务环节需要掌握的内容。

任务要求

1. 识记：管理排队的含义、排队结构。
2. 领会：排队现象产生的原因。
3. 应用：管理排队的策略。

名家名言

管理"排队"是一门艺术。

——【美】著名管理学家 西蒙、恩慈

案例引入

南湖支行的"排队等待"问题整改

（一）案例描述

某银行南湖支行针对客户抱怨排队现象难以忍受，导致客户满意率低的情况，开展了服务质量改进月，对排队现象采取了改进措施，取得了满意的效果。

该支行地处中心城区，受理业务品种多，日均业务量大，在每月工资发放期间，客户排队情况尤为突出：

（1）南湖支行每月工资发放期间，客户排队情况严重，在开设三个窗口的情况下，每柜台排队人数通常在4～5人左右，最高一个窗口等候客户达6名（8月10日，上午8：30）。

（2）监控记录反映，在客流高峰期，客户间因排队问题而产生纠纷的现象时有发生，对银行形象造成极大负面影响。

（3）取工资客户中事业单位退休老年干部较多，为办理一笔业务有时需站立等待6、7分钟，客户意见大。

经过调查分析，造成客户排队的主要原因有：

（1）支行业务量较大，高峰时段客流量大。

南湖支行开立财政零余额账户37户，代发事业单位退休员工工资3 467人，其他企业单位代发工资每月约25户。同时该行是代收预算外资金业务的主办行，负责和管理全行业务的归集整理。支行每月业务量28 000笔至31 000笔间，上半年累计业务量排名居第六位。统计支行上半年每日业务量，除二月份过年期间低于200笔外，支行每日业务量主要集中在300～500笔之间。业务高峰期出现在每月工资发放7日至19日，期间业务量每日均超过500笔。而每日业务量高峰时段出现在上午9点至11点，下午3点至5点。此时间段客户人数较多，柜台压力大，即使增加1个机动窗口，同时4个窗口对外办理业务，每窗口也仍有2～3人排队。

（2）支行人员紧张，工作强度大。

目前，南湖支行设营业部主任1名，主管会计1名，总出纳兼事后监督1人，系统维护1人，除必要岗位外，其余均为综合柜员，并无专职大堂经理。支行保证基本对外窗口3个，机动窗口1个，共计4个窗口。相对于8名内勤人员编制，窗口多人员少，但已尽可能安排员工上柜。

根据支行作息时间安排，行政岗位员工每月工作时间175.5小时，综合柜员每月工作时间182小时，达到和高于国家法定工作时间176小时。并且根据工作需要，员工每日加班时间至少在0.5小时以上。

另外，最忙时段柜员一小时办理业务达142笔，在3个柜员的情况下，平均每人每小时需受理47笔业务，此时平均每笔业务办理时间为1分27秒，快于招商银行1分38秒的平均速度。

南湖支行的整改措施：

（1）划分合理的功能区域。该行新增了存折补登机和95533自助电话银行，并要求现金区和非现金区都受理业务，其中现金区办理简单的存取款、公积金支取、缴费等业务，非现金区办理业务复杂、时间长的个人贷款、基金、网银签约等业务。

（2）提升员工素质和业务能力。该行日前实施"关注并改善十个细节"活动，同时通过市分行的柜员"等级考试""星级柜员"评比拉开收入距离，提高员工工作积极性。

（3）提高离柜业务比例。推动客户采用电子银行离柜服务，减少柜面压力，不遗余力地向客户普及通俗易懂的电子银行网上知识和手机银行。

（4）通过网点转型的契机加大"零售网点转型"改革。支行在高峰时段即上午9点至11

点，下午 1 点 30 分至 3 点，实行"弹性工作制"，根据人流量适时充实工作人员；针对服务台小的现状，高峰时段实行"流动填单"。平时保证 9 个柜台对外营业，中午时段保证有 4 个柜台营业。

（5）加强大堂经理的作用。该行在高峰期间将客户队伍分为两个入口，一个是普通入口，一个是弹性的"银证转账"入口，专设两个办理银证转账的柜台。

（6）努力营造良好服务环境。该行为等候的客户提供免费报刊、宣传手册、饮用水、新业务介绍等服务，尽量缓解排队造成的焦躁情绪。

（二）案例分析

"排队等待"是人们接受服务过程中所经历的一个特有现象，而管理排队则是企业获取服务满意、加大竞争优势的一种营销措施。南湖支行采取划分合理的功能区域、提升员工素质和业务能力等整改措施，有效地管理了排队现象，获得了顾客的好评。随着产品同质化的趋势越来越明显，服务越来越成为让顾客满意、获取顾客忠诚的筹码。而减少顾客的等待时间，有效管理排队现象，正是提高服务质量的重要一环。

知识内容

（一）排队的含义

排队等待是人们接受服务过程当中所经历的一个特有现象。等待是每个人生活中的一部分。典型的一天中，可能包括若干次不同的等待，等公交车、等绿灯亮、等电梯、在自选商场等结账、在餐厅中等上菜、等同事、朋友、家人……据美国的有关资料估计，美国人每年要花 370 亿小时等待，平均每人 50 小时。

在当今社会中，等待一般可分为两种，即：看得见的等待和看不见的等待。看得见的等待即我们日常看到的人们在等待中形成的站队排队；看不见的等待则体现为电话中的占线与待机时间，上网登录时网络的堵塞等。

（二）排队现象产生的原因

（1）服务生产与消费的同步性。同看得见、摸得着的产品相比，服务不可能像有形产品那样，先生产、后销售，服务的消费和提供是不可分割，同时进行的。

（2）服务能力的有限性。在很多情况下，服务供应能力（Capacity）是固定不变的；而消费者获取服务的需求却经常波动，总是难以准确预测，任何服务系统都无法将顾客需求与服务提供能力完美匹配起来，当消费者的需求超过企业提供服务的能力时，排队等待的现象就出现了。

（三）管理排队的含义和重要性

管理排队是指控制和管理服务等待的时间，包括针对预期的顾客人数和到达时间，配备必要的服务设施，确保必要的服务接待能力，尽量缩短顾客等待时间，努力满足顾客等待的心理需求和期望。

几乎没有人喜欢等待，等待意味着时间的浪费，效率的低下，也不可避免地使人感到烦躁和沮丧。消费者等待的时间越长，他们也就越不满意。随着生活和工作的压力增大，人们更倾向于接受高效、便捷的服务,加上服务业激烈的竞争,长时间等待会使顾客感到服务质量降低,使顾客流失,需求减少,公司形象受损,甚至影响企业生存。有效地对顾客排队进行管理,可以将相关不良影响减至最低,甚至可以增加盈利机会。管理排队,在某种意义上成为企业获取服务满意、加大竞争优势的一种营销措施。

(1) 管理排队有利于企业树立良好的形象。作为服务的前奏,排队等待通常出现在服务最开始。不管在等待后得到的服务有多好,第一印象常会长期保持,并极大影响消费者对总体感受的评价。

(2) 管理排队有利于提高企业服务质量。随着产品同质化的趋势越来越明显,服务越来越成为让消费者满意、获取消费者忠诚的筹码。而减少消费者的等待时间,有效管理排队现象,正是提高服务质量的重要一环。

(3) 管理排队有利于提高企业生产效率。顾客是一种加入服务过程的潜在的资源,即使每天只失去几个顾客,日积月累中企业的营业额也会下滑。顾客排队等待服务的情况可以使企业有限的服务能力得到更充分的利用,可以被视为是对生产力的贡献。顾客排队等待服务的情况类似于一个制造企业的制造品存货。服务企业实际上是将顾客作为存货来提高服务过程的整体效率。

(四)排队结构分析

排队结构是指排队的数量、位置、空间要求及其对顾客行为的影响。图4-1列出了在银行、邮局或机场的剪票口等设置多个服务台的地方,可供选择的三种排队结构。

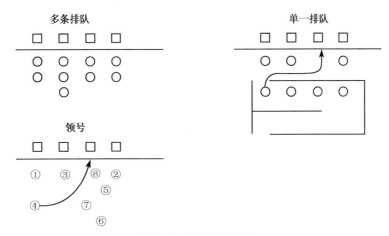

图 4-1 排队结构分析

1. 多条排队结构

在多条排队结构中,到达的顾客必须决定要加入哪一条队伍。但是这个决定并不是不可撤销的,因为顾客可以再转移到另一条队伍的尾端。这种队伍转换行为称为移动。多条队伍的排队结构具有以下优点:

(1) 可以提供差别服务。超级市场的快速结账口就是一个例子。购买少量商品的顾客可以在快速结账口得到较快的服务,避免了为很少的商品而等待很长的时间。

(2) 可以进行劳动分工。如银行设置在路边的流动窗口情况比较复杂,可以安排比较有经验的出纳员。

(3) 顾客有一定的控制权，可以选择其偏好的某一特定服务台。

(4) 有助于减少不加入队伍的现象。如果顾客到达时，看到只在一个服务台前排了一条长长的队伍，他们通常会认为，这说明需要等待很长时间，于是决定不加入队伍。

2. 单一排队结构

在单一排队结构中，到达的顾客排成一条蜿蜒曲折的队伍。遵循先到先得的原则，一旦有一个服务台出现空闲，队首的第一位顾客就上前接受服务。这种方式在电信大厅、银行大厅、邮局和游乐场中比较常见。它的优点是：

(1) 这种方式使所有顾客都遵循先到达者先服务的规则，从而保证了公平性。

(2) 只有一条队伍，因此，顾客不会因为别人加入的队伍移动得更快而着急。

(3) 只在队伍的尾端有一个入口，这使得插队和退出队伍变得困难。

(4) 当每位顾客进行交易的时候，他身后没有人紧邻着他，所以提高了服务的私密性。

(5) 由于缩短了顾客排队等待的平均时间，所以这种安排方式的效率比较高。

3. 领号排队结构

领号的排队结构显示了一种不同的单一排队方式。即到达的顾客领取一个号码，表明他在队伍中的位置，这样就无须形成一条正式的队伍。

(1) 顾客可以自由走动，与人聊天，坐在椅子上休息，或者寻找其他的消遣。

(2) 顾客必须随时警觉自己的号码被叫到，否则就有可能错过接受服务的机会。

技巧与方法

由于排队现象产生的根本原因是供求关系的失衡，对排队等待问题的解决一直被看作是运营管理的范畴，解决的办法主要是调节服务供需能力。

（一）运营管理方法

1. 调节需求以适应服务供应能力

(1) 建立预订机制来有效控制排队现象。通过预订使得公司可以准确了解到消费者出现的时间，并做出合适的安排以确保资源得以充分利用。预约可以保证顾客到来时获得及时服务，并且错开高峰期，它将大大减少顾客等待时间，保证服务质量，但是预约也并非保险。不可预知的事件会插进来，或者前一个预约花费的时间比预计的要长。不过，为拖延做出简单的解释道歉，会重新树立起良好的声誉。

(2) 利用价格杠杆，来限制顾客在需求高峰时对服务的使用，鼓励顾客在需求低谷时期来进行消费。高峰期高价低峰期低价的差别定价策略……如航空公司、宾馆酒店在淡季打折，在旺季则收取全额费用等。

(3) 在显著位置公布高峰时间，也可以提醒顾客避开高峰期。高峰期的旺盛需求影响着排队管理，将高峰期需求转移到非高峰期，可以避免设备人员闲置，又能缓解高峰期顾客等待，避免顾客流失。如银行的高峰期有以下规律：每日的9点到11点刚开门，急着办理业务的人多；13点到14点，上班族趁午休去办理业务；16点到17点赶在银行关门前办理业务；每月的10号，很多单位发工资，市民需要存取款；月初月末很多代缴业务结算，市民需要存钱。银行如果在显著位置公布高峰期，合理引导顾客避开高峰期，就可以大大缓解排队问题。

(4) 区分不同的等待顾客。根据需求的基础和顾客的优先级，将不同的顾客分成不同部分，允许部分顾客不按照先来先服务的原则。如按顾客重要性，火车站设有学生、人大、政协、军人售票窗口并可以提前上车；按工作紧急程度，医院对危急病人专设绿色通道；按服务交易时间，超市会有快速通道专供少量货物购物者；按支付溢价，额外支付的顾客经常获得优先权，中国银行上海分行曾推出业务办理加急服务，只要出 50 元加急费就可以在 VIP 快速通道享受 VIP 客户的快捷服务，缩短等候时间。

2. 调节服务供应能力以适应需求

适当扩展现存的服务供应能力。包括增加时间、劳动力、增加设备和设施等服务资源。

（1）延长服务时间。如西方的商店在圣诞节前期延长商店的营业时间；税务部门在税季要求工作人员加班，延长工作时间；餐厅在某个特定期间，临时增加餐桌等。

（2）增加人手或雇用兼职员工。通信行业在"5·17"等重大节日或高校新生开学时做业务宣传或办理业务时临时增加人手。一些需求波动大的服务业如酒店、餐馆、银行在供过于求时会招聘临时员工或兼职服务人员以缓解劳动力瓶颈。

（3）增加服务设备（工具）和设施（场地）。如人满为患的餐馆将餐桌摆到街道边；医院增加病房和床位，购买诊断设备；电信开设网上营业厅；银行设置自动柜员机、存折自动打印机、自动点钞机等以提高服务效率。

（4）交叉培训员工，培养多面手。员工经过交叉培训，就可以接受不同的任务。当服务流程的某一环节出现劳动力瓶颈时，那些接受过培训的其他岗位的空闲员工就可以补充到该岗位上去。这使得企业不必雇佣人员即可满足高峰期的劳动力需求。电信营业厅营业员，经过培训，具备交叉营销能力。麦当劳的员工经过多面手培训，前台不同岗位和前后台的人员可以互相补充替换。

（5）改变服务地点。服务组织可以开展流动服务和上门服务，将提供服务的地点搬到街上或顾客家中。如高校营销；餐馆委派厨师上门办家宴。

（6）改造或移动服务设备。服务组织可调整、移动或创造性地改造现有服务资源以满足需求波动。酒店通过改造房间实现这一战略，在需求高峰期，两个房间可以通过一道锁上的门分别租给两位顾客；在需求淡季则将门取下并改造为套间。

3. 运营管理方法存在的局限性

运营管理方法虽然在服务需求管理当中被广泛运用，但并不是所有的企业都能够取得良好的效果，这种方法在解决排队等待的问题时，在很大程度上只能称为是修整，而不一定能够根本解决问题，其自身的局限性也很明显，不容忽视。如：即使采用了预订机制，也难以保证所有预订的顾客能准时出现；即使出现，企业不可能按照最大峰值来设计自己的生产供应能力，因为在淡季中设备、人员闲置的成本十分高昂，同时，如果对员工过度要求或对设备使用过度，会导致员工因压力过大而产生抱怨或设备过度使用出现故障，从而最终影响服务的质量。

因此除了运营管理方法外，我们还可以利用顾客在排队等待时的心理反应，从认知管理的角度出发来管理服务中的排队等待现象。

（二）心理认知管理方法

消费者对服务的满意度是通过他们自身的认知来判断决定的。换句话说，不管顾客实际等待时间有多长，只要他们认为可以忍受，就可以忍受。因此，我们可以利用对顾客在排队等待时的心理分析，采用一些手段来影响他们的认知行为，从而达到增强顾客满意度的目的。采用心理认知管理方法的最大好处是成本低廉，且容易实施。

1. 顾客排队等待心理十原则

对顾客等待心理的实验主义研究最早至少可以追溯到 1955 年。其中，David Maister 在 1984 年对排队心理作了比较全面的总结和研究，他提出了被广泛认可和采用的顾客等待心理八条原则，后经 M.Davis 及 J.Heineke 在 1994 年和 D.Jones 及 E.Peppiatt 在 1996 年分别对顾客排队等待心理理论进行补充。

（1）无所事事的等待比有事可干的等待感觉要长；
（2）过程前、过程后的等待的时间比过程中等待的时间感觉要长；
（3）焦虑使等待看起来比实际时间更长；
（4）不确定的等待比已知的、有限的等待时间更长；
（5）没有说明理由的等待比说明了理由的等待时间更长；
（6）不公平的等待比平等的等待时间要长；
（7）服务的价值越高，人们愿意等待的时间就越长；
（8）单个人等待比许多人一起等待感觉时间要长；
（9）令人身体不舒适的等待比舒适的等待感觉时间要长；
（10）熟悉的等待比不熟悉的等待时间要长。

总的来说，这十条原则可以作为实施认知管理的理论依据。消费者的满意度取决于消费者的认知和消费者预期之间的关系。当消费者对现实情况的认知大于或等于原来的心理预期，消费者就会满意。因此，企业如果能通过采取措施来对消费者等待的认知产生正面影响，以超过或满足消费者原来的预期，这样目的就达到了。

2. 心理认知管理方法的原则和具体措施

在我们设计、实行认知管理方法的时候，应该尽量从顾客的角度考虑问题，充分了解顾客的心理诉求，使得消费者对排队等待更有耐心。

（1）确保顾客排队等待的公平性，杜绝在相同条件下插队或后来者却先享受服务的现象发生。不确定的、未做解释的等待会使顾客生气、不满。但是，如果顾客看到后来的人比自己更早接受服务，不知道会等多久的焦虑就会因不公平而转为愤怒，而服务提供者就会被当成主谋，成为发泄的对象。

为了避免先到达先服务的排队规则被破坏，一种简单的办法就是领号。随时公布正在接受服务的号码，这样，新的顾客就能够得知自己需要等多久。通过这种方法，管理者可以减轻顾客对于等待长度以及可能被不公平对待的担心。这种方法带来的额外收益是，由于顾客可以在商店里四处闲逛，而无须维护其在队伍中的位置，这就鼓励了"冲动购物"。不过，这一系统虽然保证了公平性，却不能完全避免使顾客产生担心，顾客必须对叫号保持警觉，否则就可能错过他在队伍中的位置。

此外，在运用最高优先权法则时，对于 VIP 顾客的优先服务，应尽量避开普通顾客。避免顾客有受到歧视的感觉。

（2）公司应积极与顾客进行沟通，并尽可能准确告知他们需要等待的时间。为了克服顾客在等待中所面临的焦虑，公司可以提前告知他们所需要等待的时间长度，例如，如果他们认为等待的时间过长，就会选择离开，如果他们决定留下来，则在所告知的时间长度内一般会耐心等待。必胜客（Pizza Hut）比萨连锁店，会准确告知顾客等待的时间，并关注等待之中的顾客，隔一段时间就为顾客送上一杯饮料以表示他们没有被忘记。

（3）为顾客建立一个舒适的等待环境。现在很多服务企业都会在室内专门设立一个区域以供顾客等待，并为顾客提供舒适的座位，这样顾客就不需要站立等待，也不会受恶劣天气的影响，同时还为顾客提供免费茶水、咖啡、小点心、报纸、杂志、企业促销信息、供小孩玩耍的玩具等以帮助顾客打发时间。安装镜子也是常用的方法，人们可以对镜子看看自己服饰是否合适，还可以偷偷观察其他正在等候的人。

（4）在顾客等待的时间，为顾客提供相关内容的服务。如顾客在餐厅内等待餐桌时，可以先点菜；在医院就医时，先填写医疗信息表等，这些方法传达服务已经开始的信息。一旦开始接受服务，顾客的焦虑会大大降低，从而在心理上缩短顾客的等待时间。

（5）尽量使顾客在等待的时候有事可做，并使得等待更为轻松有趣。例如，在候车室，可以提供大的电视显示屏幕，顾客在等待的时候，可以观看电视节目，帮助他们轻松度过等待的时间。在银行也可以提供大的电子显示屏，当顾客等待服务的时候，播放一些新闻和其他信息以分散顾客的注意力，使得等待时间更易容忍。

（6）不直接参与顾客服务的员工和资源，避免让顾客看到。如果在等待的时候，能够进入他们视线的每个员工都在忙碌，顾客会更耐心一些。相反，如果看到有些资源闲置在一边，顾客会感到不耐烦。

（7）充分利用科学技术，降低队伍的出现率。如果顾客能够不用排队等待而接受服务，这对公司和顾客来说都是有利的。例如，电信公司通过数字化的电话服务中心（Call Center）为用户提供缴费、充值、账单查询等服务，以降低顾客到营业大厅进行直接人工服务的概率，从而大大方便了用户，也降低了公司的管理成本。

排队现象是较为普遍的，不可能完全消失。服务企业通过排队管理，可以对顾客进行合理的分流及管理，确保良好的排队等待秩序和给予每一个顾客公平的优质服务，并寻求一个优化方案，提升企业的服务质量，为企业赢得更多的忠诚顾客。

实战演练

（一）案例分析

排队现象改观：中资银行顾客满意度快速提升

"中资银行顾客满意度快速提升。其中，国有银行升幅最快。"这是北京市银行业协会12月19日在媒体座谈会上公布的一项北京市银行业客户服务评估结果。

"最近协会做了一项调研：北京市各银行机构服务质量大幅提升。"北京银行业协会专职副会长杜志亮介绍，从网点布局、硬件设施、自身服务能力、业务种类和服务文明程度看，各家银行在北京地区的营业机构经营水平高、服务质量优，在总行系统内均名列前茅。

一方面，北京奥运金融服务质量反映了北京银行业服务能力和水平的真实情况。国际上各方面和国外消费者对北京银行业的服务给予了相当高的评价，从总体上说明北京银行业的快速进步，与国际先进银行的差距在迅速缩小。

据悉，奥运期间，银行业协会与北京市12345热线共建了银行服务投诉机制，开通了投诉热线，但最终仅接到 10 起投诉，且各行均实现快速反应，快速解决。

另一方面，多措并举，使消费者反映强烈的银行排队问题，得到实质性的改观。

据了解，2008 年前 10 个月，建行网点平均客户量为 246.9 人，平均客户等候时间为 8.35 分钟，7 成以上客户等候时间小于 10 分钟。在农行，城区大部分网点客户等候办理业务的时间不超过 20 分钟。

而工行则聘请调查公司就排队问题专门进行了调查，今年三季度的测评数据显示：95.2% 的顾客办理业务在 30 分钟以内，8 成以上客户在 20 分钟以内。

"排队时间长可能在个别网点和特定时间存在，但不是普遍情况，排队问题目前已经大为改观。"杜志亮说。

为了解决排队时间长的问题，各家银行大力提高服务的技术含量。特别是在服务奥运的准备过程中，许多银行进行了系统升级改造。一些银行还请专业人员对业务流程进行简化、优化，通过仔细审视临柜服务各个环节，将其中不必当场处理的手续移到后台办理，以减少客户的等待时间。另外，通过实行综合柜员制，使各个窗口既可办理对私业务，也可办理对公业务，从而提高了资源使用效率。

"现在什么样的人排队多？我观察，主要是退休人员，年轻人虽然少但是也有。"北京市消费者协会副会长张明认为，解决排队问题，除了银行采取措施外，还要加强宣传教育，让消费者转变观念，尽量使用现代化手段，比如自助工具、电子银行等。

事实上，近年来，各家银行都纷纷加快了自助机具的布设，网上银行和电话银行客户也不断增多。据统计，近两年在北京地区，工、农、中、建、交五家国有大型银行新增的自助设备分别达到 509 台、366 台、325 台、770 台和 420 台。招行和北京银行等股份制银行增加的数量也在 100 台以上。

"由于持续加大电子银行渠道建设，我们的电子银行业务量已经占到全部业务总量的 69%。"工行北京分行工会办公室主任刘瑕告诉记者。

由于各家银行加大宣传力度，加之监管部门开展"金融知识宣传普及"系列活动，目前自助设备、网上银行的使用率大大提高。据悉，除工行外，农行自助设备网上银行交易笔数，也占到了全部业务笔数的 40%。此外，招行占比高达 80%；而中信、民生、邮储和农商行亦均超过 30%。

为减少单笔业务处理时间，各行还通过招聘人员、加大培训力度等增加服务人员、提升柜员处理业务熟练度，并完善考核激励机制，提高员工主动服务的意识。

值得一提的是，目前，多数银行对规模较大、业务较多的营业网点配备了专兼职大堂经理，其中，工、中、建、交四家国有银行和招行在所有网点均配备了大堂经理，而农行 98% 的网点设有大堂经理。大堂经理提供咨询服务并事先进行客户疏导，从而提高了临柜业务的处理效率。

在进行网点优化的同时，各家银行还不断增加网点数量、加大网点改造投入，并不断加强与政府各行政事业主管部门的协调沟通，进一步扩大了各类代缴业务的代理行范围和办理时间。

应该说，通过上述科技、管理、服务等多种措施，目前，北京地区银行网点的排队现象已经大大改观。不过，业内人士认为，要从根本上解决排队问题，单靠银行自身的力量是不够的，还需要各个相关部门的通力配合与配套。

目前，排队现象除集中在领取养老金的时间段以外，主要出现在缴纳水电费等公用事业费的时候。据悉，北京市政府与银监局已经开始研究相关措施，"公用事业缴费（有望采取新的途径）的事情解决了，也能大大缓解银行的排队现象。"杜志亮说。

思考题：

请分析北京银行业采取了哪些措施使排队现象得到实质性的改观，从而快速提升了银行的顾客满意度？

（二）情景演练

运用所学知识对高校食堂学生就餐进行排队管理。

任务二　如何对客户进行拜访服务

问题引入

拜访客户是营销活动中的必要环节。市场开拓需要拜访客户，销售跟进需要拜访客户，售后维护还需要拜访客户——很多营销人员对客户拜访的重要性深有同感，只要拜访成功，产品销售的其他相关工作也会随之水到渠成，可以说，拜访客户是营销人员的必修课，也是客户服务管理的重要内容，因此，应该对客户拜访的工作予以高度重视。那么，什么是客户拜访，客户拜访的作用有哪些，客户拜访的程序是怎样的，如何对客户进行拜访服务？这是在本任务环节需要掌握的内容。

任务要求

1. 识记：客户拜访的概念。
2. 领会：客户拜访的作用和程序。
3. 应用：客户拜访的方法。

名家名言

拜访目的是让客户认可企业产品。

——【日】营销专家　和田加津

案例引入

一次客户经理的拜访活动

（一）案例描述

随着现在信息化产品的普及，善于发现市场情报是必需的。而正在我苦思冥想要如何去找这个市场的时候，从领导那里得到了一个消息，领导要和我名下的集团——翠苑电影大世界进行资源置换。天哪，这是多么好的一个机会啊。

于是，电话预约该集团的老总后，和领导一起拜访了××电影大世界。原来以为只有一家××电影大世界,可能市场比较小,谁知道现在的时代院线有翠苑、庆春、奥斯卡、恒隆、众安等多家影院,而这些影院的负责人全是俞总。听了真是欣喜若狂啊。没想到无心插柳柳成荫啊。有那么多家影院,可以发展新业务的市场是无限的。

俞总是个很亲切的人,谈笑之余,也对我们的方案比较感兴趣。他们感兴趣的是我们电信拥有庞大的固定的用户群,这些用户群可以给他们带来广大的市场。而且我们电信公司定期地给他们优惠也是一项非常合理的资源。我们看中的是他们的场地和发展新业务的潜力,现在电影飞速发展,哪个年龄层次的观看者都有,如果本次合作成功,会给双方都带来最大的利益。

之后,我就拼命地写方案,写合同,学到了很多东西。

真心希望本次合作成功!

（二）案例分析

拜访客户、与客户进行面对面的访谈是营销人员营销工作中最常见、最重要的环节,也是大多营销人员感到最头疼的环节。与客户初次见面时建立联系,拜访时挖掘客户的需求、向客户当面呈现推荐的服务方案,成交之后的售后回访等都需要营销人员能熟练运用各种营销技术和访谈技巧与客户沟通。通过拜访,要发现客户的需求;了解客户的爱好。要做好拜访前的充分准备工作和拜访后的各项服务工作。

知识内容

（一）客户拜访的概念

客户拜访是指客户服务人员根据目标任务制订拜访计划,生成拜访日程表,对照客户拜访日程表,按期、按时对客户进行正常拜访的活动。要有效地开展客户拜访工作,必须在拜访之前,做好准备;在拜访之中,做好沟通;在拜访之后,做好登记。通过拜访工作,建立与顾客的良好关系,为进一步的销售和服务工作打下基础。

（二）客户拜访的意义

（1）通过客户拜访与客户建立感情,加强客情关系。

（2）通过客户拜访,进行市场调查,能及时发现问题,解决问题,切实提升客户服务质量和水平,不断提高客户的满意度。

（3）通过客户拜访,能了解客户需求及其他情况的变化,以便及时掌控。

（4）通过客户拜访能提高成交量。

（5）通过客户拜访能挖掘新的客户,获得更多的市场信息。

（三）客户拜访的基本程序

（1）预约。

在整个拜访过程中,约访是不可缺少的环节,约访一方面是对客户尊重的体现,相信在客户许可的前提下开展销售工作一定会顺畅得多。另一方面约访的动作也能起到提高工作效率,帮助营销人员做好时间管理,避免某些营销人员每天辛苦的东奔西走,不但没有业绩,还常常会有吃闭门羹的局面发生。预约的内容包括拜访的具体时间,都有谁一起去。如果临时有什么特殊的原因去不成了，要及时告诉客户，说明原因，表达歉意。取消这次拜访，也可以重新约时间。

约访最常见的方式是打电话，既经济又有效率，有时一个看似无心却有心的电话还能起到一个意想不到的效果。

（2）称呼、感谢对方相见。

当营销人员敲开客户的门见到经过预约即将拜访的对象时，马上称呼对方，进行自我介绍并立即表示感谢。如"王经理您好！我是 A 公司的营销经理张三，非常感谢您能抽出宝贵时间接受我的拜访。"目前营销人员普遍的表现是忽视了向客户立即表示感谢这个重要的细节。因为是第一次拜访，给客户留下一个客气、礼貌的形象有利于客户对你迅速产生好感。况且向客户表示感谢也并不要花去你的任何成本！

（3）寒暄、表明拜访来意。

在称呼、感谢后，客户会立即引导营销人员进入访谈的会议室或其他合适的场所，期间相互交换名片。落座后访谈的双方会分别拿出笔、笔记本、手提电脑、公司介绍文件等访谈需要的文具和材料，做会谈的准备。此间，营销人员要迅速提出些寒暄的话题与客户进行寒暄。寒暄的目的是要营造出比较融洽、轻松的会谈氛围，也避免马上进入会谈主题、客户产生的突兀感。寒暄的内容可以五花八门，如足球赛、天气、娱乐新闻、对拜访客户的公司感受等。当然"赢"销高手的寒暄表面上看来是随意的，实际上是经过精心准备并能迎合客户的兴趣和爱好，能迅速地营造轻松、融洽的会谈氛围，并且能很快让客户对其产生好感。寒暄的时间多长比较恰当呢？这要视拜访的对象而定。一般与外资公司的客户寒暄的时间较短，与国有企业的客户寒暄的时间比较长；与沿海经济发达地区的客户寒暄的时间比较短，与内地经济欠发达地区的客户寒暄的时间会比较长。寒暄的目的是营造气氛、让客户对营销人员产生好感，只要目的达到了，就自然地结束寒暄、表明拜访来意、进入会谈主题。

（4）陈述、介绍、询问。

这是会谈的主要部分，通过双向式沟通，让客户大概了解自己的公司及其产品和服务，了解客户的现状并力图发现客户的潜在需求。在初次拜访中，即使先前通过传真或邮件已经向客户介绍了自己的公司及其产品、服务，营销人员还是要花一定的时间当面再向客户简单介绍。为什么呢？一方面是客户先前可能并没有仔细地看你发送的材料，对你的公司及其产品、服务并不了解；另一方面，客户即使了解了，你也要经过短暂的介绍后方能过渡到询问客户现状、以便发现客户的潜在需求。由此避免让客户产生你是"派出所工作人员"的感受，从而避免客户的抵触情绪。但介绍的时间不可过长、针对产品或服务的优势也不可过多渲染，因为此时营销人员还不了解客户的需求，如果你的产品或服务的优势并不能满足客户特定的利益需求，客户怎么会去关心和认可呢？要尽量使用客户能理解的通俗语言。介绍可以以封闭式的问题结束，如"陈经理，上面介绍的就是我们公司大概的情况、您觉得我已经介绍清楚了吗？"当客户确认后，营销人员就可以要求客户介绍他公司的情况并适时的发问了。

（5）总结、达到拜访目的。

营销人员要掌握好拜访时间，介绍了自己公司的情况、了解了客户的现状和问题点、花去了预约的时间并达到了预期的拜访目的后，要主动对这次拜访成果进行总结并与客户确认。总结主要针对客户的情况介绍和潜在需求进行，因为客户在与营销人员会谈时一般不会像营销人员一样进行精心的提前准备,在与营销人员访谈前,客户可能并未意识到其潜需求。总结可以进一步使客户明确其目前存在的问题或不满并可使营销人员自然地导入到下阶段的营销工作。如"陈经理,您今天主要介绍了……,你希望在……方面看看我司是否可以提供帮助",或"陈经理,您看我的理解对不对?我的理解是……"

虽然总结环节很重要,但是大多数的营销人员却忽视了这个环节。

(6)道别、约定下次会见。

在达到拜访目的、总结之后,营销人员需要再次向客户表示感谢并立即与客户道别。因为通常一次的拜访很难完成一个营销过程,特别是针对企业客户的营销工作更是如此。因此在与客户道别时要有意识约定与客户下次访谈的时间从而获得向客户进一步营销的承诺。在进行下次预约时,要避免模糊的时间约定如"陈经理,在您方便的时候我们再次拜访您,好吗?而是要约定具体的时间如"陈经理,就您今天关心的问题,解决方案一周内我可以准备好并想再次向您当面陈述,您是下周三方便还是下周四方便?"如果不需要再次拜访,也需要确定下个阶段如提交解决方案或电话讨论解决方案的具体时间。只有确定了进一步营销的具体时间,才是真正的获得了向客户进一步营销的承诺。"赢"销高手无一例外,都是这样去促进营销的。

技巧与方法

客户拜访是成功销售的第一步。那么,如何提高拜访效率,做好建设性的客户拜访呢?所谓的建设性客户拜访,指的是营销人员在拜访客户之前,先调查、了解客户的需要和问题,并针对客户需要和问题,提出建设性的意见,帮助解决适当问题如增加客户销售量、节省客户费用、增加客户利润等的客户拜访方法。这不仅需要牢固掌握专业知识,更需要进一步掌握拜访过程中的艺术与方法。

(一)营销人员必做的12项工作

1. 拜访准备

失败的准备就是准备着失败。营销人员在拜访客户之前,就要为成功奠定良好的基础。

(1)掌握资源。了解公司的销售政策、价格政策和促销政策。尤其是在企业推出新的销售政策、价格政策和促销政策时,更要了解新的销售政策和促销政策的详细内容。当公司推出新产品时,营销人员要了解新产品的特点、卖点是什么?不了解新的销售政策,就无法用新的政策去吸引客户;不了解新产品,也就无法向客户推销新产品。此外,还需要了解客户的详细资料,包括典型客户的工作经历、家庭成员、爱好、性情、等等。

(2)有明确的拜访目标和计划。营销人员要为实现目标而工作。营销的准则就是:制订营销计划,然后按照计划去营销。营销人员每次拜访客户,都要明白,自己拜访客户的目标是什么?如何去做,才能实现目标?

(3)掌握专业推销技巧。掌握营销技巧,以专业的方法开展营销工作。

(4)整理好个人形象。营销人员要通过良好的个人形象向客户展示品牌形象和企业形象。商业环境中有个永远不变的基调"嫌贫爱富"。故你的客户很在意你的着装,在意你的皮鞋是否光亮,你的手机、你的皮包是什么名牌。

(5)带全必备的销售工具。台湾企业界流传的一句话是"推销工具犹如侠士之剑"。凡是能促进销售的资料，营销人员都要带上。调查表明，营销人员在拜访客户时，利用销售工具，可以降低 50% 的劳动成本，提高 10% 的成功率，提高 100% 的销售质量！销售工具包括产品说明书、企业宣传资料；名片；计算器；笔记本、钢笔；价格表；宣传品；样品；有关剪报；订货单；抹布等。

2. 行动反省

营销人员要将自己上次拜访客户的情况做一个反省，检讨，发现不足之处，及时改进。

（1）上级指令是否按要求落实了。营销人员的职责就是执行——落实领导的指示。营销人员每次拜访客户前要检讨自己，上次拜访客户时，有没有完全落实领导的指示？哪些方面没有落实？今天如何落实？

（2）未完成的任务是否跟踪处理了？

（3）客户承诺是否兑现了。一些营销人员常犯的错误是"乱许诺，不兑现"。朱熹说"轻诺必寡信"。营销人员一定要做到"慎许诺，多落实"。

（4）今后几天工作的计划、安排。今天的客户拜访是昨天客户拜访的延续，又是明天客户拜访的起点。营销人员要做好路线规划，统一安排好工作，合理利用时间，提高拜访效率。

3. 比较客户价格

我国企业市场运作的经验说明，市场乱是从价格乱开始的，价格的混乱必定导致市场的混乱，因此管理市场的核心是管理价格。营销人员要管理价格，首先要了解经销商对企业价格政策的执行情况。营销人员要了解以下方面的情况：

（1）不同客户销售价格比较。将当地市场上几个客户的价格情况进行一个横向比较，看不同客户的实际价格。或是对照公司的价格政策，看经销商是否按公司价格出货。

（2）同一客户不同时期价格比较。将同一个客户的价格情况进行纵向比较，了解价格变动情况。

（3）进货价与零售价格比较。由于企业的价格政策不统一，许多经销商的进货价不同，营销人员要看看经销商的进货价和零售价是多少。

（4）了解竞品价格。竞品的价格如有变动，就要向公司反馈。

4. 了解客户库存

了解客户的库存情况，是营销人员的基本责任。

（1）库存产品占销售额的比例。了解自己的库存产品、销售额是多少？分析库存产品占销售额的比例是多大？以便发现问题。如果库存产品占销售额的比例太低，可能会缺货、断货；如果所占比例太大，说明产品有积压的倾向，营销人员就要和客户一起动脑筋，帮助客户消化库存。

（2）自己产品占库存产品比例。看看我们的产品在客户库存中所占的比例。占压经销商的库房和资金，是销售的铁律。

（3）哪些产品周转快、哪些慢。由于各地市场情况不同，公司的品种在各地的销售情况会不同。了解一下在客户处，哪些品种卖得快，哪些卖得慢，就可以指导客户做好销售。

（4）库存数量、品种有无明显变化。了解最近一时期，客户对我们产品的库存数量和品种有什么变化，掌握销售动态。

5. 了解客户销售情况

只有了解客户销售的具体情况，才能发现问题，进行指导，做好销售。

（1）公司主销产品、盈利产品、滞销产品是什么，占客户总销售额的比例，竞品能销售多少。目的是了解在当地市场上，我们的产品和竞品，哪些品种卖得好，哪些卖得不好？

（2）能否做到专柜专卖，样品是否按规定摆放、显眼、更换。

（3）公司标志、广告宣传资料是否齐全，环境是否整洁、清爽？

（4）导购员服务是否规范？

6. 核对客户账物

营销人员不仅要提高销售量，更要提高销售的含金量。降低货款风险，是提高含金量的重要方法。

（1）对照客户铺底额度，核对客户实际铺底数、抵押物及其数量。

（2）书面确认客户已付款未结算、预付款及应收款数。

（3）及时清理历史遗留问题，明确债权债务。

（4）定期与客户共同进行账款物核对，并做到降价时及时点库。

7. 检查售后服务及促销政策

了解总经销商对二批商、零售商提供服务的情况。客户是否按照企业的服务政策和制度为顾客提供服务？对二批商和零售商的促销政策，要通过经销商来落实，营销人员要了解经销商执行促销政策的情况，有没有问题，如侵吞促销品。

8. 收集市场信息

（1）准确了解客户资料。企业的客户队伍是不断调整的，营销人员要了解在当地市场上潜在客户的资料。当企业调整客户时，有后备的客户资源可以使用。

（2）通过巡访客户和其他媒介，调查了解竞争对手的渠道、价格、产品、广告促销办法及市场占有率。

（3）了解并落实条幅广告、POP等，组织现场促销。

（4）调查客户资信及其变动情况。

9. 建议客户订货

营销人员在了解客户的销售、库存情况的基础上，向客户介绍产品及销售意图，如公司新的促销方案，回答客户提出的问题，根据安全库存数，建议客户订货。

10. 客户沟通

经常与客户沟通，能拉近我们与客户之间的关系，销售实践说明，再大的问题也能通过良好的沟通圆满地解决。企业与客户之间的矛盾有很多是因为沟通不良造成的。

（1）介绍企业信息。让客户了解企业的情况、最近的动态，向客户描述公司的发展前景，有助于树立客户的信心。经销商是根据"产品好、企业好、企业人好"的三好原则选择产品的。让客户了解企业动态，既可以使客户发觉新的机会，又可以在客户心中树立企业形象。

（2）介绍销售信息。向客户介绍我们公司在某些区域市场上的成功经验、给客户介绍一些销售经验与促销方法。

（3）竞品信息。向客户介绍竞争对手的产品、价格、渠道、促销、人员变动等方面的信息，然后和客户一起想办法去应对竞品。

11. 客户指导

优秀销售人员的经验就是，请客户吃百顿饭，不如为客户做一件实事。

（1）培训。

（2）顾问式销售。多给客户出主意、想办法。

（3）服务。销售人员应当是客户问题解决者。当客户遇到问题时，能找到销售人员，并且销售人员能帮助客户解决难题，才会赢得客户尊重。

（4）处理客户投诉。正确处理客户投诉，是销售人员的基本功。正确处理客户投诉=提高客户的满意程度=增加客户推广产品的积极性=丰厚利润。

12. 行政工作

在客户拜访结束后，营销人员还要做好以下工作：

（1）填写销售报告及拜访客户记录卡。

（2）落实对客户的承诺。

（3）评估销售业绩。对拜访目标和实际结果进行比较分析，目的是让营销人员把重点放到销售成果上，同时提醒自己，多思考改进的方法并且在下一次的拜访中落实这些步骤。是否达成拜访目标？如果没有达成，检讨分析为什么？想想自己的优点是什么？哪些方面还需要改进？把它们写下来。

（二）与客户预约的方法

打电话是约访最常见的方式。如何用电话进行拜访预约呢？

对于电话，一些公司与单位的接线人，已经形成了习惯性的反感和过敏的条件反射。一个没有新意的、陈腔滥调的、令人打哈欠的电话只会令潜在客户想尽快挂掉你的电话。我们看看一些业务员的通常做法，他们一拿起电话就直接问客户："先生，你好，我们有某某产品，你们需要吗？"对这样的做法，目标客户本能地会产生抗拒，或拒绝，或推托，甚至会一顿臭骂。这样，不但你的前期准备化成泡影，而且还会影响你今天的心情。那么，一个经典的电话营销应具备哪几项要素呢？① 打招呼；② 核实对方身份；③ 自我介绍；④ 说明缘由；⑤ 初步探听主管部门及负责人。

曾经在一本书上看到一个经典的案例："我们认为，如果您能按计划公开公司产品的部分接口技术资料，那将会吸引更多的配套厂商加入，有利于扩大市场。三年内，贵公司的业务量可以提升 200%。关于细节问题我们可以随后再讨论。祝你一切顺利。"这便是世界著名的咨询机构麦肯锡公司的"电梯测试"，要求在短短 30 秒内快速地推销自己，我们的电话营销也应如此，这样才能获得与客户面谈的机会。

（三）让客户开口的询问方法

1. 设计好问题漏斗

通过询问客户来达到探寻客户需求的真正目的，这是营销人员最基本的销售技巧，在询问客户时，要采用由宽到窄的方式逐渐进行深度探寻。

2. 结合运用扩大询问法和限定询问法

采用扩大询问法，可以让客户自由地发挥，让他多说，让我们知道更多的东西；采用限定询问法，则让客户始终不远离会谈的主题，限定客户回答问题的方向，经常会犯的毛病就是"封闭话题"。代替客户作答，以造成对话的中止。如："王经理，你们每个月销售××产品大概是六万元，对吧？"

3. 对客户谈到的要点进行总结并确认

根据会谈过程中你所记下的重点,对客户所谈到的内容进行简单总结,确保清楚、完整,并得到客户一致同意。如:"王经理,今天我跟你约定的时间已经到了,今天很高兴从您这里听到了这么多宝贵的信息,真的很感谢您!您今天所谈到的内容一是关于……二是关于……三是关于……,是这些,对吗?"

(四)应对客户疑问的方法

面对客户疑问,善用加减乘除:

(1)当客户提出异议时,要运用减法,求同存异;

(2)在客户面前做总结时,要运用加法,将客户未完全认可的内容附加进去;

(3)当客户杀价时,要运用除法,强调给客户的利益;

(4)自己做成本分析时,要用乘法,算算给自己留的余地有多大。

(五)突破心理恐惧的方法

在开展营销工作之前,业务人员最不愿意面对的事情就是拜访顾客,这种恐惧心理来自于拜访中的害怕被拒绝。做好坚强的心理准备,找出客户不满的各种原因,不断地自我成长,营销人员就会有效地克服这种恐惧访问心理。

1. 要有坚强的心理准备

不断地拜访很多顾客是出色的业务人员与平凡业务人员之间的显著差别之一。一般业务人员往往怯于拜访顾客,且不愿意花更多的时间去拜访顾客。归根结底,一般的业务人员害怕顾客拒绝、否定,害怕顾客对产品、价格等各方面有异议。

要克服这种害怕被拒绝的恐惧感,营销人员在访问之前必须要有坚强的心理准备。那么,在拜访顾客之前,营销人员如何做好坚强的心理准备呢?营销人员需要建立正确的认知:被拒绝是正常的。

(1)被拒绝是正常的。

营销人员需要建立正确的认知:被拒绝是正常的事情,成功从拒绝开始。由于种种原因,顾客可能会以没有时间、已经购买、质量问题等各种理由来拒绝营销人员。有时营销人员被拒绝的可能性会达到100%。如果营销人员事先做好坚强的心理准备,那么,面对被拒绝的失败现实,就会有效地使自己变得心平气和,而不是沮丧万分,甚至放弃营销。

(2)做好心理准备。

做好心理准备是为接下来的营销行动奠定基础。如果营销人员非常了解顾客的兴趣、爱好,而且能够定位好顾客的需求,那么,营销人员就能在很短的时间内将商品能给使用者带来的各种实际利益和方便之处介绍给客户,甚至说服客户改变原意而主动购买。没有做好心理准备,营销人员就无法展现强大的行动力。

对营销人员来说,最大的敌人原来正是自己,只有战胜自己的恐惧感,才能取得营销的成功。实际上,推销本身恰好就是一场心理游戏,它需要营销人员在内心深处进行思想斗争,通过战胜自己害怕被拒绝的恐惧感而带来营销的成功。

自检

拜访顾客之前，营销人员需要有坚强的心理准备。检查你自己的心理准备，针对不足的地方进行更好的改善。

① 你有过百分之百的被拒绝的经历吗？

　　是□　　　　　　否□

② 你的被拒绝是否给你以后的营销工作带来很大的打击？

　　有□　　　　　　没有□

③ 在拜访顾客之前，你都做了哪些准备来应对顾客的拒绝？

2. 分析客户不友善的原因

做好心理准备后，营销人员需要着手解决具体的问题。首先，营销者要找出顾客不友善的原因，并对症下药，采取相应的对策，化解客户的不友善。

客户的不友善主要来自于5个方面的原因：

（1）营销人员本身状态。

营销人员自身的萎靡不振很容易引起顾客的不友善。许多营销员自身存在着错误的观念，认为推销是卑微的工作，有求于顾客，所以在顾客面前身不由己地表现得低人一等。不平等的对话地位，极容易引起顾客的反感，从而会对营销人员严词拒绝。

要消除这种原因所带来的顾客不友善，营销人员需要以自信、平等的心态拜访客户，与之面谈。以整洁大方的姿态出现在客户面前，有条理地进行阐述，给顾客以专业的良好形象，这是营销人员应该追求的目标。

（2）留给顾客的印象不佳。

营销人员给顾客的第一印象不佳往往会带来顾客的不友善。顾客对营销人员的印象不佳，会严重影响到顾客是否有意愿与营销者谈下去。营销人员的外表修饰、外貌、饰物、工具都会影响顾客的判断，如果营销人员给顾客的第一印象不好，也就失去了向顾客推销的机会，从而被顾客拒绝。针对第一印象不佳的问题，营销人员不仅要注重修饰自己的外表，更要增强内在的涵养。

（3）公司知名度不高。

顾客不友善的原因也可能来自于公司的知名度不高。客户没有听说过公司的名字，也不了解产品品牌，造成这种不友善的原因往往是营销人员所在公司知名度确实不高。针对公司知名度不高的问题，营销人员应该记住，营销员主要推销的对象不仅是产品，还有营销者本人，从而能有效地转化客户的不友善。

（4）顾客的情绪不好。

有时，顾客对营销人员印象不佳，并不是因为营销者本身的问题，而是因为特定时间、特定环境中的顾客自身情绪有问题。

顾客因生活、工作中的事情造成的情绪不佳可能会在与营销者面谈时表现出来。营销人员拜访客户时，顾客的情绪可能会很好，也可能会很差。如果营销人员非常不巧地遇到顾客情绪不佳，那么，此时最好的化解方法是，营销人员首先要体察到顾客的不友善，礼貌地向顾客告辞，再约其他时间面谈。

（5）对业务员有偏见。

造成客户不友善态度的原因也来自于顾客的认知：对营销人员有偏见。造成顾客偏见的原因有多种，也许有受骗的经验，因此会对所有的营销人员的印象都不好。针对这种情况，营销者要把握一个原则：一般与特殊。营销人员应该尽量表现得与众不同，给顾客非常专业的印象，从而扭转顾客的偏见。

3. 克服心理障碍的方法

（1）不责怪顾客。

营销人员克服心理障碍的第一个方法是不要推卸责任，不将错误归罪于顾客。顾客的拒绝是一种自然的反应，所以营销人员不能将错误归罪于顾客，认为顾客无理、目中无人。

营销人员切记，不要推卸责任，而应先从自己身上寻找原因。分析拜访的时间因素，或顾客正忙于别的事情，或正处在午休、开会的时间，那么营销人员吃闭门羹也就很正常了。因此，纵然有时营销人员与顾客约好，而顾客暂时有事情推掉约会，这时营销人员要礼貌地退下，分析自己所选择的时机是否合适。再次选择拜访顾客的恰当时机，亲自拜访顾客，直到见到顾客为止。

（2）不责怪竞争的环境。

在商业社会中，每一个行业都存在着激烈竞争。要想成功，营销人员就一定要适应竞争的社会。如果营销人员将失败归结到竞争的社会原因，那么就很难面对现实，克服困难。竞争才有进步，营销人员要建立起乐于竞争的观念。全世界都一样，商业社会中的竞争早已白热化，只有适应社会，才能更好地生存下去。如果不存在竞争，营销人员的个人存在价值也就无法体现了。在经济大环境非常不好的情况下，即不景气、顾客数量不多并且购买次数减少时，营销人员要不断告诉自己，尽量想办法，突破困境，改变环境，赢得营销的成功。

（3）事先了解顾客。

只有事先多了解顾客、多掌握顾客的情况，营销人员才能够针对不同的情况，进行不同的约见。营销人员约见顾客时，如果没有事先做好充分准备，顾客通常也会感到莫名其妙而拒绝与营销人员的约见。那么如何让顾客乐于接受呢？营销人员就要多了解、认识顾客。

① 直接打听。

营销人员可以通过直接打听的方法来了解顾客。了解顾客的喜好，才能为进一步与顾客就共同话题交谈奠定基础。

② 间接询问。

如果通过直接打听的方法无法获得所需要的信息，营销人员还可以通过其他的渠道继续了解，即间接打听，通过结交顾客所认识的人，来了解顾客的情况。事先做好充分准备，营销人员与顾客的接触交谈就会变得比较容易。

③ 以解决问题为导向。

有些营销人员营销失败时，总是会批评自己一无是处，甚至归结为自己太笨，这就与营销工作的初衷背道而驰了。

营销人员在总结失败的教训时，要以解决问题为导向，而不是"死"钻牛角尖任意贬低自己，打击自己的自信。营销人员可以自我反省，顾客拒绝的原因来自于解决方案不合适或对产品不了解。这时，营销人员要反省，究竟是专业知识不足，还是由于接触技巧不好，待人接物的礼仪没有令顾客满意。反省是成功之母，研究做得不到位之处，然后针对弱点，营销人员再予以不断改善。

④ 不断地练习。

克服心理恐惧最成功的方法是营销人员不断地练习，最终达到熟能生巧。

营销人员养成良好的习惯，就会有效地克服恐惧感。这如同学骑自行车一样，每个人开始学习骑自行车时，都是通过不断地跌倒、摔跤才慢慢赢来了速度和熟练。骑了很多次之后，有时还可以单手骑，甚至于头顶重物也照骑不误。精湛的技巧来自于不断地做重复的练习。推销工作也是相同的道理，通过不断地接触顾客，营销人员就会慢慢地找到接近顾客的方法，说顾客喜欢听的话。

实际上，赢得顾客接见很简单，营销人员只要满足顾客获得有益于自己的产品的心理即可。每个人都希望花费珍贵的时间获得有价值的东西，没人愿意浪费时间。

4. 提高自信的做法

心态是影响营销成功的重要因素，准备越充分，自信心才会越强。在拜访顾客之前，自信心增加就成功了 80%。克服了恐惧感之后，营销人员就要进一步提高自信。营销人员依靠自信进行推销工作，那么有效提高自信心、自我价值的具体做法有哪些呢？

（1）勇敢地站到高处。

通常来说，站在很高的地方是一件令人害怕的事情。这时的唯一恐惧来自于怕摔死的心理。无论有多高的利诱，一般人考虑的是失去的代价太高，而获得的利益太少，所以产生害怕心理。在这种情况下，为了克服恐惧感，提高自信，营销人员不妨通过尽可能地多考虑短时间所获得的极大利益以及利益所带来的愉悦感，建立这样的坚强信念"一定不会摔下去"。最关键的一点是勇敢地坚持站在危险的高处练习，坚持练习是唯一的有效途径。

第一次总会带来极大的恐惧感，这是人类共有的本性之一。但是，一旦迈出第一步，营销人员就会很快发现，实际上最难克服的只是恐惧感，而非事情本身。把令人害怕的事情作为一种习惯，恐惧感自然就会逐渐消失。

（2）面对众人演讲。

第一次面对众多的人演讲也是令人害怕的一件事情。在公众场合演讲，很多人会紧张得失去常态。

美国人曾经做过一个调查，在人生中，最怕的事物不是怕死怕老，而是站在公众面前演讲。营销人员站在众人面前大声地进行演讲，可以很好地培养自信。勇于在公众场合演讲，来源于多次的练习，不断地面对数千人、数万人甚至数百万人演讲。很多人的毛病都是，私下里可以毫无拘束、海阔天空地"海"聊，一旦面对诸多公众，就紧张得一句话也讲不出了。

营销人员可以学习面对公众演讲的技巧，多参加公众演讲，就不会再害怕，树立起自信心。一旦敢于面对众人演讲，营销人员就不会再害怕任何一位顾客。

（3）心理排演。

在拜访顾客之前，营销人员事先充分做好心理排演，也可以很好地培养自信。爱因斯坦曾说，想象力比知识更重要。因此，营销人员在拜访顾客之前，可以运用丰富的想象力，想象拜访顾客时一定会为顾客接受，顾客一定会要求说明产品的好处，一定会听取简报，甚至顾客也希望反对意见得到处理，直至最终乐意签下订单。通过图像化，营销人员兴奋的获得成就感，自信也就自然而然会随着成功成交而建立起来。

（4）从经验中学习。

通过回顾第一次成功拜访顾客的美好经验，营销人员再次分析成功的方法，应该如何接近顾客，让顾客接纳，最终与顾客成交。这样，营销人员就可以很好地克服拜访顾客的恐惧心理，同时还提高了自信心。

自检

作为一名营销人员，你有害怕被顾客拒绝的恐惧感吗？如果有，那么现在马上行动吧！找出其中的原因，运用克服心理障碍和提高自信的做法，有效地克服害怕被顾客拒绝的恐惧感。

（1）你有害怕被顾客拒绝的恐惧感吗？

　　□有　　　　　　　□没有

（2）产生恐惧感的原因：

_____

_____

_____

（3）制订克服恐惧感的计划：

_____

_____

_____

实战演练

（一）案例分析

加强客户走访，防止业务流失
——交警三大队信息套餐签订

客户走访是我们客户经理平时的一项重要工作。没目的的走访、没准备的走访是失败的走访和无意义的走访。

交警三大队是我部门的一个重要客户，客户经理的一次主动拜访工作防止了该单位的宽带业务的流失。客户经理在接手该单位后，对该单位的电信业务进行了主动的清理，发现该单位还未使用我公司的宽带业务。是否该单位就没这种需求呢？还是我们平时对客户的宣传不够到位？结合我们公司目前开展的收官会战，客户经理认真的准备了相关的营销资料，准备上门拜访。来到交警三大队，客户经理通过与该单位负责通信的人员交谈了解到，该单位准备建立一个电子图书室，想要申请个 20 M 带宽的宽带接入，并且了解到网通的资费比电信便宜，已经准备申请网通的宽带。听到客户单位负责通信的人员这么说，客户经理心里非常着急，因为我们业务可能流失，但是同时也非常高兴，因为自己的主动走访，给了自己一次挽留客户的机会。客户经理了解到该单位准备建立电子图书室需要接入 2 台计算机，8M 的带宽足以满足客户目前的需求。这正和我们的商务领航的 xa-1 套餐比较吻合，同时又能帮助客户节约成本，消除客户始终认为电信价格高的心理因素。于是客户经理主动拿出我们的商务领航套餐资料，向客户详细介绍了 xa-1 套餐，并告诉客户此套餐已经能够完全满足客户目前的需求，同时我们的 ADSL 具有可扩展性，当客户以后需要接入的计算机更多时，我们可以平滑升级到 xa-2 或 xb 套餐，客户就可以享受到更多电信优惠。而且我们的服务是一站式，以后客户在使用中遇到任何问题只需要找到客户经理就可以协助他们解决，解除了客户的后顾之忧。听完客户经理的详细介绍，客户打消了申请网通宽带的想法，立即同意和我们签订商务领航的 xa 套餐。

思考题：
（1）请分析该客户经理是如何避免业务流失的。
（2）客户经理是如何打消客户的顾虑的？

（二）情景演练

以小组为单位，自编情景剧本，模拟客户拜访的过程。注意把握拜访客户的程序和注意事项。

任务三　如何做好细节服务

问题引入

在激烈的市场竞争环境下，受产品的同质化和异质可替代因素影响，广大客户对企业的需求也在不断变化，客户往往不再特别关心企业所提供产品的内在性能和质量、使用技术乃至烦琐的维护常识，而更在乎企业对他们的实时服务。他们会留心观察和体验企业所提供的每一个服务细节，从而决定取舍。因此，在其他方面条件相当的情况下，谁提供更加周到的、独特的、能满足顾客某种需要的细节服务，谁就能赢得市场。老子说："天下大事，必作于细；天下难事，必作于易。"在市场营销过程中，只有关注细节，做好细节服务才能真正提升我们的服务质量。细节是决定现代服务水平的重要因素，也是 21 世纪企业的核心竞争力。那么如何做好细节服务呢？这是在本任务环节需要掌握的内容。

任务要求

1. 识记：细节服务的概念。
2. 领会：如何做好细节服务。
3. 应用：根据实际设计服务的内容。

名家名言

"泰山不拒细壤，故能成其高；江海不择细流，故能就其深。"所以，大礼不辞小让，细节决定成败。在中国，想做大事的人很多，但愿意把小事做细的人很少；我们不缺少雄韬伟略的战略家,缺少的是精益求精的执行者;绝不缺少各类管理规章制度,缺少的是规章条款不折不扣的执行。我们必须改变心浮气躁、浅尝辄止的毛病,提倡注重细节、把小事做细……

——清华大学EMBA、"细节专家"汪中求

案例引入

(一)案例描述

近年来,伴随着服务范围的不断扩大,苏州电信除了做好传统的服务外,越来越重视"细节服务",像上门服务用"鞋套""工作垫"等细节在苏州电信的服务中比比皆是。增添多辆维护安装车辆,提高装机效率,减少用户等待时间;智能排队机方便用户在有序的环境中办理业务;增设的业务咨询台,缩短了用户办理业务时的等待时间;引入了卷式发票打印系统,简化用户的办理手续;春节期间营业员穿上火红的唐装,增添了节日喜气,为用户带来好心情等,都充分体现出苏州电信人性化服务的高品质。

(二)案例分析

随着用户服务需求的不断变化,苏州电信善于在服务上下功夫,努力细化自己的服务内容和服务标准,将服务落实到每个细节,以完善、周到的细节服务赢得了广大用户的信赖。

知识内容

(一)细节服务的含义

细节服务是超越一般行业标准,由企业特别提供的,与产品使用直接或间接相关的服务,强调从细节入手,加强和改进服务工作,向细节要质量,向细节要效益,通过细节的改进实现服务水平最大程度的提升。也有人将其归纳为一种超常规的个性化服务,它涉及企业经营的各个方面并贯穿于企业的整个经营过程。简而言之:细节服务是高水平服务的一种表现。

(二)细节服务的作用

产品或服务日趋同质化,使企业在大的方面看不出更多差别,主要差别就体现在细节上。"窥斑见豹",细节成为产品或服务质量的最有力的表现形式,成为企业竞争的最重要的表现形式,并决定未来企业竞争的成败。

汪中求先生在《细节决定成败》一书中有这么几段话值得思考:

其一,细节造成的差距:上海地铁一号线是由德国人设计的,看上去并没有什么特别的地方,直到中国设计师设计的二号线投入运营,才发现其中有那么多的细节被二号线忽略了。结果二号线运营成本远远高于一号线,至今尚未实现收支平衡。

其二,忽视细节的代价:白蚁确实可以造成长堤溃决,必须进行科学、细致的观察和研究,才能防患于未然,任何麻痹和对细节的忽视都会带来难以想象的后果。

细节对事物成败的影响可见一斑。

产品和服务微小的细节差异有时会放大到整个市场上变成巨大的占有率差别。一个公司在产品或服务上有某种细节上的改进,也许只给用户增加了 1%的方便,然而在市场占有的

比例上，这 1%的细节会引出几倍的市场差别。原因很简单，当用户对两个产品做比较时，相同的功能都被抵消了，对决策起作用的就是那 1%的细节。对于用户的购买选择来讲，是 1%的细节优势决定那 100%的购买行为。这样，微小的细节差距往往是市场占有率的决定因素。日本 SONY 与 JVC 在进行录像带标准大战时，双方技术不相上下，SONY 推出的录像机还要早些；两者的差别仅仅是 JVC 播放一盘带是 2 小时，SONY 一盘带是 1 小时，其影响是看一部电影经常需要换一次带。仅此小小的不便就导致 SONY 的录像带全部被淘汰。微软公司为什么要投入几十亿美元来改进开发每一个新版本？就是要确保多方面细节上的优势，不给竞争者以可乘之机。只要能保证产品在一比一的竞争中获胜，那么整个市场的绝对优势就形成了，因而对于细节的改进是非常合算的。

这是一个细节制胜的时代。纵观国内外的强势企业，都是在细节的比拼上下过很大工夫的。国际名牌 POLO 皮包凭着"一英寸之间一定缝满八针"的细致规格，20 多年立于不败之地；德国西门子 2118 手机靠着附加一个小小的 F4 彩壳而使自己也像 F4 一样成了万人迷。诺基亚的"以人为本"、全球通的"沟通从心开始"、春兰的"大服务"概念，海尔的"星级服务""个性化零距离服务"、荣士达的"红地毯服务"……面对激烈的市场竞争，各企业纷纷高举"服务"大旗以赢取顾客的心。应该说，近年来企业对服务的重视程度有增无减，大多数企业的服务观念也在快速的进步。在服务系统的构造上，许多企业也早已有了完整的服务机构，对于服务所花费的精力和资金投入在逐步上升。

关注细节、完善细节往往体现了企业真诚地为顾客着想的拳拳之忧。人们有理由充分相信，一个真心实意地在细节上下功夫的企业，其产品或服务的品质一定非常优秀。所以，企业只有细致入微地审视自己的产品或服务，注重细节，精益求精，才能让产品或服务日臻完美，在竞争中取胜。

技巧与方法

案例分析与知识内容阐述了细节服务对于企业的重要意义，那么如何做好细节服务呢？细节服务的方法与技巧有哪些？

（一）注重细节，在于观念

"天下大事，必做于细——从改变观念着手"，这说明改变观念的重要性、首要性、必须性。不改变观念，一切都无从谈起。这不仅要求企业领导和所有服务人员正确认识、全面了解、主动把握和积极参与细节服务，而且，要在全体员工中真正达成共识，切实树立细节服务的理念，绝不能认为细节无关紧要、无碍大局；让"客户服务无小事""顾客第一""把眼光放在客户"的观念入脑入心，打造精细化的企业服务文化，倡导细致入微、精益求精、善于创新的服务精神，从每件服务小事抓起、管起、做起。

市场没有贵贱差别，顾客也没有等级之分。有眼光的经营者总是将每一位顾客看作"重要顾客"，并提供细致周到的服务。

一位培训师由于工作的需要经常要穿梭于各个城市讲课，入住酒店就成为家常便饭。他这个人有个怪毛病——喜欢睡高枕头，自我解嘲说是"高枕无忧"。在外地培训，他通常都是一个人住一个标准间，总是把另一张床上的枕头放在自己床上。往往在第二天，客房的服务员都会把他移动过的枕头放回原位。一来二去，他觉得总是麻烦服务员，自己都不好意思了。

于是就养成一个习惯，第二天总要自己把移动过的枕头放回原位。

有一次出外讲课，由于实在劳累，第二天起床后就把换回枕头的事忘了，晚上回到房间，却发现了一个小小的变化。枕头变了，下层是一个普通枕头，上层是一个散发淡淡药香的保健枕头，而且比普通枕头高了一些。再一看，床头柜上有一盒"金嗓子喉宝"，另附一张便条。便条的大意是：本酒店欢迎你的入住，并感谢你能来本地授课，为表示本店心意，特送上一盒"喉宝"。最后是酒店客房部经理的签名。从此以后，他对这家酒店的印象特别深，一有机会到这个城市，不仅自己入住，而且介绍朋友入住。

这家酒店是如何去发掘并满足客人的一些个性化需求的呢？有这方面的制度和规定吗？酒店客房部的经理与这位培训师交流时讲了一些自己的体会：服务工作的灵活性很强，因此对培养员工服务意识的要求远大于制度的刚性要求。能够真正站在顾客立场，为顾客着想，才是真正优秀的员工。因此这家酒店非常强调对员工服务意识的培养，先有了这样的意识，再具备相应的能力，就能实现优质的服务。

把眼光放在客户，要求我们认真做好消费者调研。只有真正了解消费者需要什么服务，才能设计一个切实可行的服务系统。因此，设计服务系统的第一步就是对消费者进行详细周密的调查，了解用户期望本企业提供的服务。消费者服务需求调研是设计服务系统的前提，许多企业尽管向用户提供一定的服务，但由于没有找准用户的需求，因此耗费大量的人力、物力，但效果不佳。比如：并不是送货越快就说明你的服务越好，实际上，客户购买产品有一定的送货时间要求。比如：周一到周五期间购买电视机，大多数客户希望在晚8点到9点之间送货，因为8点前正是下班回家，准备晚饭，吃晚饭的时候。这时你虽然早了一小时送货，可能打破了客户的生活规律，会造成客户晚饭吃了一半，就不得不忙活着安装电视的事。相反地，周六或周日可能又有不同的时间要求。因此，并非时间早就好，而要符合消费者的要求和实际状况。

（二）注重细节，在于制度

规章制度胜于一切。管理的基础是制度，要有好的精细化管理，首先要有严格的管理制度来管理细节。细节服务对制度的要求应达到苛刻的程度，每一项服务工作、每一个服务细节、每一个服务流程，都要有相应的制度来制约和考核。制度的建立和监管到位与否，直接影响精细化服务的落实。健全、完善规章制度，建立办事程序，提高办事标准，自觉地、不折不扣地执行企业制度，加强对执行情况的监督以及对违反制度与决议的惩处力度，是企业进步、成熟的标志。

例如，尤努斯制度中的"上门服务"，看起来不算什么。然而，简简单单的"上门服务"里面自有它的社会规律和心理规律。

20世纪60年代的耶鲁大学，一位心理学教授做了一项实验：劝说耶鲁大学高年级学生注射破伤风疫苗，这项注射是完全免费的。他给不同的小组派发了不同版本的劝导手册，里面描述了破伤风的危害，注射疫苗的重要性。在"高恐吓度"手册里，使用的词语极度尖刻，并配有大量彩色病发照片；在"低恐吓度"手册里，没有图片而且语言平淡。一般人可能会猜想，看过"高恐吓度"手册的学生比看过"低恐吓度"手册的学生对破伤风危害的认识更加深刻。然而，一个月后教授发现参加实验的学生当中只有3%注射了疫苗。

后来，他做了一点小小的改变——在手册中加上了学校医务室地图，结果注射疫苗的学生猛增到 28%。令人意想不到的是：在这 28%的学生当中，看了"高恐吓度"和看了"低恐吓度"手册来打针的学生比例各占一半。

看来"恐吓度"的高低并不是学生注射疫苗的决定性因素，那么什么才是决定性因素呢？那幅地图才是。

仅仅是一幅小小的地图，没加前只有 3%，加上就增加到 28%，提高了将近 10 倍。一个个细小之处常常是深蕴玄机，这里面的心理学规律是——你觉得行动越方便，就越愿意这样行动。这也是格莱珉银行上门服务的机理。细微之处有大文章，细节做好了，往往成功了一大半。如果尤努斯没有采用分期付款，没有进行"上门服务"这些制度上的细节作保障，那他无论如何也不会成功。

毛泽东在总结井冈山斗争的成功经验时说：井冈山的成功经验有两条，一条是艰苦奋斗的作风，一条就是"支部建在连上"。毛泽东认为"支部建在连上"是红军新生的一个根本转折点。

听起来也很简单，支部建在连上，不就是班排建党小组，连级以上要建党支部。但正是这样一个简单的制度创新，一个小小的"有魔力的细节"的改变，成了成败的决定因素！后来，罗荣桓元帅说：如果没有这样一个制度，红军"即使不被强大的敌人消灭，也只能变成流寇"。

天下的智慧是相通的，红军因为完善制度的细节而成功，尤努斯也因为完善制度的细节而成功。

（三）注重细节，在于考核评估

细节服务的基本内涵：服务上精雕细刻，工作中精耕细作，技术上精益求精，成本上精打细算。要实现细节服务，很重要的一点，就是必须弄清楚细节服务要掌握的度——数字的度、效率的度、执行的度。而且这一切必须具有可操作性、可考核性。管理者在谈到内部管理时往往会大谈制订多少规章制度、有什么工作流程、工作手册有多么全面，但是他们却往往会忽视内部管理的精髓，即管理细节的量化。缺乏"量化"意识的管理者经常会觉得下属办事不力，让照办的事没照办，让抓紧的事没抓紧，总之未能达到自己预想的效果。究其原因，往往是因为他们在布置工作或制订规章制度时没有使用可量化的标准，最后就会出现一人一个结果，降低了效率，耽误了工作。细节的量化就是在管理中将工作内容及制度以量化的形式提出要求，并使之涵盖工作全过程。我们经常看到服务性质的单位会挂一个标语："微笑服务"，到底怎样的笑称为微笑？沃尔玛规定面对顾客要常露微笑，后面写的注释是"露出 8 颗牙"，量化细节，露出 8 颗牙就是真的在笑了。我们说麦当劳是一个服务的麦当劳，不如更准确的定义它为数字麦当劳。麦当劳内部的一切管理都是数字化的。从可乐温度、食品烤制、牛肉饼大小到吸管粗细、柜台高度、等待时间，麦当劳都可做到精确到位。工作流程哪个公司都有，但是如果工作流程没有细节量化，就做不出标准。很多公司都以通过 ISO9000 质量体系认证为荣，实际上也是因为认同了该认证体系能将工作流程中的很多细节量化了，且具有较强的可考核性。

（四）注重细节，在于执行

汪中求先生在《细节决定成败》一书中说："中国绝不缺少雄韬伟略的战略家，缺少的是精益求精的执行者；绝不缺少各类规章制度、管理制度，缺少的是对规章制度不折不扣的执行"。关于细节服务,有一个 100-1=0 的等式,也就是说,1%的错误往往会导致 100%的失败。因此,要保证企业的细节服务制度落实到位,必须建立健全全员责任制,把责任明确、细分到每个服务员工身上,让有关员工将约束和压力变成服务动力,杜绝服务中的漏洞,消除服务上的盲点,多听取客户的意见,切实提高服务效能。

一群老鼠吃尽了猫的苦头,它们召开全体大会,号召大家贡献智慧,商量对付猫的万全之策,争取一劳永逸地解决事关大家生死存亡的大问题。

众老鼠们冥思苦想。有的提议培养猫吃鱼吃鸡的新习惯,有的建议加紧研制毒猫药。最后,还是一个老奸巨猾的老老鼠出的主意让大家佩服得五体投地,连呼高明。那就是给猫的脖子上挂个铃铛,只要猫一动,就有响声,大家就可事先听到警报,躲藏起来。可是,由谁去给猫挂铃铛?怎样才能挂得上呢?这些细节问题却无从解决。于是,"给猫挂铃铛"就成了一句鼠辈的空话、人类的笑谈。注重细节,关键在于执行。

要提高细节服务工作的执行力,管理者要尽可能将每一个细节量化,将管理工作做得更透彻、更精细一点,同时也更规范更有秩序,为员工做好参考。比如一个领导这样吩咐:"你明天早上 8 点半之前把二十份整理好的会议资料送到会议室"。短短一句话,把"具体时间"——"早上 8 点半之前";"完成数量"——"二十份会议资料";"质量要求"——"整理好的"工作要求进行了量化。这使经办人在头脑中立刻形成非常精准的办事要求,不容易产生偏差。但是如果这句话中没有"量",就成了"你把资料送到会议室"。这件事有可能理解成为送一份也行,送十份也行;上午送也行,下午送也行;现在送也行,明天送也行;草稿也行,印好的文件也行。总之这种不确定性的指挥,在不同员工中会产生不同的效果,影响执行力。对于高素质的员工当然可以尽善尽美地完成领导布置的工作。但对于素质一般的员工,就会产生偏差。其实说到本质上,管理就是一门通过别人完成任务的艺术。管理者水平的高低,不在于你能让高素质的员工把事情办好,更重要的是让素质一般的员工把工作做好,让每一位员工在执行同一项命令时,能够按照管理者的意识,把工作保质、保量、按时完成好。

(五)注重细节,在于团队

细节服务是以团队整体行为为支撑的。如果员工没有从根本上提高自身素质,就不可能为顾客提供恰到好处的细节服务。员工队伍没有过硬的素质,就不可能主动灵活地处理好各种细节问题。

因此,要加强对员工的各类服务培训、技能教育。让他们把每一个服务细节烂熟于心,成为习惯,形成服务思维定式,保障细节服务能落实到实处。同时,还要加强对员工的职业道德教育。全国"三八"红旗手李素丽的一句名言说道:认真做事只是把事情做对,而用心做事才能把事情做好。只有使员工树立高度责任感和使命感,用心做事,在工作中形成精益求精的务实的工作作风,才能使产品和服务质量得到不断的改进。中国有句古话叫"事在人为""有志者事竟成"。只要用心,我们就会有一双慧眼,就会更好地发挥聪明才智,精益求精地解决一个又一个困难。

注意细节其实是一种功夫,这种功夫是靠日积月累培养出来的。谈到日积月累,就不能不涉及习惯,因为人的行为的 95%都是受习惯影响的,在习惯中积累功夫,培养素质。勉强成习惯,习惯成自然。爱因斯坦曾说过这样一句有意思的话:"如果人们已经忘记了他们在学校里所学的一切，那么所留下的就是教育。"也就是说"忘不掉的是真正的素质"。而习惯正是忘不掉的最重要的素质之一。

（六）注重细节，在于创新

创新是企业的生命力。只有不断创新，与时俱进，公司和个人才能有活力，有发展，才能适应市场的需求。一个具有高度责任感和使命感、自觉地把每一个细节做好、做深、做透，掌握了工作规律的人，才能在工作中不断创新。

在稍微高档些的饭店就餐时，每位客人都会有一条餐巾，但通常情况下，餐巾掖在胸前卡不住，放在腿上又不知不觉会掉在地上，起不到保衣护服的作用，因而很多人只好将餐巾放在桌子上，用餐具压住，或者干脆不用餐巾，甚或放在屁股下垫座。有鉴于此，青岛东来顺餐厅特意在每块餐巾的一个角上挖了个锁边的长孔，夏天可以别在T恤或衬衫的扣子上，冬天可以别在外衣的扣子上，并根据季节的不同，扣眼的大小也有区别，非常适用，方便了食客。餐巾上的小小扣眼，一个小小的创新，即让人们从中领略到餐厅无微不至的优质服务，生意兴隆自在情理中。

实战演练

（一）案例分析

电信运营商的精细化服务

对于电信行业来说，服务具有不可估量的重要性，如何做好服务、如何改进服务，成为运营商努力探索的核心问题。随着中国移动的"全球通VIP俱乐部"、中国网通的"金色俱乐部"，以及中国电信和中国联通的客户俱乐部相继成立，电信运营进入了精细化服务时代。各运营商都实行精细化服务。

运营商在以二八原则对用户进行研究的基础上，还对高中端客户做全面了解，包括公众用户从事的行业、个性化需求、家庭情况和个人爱好等；对商企用户研究其行业背景、企业规模等。在此基础上，深入挖掘客户需求，通过俱乐部的形式，对客户采取"个性化服务"，对商业客户提供"专业化"服务，对公众客户提供"标准化"服务。通过不同的服务向客户表达对其"特殊"地位的重视，为双方建立牢固的伙伴关系打下基础。

运营商在增强基础服务能力的同时，还以增值服务和延伸服务来吸引用户，以此提高用户满意度，提升品牌价值。增值服务体现在运营商为高中端用户提供更加便捷的"绿色服务通道"；延伸服务体现在运营商注重与餐饮、娱乐、购物、文化、休闲等其他行业的联盟合作，通过与广大商家共同打造友好的合作联盟，为高端用户提供全方位服务，让其享受贵宾式服务及更多消费优惠。

电信服务能力的提高需要电信运营商不断拓宽服务渠道，以体验式销售为主导，在强化营业厅等自有渠道服务能力的同时，与其他服务行业进行广泛合作，充分利用机场、超市、商场、影院、彩印店、报纸杂志等服务平台，将电信业务以普通消费品的推销方式传递给用户。同时，服务渠道精细化还体现在通过研究用户行为，为用户提供更加贴身的服务，例如为大客户配备训练有素的客户经理，实行"一对一"的服务。

未来的电信运营商将提供一站式的服务，包括电视服务、流媒体服务、通信服务、非通信服务，真正体现用户需求的融合。

思考题：

请分析电信运营商的精细化服务体现在哪些方面？

（二）情景演练

假若你是一名设备安装调试人员，能否根据所学知识，做好上门维修、安装调试各环节中的各个细节？

任务四　如何做好客服经验的积累与推广

问题引入

很多知名企业都把客户服务工作当作企业品牌来经营。客服工作经验的积累和推广问题，不仅关乎企业业务效能的提升，而且关乎企业理念和使命的贯彻。那么，如何做好客服经验的积累和推广呢？这是在本任务环节需要掌握的内容。

任务要求

1. 识记：客户服务的概念。
2. 领会：客服经验的积累和推广无法有效进行的原因及产生的弊端。
3. 应用：客服工作经验积累和推广的策略。

名家名言

我只拿一盏灯来指引我的脚步，而那盏灯就是经验，对于未来，我只能以过去来判断。

——【英】著名政治家　亨利·D

案例引入

（一）案例描述

某省通信管理局组织全省基础电信运营企业互相交流和学习客户服务工作经验。交流与学习活动采取座谈与实地考察相结合的形式。来自各电信运营企业的代表们先后走访了电信10000客服中心、移动10086客服中心、联通10010客服中心、钟楼联通营业厅、韩城移动营业厅、渭南电信营业厅等地，实地查看服务设施、服务方式，了解服务流程、服务规章，尤其是对各公司的特色服务进行了深入调研。

（二）案例分析

该省通信管理局重视企业客服经验的交流与推广，积极引导电信业形成健康的发展态势，要求各营运商注重服务质量，打造特色服务，以服务实现多赢，从根本上促进电信业的繁荣和发展，使用户得到实实在在的利益。

知识内容

（一）客服的概念

客户服务包括售前、售中和售后服务三个部分，通过客户联系收集客户信息、了解客户需求，提供解决方案，解决客户存在的问题，满足客户需求，从而使客户从公司获得所需业务，对业务满意的客户将继续忠诚地与公司合作。因此客户服务成了业务结构中的一个重要战略要点。其中"客户"包括：

（1）外客户（包括潜在客户、意向客户、准客户、签约客户、准业主、业主、会员）；

（2）内客户（包括各业务部门及其员工）；

（3）合作伙伴客户（包括政府部门、供应商、合作商等）。

（二）不注重客服经验的积累所产生的弊端

在现实的工作之中，有很多优秀的客户服务经验未曾得到总结，更谈不上推广，甚至未能得到相应的信息积累。由此弊端重生：

（1）对问题的重复探索，推高公司的客服成本：在每天收到的成千上万的客户投诉之中，有很大一部分重复着同样的问题，而公司不同的人员所作出的回复处理却各不相同。有客户满意的处理结果，也有不满意的处理结果，有省时省力的处理方式，也有冗长复杂的处理方式。如果在处理大同小异的投诉案例之前，就有简洁的处理方式作为参考，则可事半功倍，大大缩短相应的"案件分析"过程，同时少走弯路。

（2）降低投诉处理效率，滋生客户的不满意情绪：因对问题的"重复探索分析"和"无可借鉴"，使得客户投诉的处理时效太长，无异于在考验客户的"耐性"，得不偿失。

（3）不利于发现优秀的客服人才：优秀的客户服务源于优秀客服人员的努力，只有在不断推广经验的过程中，才能发现客服人员的"优秀"所在。

（三）不注重客服经验的积累原因分析

目前的事实证明，客服经验的积累和推广之所以无法有效进行，也许根源于诸多环境和组织因素：

（1）员工缺乏交流的兴趣与热情：客服人员在上班时工作节奏紧张，下班时又匆匆往家中赶，偶尔能在班前班后"小聚片刻"，但也少谈工作，更不谈工作心得，所以交流就无从谈起，经验更谈不上积累与推广；

（2）交流平台（渠道）缺乏或未能充分"盘活"：除了上下班，同事之间几乎没有交流的空间和平台，像短信、邮件、公告这些渠道，不是用来传递八卦信息，就是用来传递冰冷的公文，使得这些平台未能充分盘活；

（3）缺乏"领头羊"：像工作经验交流这类活动与行为介于工作与非工作的事务之间，在工作之余如果不是一些偶然的工作话题引起同事之间的"辩论"，员工们很少自发地进行讨论，这时必须要有一个"领头羊"，至少要先有意识、有目的地抛出话题，然后才能引起讨论。

技巧与方法

解决客服工作的经验积累和推广的相关问题，必须使相关的信息与专业知识能在各部门之间形成持续、有效地传播与共享并形成深度渗透，尤其要在基层层面上进行广泛地探求并形成惯性思维。其一，应注重经验积累和信息分类；其二，要注重经验推广；其三，要注重推广策略的选择。具体的客服工作的经验积累和推广的方法有以下几种。

（一）要建立互信与和谐的人际和交流环境

（1）相互信任、和谐是交流的前提与基石。在一个气氛紧张甚至是相互对立的环境氛围之中，存在的只有敌对与相互拆台，根本不会有经验的交流；

（2）应消除隔阂与成见：这样才能化解紧张，消除对峙；

（3）要尊重差异：要相互间摒弃年龄、地域、性别等方面的歧视与差异。

（二）要盘活信息交流平台

（1）定期召开客服工作经验交流会，总结经验，探讨存在的问题；

（2）利用晨会例会进行交流：交流经验、交换思想，也交换在工作中所遇到的"奇闻逸事"，既能活跃气氛，又能进行经验交流，一举两得；

（3）充分利用公司内部的短信平台、共享知识库平台、统一信息平台进行经验交流；

（4）发挥内部刊物的传播作用。鼓励大家晒心得。"晒"，是个当前在网络流行的行为，晒工资、晒隐私等，凡是被关注的、被揭底的都有可能被"晒"出来，同样，被"晒"出来的东西或现象总能引起各方关注而广为传播。既然我们关注经验，关注经验的积累与推广。不妨鼓励员工对工作心得、体会、认识进行总结，并撰写成文"晒"出来，"晒"在内部刊物或内部的 BBS 网络上，供人交流共享。交流前每人都可能只有一个思想，但一经交流，每个人都可能有几个思想。同时这种方式在一定程度上还可以使员工获得心灵的满足，满足自我实现的需要。此外，公司对优秀的文章可支付一定的"稿费"，进行相应的物质奖励。

（三）注重案例解剖

不但要注重日常积累，也应注重专案剖析。对普通的、日常的案例应当注意日常积累，找出其规律性和普遍性；对典型的、复杂的案例应当进行专案剖析：

（1）每日一案例：由基层主管牵头，针对曾经发生过的案例进行短暂的头脑风暴。鼓励员工对案例进行分析、点评，以达成各方观点和思维的交锋与碰撞，实现螺旋上升的目的。

（2）典型案例剖析：对于有典型性、代表性的案例进行专人、专案、开专门会议进行研讨、剖析。

（四）正视非正式组织

非正式组织是人们出于不同的兴趣与爱好、习性或地域所组成的不同群体。在引导不当时，这些非正式的组织可能对正式的组织产生一定的"离心力"，但这一组织形态内的沟通是最轻松、最和谐的，是真正意义上的"无边界"沟通，在这类组织内部的经验交流也是毫无保留的、最畅通无阻的。因此，公司应正视这些组织的存在并积极地加以引导，至少不能刻意打压它们。

实战演练

（一）案例分析

某公司为了提升自己的品牌和企业形象，决定采用提升产品质量和服务的方法。在技术部门的不断努力下，产品的质量得到提升，但是，在企业上上下下都重视的情况下，服务质量并没有出现多大的变化。经调研，各分公司在客户服务方面还是拥有一些自己的特点，例如，有的分公司着重探索如何建立客户导向的客服体系；有的分公司则在去年基础上，继续把短板提升当作今年客服工作的主线，并巩固已有成绩；有的分公司在进一步细化服务过程的监督及控制手段和途径；有的分公司在进一步规范基础服务，并加强基础服务的基础条件；有的分公司不满足现有的服务水平，试图在服务思路和具体方法上再进行创新；有的分公司则在考虑如何将客户的服务期望与公司的服务标准和规范进一步统一起来，如此，等等。原来在客户服务方面，各分公司都有自己的经验和特色。

思考题：
试分析全公司客服质量整体水平提升不高的原因。

（二）情景演练

假若你是某通信运营商客服中心主任，你如何做好客服工作经验的积累与推广？

本章小结

- 在经济全球化时代，市场竞争的实质是服务竞争，客户服务管理成为企业关注的焦点。客户服务管理的实质就是要求企业把客户的服务需求作为创新发展的基本动力，通过切实提高客户服务质量，实现客户资源的有效挖掘和利用，从而提高企业的竞争优势。
- 做好客户服务管理，需要管理排队。本章阐明了管理排队的意义；分析了排队产生的原因和排队结构；并从运营管理和心理认知管理两个方面介绍了管理排队的技巧与方法。
- 做好客户服务管理，需要做好客户拜访服务工作。本章分析了客户拜访的意义；介绍了客户拜访的基本程序、拜访客户必做的 12 项工作以及如何与客户预约、如何让客户开口、如何应对客户疑问、如何突破心理恐惧等的方法。
- 做好客户服务管理，需要做好细节服务。本章阐明了细节服务的意义；同时从观念、制度、考核评估、执行力、团队建设、创新六个方面介绍了如何做好细节服务，提升服务能力。
- 做好客户服务管理，需要做好客服经验的积累与推广。本章分析了不注重客服经验积累所导致的弊端和这一现象产生的原因；并介绍了解决客服工作经验的积累和推广的策略。

第五章

服务营销技巧

本章结构图

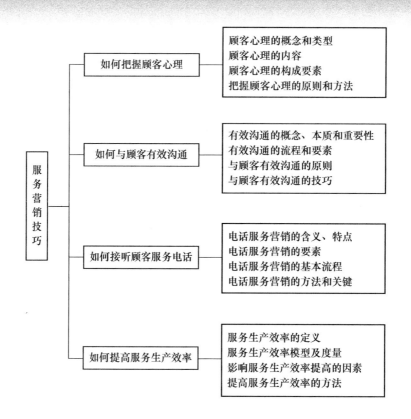

问题引入

服务营销是企业在充分认识消费者需求的前提下，为满足消费者需要而在营销过程中所采取的一系列活动。在产品差异性越来越小，促销手段已经用尽，竞争对手愈来愈多，而顾客的要求开始千变万化的今天，要想在激烈的市场竞争中掌握主动，建立优势，必须关注顾客的需要，掌握包括把握好顾客心理、精通与顾客的有效沟通、接听好顾客服务电话、提高服务生产效率等方面的服务营销技巧。那么如何在服务技巧上建立企业特色，如何把服务营销中的个人能力发挥出来，如何把握顾客心理、如何与顾客有效沟通、如何接听顾客服务电话、如何提高服务生产效率？这些都是本章需要解决的问题。

本章内容

本章分四个任务介绍把握顾客心理、与顾客有效沟通、接听顾客服务电话、提高服务生产效率。

本章要求

1. 识记：顾客心理的类型和内容、有效沟通的本质和要素、电话服务营销的特点和要素、服务生产效率的内涵。
2. 领会：顾客心理的构成要素、与顾客成功沟通的重要性和流程、电话服务营销的基本流程、服务生产效率模型及度量。
3. 应用：把握顾客心理的原则和方法、与顾客有效沟通的原则和方法、接听顾客服务电话的方法与关键、提高服务生产效率的方法。

任务一　如何把握顾客心理

问题引入

顾客的类型多种多样，其消费心理也不尽相同，想要为各类顾客提供标准化的服务是很困难的。因此，在服务过程中，把握好顾客心理非常必要。通过洞察顾客心理，因人而异，及时调整服务策略，为顾客提供满意的服务，提高其忠诚度，才能建立起企业与顾客的牢固关系。那么，什么是顾客心理，顾客心理的类型和内容是怎样的，顾客心理的构成要素有哪些，如何把握顾客心理，提高服务质量？这是在本任务环节需要掌握的内容。

任务要求

1. 识记：顾客心理的概念、类型和内容。
2. 领会：顾客心理的构成要素。
3. 应用：把握顾客心理的原则和方法。

名家名言

了解你的顾客和了解你的产品一样重要。

——【美】人际关系大师　哈维·麦凯

案例引入

不要让客人感到尴尬

（一）案例描述

一天上午，酒店大堂结账处有许多客人正在结账，1108房间的刘先生也来到前厅结账，这时结账处接到楼层服务员报告："1108房间少了两个高档衣架。"收银员小陈立即微笑地说："刘先生，您的房间少了两个衣架。"谁知客人好像早已有所准备，立刻否认带走了衣架。收银员小陈马上意识到出了问题，便立即通知了大堂副理，大堂副理在前厅处找到了刘先生。"刘先生您好，麻烦您过来一下好吗？"客人随着大堂副理来到了大厅的僻静处。"刘先生，您没拿衣架，那么有没有可能是您的亲朋好友来拜访您时顺便带走了？"大堂副理婉转地向客人表述酒店要索回高档衣架的态度。

刘先生说："没有，我住店期间根本没有亲友来过。"

"请您再回忆一下，您会不会把衣架顺手放到别的地方了？"大堂副理顺势提醒刘先生。"以前我们也曾发现过，一些客人住过的房间衣架、浴巾、浴袍之类的不见了，但他们后来回忆起来或是放在床上，或被被子、毯子遮住，或裹在衣服里带走了，您能否上去再看看，会不会也发生类似情况呢？"大堂副理干脆给了他一个明确的提示。

刘先生："一个破衣架，你们真麻烦，咳，还是我上去找一下吧。"客人觉得越是拖延下去对自己越没有什么好处，便不耐烦地说。

大堂副理："您可以让我帮您看管一下您的箱子吗？"

刘先生："不用，不用，"刘先生忙摇着头，说着便匆匆地提着箱子上了电梯，大堂副理和收银员会意地相互看了一眼。

不一会儿，刘先生下来了，故作生气状地说："你们的服务员也太不仔细了，衣架明明就掉在沙发后面嘛！"大堂副理知道客人已经把衣架拿出来了，就不露声色很有礼貌地说："实在对不起，刘先生，麻烦您了。"为了使客人不感到尴尬，大堂副理还很真诚地对客人说："刘先生，希望您下次来还住我们酒店！我们随时欢迎您的再次光临，谢谢！"

（二）案例分析

在服务工作中我们时常会遇到爱贪小便宜的顾客，两个衣架本是小事一桩，但酒店管理人员或服务员应该如何处理呢？案例中当客人感知到自己的行为已被酒店察觉之后，也曾有一种短暂的矛盾心理，通过思想斗争，客人还是不想"因小失大"，在酒店给予机会的情况下，客人最终还是主动将衣架拿了出来。但我们要知道无论如何，顾客即使做错了事仍然希望得到尊重，当服务人员确定顾客有"不轨"行为后，仍然应对其表示"尊重"，并为他设计一个"体面的台阶"下，给顾客"尊重"酒店的机会。案例中大堂副理通过分析顾客心理，在不得罪客人的前提下维护了酒店的财产，这是一种较为常见且明智的做法。

知识内容

顾客心理因人而异，不尽相同。企业服务人员必须把握好不同类型客人的消费心理，并提供个性化的服务，才能获得顾客的满意。

(一) 顾客心理的概念

在市场活动中，顾客受诸多心理因素影响而产生消费行为，其中最重要、最直接的心理因素是需要和动机。在工作和生活中，人们由于各种物质的、精神的因素，产生了心理需要，为满足这种心理需要而指向某种具体的商品或服务，就产生了购买动机，进一步发展就可能产生购买行为。

从理论上说，顾客心理是顾客根据自身的需要与性格偏好，选择、评价、比较、决定是否购买商品或服务的心理活动。它对消费行为起着支配作用，并通过消费行为表现出来。

(二) 顾客心理的类型

顾客心理是十分复杂的。其原因首先在于顾客的复杂性，如中国十几亿的消费者，按地域划分，有城市居民、农民；按年龄划分，有老年、中年、青年、少儿；按收入水平划分，有高收入、中等收入和低收入群体；按职业划分，有管理者、专业人员、工人、服务业员工，等等。

按照顾客购买时的心理活动类型，可将顾客消费心理分为理性的、意识的和非理性的、下意识的两种。

1. 理性的、意识的消费心理

此种心理具有合乎逻辑的特点，如比较、选择、戒备等。一般顾客购买商品和服务时，常常能仔细地对商品和服务的品牌、质量、性能、价格进行比较。有目的地收集信息，认识商品和服务的特性，借助经验对商品或服务进行选择。戒备是顾客为保护自身权益，自觉、有意识地防备选择或使用不当的心理。如购买商品或服务时，顾客索取各种凭证、说明书、发票等，以防出现问题时，能有力地保护自身权益。

2. 非理性的、下意识的消费心理

此种心理主要是指顾客在购买活动中，被不自觉的、内在的、下意识的心理所支配而产生的消费行为。这些心理包括好奇、攀比、好胜、显示地位和身份等。顾客在购买时，有时并非有明确的购买目的，而是见到某种商品或服务新奇、有特点，一时冲动而购买；或是见到同学、同事、朋友使用某种商品或服务，互相攀比而决定购买；还有的是为显示社会地位、富有的身份而对某些商品或服务盲目购买。

(三) 顾客心理的内容

1. 顾客的价值心理

顾客之所以喜欢某种产品或服务，是因为他相信这种产品或服务会给他带来比同类产品更大的价值，也就是说具有更大的潜在价值。潜在价值取决于产品的潜在质量。所谓潜在质量，它不是指质量监管部门检测出的质量，而是指顾客心中感受到的质量，是顾客主观上对一种品牌的评价。潜在价值在实际中的表现就是名牌效应，正如名人效应一样，就是一种观念，它已深深根植于顾客的心目中。

2. 顾客的规范心理

规范是指人们共同遵守的全部道德行为规则的总和，包括原则、理智、义务、礼貌、友谊、忠诚、谅解等多种因素。在现实生活中，它左右着顾客的思想，制约着顾客的言行，影响着我们生活的方方面面。在许多情况下，规范可以成为诱发消费行为的动机。据营销专家的长期调查与研究，顾客之所以喜爱某种品牌常常是为了避免或消除一种与其规范和价值相矛盾的内心冲突。顾客在做出购买或不购买某一品牌的产品和服务时，规范是一个重要的影响因素。

3. 顾客的习惯心理

习惯是长期养成而一时间难以改变的行为。不同的人、不同的民族有各不相同的习惯。习惯常常是无法抗拒的，它甚至比价值心理对人的决定作用还要大。顾客一般都有特定的消费习惯，这是顾客在日常生活中长期的消费行为中形成的。消费习惯一旦形成，一般不会轻易改变。培养顾客的消费习惯，有利于提高顾客的品牌忠诚度。

4. 顾客的身份心理

每个人都有一定的身份，人们也在不知不觉中显露着自己的身份。尤其是那些有了一定名誉、权力和地位的人，更是无时无刻不在注重自己的身份，显示自己的身份，尽可能地使自己的言谈举止与社交活动同自己的身份相符。而最能表现人的身份的是衣食住行用，譬如某人穿的是名牌高档服装，乘的是劳斯莱斯轿车，住的是五星级豪华酒店。当这一信息传递给外界后，那么这个人的身份就会很自然地显露出来。

（四）顾客心理的构成要素

影响顾客购买行为的心理因素很多，概括起来，主要有以下几个方面。

1. 个性

个性即个人性格，是一个人身上表现出的经常的、稳定的、实质性的心理特征。个性的差别也将导致购买行为的不同。例如，在发型选择上，性格外向的顾客，往往偏爱最新、最时尚的发型，突出其标新立异的个性；而个性内向的顾客，一般随大流，保持普通的发型即可。另外，消费者的个性，还可导致顾客在购买过程中的不同表现。外向型顾客，一般喜欢与客服人员交流，表情容易外露，很容易表现出对产品或服务的态度，但也较容易受外界的影响；内向型的顾客大多沉默寡言，内心活动复杂，但不轻易表露出来；理智型的顾客大多喜欢对产品或服务进行反复比较和思考，最后再做出购买决定等。

2. 态度

态度是指消费者对某个客体的见解和倾向，这种见解和倾向表现为对人对事所持有的偏爱或厌恶的特殊感受。态度对消费者的购买行为有很大的影响。顾客的态度是后天学习来的。文化、社会阶层、相关群体、后天经验等因素都对态度产生重要影响。一般来说，顾客态度的形成，主要有三个方面的依据：一是顾客本身对某种产品或服务的感觉；二是顾客相关群体的影响；三是自己的经验及学习的知识。态度能够帮助顾客选择目标，影响购买决定。因此，服务企业应根据顾客的态度改进和设计产品或服务，使产品或服务很好地满足顾客的要求，或者利用促销手段不断改变其态度，以利产品或服务的销售。

3. 感觉

感觉是指人利用眼、耳、鼻、舌、身等感觉器官，接受物体的色、香、味、形等刺激而引起的内在反应。任何顾客在购买产品或服务时，都要通过自己的感觉器官，对产品和服务产生一定的印象，在对其进行综合分析后才能做出是否购买的决定。所以，一切产品和服务的宣传，只有通过消费者的感觉，才能影响消费者的购买行为。

因此，企业为了形成消费者对商品和服务的最佳感觉，从而更好地刺激需求，就必须采取多种营销手段，将商品的外观、包装、功能、特性等充分展现给消费者，引起消费者的注意，以加强其感觉，激发其购买行为。

4. 自我概念

自我概念是指一个人对自己的看法和估计他人对自己的看法。一个人对自己的看法和评价往往是很复杂的问题。自我概念的类型不一致，而且也没有一定的标准。但无论如何，人总是力求保持一个较好的形象，不断改善自我形象，并通过自己的言行向人们表达这种形象。自我形象在企业了解消费者的购买行为方面是很有用的，因为表达自我形象的重要途径之一，就是消费。人往往通过自己购买的产品或服务，来维持和增强所希望表现出的自我形象。因此，顾客的自我概念帮助他们选择产品或服务，影响他们的购买决策。由于消费者总是购买与自我概念一致的产品或服务，企业在营销中就应使产品或服务形象与人们追求的自我形象达到一致，从而使他们倾向于购买。为达到这一目的，必须分析研究不同产品或服务在不同消费者心目中的印象，通过价格、包装、商标、广告等促销策略来创造并完善产品或服务形象。

5. 后天经验

消费者购买商品的动机，由需求推动形成，而需求的形成又是比较复杂的。它既可以由内在的因素激起，也可由外在因素呼唤，可使用"后天经验"理论来分析这个过程。

所谓"后天经验"，是说购买动机不是先天产生的，而是后天的经验形成的。在后天经验理论中，应用比较普遍的是"刺激—反应"模式，简称"S—R"模式。

这种理论认为，消费者购买动机是由下列五种要素互相作用的结果：驱使力、刺激物、提示物、反应和强化。用模式表示，如图5-1所示。

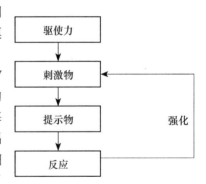

图5-1 后天经验 S—R 模式图

例如，周末，一个学生过生日，产生了请朋友去唱KTV的念头。晚上，走出校门，他正好看到学校旁一家新开的KTV在放音乐，同时想起了这家KTV在学校派发的宣传海报讲到的豪华试听设备，他就决定请朋友们去这家KTV唱歌来庆祝生日。豪华的试听设备，深情动听的音乐，周到细致的服务，使这位学生以及朋友们都感到非常愉悦，加深了对这家KTV的印象。并相约，下次如果哪位同学过生日，还会来这家KTV唱歌庆祝。

在这个例子中，去KTV唱歌庆生的欲望是驱使力，KTV的视听设备是刺激物，这家KTV的宣传海报是提示物，唱歌后的满意是反应，加深印象就是强化。

技巧与方法

案例分析与知识内容阐述了把握顾客心理对于服务企业的重要意义，那么如何把握顾客心理？把握顾客心理的原则和方法是怎样的？

（一）把握顾客心理的原则

1. 尊重顾客

"顾客就是上帝"，其本质就是要尊重顾客，以顾客的需求为关注焦点。顾客希望在选购产品和服务过程中受到关心、重视、赞扬和平等对待,这样可以增强顾客对服务企业的信任,可以提高其满意度和忠诚度。同时中国人是好面子的,顾客在接受服务过程中难免犯错,客服人员应委婉地提出改进建议,千万不要指责顾客,触及顾客的自尊。同时在使用服务用语时,也要多说礼貌用语,给顾客足够的贴心服务。

2. 超越顾客期望

所谓顾客期望是指顾客在接受服务之前对于服务的一种预期,这种预期不仅包括对服务结果的预期,还包括对服务过程的预期,是顾客理想的、称心如意的、渴望的期望。顾客对服务的满意程度正取决于顾客期望与企业实际提供服务之间的比较,如果实际结果超越顾客期望,那么顾客就会感到很满意,并有可能转为企业的忠诚顾客,如果低于顾客期望,顾客就会很失望,可能会选择别的竞争对手。同时,也可以给予顾客一些增值服务和优惠便利,来超越顾客的期望。

3. 有效寻找顾客购买的关键点

每个顾客都有一个"Key buying point",也就是他会购买企业产品和服务的主要关键点。也许产品和服务的特点有很多,可能只有一项对他来说是最重要的,那个最重要的关键点,如果没有掌握住,很可能会导致服务失败。通过耐心、有策略的询问和积极的倾听,以及敏锐的观察,将有助于我们了解顾客的购买关键点,并有效地展开应对,满足顾客的真正需要。

4. 给予顾客安全感

在服务过程中,客服人员应通过真诚交流,获得顾客的理解和支持。同时,客服人员应不断证明给顾客看,让顾客百分之百地相信你。每个顾客在做出购买产品或服务的决策时,都会有恐惧感,害怕做错决定,生怕他花的钱买来的是劣质的产品或服务。所以客服人员必须给他安全感,给出企业的服务承诺,消除顾客的紧张感。此外,客服人员应保持对顾客的热心和关怀,从顾客角度来提出问题和解决问题,使顾客在服务过程中有被保护感,从而获得顾客的信任。

5. 保持顾客的良好心情

在整个服务过程中,能否使顾客始终保持良好的心理状态和情绪,是衡量企业服务质量高低和优劣的一项重要指标,同样需要服务企业的硬件环境和软件环境来做保证。一流的硬件环境包括明亮的大堂,整洁的桌椅,干净的地面,舒适的环境,高效运转的办公设备等。一流的软件环境包括训练有素、仪表整洁、声音和蔼、满面笑容的客服人员等。这些一流的硬件环境和软件环境给予顾客视觉、听觉、触觉的良好刺激,使其在整个服务过程中都能保持良好的情绪。

(二)把握顾客心理的方法和技巧

不同类型的顾客,其心理特征不同,把握顾客心理的方法和技巧也各有差异。按照顾客在服务现场的情感反应,可以将顾客分成沉实型、温顺型、健谈型、反抗型、激动型。

1. 沉实型

此类顾客由于神经活动平衡而灵活性低,反应比较缓慢而沉着,外界环境刺激对其影响不大,对所选购产品和服务的性能、价格心中有数,购买时往往不动声色,态度持重,交际适度,不愿和客服人员多谈与产品和服务相关的问题,只要客服人员介绍的情况符合自己的购买意向，就会当即买下；反之，也不作争论，便悄然离去。

针对此类顾客，客服人员要按程序办，态度既严肃，又要礼貌，展示不卑不亢的气度。在向顾客推荐服务时，要沉着冷静，切不可急吼吼地征求客人意见，即使征询意见，也只能提一次，绝不可催问再三，以免引起顾客反感。

2. 温顺型

此类顾客由于神经过程比较薄弱，在生理上不能忍受神经紧张，对外界的刺激很少在外面表现出来，但内心体验较持久。此类顾客购买商品时往往缺乏主见，愿意遵从客服人员对产品和服务的推荐和介绍，比较注重服务态度和热情，易受广告宣传的影响。

这类顾客虽然感情温顺，态度随和，容易沟通，但客服人员更要以诚恳的态度来对待顾客，尊重顾客，关心顾客，热情有加。

3. 健谈型

此类顾客由于神经活动平衡而灵活性高，能很快接受新事物，适应新的环境，但情感易变，兴趣广泛，活泼好动。这类顾客在选购产品或服务时，愿意与客服人员侃侃而谈，开开玩笑，甚至海阔天空，忘乎所以。

针对这类顾客，客服人员要注意抓住促销机会，在融洽的气氛中提醒顾客的购买目的，推销相应的商品和服务。客服人员要表现谦虚，时不时地顺势向其请教一些一般性的产品或服务知识，为其展示"渊博才能"提供条件，使其表现欲充分满足。

4. 反抗型

此类顾客在个性心理特征上具有高度的情绪易感性，对于外界环境的细小变化都能有所察觉，性格怪僻、多愁善感。此类顾客在选购商品和服务时，对客服人员的介绍和推荐特别小心和警惕，以怀疑的态度去对待客服人员，想方设法挑毛病，寻找一些与客服人员介绍不相符的地方，不容易接受他人和广告的介绍。

针对这类顾客，客服人员要十分小心谨慎，注意每一个环节的严谨周密，尽可能地避免出现失误。如有差错出现，或客人"鸡蛋里挑骨头"，要表现出有错必改，无错注意的诚意，切忌与客人争辩，免得节外生枝，出现不应有的冲突。

5. 激动型

此类顾客由于具有强烈的兴奋过程和较弱的抑制过程，因而情绪易于激动、暴躁，在言谈举止上和表情神态上都有狂热的表现。此类顾客在购买产品和服务时傲气十足，自以为自己经济上富有，对产品和服务品质认识深刻，掌握知识全面，于是对客服人员的服务态度和服务质量要求极高，容不得客服人员的不同观点和意见，甚至说话都是命令式的，稍有不合意，就与客服人员发生争吵，影响极大。

针对这类顾客，客服人员一定要耐心、细致、热情、周到，集中精力接待，务必避免与其发生冲突。万一发生不愉快，要受辱而不怒，忍为上策，用妙语婉言缓解矛盾，切不可与客人讲"理"，遇到这样的客人，你有理也讲不清。

实战演练

（一）案例分析

某日，在中国银行 H 支行营业部里，只见一个中年女子情绪激动，冲着营业部大堂经理兰经理大声地叫嚷着，引来了大厅内一些不明真相的顾客的围观。

中年女子一边叫嚷，一边不时摔着手中的存折和信用卡，兰经理几次想请她坐下来心平气和地谈一谈，都被情绪激动的中年女子所打断。兰经理只好一边好言相劝，一边耐心等待。约10分钟过后，中年女子的情绪稍微平静，兰经理这才陆陆续续地了解到事情的经过。

原来，不久前，这位姓周的中年女子在中国银行新办了一张长城国际信用卡，这几天，中行信用卡部的营业员打电话通知她来交年服务费18美元，逾期将需另交滞纳金。不知是自己疏忽还是营业员没说清楚，周女士来银行的时候没有带来美元，无法办理交费手续，于是想用人民币兑换美元来交费，被告知须办理相关手续后方可兑换，周女士心一急，又提出动用信用卡保证金账户内的存款来支付年费，营业员对她解释说，按信用卡章程，保证金必须在信用卡主、副卡销户45天后方可解冻。正好周女士这个星期工作较忙，难得抽出时间来一趟银行，几种办法都行不通，这一下周女士可动了真气了，吵吵嚷嚷非要兰经理帮她解决交费问题。

兰经理在了解事情的经过后，一边进行核实，一边耐心地向周女士详细解释信用卡的有关章程，在确认现有情况下，周女士都无法办理交费手续后，兰经理提出自己暂时借给周女士18美元，帮助她解决交费问题时，周女士这才露出了笑脸。

思考题：

（1）分析顾客周女士的心理特征。

（2）对于这种类型的顾客，客服人员应如何应对？

（二）情景演练

假若你是一名某候机大厅的客服经理，遇到飞机晚点，应该采取什么样的措施抚慰客户情绪？

任务二　如何与顾客有效沟通

问题引入

掌握娴熟的沟通技巧是所有营销服务人员都应当具备的一项基本功。同时，能做到与顾客有效沟通是提升服务营销效果的重要手段之一。通过与顾客进行有效沟通，我们能够了解不同顾客对服务的差异化需求，从而提供差异化服务获得顾客满意。那么，什么是有效沟通，有效沟通的概念、本质、流程是怎样的，如何提升与顾客有效沟通能力，与顾客有效沟通的原则和方法又有哪些？这是在本任务环节需要掌握的内容。

任务要求

1. 识记：有效沟通的概念、本质和要素。
2. 领会：与顾客有效沟通的重要性和流程。
3. 应用：与顾客有效沟通的原则和方法。

名家名言

服务工作实际上就是一项与客户不断保持沟通的工作,谁与客户之间的沟通更为有效,谁就是其中的佼佼者。

——"金钥匙服务体系"课程开发人 李建军

案例引入

(一)案例描述

陈明利是新加坡乃至东南亚的保险行销皇后,在一次保险业行销论坛上,陈女士与搭档孟先生现场进行销售演练(假设孟先生扮演比尔·盖茨,陈扮演保险销售员角色),场面精彩非凡,以下是当时的对话:

陈:比尔先生,我知道您是全世界最有钱的人,您的钱是几代人都花不完的,您知道为什么您这么成功吗?

孟:会赚钱。

陈:没错,您不但会赚钱,我听说您还是全世界最具有爱心的人,可是您是不是也承认,生意有起有落,您也经历过一些风浪,经历过一些低潮,是吗?

孟:对。

陈:那么当您经历低潮的时候,您有没有想过,您还是希望对这个世界的爱心能够继续做下去?

孟:是。

陈:不管您这个人在不在,是不是?

孟:对。

陈:那么,比尔先生,如果我能够提供给您一个计划,就是说您不用自己掏口袋的钱,而且即使您不在了,也会有很多穷人因为您的不在,而得到帮助。您愿意听听吗?

孟:当然。

陈:那么,比尔先生,您觉得做慈善应该用多少的金额才够?

孟:是我资产的一半。

陈:资产的一半,非常好。那么比尔先生,现在我这个情况就是,您只要投保一份您资产一半的保额的保险,而这个保险是以您的名义,不管您人在不在,这份保单将会提供给全世界不幸的儿童。并且,因为您的不在,全世界因为失去您这位巨人,会有许多儿童永远永远、世世代代地怀念您的爱心基金,您觉得这个计划好不好?

孟:OK,谢谢!

(二)案例分析

在案例的对话演练中,陈明利成功说服孟先生的原因就在于有效沟通,其对话策略始终是按照一定的节奏来进行的,提问一句,让顾客回答两句,并且一直对顾客的话表示理解,从不反对。这就好像在跳恰恰一样,一步向前,提一个问题,退后一步,让顾客回答。其中的重点就在于退后一步,让对方再往前一点,就这样一跳一拉,就把对方拉到你要他回答的地方,就好像带着顾客在跳舞。这样的对话方式显然创造了与顾客的良性互动,一步步把顾客的真实想法带了出来，并且对症下药、滴水不漏。

知识内容

在现实生活和实际工作中，沟通无处不在、无时不在。沟通是顾客服务的基础，只有通过有效的沟通，才能向顾客提供优质高效的服务，提高营销效果。

（一）有效沟通的概念

沟通是人类社会交往的基本行为过程，人们沟通的方式、形式也多种多样。对于什么是沟通，各家有各家的说法，关于沟通的定义竟然达一两百种之多。其中，最权威的定义是：用任何方法或形式，在两个或两个以上的主体（如人或电脑）间传递、交换或分享任何种类的信息的任何过程，就叫做沟通，即为了一个设定的目标，把信息、思想和情感在个人或群体间传递，并且达成共同协议的过程。如果传递、交换、分享成功，则沟通成功，该沟通是有效沟通。如果传递、交换、分享失败，则沟通失败，该沟通是无效沟通。

有效沟通与一般对话既有相同之处，又有本质的区别。它们的相同点是都是双向的，都表达出个人的某种意愿，并且能使对方所接受；它们的区别点是有效沟通往往具有明显的目标，目的是通过与对方交流使对方理解、接受并取得共识。

（二）有效沟通的本质

有效沟通是为了一个设定的目的，把信息、思想和情感在个人或人群间传递，并且达成共同协议的过程。其本质是通过双方坦诚、广泛、细致的沟通，在关键点上达成共识。关于沟，每个人都有体验，也有自己的风格；关键是通，通一方面传达信息内容本身，另外一方面还要让对方认可你，这种认可，可能是赞赏、夸奖、鼓励、理解等，达到了这一点，才是沟通共识的全面达成。

一个有效的沟通必须符合三个条件：

（1）明确的目标。

真正的沟通要从内心开始，只有你懂得了为什么来沟通，并带着目的真诚地顾客沟通，才能获得成功的沟通。

（2）共同的协议。

沟通就是一个通过创造一种和谐的人际关系，相互理解、相互信任以达成共同认识的过程。

（3）主要的内容：信息、思想和感情。

与顾客是否能达成有效的沟通，关键在于营销服务人员能否真正了解顾客在理性和感性方面的需求。人的基本特征首先在于关注自己的利益，期待对方关注自己，因此我们与顾客沟通应当基于为顾客提供利益和价值，找准顾客利益点。

（三）与顾客有效沟通的重要性

沟通是顾客服务的基础，只有通过沟通，才能向顾客提供优质高效的服务，也只有通过沟通，才能获得满意和忠诚的顾客，为企业带来稳定的利润。与顾客沟通的意义在于：

（1）在与顾客沟通的过程中，让顾客在了解公司产品的同时充分感觉到企业的高质量的服务水平，让沟通达到营销的效果。可以增强顾客在整个沟通过程中的满意感受，从而促进交易的完成。

（2）通过与顾客的有效沟通，建立与顾客的和谐关系。增强顾客的满意度和忠诚度，这不仅使营销人员的一次顾客沟通与销售实现成功，而且还为今后的销售奠定了坚实的基础。

（3）通过与顾客的有效沟通，不仅可以充分地了解顾客的真实需求，而且也能充分了解顾客对企业提供产品和服务的看法和建议，促进企业产品和服务工作的进一步改善。

（四）有效沟通的流程

沟通的核心是信息，从单向沟通的角度来看，对信息的传递和接收就构成了沟通的过程。但是从双向沟通的特点来看，信息被接收以后，还包括一个接收者主动反应和理解的阶段。

信息被传递、接受和理解，需要经过下述变化：由信息的发送者发布的信息，经过语言、文字等媒介的编码转换进入书信、文件、电话、电视频道、广播、面谈等信息渠道，再经过对信息进行必要的加工处理的译码阶段，最后由接收者接收，从而构成一个思想、意见或信息沟通的全过程。

这个过程可用下面的方式来表示，如图5-2所示：

S→M→C→R

S 为发讯者或信息来源（Sender）。

M 为讯息或信息（message）。

C 为途径或渠道（Channel）。

R 为收讯者（Receiver）。

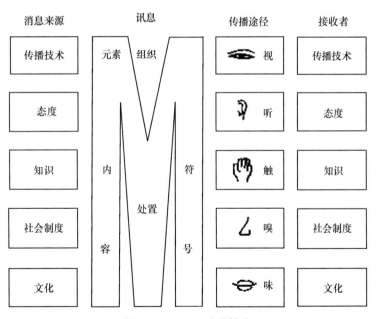

图 5-2 SMCR 沟通模式

当收讯者对信息做出反应时，就产生反馈，S→M→C→R 过程发生逆转。完善的沟通不仅是发送者将信息通过渠道传递给接收者，同时接收者还要将他所理解的信息反馈给发送者。从这个角度讲沟通是一个反复循环的互动过程，全部过程是在一定的环境之下完成的。

信息的传送者同接收者存在一种特殊的关系：信息接收者如果对信息感兴趣，会判断隐藏在媒介后面的人们及其发出的信息，并且相应地对信息进行归类。

如果传送者受到尊重和信任，那么他所传送的信息就会被接收或得到反应。信息被发送之后，并不能全部被接收或理解，在特定的环境和人群中总是存在某些阻碍因素终止信息的沟通过程。

（五）有效沟通的三大要素

人与人面对面沟通时的三大要素是语言、声音及肢体动作。行为科学家60年来的研究表明，面对面沟通时，三大要素影响力的比率是肢体动作55%，声音38%，语言7%。

肢体动作占55%：身势、手势、视线的接触，以及整体的仪态与行为举止等都有助于立即产生印象。因为您的一举一动和脸部表情比您所使用的词语威力要强八倍，所以必须意识到它们的力量，并予以重视。

声音占38%：不同的语调、音高和语速，对别人怎样理解您所说的话，会产生很大的差别。因为您沟通所产生的影响有三分之一是来自声音，所以必须保证自己的声音使自己想要沟通的内容增色。

语言占7%：语言在您所施加的影响中所占的比例也许不高，但须记住，当视觉和声音的效果消减时，剩下的就只有传达的信息了。

一般人常强调话的内容，却忽略了声音和肢体动作的重要性。其实，沟通便是要达到一致性以及进入别人的频道，亦即你的声音和肢体动作要让对方感觉到你所讲和所想十分一致，否则，对方将无法接收到正确讯息。因此，要与顾客有效沟通，应不断练习内容、声音、肢体动作的一致性。

技巧与方法

案例分析与知识内容阐述了与顾客有效沟通对于服务企业的重要意义，那么如何与顾客有效沟通？与顾客有效沟通的原则和方法是怎样的？

（一）与顾客有效沟通的原则

1. 勿逞一时的口舌之能

与顾客沟通最忌讳的就是逞一时的口舌之能。逞一时的口舌之能，虽然会获得短暂的胜利的快感，但你绝对不可能说服顾客，只会给以后的工作增加难度。在与顾客沟通时，不要摆出一副教训人的样子，不要好像若无其事的样子，这些都会引起顾客的反感。真正的沟通，不是与顾客争辩，而是引导顾客接受你的观点或向你的观点"倾斜"，小之以理，动之以情。

2. 顾全顾客的面子

要想说服顾客，你就应该顾全他的面子，要给顾客下台阶的机会。顾全顾客的面子，顾客才会给你面子；顾全顾客的面子，对我们来说并不是一件难事，只要你稍微注意一下你的态度和措辞。

3. 不要太"卖弄"你的专业术语

千万要记住，平时接触的人当中，他们可能对你的专业根本不懂；在与顾客沟通时，不要老以为自己高人一等、什么都知道，拿出愿为人师的姿态。在向顾客说明专业性用语时，最好的办法就是用简单的例子、浅显的方法来说明，让顾客容易了解和接受，解释时还要不厌其烦；否则顾客会失去听你解释的耐心，使得你根本达不到目的。

4. 维护企业的利益

维护企业的合法利益是每一位员工应该做的，也是我们与顾客沟通的出发点和基本原则。在与顾客沟通时，不能以损失企业的利益为代价，博取顾客的欢心，更不能以损失企业或他人的利益，来换取顾客对个人的感谢或谋取私利。

（二）与顾客有效沟通的技巧

1. 抓住顾客的心

摸透对方的心理，是与人良好沟通的前提。只有了解、掌握对方心理和需求，才可以在沟通过程中有的放矢，可以适当地投其所好，对方可能会视你为他们知己，那问题可能会较好地解决或起码你已成功一半。

2. 记住客人的名字

记住客人的名字，可以让人感到愉快且能有一种受重视的满足感，这在沟通交往中是一块非常有用的法宝，记住客人的名字，比任何亲切的言语更起作用，更能打动对方的心。

3. 不要吝啬你的"赞美的语言"

人性最深切的渴望就是拥有他人的赞赏，这就是人类有别于其他动物的地方，经常给客人戴一戴"高帽"，也许你就会改变一个人的态度；用这种办法，可以进一步发挥人的潜能，使戴"高帽"的人有被重视的感觉。

4. 学会倾听与询问

在沟通中你要充分重视"听"的重要性。你能善于表达出你的观点与看法，抓住顾客的心，使客人接受你的观点与看法，这只是你沟通成功的一半；那成功的另一半就是善于听客人倾诉。会不会听是一个人会不会与人沟通，能不能与人达到真正沟通的重要标志，做一名忠实的听众，同时，让客人知道你在听，不管是赞扬还是抱怨，你都得认真对待，顾客在倾诉的过程中，会因为你认真倾听的态度所感动，会对你的人格加以认同，这才会为你下一步的解释工作奠定良好的基础。当然，只会倾听还是远远不够的，还必须学会巧妙询问。询问时应注意顾客的态度和忌讳，等等，同时最好能够学会利用一些巧妙的问话，从顾客口中探出自己想要得到的信息或把自己的一些想法和意见表达出来。尤其是在对方行为退缩，默不作声或欲言又止的时候，可用询问行为引出对方真正的想法，了解对方的立场以及对方的需求、愿望、意见与感受，并且运用积极倾听的方式，来诱导对方发表意见，进而对自己产生好感。

5. 付出你的真诚与热情

人总是以心换心的，你只有对顾客真诚，顾客才可能对你真诚；在真诚对待顾客的同时，还要拥有热情，只有拿出你的真诚与热情，沟通才有可能成功。"真诚"是沟通能否取得成功的必要条件。人与人之间都是平等的、是相互的，只要事先尊敬别人，才能得到别人的尊敬，也只有这样我们才能获得与他人沟通、交流的机会。在与顾客交往过程中注意自己的言谈举止，要让顾客觉得我们是一个非常有礼貌的人，这样他们才会愿意与我们交往，乐意合作。

6. "看人下菜碟"

奋斗在一线的客户经理面对的是上百名的顾客，每一个顾客都有其不同的性格和办事风格，如何游刃有余地与形态各异的顾客打交道，也是客户经理与顾客有效沟通的一个难点。与不同类型的顾客进行有效沟通和交流，要学会根据顾客的不同特点区别对待，力求顺应对方的特点，选择有共同点的话题，有了共同性，彼此间的冷漠就会渐渐地消退，而逐渐亲密起来。

7. 学会换位思考问题

在与顾客进行沟通过程中，经常会遇到顾客提出各种各样的要求，有些要求在客服人员眼里看来是无理取闹。可是，当你把自己作为一名顾客来看时，你就会觉得他们的提法都是相当有理有据的。这就是所处位置的不同造成的。与顾客沟通时，应学会从顾客利益出发去考虑问题，多想想如果自己就是顾客是否能接受公司的一些经营策略和政策，是否能接受顾客经理这样的服务方式，等等。经过这一系列换位思考，相信许多顾客的想法和反映也大都能被你预测到，你也就能够适当调整自己的沟通方式和方法与顾客进行更容易的沟通，同样换位思考也能够使你在工作方式和方法上获得不断改进，使你更容易开展各方面顾客工作、更加深入顾客的心。

实战演练

（一）案例分析

某保险代理人李某向一位顾客推销保险，交易过程十分顺利。在李某和顾客走向办公室付款路上，顾客兴高采烈地向代理人谈起了刚考上复旦大学的儿子，而此时李某则心不在焉地把目光转到了外面嬉闹的同事身上，并跟同事聊起了昨晚精彩激烈的快乐女生总决赛。到了办公室，李某正要伸手接保险款时，顾客却突然掉头而走，连保险也不买了。

李某苦思冥想，不明白顾客为什么突然放弃。夜里11点，他终于忍不住给顾客打了一个电话，询问顾客突然改变主意的理由。顾客非常不高兴地告诉他："下午付款时，我同您谈到了我的儿子，他刚考上复旦大学，是我们家的骄傲，事实上，保险就是为他买的，可您一点都不在意。不过，我已经向一位懂得欣赏我儿子的人买了保险。"

思考题：

分析该保险代理人失去顾客的原因。

（二）情景演练

有位年轻人想要出家，法师考问年轻人为什么要出家？

年轻人A：我爸叫我来的。

法师：这样重要的事情你自己都没有主见，打40大板。

年轻人B：是我自己喜欢来的。

法师：这样重要的事情你都不和家人商量，打40大板。

年轻人C：不作声。

法师：这样重要的事情想都不想就来了，打40大板。

如果你是年轻人D怎么和法师沟通呢？

任务三　如何接听顾客服务电话

问题引入

商业社会的竞争越来越激烈，及时把握市场时机、随时了解各种信息愈发重要。电话成为我们日常工作中获取各种信息的重要工具。同时，企业的生存与发展离不开顾客支持，而顾客同公司的联系首先通过电话实现。无论是售前、售中还是售后服务，接听顾客服务电话都是项值得付出努力的重要行为。而顾客不了解我们，随时都有可能挂断电话，导致电话服务不能顺利开展。那么如何缩短相互之间的距离？怎样引起他们的兴趣？怎样才能让他们愿意聆听？当接到带着怨气和怒气的顾客电话时，将如何应对？这是在本任务环节需要掌握的内容。

任务要求

1. 识记：电话服务营销的含义、特点和要素。
2. 领会：电话服务营销的功能和实施原则。
3. 应用：接听顾客服务电话的方法和技巧。

名家名言

电话服务营销是中国电信服务客户最快速、最有效的方式。

——中国电信集团公司总经理　王晓初

案例引入

如何应对情绪激动的顾客

（一）案例描述

蓝海公司为网络应用服务提供商。经营业绩在同行业中处于前五位。一个重要的因素就是其顾客服务做得较为出色，尤其是其电话服务营销做得较为成功。

一次，一位顾客打进电话，抱怨说最初通过网络申请的密码丢失，密码提示问题也已经忘记。根据蓝海公司目前的解决方案，只能通过密码提示问题找回丢失的密码，没有其他办法。这个打进电话的顾客特征描述：情绪激动，脾气暴躁，急于找回。打进电话时语气急速，生硬，不友好；在问题解释过程中，顾客没有耐心。

蓝海公司电话客服人员凭借其出色的接听技巧，巧妙地化解了顾客的矛盾。以下是双方的对话实录。

坐席：这里是蓝海公司顾客服务中心，请问您有什么问题？

顾客：我的网上密码忘记了（或被盗了），找回了很多次都没成功？

坐席：这位先生，请问您贵姓？

（在开始语中，注意不要急于询问顾客的问题及提供解决方案，问清顾客的姓氏，在以后的谈话中注意使用，体现对顾客的尊重。）

顾客：我姓张。

坐席：张先生，请问您是通过我们网站提交密码提问进行找回的吗？

（通过封闭性问题，逐步锁定顾客问题产生的根源。注意：避免连续多次使用封闭性问题，一般不超过 3 次。问题的询问要目的明确，适时引导顾客，避免漫无目的；避免在顾客激动的时候询问不恰当的问题，激化矛盾。）

顾客：是的。我是一年前注册的，现在谁还能记住密码提示问题？

坐席：密码是通过密码提示问题找回的。

（重申问题的解决方案。注意：语气要委婉。）

顾客：你的意思就是我就找不回密码了。

（注：此处设计为一难缠顾客。正常情况下很好解决，在这里不作假设情况设计。）

坐席：张先生，我很理解您此时的心情，如果我遇到您这种情况，我也会像您一样着急。我们这么做也是为了保护顾客的利益。

（与顾客情绪同步，理解他目前所遇到的困境，注意说话的语气，要真诚、充满感情。注意：一定要很好地把握说话时的语气和态度，要从内心由衷地发出。在很多顾客服务中心，坐席人员经常会说，我也对顾客表达了歉意与理解，可是没有效果。体会一下，使用不同的语气表达同样的内容时感染力的区别。）

顾客：保护我的利益就要帮我找回呀！我都使用一年多了，好不容易才修炼到现在这样的级别。我就这样认了吗？

坐席：张先生，和您的谈话中，可以看出您一定是×××方面的高手。在网上经常发生密码被偷、信息被盗的现象，就像现实生活中小偷偷走了我们的钱包一样，要找回一定需要相应的线索。而密码找回也是通过提供密码提示问题这一线索找回的。希望您能理解。

（运用赞美和移情平息顾客。注意：语言交流中保持一定的幽默与风趣。对待顾客就像对待你的朋友，和顾客建立良好的关系，最后让顾客理解您的难处。）

坐席：（保持沉默 20 秒）

（适时沉默，倾听顾客的声音。其作用相当于一封闭性的问题。）

顾客：那好吧！（结束电话）

（顾客可能说：那我就没有办法了。）

坐席：您可以好好的再想一想，多去尝试几回。在网络提交过程中，有什么不清楚的地方，我们随时欢迎您再次拨打我们的电话。

顾客：好吧！（结束电话）

（顾客可能会说：还有没有其他的办法？注意：在准备结束电话时，多使用可以封闭的回答或问题，并且在回答后保持适当时间的沉默，让顾客回答，若顾客没有反应，可以询问：还有其他问题吗？）

坐席：我很希望能够给您更多的帮助。目前密码的找回只能够通过密码提示问题。如果公司有其他的方案，会第一时间通知您。请您多多包涵。

（回答的原则：避免正面的直接否定，容易造成顾客的不满情绪升级。）

顾客：谢谢！（结束电话）

（二）案例分析

蓝海服务公司遇到了一个情绪激动，不友好的顾客，但客服人员凭借适当的接听电话技巧，使顾客的不满情绪得到了缓解。虽然提供给顾客最终解决方案后，顾客依然不能满意。但是在双方的电话沟通过程中，客服人员在感情上理解，同时体现自己尽力帮助顾客的心情，避免使顾客的矛盾升级化，最终使顾客较为满意。

知识内容

随着普及率越来越高，电话已经成为当前商业社会中最普遍的沟通工具，电话对工作和生活的影响也逐渐加大。服务企业透过电话呈献给顾客的，已不只是一种沟通的方式，同时也是一种有质量的服务，通过接听服务电话来密切企业和顾客的关系。

（一）电话服务营销的含义

电话服务营销是随着现代电子通信技术发展而发展的一种运用电话网络，以高效率的双向沟通方法直接与顾客接触、沟通并展开优质服务的营销方式。企业通过电话服务营销，使顾客产生购买行为，消除顾客对企业的意见，提高顾客对企业的满意度和忠诚度，塑造企业良好的形象。

电话服务营销的内涵如图 5–3 所示。

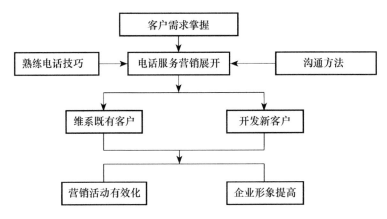

图 5–3　电话服务营销的内涵

按照发话和受话主体的不同，可以将电话服务营销的方法分为拨进和拨出两种。拨进是指顾客给企业拨打电话进行咨询、订购、投诉等顾客服务；拨出是服务企业给顾客打电话进行回访、沟通等顾客服务。

（二）电话服务营销的特点

在电子通信技术迅速发展的今天，电话服务营销普遍存在于各种类型的服务企业中。电话服务营销之所以能够快速发展，是由其特点所决定的。

1. 及时性

服务企业运用服务电话作为媒介与顾客沟通，可实现瞬间与顾客通话联系交流，是其他沟通工具无法与之相比的。

2. 简便性

电话服务营销操作简便，几乎有语言表达能力的人都会使用。

3. 双向性

采用电话服务营销可以立即接受到对方的回应，特别是随着可视电话的推广与普及，客服人员可以运用文字语言和肢体语言与顾客自由地沟通交流。

4. 经济性

电话服务营销可以减少无谓的往返，有利于时间和费用的节约。

5. 普遍性

随着电话普及到企业和家庭，顾客与企业之间的沟通交流越来越依靠电话沟通的方式解决。

（三）电话服务营销的要素

（1）实行电话服务营销需要一定的硬件设施。① 要有与电话服务营销相适应的电话设备；② 要有开展营销服务，储存和处理营销信息的电脑、打印机、传真机、计算器等；③ 要有顾客及与电话服务营销有关的企业或单位的数据库；④ 要有电话跟踪报告；⑤ 要有高效率的办公环境，努力营造和谐的办公氛围。

（2）实行电话服务营销需要有效、完整的电话服务营销范本和流畅、高效的售前、售中、售后服务系统。电话服务营销范本是企业客服人员在进行电话服务营销时使用的谈话文本，包括① 导入；② 识别准顾客资格；③ 与顾客沟通交流；④ 对顾客异议的反应；⑤ 结束。当电话服务营销完成，必须要有流畅高效的售前、售中、售后服务系统相配合，顺利满足顾客的需求。

（3）实行电话服务营销，必须要有训练有素的顾客服务人员。电话服务营销成功的关键在于是否有卓越出色的电话客服人员。企业要实现电话服务营销目标，必须着力培养电话客服人员。一般来说，电话客服人员应具备以下素质：① 拥有丰富的企业产品和服务知识；② 具备流畅的语言表达能力、优雅的谈吐、丰富的社会经验以及较强的社交能力；③ 拥有熟练操作电脑、打字速度快等电话服务营销的基本功；④ 拥有对顾客始终如一、热情、大方、开朗、礼貌等性格特征；⑤ 拥有对电话服务营销过程及结果进行总结和评价的能力。

（四）电话服务营销对服务企业的重要性

1. 及时把握顾客的需求

现在是多媒体的时代，多媒体的一个关键是交互式，即双方能够相互进行沟通。仔细想一想，其他的媒体如电视、收音机、报纸等，都只是将新闻及数据单方面地传递给对方，现在唯一能够与对方进行沟通的一般性通信工具是电话。电话能够使企业顾客服务人员在短时间内直接听到顾客的意见，是非常重要的商务工具。通过双向沟通，企业可及时了解消费者的需求、意见，从而提供针对性的服务，并为今后的业务提供参考。

2. 增加收益

电话服务营销可以扩大企业营业额。比如像宾馆、饭店的预约中心，不必只单纯地等待顾客打电话来预约，如果去积极主动给顾客打电话，就有可能取得更多的预约，从而增加收益。又因为电话服务营销是一种交互式的沟通，在接顾客电话时，不仅仅局限于满足顾客的预约要求，同时也可以考虑进行一些交叉销售和增值销售。这样可以扩大营业额，增加企业效益。

3. 保护与顾客的关系

通过电话营销可以建立并维持顾客关系。但在建立与顾客的关系时，不能急于立刻见效，应有长期的构想。制订严谨的计划，不断追求顾客服务水平的提高。比如在回访顾客时，应细心注意顾客对已购产品、已获服务的意见，对电话中心业务员的反应，以及对购买商店服务员的反应。记下这些数据，会给将来的电话服务营销提供各种各样的帮助。通过电话服务建立与顾客的定期联系，所需人力、成本投入是上门访问所无法比的。另外，这样的联系可以密切企业和消费者的关系，增强顾客对企业的忠诚度，让顾客更加喜爱企业的产品和服务。

（五）接听顾客服务电话的基本流程

目前服务企业电话服务营销涉及最多的主要有三项服务，包括咨询业务服务、投诉业务服务和顾客回访服务。

1. 咨询业务服务流程

咨询业务呼叫：指顾客为了解公司产品、销售、服务政策和公司其他方面的情况而对呼叫中心发起的知识咨询和问题咨询。其基本流程分为以下七个方面：礼貌接听、亲切询问、认真解答、和善安慰、详细记录、迅速转达、及时回访。其具体的流程如图5-4所示。

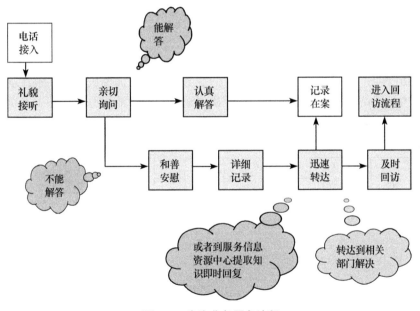

图 5-4 咨询业务服务流程

咨询业务服务应当注意的问题：对于顾客的咨询，客服人员应当尽量及时地予以解答，当时解答不了的，应当对顾客进行安慰，一方面通过信息资源中心调取知识立即回复，或者转达到相关的部门予以解决，并及时回访。对于在顾客的咨询中不能解答的问题，应由顾客服务信息资源中心把问题及时转到公司相关的部门，由其提供答案，再由客服人员予以解答。

2. 投诉业务服务流程

投诉业务呼叫：顾客因对购买或服务不满而进行的投诉呼叫。其基本流程分为以下七个方面：耐心接听、热心安慰、细心解答、倾心再安慰、问题详细记录、投诉问题传递、投诉问题解决回访。

其基本流程如图 5-5 所示。

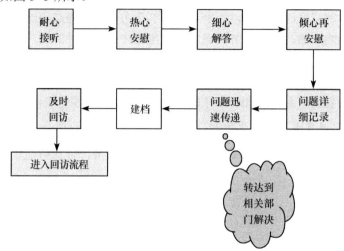

图 5-5 投诉业务服务流程

投诉呼叫的最大问题是一般情况下顾客都带着怒气和怨气而来，需要给予很大程度的安抚，需要有耐心和细心。

3. 顾客回访服务流程

顾客回访呼叫：对和顾客之间已经发生的业务内容进行深度关怀，了解顾客的态度及满意度。包括售后回访、服务后回访、问题解决回访，其基本流程分为以下七个方面：亲切问候、适度询问、深度关怀、（对新问题）认真解答、详细记录、迅速转达、及时再回访。其流程如图 5-6 所示。

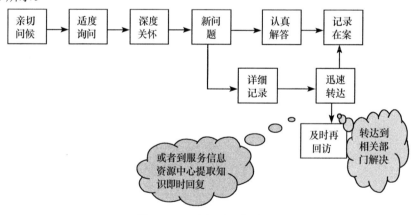

图 5-6 顾客回访服务流程

回访呼叫是公司主动向顾客表示关怀的一种方式，意在建立牢固和稳定的顾客关系，回访的重要指标之一就是回访周期与回访次数。

技巧与方法

案例分析与知识内容阐述了电话服务营销对于服务企业的重要意义，那么如何接听顾客服务电话呢？接听顾客服务电话的方法和技巧有哪些，接听顾客服务电话的关键是什么？

（一）接听顾客服务电话的技巧

1. 接电话的动作要快

顾客因为有问题才打电话。电话铃声响的时间越长，顾客的忧虑就越多。如果你很快接听电话，可以使他不再心焦难耐，同时也可以让他觉得你是个麻利、高效之人。

2. 立刻自报家门

马上报上自己姓名与公司名称，这样做不仅是接听电话的礼貌方式，也是一种让对方确信他找对了人，找对了公司的方法。

3. 友好待人

一开始就以友好、助人的态度对待对方。这样可以抵消顾客的许多负面看法，而不至于让他们产生更多的不满情绪。

4. 准备好所需的信息

顾客有问题、有忧虑才打电话，他最不愿意做的就是等着你做准备，然后再解决他的问题。你手头上一定要有产品价目表、产品技术规格以及其他相关信息。

5. 适时表示遗憾或赞赏

有些情况下，顾客希望你再说点儿什么。这可能是因为他由于哪个难题而感到沮丧，也可能是对你或你公司做得好而表示称赞。

6. 利用对方通报的姓名

能叫出对方的姓名，可以产生很神奇的效果。使用这个技巧可使电话交谈不那么咄咄逼人，双方感觉比较随意。

7. 表示愿意助人之意

仅仅提供信息还不够，要让顾客知道你愿意帮助他。这样顾客感到你与竞争对手不同，从而留下非常好的一个印象。

8. 不要打断顾客

交谈中我们都会忽视一些细节。重要的是把握机会确认一下你了解的顾客情况。中途打断顾客会传达几种信息：你不礼貌，或者不体察他的心情；你没在听他说；或许你会漏掉其他的主要信息。

9. 尽量了解情况

记住，你的主要目的之一就是要尽量了解对方情况。如果你使用的是一种自动应答系统，需要了解顾客的某些信息才能连接到相关文件，那么你应当尽快了解这些信息。

10. 交谈清楚明了

你需要采取预防措施，确保自己说的话清楚明了。你本来是能为顾客解决，但因缺乏正确的沟通技巧而无法马上实现，结果是浪费大家时间。因此一定要掌握良好的口头和书面沟通技能。

11. 提供准确的信息

一定要给对方快速提供准确的信息。要是你对某事没有把握或者根本不了解，那么就如实告诉对方。

12. 口气随和一些

你应该在工作和态度上表现得很专业。先明确电话类型，然后尽快做出决断如何帮助对方。要让顾客清楚你的工作是尽可能迅速而准确地提供帮助。

13. 必要时再转电话

尽量自己解决顾客的问题。不过有时需要找另外一个人或者另外一个部门解决问题,或者是顾客打错了电话。

14. 轻放电话听筒

最后一点,但也很重要,放电话时动作要轻。无论你在电话里说得多么出色,如果让顾客听到电话重重放回机座的声音,会产生极不好的影响。

(二)接听顾客服务电话的关键

接听顾客服务电话的关键是有效地利用提问。很多人认为,向顾客提问题是为了得到答案,但有的时候不是。在顾客服务中很多提问都不是为了得到答案,而是为了洞察当时顾客的问题。通过提问,可以尽快找到顾客的问题,了解顾客的真正需求和想法。通过提问,可以理清自己的思路,让自己清楚顾客想要什么,你能给予什么。通过提问,可以让愤怒的顾客逐渐变得理智起来。

1. 针对性提问

什么是针对性提问呢?比如说,像中国移动 10086 服务热线,可能顾客会投诉说:开机的时候,手机坏了。这个时候,顾客服务人员可能会问:"那您今天早晨开机的时候,您的屏幕是什么样子的?"这个提问就是针对性的提问。针对性提问的作用是什么呢?能让你获得细节。当不知道顾客的问题是什么的时候才使用,通过有针对性的提问,就这些问题进行了解。

2. 选择性提问

选择性提问也算是封闭式提问的一种,就是顾客只能回答"是"或者"不是"。这种提问用来澄清事实和发现问题,主要的目的是澄清事实。比如说:"您朋友打电话时,开机了吗?"开了或者没有开,也许会说不知道,顾客只能回答"是"或者"不是"。

3. 了解性提问

了解性提问是指用来了解顾客信息的一些提问,在了解信息时,要注意有的顾客会比较反感这个提问,觉得像在查户口。因此在进行了解性提问时,一定要说明原因——"麻烦出示一下您的身份证,因为要做登记""麻烦您输入一下密码,因为……,"这叫了解性提问。

4. 澄清性提问

澄清性提问是指正确地了解顾客所说的问题是什么,了解顾客投诉的真正的原因是什么,事态有多严重,这叫澄清性提问。

5. 征询性提问

征询性提问是告知顾客初步解决方案。"您看……?"类似于这种提问叫作征询性的提问。当你告知顾客一个初步解决方案后,要让顾客做决定,以体现顾客是"上帝"。

6. 服务性提问

服务性提问也是顾客服务中非常专业的一种提问。这个提问应在什么时候来用呢?一般来说,是在顾客服务过程结束时用的,其作用是什么呢?叫做超出顾客的满意。

7. 开放式提问

开放式提问是用来引导顾客讲述事实的。比方说:"您能说说当时的具体情况吗?您能回忆一下当时的具体情况吗？"一句话问出来，顾客就滔滔不绝了，这就是开放式提问。

8. 关闭式提问

关闭式提问就是对顾客的问题做一个重点的复述，是用来结束提问的。当顾客描述完以后，你说："您的意思是想重新更换产品，是这样的吗？"这是一个关闭式的提问。

实战演练

（一）案例分析

顾客："是D公司吧，我姓李，我有些问题需要你们处理一下！"

客服人员："您好，李先生，我可以帮你什么？"

顾客："我使用你们的笔记本电脑已经快一年了，最近我发现显示器的边框裂开了。因为我知道你们的电脑是3年保修，所以，我想看看你们如何解决？"

客服人员："您是指显示器的边框裂了？"

顾客："是的。"

客服人员："您有摔过它吗？"

顾客："我的电脑根本没有摔过，没有撞过，是它自动裂开的。"

客服人员："那不可能。我们的电脑都是经过检测的，不可能。"

顾客："但它确实是自动裂开的，你们怎么能这样对我？"

客服人员："那很对不起，显示器是不在3年保修范围内的，这一点在购买协议上写得很清楚了。"

顾客："那我的电脑就白裂开了？"

客服人员："那很抱歉，我不能帮到您。请问您还有什么问题吗？"

顾客："见鬼去吧！"

思考题：

（1）分析D公司客服人员接听顾客电话失败的原因？

（2）如果你是该客服人员，应该怎么接听这个电话？

（二）情景演练

假设你是某电信公司10000热线服务客服人员，现在有顾客来电，申诉自己的电话有乱扣费情况，请问你如何接听这个电话？

任务四　如何提高服务生产效率

问题引入

"服务生产效率"是顾客对于服务企业满意度评价最为重要的一个指标，大多数顾客认为现在到服务现场办理普通业务，等候半个钟头是免不了的，也是可以接受的。服务流程复杂、办理窗口少和人员操作不熟练是服务生产效率低下的表现，也是造成顾客满意度低，忠诚顾客少的主要原因。如何解决以上问题，如何避免顾客流失，关键在于提高企业的服务生产效率，那么究竟什么是服务生产效率？服务生产效率的特点是什么？服务生产效率差异产生的原因是怎样的？如何提高服务生产效率？这是在本任务环节需要掌握的内容。

任务要求

1. 识记：服务生产效率的概念和特点。
2. 领会：服务生产效率差异产生的原因。
3. 应用：提高服务生产效率的方法。

名家名言

服务生产率的高低由客户决定。

——【芬兰】服务营销学家　格罗鲁斯

案例引入

麦当劳的服务效率

（一）案例描述

当前，快餐业的"服务效率"已成为竞争的关键，快餐消费者不仅希望所得到的食品是干净、卫生和有一定的热度，还非常注重所接受的服务效率，注重能否尽快地得到所要的食品。为此，麦当劳通过制订一系列制度和改进设备，通过改善服务流程来提高餐馆的服务效率，以满足顾客的需要。在麦当劳所制订的一些规则、设计的一些设备及工具上，都体现了麦当劳的匠心独具。如果不去用心去体会，很难从麦当劳诸多业务流程中发现一些能提高效率的"秘诀"，下面就从一个顾客进入麦当劳点膳开始，破解麦当劳服务流程的高效率。

1. 点膳

自踏入麦当劳餐厅开始，消费者就开始接收麦当劳的服务，也就进入了麦当劳高效率的服务体系中。在麦当劳餐厅里，收银员负责为顾客记录点膳、收银和提供食品。麦当劳在人员安排上，是将记录点膳、收银和提供食品等任务合而为一的，消除了中间信息传递环节，既节省了成本，又提高了服务效率。

顾客点膳时，往往需要对餐馆所提供的食品进行选择，这需要顾客花费一定的时间去决策。而麦当劳的菜谱很简单，一般只有9类（而原来有25类之多）食品左右，每类按量或品类分成2~3个规格；这样，顾客就不需要花很多时间去选择，节约了顾客选择的时间，无形中提高了顾客选择的效率。在顾客点膳时，收银员还会推荐"套餐"（买套餐往往就不再需要选择其他食品，也提高了效率），或建议"加大"（增大销售额），或推荐其他一些食品，以协助顾客下决策，缩短顾客点菜的时间。另外，麦当劳有严格的规定，对一个顾客只推荐一次。这意味着顾客不需要在点菜员的推荐中进行选择，也降低了"推销"色彩。

另外，当顾客排队等候人数较多时，麦当劳会派出服务人员给排队顾客预点食品，这样，当该顾客到达收银台时，只要将点菜单提供给收银员即可，提高了点膳的速度；同时，让服务人员对顾客实施预点食品，还能降低排队顾客的"不耐烦"心里，提高了顾客忍耐力，可谓一举两得。

这样，麦当劳通过减少食品种类、提供套餐、协助顾客点菜大大地降低了顾客点菜所消耗的时间，提高了点膳环节的效率。

2. 收银

顾客点膳结束后，就是收银员的收银和找零环节。麦当劳通过使用收银机（日本麦当劳首创，后在全世界推广）提高了账目结算的速度，还可将所点的食品清晰地反映给备膳员，提前做好备膳的准备。

麦当劳规定收银员在收银过程必须清晰地说出顾客交付的金额，如："谢谢，先生，收您50元"；找零过程中还必须清晰地说出交付给顾客的金额，如："一共是35元，找您15元"。将5元和10元的钞票一一摆放，让顾客清点。这样，就能减少或消除收银过程中出现的纠纷。排除了纠纷，也就减少了对正常服务流程的干扰，自然也就提高服务的效率。

为了提高服务的效率，麦当劳规定：当某个收银员出现空闲时，应该向在其他收银台前排队的顾客大声说："先生女士，请到这边来"，以提高顾客排队的效率。另外，如果麦当劳内突然出现高峰人群，那么，其他空闲的收银台马上就会启动。由于麦当劳对各个店门经营数据进行了详细的统计分析，并参考周边地区的有关活动，进而能比较准确地估计出一个店门出现高峰人群的时间；因此，会提前准备人手，以应付高峰人群的突然到来。

找零后，收银员还要及时提供顾客所点的食品和饮料。

3. 供应

麦当劳在食品供应上的效率非常高，顾客点膳后只需要等30秒左右就能拿到所点的食品。在食品供应方面，麦当劳采取了不同的方式以提高效率。

麦当劳规定员工在食品供应时都应该带小跑，以提高行动的速度。为了防止行动速度提高而影响食品滑落和外溢，麦当劳对饮料都加了塑料盖、对食品加了纸盒。当然，饮料都加了塑料盖也能防止顾客饮用时外溢，食品加纸盒可以延长保温时间，对顾客来说，也是有利的。

此外，麦当劳还对供应设备进行了改革。如在饮料供应方面，饮料设备提供多个饮料出口，只需要员工按一下按钮，就能保证定量的饮料流到杯中。这不仅节省了服务人员"看护""等待"饮料充满的时间；而且，在填充饮料时，员工还可做其他的事情。在食品供应方面，通过工艺改进，只需将半成品加热（主要是高温油炸的方式）即可，大大地提高了食品的生产速度，而且顾客还能拿到刚出锅略微发烫的食品。

在适量成品库存安排上，麦当劳还根据餐馆位置，及当天的日期，参考往年餐厅不同时段的供应量，制订当天不同时段的顾客购买量和购买品种。将每小时细分为6个时间段（每个时间段10分钟），针对不同的时间段的需求情况，可提前做好下一个时间段所需要的数量，通过提前准备的成品库存量（通过保温箱保温），来迅速满足顾客的需求。

在食品供应流程中，麦当劳通过提高员工行动速度、改进食品制作工艺、统筹安排适量库存，大大地提高了食品的加工速度和供应速度，将顾客等候时间从最初的50余秒缩短到30秒。

4. 消费

按理说，消费速度是由顾客决定的，麦当劳是如何实现消费的高效率呢？有在麦当劳就餐经历的顾客都知道，麦当劳是不提供筷子、叉子、调羹等就餐辅助工具的，所有固体食品都是通过手来抓取，饮料使用吸管（吸管的管径往往较粗）。顾客用手抓取不仅方便，而且，抓取的效率要大大高于使用筷子和叉子等工具时的效率。因此，顾客直接用手拿着薯条、汉堡包、派、鸡翅等就餐，就不知不觉地提高了就餐速度。

另外，麦当劳的座位和餐桌往往偏小，不宜久坐，如果长时间坐着往往有不舒服的感觉，这就使得顾客不愿意长时间地坐着，自然提高了餐位的使用效率。还有，麦当劳往往使用小型餐桌，最多配2~4个座位；因此，麦当劳餐厅内不太适合较多朋友聚会。

通过餐厅的设计，使顾客不会长时间地停留在餐厅；而且，麦当劳也将那些消费时间很长的潜在消费者排除在顾客之外了；同时，小的座位和餐桌也提高了有效营业面积。

同时，麦当劳还提供外带服务，这些外带食品是不占用麦当劳的营业空间的；因此，麦当劳专门为外带服务的饮料提供专门设计过的塑料袋，方便顾客携带和使用。这在某种程度上，也鼓励了顾客外带食品。

5. 清洁

在清洁方面，麦当劳也有一套方法和体系保证清洁的速度。首先，麦当劳大量使用纸质、塑料等一次性餐具，在清洁顾客留下的餐巾纸、吸管、可乐杯、纸杯时，只需要将这些餐具倒在垃圾桶里即可，就节省了餐具回收、餐具清洗、消毒、干燥等诸多工序。其次，使用托盘和托盘纸，不仅方便顾客携带，还能为餐厅做广告，减少了桌面被弄脏的概率，节省了桌面清洁的时间。

麦当劳还制订了员工要随手清洁的规定，任何人在任何岗位都要顺手将周边的岗位用抹布抹扫干净。这样，油渍等废弃物不容易沉积，经过多次打扫，也很容易清洁。除此外，麦当劳的桌子、凳子等需要清洁的表面都采用塑料等覆盖，厨房设备都采用不锈钢表面，不仅容易清扫，而且清洁的效果也容易显现，提高了清洁工作的效率。麦当劳没有采取如一般餐厅采用覆盖桌布等的做法，既降低了成本，也提高了效率。在打烊时，麦当劳还要组织员工对所有的器具再进行一次清洁；因此，由于员工随手进行清洁，最后的再清洁也变得很容易了。

对于被顾客打翻的饮料，麦当劳规定要立即进行清洁，以防止污染扩大。同时，麦当劳还有多种配方的清洁液，针对不同的污渍采取不同的清洁液进行清洁，以提高清洁的针对性。

（二）案例分析

麦当劳能从一个小小的快餐店发展成为世界快餐业的巨人，背后有其独到的设计和考虑，以及对顾客行为、心理的研究和重视。从案例中所提出的一些示例来看，麦当劳在工艺流程改进、厨房设备创新、餐厅员工培训、食品种类删减等诸多方面注重服务生产效率的提高，深得顾客的满意，是其成为世界快餐业巨人的重要原因。

知识内容

由于市场竞争的加剧，服务被认为是获得竞争优势和形成产品差异化的关键手段，而服务生产效率是衡量企业服务水平的根本标志，是竞争优势的根本，服务企业只有通过提高服务生产效率，才能增强本身的竞争能力。

（一）服务生产效率的定义

在传统的制造业中，通常可以简单地用产出和投入比率来反映生产率状况。如果在生产中应用的资源或资源结构在变动后产出与投入的比率增加，生产效率就提高了。

传统的生产效率概念是针对物质产品的制造商提出的。已有的生产效率模型和衡量手段也是比较适合制造业的。进一步说，它们是建立在这个假说之上：消费和生产是互不相关的过程，顾客不参与到生产过程中来。换句话说，它们是针对封闭式系统设计的。在传统制造业中，这种假说是成立的。在服务业中，服务过程是一个开放系统。这种假说就变得不再适用了，于是产生了生产效率度量的错误并直接导致决策的方向性错误。

效率是一个非常复杂的概念，它至少牵涉两个方面的问题：内部效率和外部效率。前者与企业的运营方式、劳动力和资本的生产率有关，可以用单位产品成本来衡量内部效率，而企业的外部效率则是顾客对企业效率的一种感知。

生产率的狭义定义只考虑投入和产出，忽略了质量对这个转变过程的影响。服务生产率概念显然不是一个狭义的生产率概念。因此，如果仅仅将传统的封闭系统中的制造业内部效率纳入考虑范畴，显然是不完整的。但是，在开放系统中，生产服务与传统制造业不同，因为质量不恒定，服务生产过程中的投入会影响质量，因此在假定质量恒定的前提下使用生产率概念是没有意义的。

在制造业中，顾客所感知的只是生产过程的外在表现，即有形产品。但是在服务业中，顾客对服务的消费是一种过程消费，而且顾客要亲自参与到服务的生产过程中，而不仅仅是消费服务生产过程产生的结果。所以，服务生产效率就是在服务过程中将投入的资源转化成顾客价值的效率。

（二）服务生产效率模型

服务业的产出具有非同质性、非实物性、无形性、非储存性等特征，导致对服务业产出统计的困难。如服务往往是被表现而非被产出的，而且服务产出是一个过程，生产、分配和消费同步进行，消费者往往参与生产过程，其在生产过程中的投入质量也会影响到生产率。

单纯的基于内部效率和产出质量来界定服务生产率概念是毫无意义的，因为服务和服务过程的特性决定了对产出质量的外部效率（顾客感知服务质量）的管理应该是服务生产率管理的一个组成部分。管理外部效率和顾客感知服务质量属于收益效率管理的范畴，因为好的质量一般意味着销售额更多和收入增加，反之亦然。服务生产率模型的第三个要素是管理需求或能力效率。这是因为服务提供者不能通过将服务储存起来的方式来处理过剩的能力或需求，但产品制造商却可以这样做。

总之，资源应用的内部效率只是服务生产率的一个方面，服务生产率还包括资源的外部效率，同时，资源的有效利用可以使需求和供给尽可能对服务生产率有积极影响。

通过上面的描述，我们了解服务生产率是这样一个函数：

$$服务生产效率=f（内部效率、外部效率、能力效率）$$

从生产率的角度来看，服务过程可以分成三个独立的过程：
（1）服务提供者在独立的情况下提供服务（后台服务）；
（2）服务提供者和顾客在彼此交往中提供服务（服务接触）；
（3）顾客在没有服务提供者的情况下生产服务（自助服务）。

图 5-7 所示是服务生产效率模型，可以看出服务提供者的投入和顾客的投入共同构成了服务的投入部分，服务组织越能有效地利用自身的资源作为服务过程的投入，组织就越能更好地教育和指引顾客提供支持服务过程所需的投入并以此生产一定量的产出。产出数量由需

求决定，如果需求和供给相符，能力效率就是最佳的。通过一定的投入，生产的感知服务质量越高，外部效率就越高，服务生产率就越高。

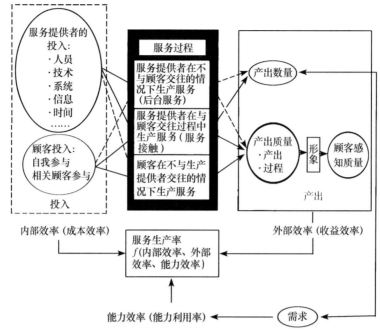

图 5-7 服务生产效率模型
（说明：图中实线为直接影响，虚线为间接影响）

服务过程中的服务提供者的投入（人员、技术、系统、信息、时间的运用等）直接影响前两个过程并间接影响第三个过程（用阴影部分和虚线箭头表示）。顾客投入（顾客自身参与和相关顾客参与）直接影响了第二个和第三个过程，并间接影响第一个过程。

总而言之，资源应用的内部效率只是服务生产效率的一个方面。服务生产效率还包括资源的外部效率和能力效率。较高的服务生产效率要求三个方面的因素以最佳方式组合在一起。

（三）服务生产效率的度量

通过以上分析可知，服务企业的生产率应该包括内部效率和外部效率，并在很大程度上取决于外部效率，因为服务的生产和消费过程具有同步性，其产出需要顾客的参与，这使得顾客能够看见整个或部分生产过程，其见闻和感受就会自觉不自觉地支配他对所购买和消费的服务的评价，而顾客参与和投入的质量也会影响服务产出的数量和质量。

服务业中顾客对服务质量的评价，不会依据单个的服务动作完成得如何，而是依据总的服务效果和服务感受。比如，要是顾客对餐馆的服务不满意，原因可能不在服务人员服务的时间少了，也可能不在餐饮收费太高，可能仅是对服务人员的服务态度和方法有疑问。而这种疑问的产生，多半与餐馆老板只重视搞好饮食内容，忽视培养服务态度和服务精神有关。但是顾客需要的不仅是饮食内容，他还需要服务人员的友好、尊重和服务过程享受。与此相一致，他对服务质量的评价，就不仅包括服务生产过程的结果，还包括他所经历的整个服务生产过程。这是一种综合性的、总体性的评价。因此，衡量服务企业生产率的方法也应该是一种整体性的、综合性的方法，它应包括服务企业内部效率和外部效率，包括数量和质量两个层次。

此外，从产出上看，一种直观的和容易衡量的服务产出还应当是服务收入。服务企业提供了服务就应当获得相应的报酬，这是维持企业生存和发展所必需的。因此服务生产效率可用以下公式来衡量。

$$服务生产率 = \frac{服务收入}{基本系统资源投入 + 互动过程成本} \times \frac{满意顾客}{顾客资源投入量}$$

（四）影响服务生产效率提高的因素

影响企业服务效率高低的因素首先是服务部门与相关部门的接口。企业服务部门不能向顾客收费，因此会被视为企业的辅助部门，得不到足够的重视和应有的地位。但是，服务绝不只是服务部门自己的事情，而是整个企业的事情，在大多数时候需要其他部门的支持。比如，饭店大堂服务员在面对顾客对菜的味道置疑的时候，或者电信企业接待投诉的部门在接待涉及技术的通信问题投诉时，服务部门本身并不能解决问题，而必须依赖其他部门的解决方案。如果企业内部服务接口效率低，企业的服务效率也不可能高。

其次，影响企业服务效率高低的因素是服务流程的设计。企业的服务资源有限，顾客对服务的需求无限，因此服务过程中出现瓶颈和繁忙是正常的。长期出现无法消除的瓶颈时，企业的服务能力不足是一种可能，这时候就要增加服务资源配置。但有许多的瓶颈并不是由于服务能力不足，而是服务流程不合理造成的。服务流程不合理的原因可能有两方面：某一服务设计不合理或方法落后，导致效率低；或者由服务混合成的总的服务流程不合理，形成了服务效率上限。

导致企业服务效率不高的另一类因素可能是企业服务界面的问题。企业的服务最终是在服务界面上完成的，服务界面与顾客直接接触，是企业服务交易的场所。服务界面的效率决定了顾客对企业服务效率的主观评价，如果服务界面失败，任何服务效率都将无法体现。在设计服务界面时，需要解决两方面问题：一类是人的问题，即如何通过服务工具和考核制度两方面的设计来提高服务界面人员的工作效率；另一类是技术上的问题，空间上讲包括服务界面选址与布局，时间上讲则主要是服务速度与排队问题。

影响企业服务效率的具体因素还有许多，比如企业管理人员的管理技能，企业管理人员对一些管理工具的熟练掌握和具体实施，企业内部人与人之间的沟通和合作，企业的信息化水平，等等。

技巧与方法

案例分析与知识内容阐述了服务生产效率对于服务企业的重要意义，那么如何提高服务生产效率呢？服务生产效率提高的方法和技巧是怎样的？

（一）从内部效率提高服务生产效率的方法

1. 提高员工的技能

员工具有良好的素质是提高服务生产效率的关键，而良好的素质包括良好的服务意识和服务技能。如果员工的服务技能低，服务过程所产出的技术质量也随之降低。顾客可能付出更长的等待时间，被迫接受忍耐底线的服务，导致顾客对服务质量的感知水平的降低。所以，提高企业员工的技能是同时提高质量和内部生产效率的一种方式。

2. 改进服务态度和行为举止

员工粗鲁、冷漠的服务态度和行为举止对感知服务质量中的功能质量有着严重的负面影响。被员工的行为激怒的顾客会给员工制造麻烦，使服务过程放慢。不满的顾客要抱怨，这会增加服务企业额外的投入，因而降低了生产效率。相反，员工提高顾客感知质量，也就提高了生产效率。

3. 让组织文化带来更高的服务生产效率

学习型组织文化是提高服务生产效率的一种方式，它可以使员工意识到高效使用资源的必要性。同时员工必须理解他们在服务过程中的行动与内部效率（成本）和外部效率（收益）之间的相互作用。

4. 采用系统化和科技化

服务企业系统化和科技化管理的应用，可以采用三种方式：第一，硬件技术和工具取代人力（如自动取款机、机场 X 光检验设备、自动停车场、自动销售设备等）。第二，软件设备，指预先计划系统，这种系统通常包括利用一些高技术手段。第三，混合式技术，指硬件技术和软件技术相结合，以使服务过程更合理、更迅速、更有效率（如限额服务、快速汽车轮胎修理设备等）。

5. 应用信息技术

信息技术提供了许多机会，它们可以让服务提供者在服务过程中以较少的资源生产较高的顾客感知服务质量。网上购物、电子商务就是应用信息技术的典范。

（二）从外部效率提高服务生产效率的方法

1. 使系统和技术更加支持员工及顾客参与

引进简易的运营系统和高科技自动化装置对服务质量和生产效率都有积极影响。如果运营系统和操作很复杂，难以控制或不易理解，就可能给员工和顾客都带来麻烦。如果操作规程复杂，会给顾客服务带来障碍，无法给顾客足够的关注。对顾客来说，需要用更长的时间来理解操作，服务生产率和服务质量就会受损。

2. 引导顾客参与服务过程

引导顾客参与服务过程可以有效提高服务生产效率，原则上有两种方式。第一种方式是导入自助服务要素。但是，不要仅仅只为了提高内部的效率才这么做。顾客需要看到自己参与自助服务过程中的收益。如果他们无法看到收益，其感知服务质量就会下降。要引导顾客参与服务过程，让他们受到激励后继续自己的行为。另一种方式是提高顾客的参与技巧。有时顾客并不确切知道他们要做什么，例如，如何填写文件等。这对功能质量会有负面影响，会影响产出的技术质量。有经验的顾客不需要员工的密切关注，他们会对服务相当满意，同时，这对服务有双重影响：顾客对服务过程的投入加速了服务生产，同时员工可以为更多的顾客服务。

实战演练

（一）案例分析

H 支行的服务效率改革

建设银行 H 支行围绕"以客户为中心"的经营理念，在 2009 年一季度开展了以提高柜台客户服务效率为重点的春季行动,在近三个多月时间内,该行通过完善和优化系统,改进业务流程,进一步提高了服务效率。从近日该行网点监测情况看,办理速汇通业务原先需要3分钟,优化流程后,平均节省73秒,提高效率达30%;通过修订卡卡转账限额,节省办理业务时间近40秒,提高效率40%……据介绍,现在柜面业务平均办理时间比优化前节约用时近47秒,原先3分钟才能办完的业务现在用2分钟就办完了。

该支行的主要改革措施有:

一是简化了业务操作流程,使效率得到了较大提高。通过优化开户流程,将开户交易与建立客户信息交易分离,大大简化开户手续,缩短客户等候时间。据初步测算,调整后一笔对公业务开户时间由15~20分钟减少到10分钟左右。在对私开户流程方面,通过优化流程使交易处理时间由原来的140秒缩短到80秒。

二是简化手续,降低了客户办理业务难度和柜员工作量。通过对收费业务采取银行主动计算收取方式,实现了除购买重要单证外,其余所有业务客户均不需再填写收费凭证,极大地降低了客户操作难度和柜员工作量。通过将储蓄开户凭条与结算账户申请书整合,避免客户重复填制凭证申请,简化了客户开户手续。为解决柜员因临时离柜而必须频繁地退出、登录系统引发的不必要操作,以及因退出而相关后续交易(如复核)无法处理的问题,这次优化特别设计增加了终端锁屏功能,极大地方便了前台操作。

三是增强对错弊的控制功能,有效地降低了差错风险。通过增加户名返显功能,一方面便于柜员在业务操作过程中就账户名称进行核对,避免差错风险,另一方面对于部分交易由人工输入户名改为由系统根据账号自动输出,提高了汇款速度,降低了柜员的劳动强度。通过对机构签到实行双人签到控制,可以避免单人非法进入系统操作的风险隐患。通过录入与复核配对控制,实现由系统对重复复核进行控制,避免了因重复操作而产生资金风险。

思考题:
(1)分析该行主要采取了哪些方法提高了柜台服务效率。
(2)除了案例里提到的方法,你认为还有哪些措施可以提高银行柜台的服务效率?

(二)情景演练

假若你是火车站售票中心客服经理,能否根据本任务所学的知识,就提高节假日客户服务效率提出解决措施?

本章小结

● 服务营销技巧是指在服务营销过程中,有效了解客户需求,提供客户满意服务的方法和技巧,常用的服务营销技巧包括把握顾客心理、与顾客有效沟通、接听客户服务电话、提高服务生产效率等方面。

● 顾客心理是顾客根据自身的需要与性格偏好,选择、评价、比较、决定是否购买商品或服务的心理活动。按照顾客购买时的心理活动类型,可以将顾客消费心理分为理性的、意识的和非理性的、下意识的两种。顾客心理的内容包括价值心理、规范心理、习惯心理、身份心理。影响顾客购买行为的心理因素有个性、态度、感觉、自我概念和后天经验。

● 把握顾客心理的原则包括:尊重顾客、超越顾客期望、有效寻找顾客购买的关键点、给予顾客安全感、保持顾客的良好心情。按照顾客在服务现场的情感反应,可以将顾客分成沉实型、温顺型、健谈型、反抗型、激动型。有效把握顾客心理的方法和技巧会因顾客在服务现场的不同情感反应而各有侧重。

- 有效沟通是为了一个设定的目的，把信息、思想和情感在个人或人群间传递，并且达成共同协议的过程。其本质是通过双方坦诚、广泛、细致的沟通，在关键点上达成共识。一个有效的沟通必须符合三个条件：明确的目标、共同的协议、明确的内容。有效沟通是在一定环境之下反复循环的互动过程，不仅是发送者将信息通过渠道传递给接收者，同时接收者还要将他所理解的信息反馈给发送者。有效沟通的三大要素包括语言、声音及肢体动作的有机运用。

- 与顾客有效沟通的原则包括：勿逞一时的口舌之能、顾全顾客的面子、不要太"卖弄"你的专业术语、维护企业的利益。常用的与顾客有效沟通的技巧有抓住顾客的心、记住客人的名字、不要吝啬你的"赞美的语言"、学会倾听与询问、付出你的真诚与热情、"看人下菜碟"、学会换位思考问题等。

- 电话服务营销是随着现代电子通信技术发展而发展的一种运用电话网络，以高效率的双向沟通方法直接与顾客接触、沟通并展开优质服务的营销方式。其特点是及时性、简便性、双向性、经济性和普遍性。电话服务营销的要素包括一定的硬件设施；有效、完整的电话服务营销范本；流畅、高效的售前、售中、售后服务系统；训练有素的顾客服务人员。其关键在于是否有卓越出色的电话客服人员。目前服务企业电话服务营销涉及最多的主要有三项服务，包括咨询业务服务、投诉业务服务和顾客回访服务。

- 接听顾客服务电话的技巧有接电话的动作要快、立刻自报家门、友好待人、准备好所需的信息、适时表示遗憾或赞赏、利用对方通报的姓名、表示愿意助人之意、不要打断顾客、尽量了解情况、交谈清楚明了、提供准确的信息、口气随和一些、必要时再转电话、轻放电话听筒等。接听顾客服务电话的关键是有效地利用提问。常用的提问技巧有针对性提问、选择性提问、了解性提问、澄清性提问、征询性提问、服务性提问、开放式提问、关闭式提问。

- 服务生产效率就是在服务过程中将投入的资源转化成顾客价值的效率，包括资源的内部效率、外部效率和能力效率三个方面。衡量服务企业生产率的方法是运用一种整体性的、综合性的方法，包括综合评价服务企业内部效率和外部效率、数量和质量两个层次。影响服务生产效率提高的常见因素有服务部门与相关部门的接口、服务流程的设计、企业服务界面的问题等。

- 从内部效率提高服务生产效率的方法有提高员工的技能、改进服务态度和行为举止、提升组织文化、采用系统化和科技化、应用信息技术。从外部效率提高服务生产效率的方法有使系统和技术更加支持员工及顾客参与、引导顾客参与服务过程。

第六章

服务质量管理

本章结构图

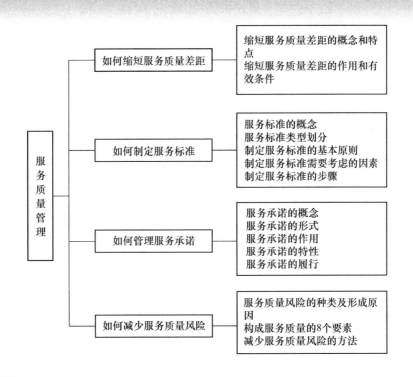

问题引入

服务质量是服务营销的核心。无论是有形产品的生产企业还是服务性企业,服务质量都是企业在竞争中制胜的法宝。一大批的成功公司依靠高水平的服务管理,占据世界领先的地位,尤其是服务性的企业。对于一个组织来说,完善的服务质量管理有助于建立核心竞争力,并且有助于组织实现经济和社会价值。服务质量应被消费者所识别,被消费者认可。那么如何缩短服务质量差距?如何制定服务标准?如何管理服务承诺?如何减少服务质量风险?这些都是本章需要解决的问题。

本章内容

本章分四个任务介绍缩短服务质量差距、制定服务标准、管理服务承诺、减少服务质量风险等。

本章要求

1. 识记：缩短服务质量差距的概念和特点、服务标准制定的概念与服务标准类型划分、服务承诺的定义、服务质量风险的概念和种类。
2. 领会：缩短服务质量差距的作用和有效条件、制定服务标准的原则、如何管理服务承诺、服务质量风险的成因。
3. 应用：缩短服务质量差距的方法和步骤、制定服务标准需要考虑的因素与制定的步骤、如何设计服务承诺、减少服务质量风险的方法。

任务一　如何缩短服务质量差距

问题引入

在服务业竞争激烈的今天，服务企业已经意识到了提高服务质量的重要意义。然而，由于企业与顾客对服务评价存在一些差距，企业的努力不仅没能得到顾客的认可，甚至适得其反。为此，企业要在充分了解顾客满意与否的评判依据的基础上制定恰当的服务标准、设计完整的服务蓝图，以缩小服务质量差距，令顾客满意。那么什么是缩短服务质量差距？缩短服务质量差距有什么作用？如何缩短服务质量差距？这些是在本任务环节需要掌握的内容。

任务要求

1. 识记：缩短服务质量差距的概念和特点。
2. 领会：缩短服务质量差距的作用和有效条件。
3. 应用：缩短服务质量差距的方法和步骤。

名家名言

没有客户，哪来双赢；没有服务，哪来客户。

——海尔总裁　张瑞敏

案例引入

服务质量差距导致的旅游诉讼

（一）案例描述

刘某等24名游客在去年国庆期间，参加某旅行社组织的九寨沟四姑娘山九天豪华团，团费3 920元/人。刘某等认为旅行社提供的服务存在质量问题，遂向旅行社投诉，在得不到及时解决的情况下，向省质监所投诉。投诉内容包括：（1）旅行社住宿安排严重违约，安排他们到一些无星级及卫生条件差的旅店入住。（2）用餐条件差，三个正餐吃冷饭菜。（3）全陪服务水平不达标。（4）缩减行程安排。（5）作虚假广告宣传，欺骗游客。由于双方未能达成一致意见，交省质监所处理。

经质监所调查核实，旅行社存在以下质量问题：（1）合同规定该团为豪华团，九寨沟和成都安排入住三星或相当三星标准酒店，四姑娘山住标准间，茂县和汶川入住二星或相当二星标准酒店。而实际上旅行社只有在茂县和四姑娘山的住宿安排符合约定的标准，其余都安排入住无星级旅店；（2）旅行社导游没有跟团往返，只在目的地陪同游客参观游览，没有提供全陪服务，且部分景点导游没有讲解；（3）部分用餐标准不达标；（4）没有按行程安排参观小熊猫馆等景点；（5）广告宣传有夸大成分，但不存在欺骗游客的问题。根据双方举证和《旅行社质量保证金赔偿暂行标准》第六条、第七条、第八条第1款、第十条及第十一条等规定，质监所作出了该旅行社应赔偿游客每人410元的处理决定。

刘某等游客对质监所的处理决定不服，上诉到人民法院，3月21日法院就此案进行调解，最后当事人双方以旅行社给刘某等游客每人800元经济赔偿，诉讼费各付50%为条件，达成和解。

（二）案例分析

该案中，由于旅行社没及时、有效地处理投诉，也就是没有及时地缩短服务质量差距，引起游客投诉不断升级，最后起诉到法院，对簿公堂。纠纷虽然在法院的主持下得到调解，但旅行社为此耗费了大量的人力、物力和时间，支付了较大的经济赔偿，并严重影响了旅行社的声誉。

知识内容

服务质量已经成为服务研究领域的一个重点。许多其他的研究内容如顾客满意等都是建立在与服务质量有关的研究基础上的。顾客满意理论认为：顾客满意状态取决于顾客对服务的期望和顾客对服务的实际感知之间的差距，当顾客感知高于顾客期望时，顾客就会满意；反之，顾客则会不满意。美国服务营销学家Parasuraman，Zeithaml，Berry为了研究顾客感知和顾客期望之间的差距的形成原因，提出了服务质量差距分析模型（如图6-1所示。

（一）管理者认识的差距（差距1）

这个差距指管理者对期望质量的感觉不明确。产生的原因有：
（1）对市场研究和需求分析的信息不准确；
（2）对期望的解释信息不准确；
（3）没有需求分析；
（4）从企业与顾客联系的层次向管理者传递的信息失真或丧失；
（5）臃肿的组织层次阻碍或改变了在顾客联系中所产生的信息。

治疗措施各不相同。如果问题是由管理引起，显然不是改变管理，就是改变对服务竞争特点的认识。不过后者一般更合适一些。因为正常情况下没有竞争也就不会产生什么问题，但管理者一旦缺乏对服务竞争本质和需求的理解，则会导致严重的后果。

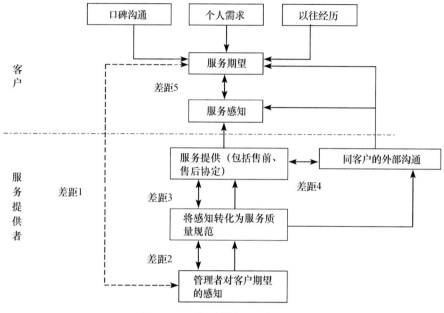

图 6-1 服务质量差距分析模型

（二）质量标准差距（差距 2）

这一差距指服务质量标准与管理者对质量期望的认识不一致。原因如下：
（1）计划失误或计划过程不够充分；
（2）计划管理混乱；
（3）组织无明确目标；
（4）服务质量的计划得不到最高管理层的支持。

第一个差距的大小决定计划的成功与否。但是，即使在顾客期望的信息充分和正确的情况下，质量标准的实施计划也会失败。出现这种情况的原因是，最高管理层没有保证服务质量的实现。质量没有被赋予最高优先权。治疗的措施自然是改变优先权的排列。今天，在服务竞争中，顾客感知的服务质量是成功的关键因素，因此在管理清单上把质量排在前列是非常必要的。

总之，服务生产者和管理者对服务质量达成共识，缩小质量标准差距，远要比任何严格的目标和计划过程重要得多。

（三）服务交易差距（差距 3）

这一差距指在服务生产和交易过程中员工的行为不符合质量标准，它是因为：
（1）标准太复杂或太苛刻；
（2）员工对标准有不同意见，例如一流服务质量可以有不同的行为；
（3）标准与现有的企业文化发生冲突；
（4）服务生产管理混乱；

(5) 内部营销不充分或根本不开展内部营销；

(6) 技术和系统没有按照标准为工作提供便利。

可能出现的问题是多种多样的，通常引起服务交易差距的原因是错综复杂的，很少只有一个原因在单独起作用，因此治疗措施不是那么简单。差距原因粗略分为三类：管理和监督；职员对标准规则的认识和对顾客需要的认识；缺少生产系统和技术的支持。

（四）营销沟通的差距（差距4）

这一差距指营销沟通行为所做出的承诺与实际提供的服务不一致。产生的原因是：

(1) 营销沟通计划与服务生产没有统一；

(2) 传统的市场营销和服务生产之间缺乏协作；

(3) 营销沟通活动提出一些标准，但组织却不能按照这些标准完成工作；

(4) 有故意夸大其词，承诺太多的倾向。

引起这一差距的原因可分为两类：

一是外部营销沟通的计划与执行没有和服务生产统一起来；

二是在广告等营销沟通过程中往往存在承诺过多的倾向。

针对第一类原因，治疗措施是建立一种使外部营销沟通活动的计划和执行与服务生产统一起来的制度。例如，至少每个重大活动应该与服务生产行为协调起来，达到两个目标：

第一，市场沟通中的承诺要更加准确和符合实际；

第二，外部营销活动中做出的承诺能够做到言出必行，避免夸夸其谈所产生的副作用。

针对第二类原因，由于营销沟通存在滥用"最高级的毛病"，所以只能通过完善营销沟通的计划加以解决。治疗措施可能是更加完善的计划程序，不过管理上严密监督也很有帮助。

（五）感知服务质量差距（差距5）

这一差距指感知或经历的服务与期望的服务不一样，它会导致以下后果：

(1) 消极的质量评价（劣质）和质量问题；

(2) 口碑不佳；

(3) 对公司形象的消极影响；

(4) 丧失业务。

第五个差距也有可能产生积极的结果，它可能导致相符的质量或过高的质量。感知服务差距产生的原因可能是本部分讨论的众多原因中的一个或者是它们的组合。当然，也有可能是其他未被提到的因素。

技巧与方法

缩短服务质量差距具体有以下步骤。

（一）消除"诊断"差距

诊断差距即公司对顾客的期望理解错误或"公司感知顾客的期望"小于顾客实际的期望值，造成这种差距的直接原因是公司未能真正了解顾客的期望。例如，对于购买电器的顾客来说，可能顾客期望的是公司能够为他们提供质优价廉的产品，而企业却在售后服务上大做文章，甚至受竞争对手的影响做出一些不可能的承诺（例如24小时送货），这样尽管企业为之付出了很多努力，但是用户最终还是不满，对服务的评价仍然很低。因为对顾客来说，他们的"期望"并没有得到"满足"。再如对于一个社区超市来说，顾客的期望可能是要求超市提供产品丰富、种类齐全并且有质量保证的一站式购物服务，但超市可能将所有的努力都放在微笑服务之上，而忽略了产品结构的调整和对质量的控制，结果服务人员做了很大的努力，顾客仍然舍近求远，跑到较远处的某大型超市购物。这和病人治病的道理十分相似，一旦诊断病情有误，即使医院的医疗水平再高，服务态度再好，也不可能将病人医治成功——这种由于公司感知的顾客期望小于顾客实际的期望而造成的服务差距我们称之为"诊断差距"。

一个零售企业要想消除诊断差距，应该认真检讨和不断改进以下几点：
（1）我们的消费对象是谁？我们了解他们的期望吗？
（2）我们推出的每一项服务都是消费者所期望的并且是重要的吗？
（3）我们通过何种渠道收集顾客信息？我们奖励员工收集顾客信息吗？
（4）我们做过定期的顾客满意度调查吗？它是哪个部门的职能？
（5）我们真心欢迎顾客投诉吗？如何证明？
（6）我们是否做到以顾客交易的便利性、信息传递的快速性来改进企业组织结构，保证消费者信息的快速获取和反映？

（二）减少"处方"差距

光是有正确的病情诊断还远远不够，要使病人康复，还需要医生具有"对症下药"的功夫。如果处方有误，诊断再准确同样无济于事。同样的道理，即使在对顾客期望信息充分掌握的情况下，服务质量标准的设计和实施计划也可能会产生偏差而导致服务失败。在前面的例子当中，在掌握电器用户对"质优价廉"的期望的前提下，如果不能进一步提出降低成本和进价的方法，还是无法满足顾客对"价廉"的期望，服务质量仍然是一个较大的问题。在第二个例子中，尽管超市了解到顾客期望的是"一站式"购物超市，但由于采购能力（包括资金、信息等）、经营面积等限制，他们无法针对顾客的期望开出合适的可操作性的"处方"，也就是说，他们无法达到"一站式"购物的标准。"处方"的意义在于，顾客需要节省时间，你就创造"一站式"购物环境，顾客希望受到尊重，你就把他当成上帝，顾客需要微笑，你就绝不可给他脸色，总之，他想要什么你都能够事先有所了解并且按照他的期望去做。

"处方"应该是一套科学而明确的规范化制度。要保证商品的质量就必须有一整套质量控制和标准化管理的方法；要保证公司统一的良好的视觉形象，必须对公司的 VI 进行系统的设计，并且明确规定每一种使用方法，包括员工必须着统一的工装上班，等等。很多人奇怪为什么沃尔玛的员工在顾客找不到某种产品时会带领顾客走到他所要寻找的产品之前，而大多数商场的工作人员只会用手一指？也有很多人纳闷为什么有那么多公司的送货员会随便使用顾客家里（公司）的电话，甚至连鞋都不脱就走进了顾客的家门？难道真的是这些公司的员工素质普遍比海尔的员工更低？事实上并不见得。关键是沃尔玛和海尔公司都明确地告诉了员工每一项服务操作的规范，而其他公司并没有这样做。要想真正提高服务水平，必须做到"服务规范"，这是影响服务质量的第二个重要的原因。

这种因为服务标准不科学、不明确、不规范而造成的顾客感知差距，称之为"处方差距"。消除"处方差距"要求企业必须制定科学的服务理念、服务标准及服务管理体系，明确服务的组织目标，并取得高层领导的支持。对处方差距的检讨可以从以下几个方面着手：

(1) 公司的服务理念是什么？它的标准化解释是什么？
(2) 公司的服务理念为大多数员工所接受吗？
(3) 各个工作岗位的服务操作有进行规范化和标准化吗？这些标准科学吗？
(4) 公司的服务设计是从顾客角度来进行的还是从企业角度进行的？
(5) 设计的服务规范是否与顾客期望和服务理念一致？它们会相互矛盾吗？
(6) 每一个岗位都有科学的服务规范和要求吗？信息与流程畅通吗？

(三) 降低"药房"差距

企业对顾客期望有了一个准确的"诊断"，并且对满足这种期望设计了较为科学的"服务标准"，就为公司的服务质量奠定了一个良好的基础。但并不足以保证公司生产出高质量的服务产品。如果没有恰当的系统、过程和执行人员保证这种"标准"的规范实施和服务传递，在这种服务的"执行过程"当中，服务质量仍然可能"走样"。正如医院药房人员看着正确的药方但拿错了药一样。事实上，任何一个公司的服务都是通过不同的人员去实施，这使得服务变得更难以控制。这种服务人员未按标准提供服务而造成的差距我们称之为"药房差距"。

造成服务药房差距的原因有很多。例如员工素质、教育程度、服务文化等都是造成药房差距的重要原因，除此之外，管理者能否激励和支持员工的质量行为，甚至管理制度是否可能与优质服务标准发生冲突同样重要。如果对提供优质服务的人员激励不够，甚至反其道而行之，只要与领导关系好了，就可以得到奖励和提升，这将会大大地打击服务人员的积极性。很多企业都口口声声重视服务建设，事实上他们从未给过服务部门和服务人员奖励和"地位"，即使有，也只是把它当成公司管理中的一剂调料，丝毫不让人感觉到这是一项"战略"。更普遍的问题还在于很多公司的考核制度严重"后天不足"，他们考核员工的唯一指标就是销售额或业务量，"服务"从来登不上大雅之殿。这样的公司体制永远都不可能建设出优秀的服务文化。

要保证服务人员按照公司的要求和计划去执行服务，避免在执行过程当中出现偏差，零售企业应该注意以下几点：
(1) 避免服务标准过于复杂或苛刻；
(2) 避免服务理念过于抽象的表达，以至于员工难以理解或产生歧义；
(3) 重视员工培训，增强员工服务的技能水平；
(4) 对服务执行工作进行全面的实时监控，发现问题立即解决；
(5) 建立先进的信息技术管理系统，保证管理的高效性；
(6) 建立以顾客为导向的企业文化。

(四) 避免"疗效"差距

诊断准确、处方无误、药方也没有出现偏差，是不是就等于一定能够让顾客满意？答案是否定的。在上述步骤基本无误的情况下，顾客将会以最终感知的结果与其期望进行对照，会将企业对顾客所做出的承诺与实际提供的服务进行比较，从而对公司的服务进行评价。比方说一个证券公司承诺顾客"包赚不赔"，一个保健品承诺"包治百病"，顾客将会以"结果"来对照这种"承诺"，衡量其服务的绩效。这种"最终结果"与"顾客期望"或"公司承诺"的不符同样将导致服务质量的彻底失败，我们称这种差距为"疗效差距"。要避免这种疗效差距，零售企业要做到以下几点：

（1）保持营销传播（沟通）与服务生产的一致性；
（2）加强营销活动与服务生产的协作和内部沟通；
（3）避免承诺过高或承诺太多，避免承诺的随意性。

实战演练

（一）案例分析

某通信企业的服务质量差距整改措施

某移动通信企业通过分析当前客户服务中存在的主要问题，制定了客户满意度提升措施，开展了系列满意度提升工作，缩短与竞争对手、与客户预期的服务差距。

一是建立压力传递机制。该公司通过建立客户压力传递机制，实现省市联动，将客户满意度考核指标进行跨部门分解和考核，充分调动省市各部门积极性，为客户满意度提升工作提供机制保障。在省公司层面，制定各部门的绩效考核时，将关键商业过程和窗口满意度分解到相关部门，纳入其部门的年度考核，并确定其考核的目标值。在分公司层面，各分公司纷纷成立了客户服务中心，根据满意度各项指标与各部门工作的相关性，确定相关部门应具体承担的客户满意度指标及权重，并纳入其部门年度考核中。省市同步，共同对满意度进行指标分解，完善了压力传递机制的建设，为满意度提升提供了有力的制度保障。

二是建立起了一套完善的服务例会制度。省公司、分公司两个层面每周召开服务例会，分管领导出席每次会议，且均编发会议纪要。会议重点从不同纬度层层剖析服务问题，制定切实措施、明确责任单位、确定完成时限。例会制度动态优化了服务管理流程，快速促进服务管理能力的提升，实现了客户需求快速响应的同时，形成了一支跨部门问题解决型的专家虚拟团队。

三是开展了"便捷服务 满意100"活动，推出了六项便捷服务，在创新服务举措、提高服务品质方面又迈出了重要一步。

（1）资费套餐量身优选：优化简化资费套餐设计，加大优惠力度，推出全新的优惠数据流量套餐，对全球通、动感地带、神州行等各品牌客户推出优惠计划；提供资费优选服务，客户可以通过主动资费导购服务、自助资费测算、个性化账单等方式选择合适的资费套餐；提供数据流量套餐提醒服务，让客户消费更放心。

（2）异地交费随时随地：客户可以在全国各地自办营业厅为自己和他人跨区交费；客户可在全国各地利用中国移动手机充值卡为手机充值交费。

（3）电子渠道以指代步：客户可以通过短信、WAP、网上营业厅办理各项移动业务；网上营业厅24小时在线客户服务，为客户提供业务咨询和业务协助办理。

（4）积分兑换足不出户：客户可以通过全国统一的积分商城方便地进行积分的兑换，所兑换礼品送货上门。

（5）3G业务无障碍办理：不换卡、不换号、不登记即可使用中国移动的3G业务；3G业务的服务流程与2G一致，同类3G业务基础资费与2G保持一致，3G特色业务更有进一步优惠。

（6）垃圾信息自主屏蔽：客户可以到移动梦网和中国移动的门户网站下载安装"信息管家"软件，并免费使用垃圾信息拦截功能，还可以一键把收到的垃圾信息举报到中国移动10086999垃圾信息举报平台。

思考题：
（1）根据服务质量差距模型对该公司的服务质量进行分析。
（2）你认为这个移动通信企业在缩短服务质量差距方面还有哪些可以改进？

（二）情景演练

假如你是某银行的客户服务经理，请你做出一个缩短服务质量差距的方案。

任务二　如何制定服务标准

问题引入

每个企业在一定程度上都会存在不规范执行服务标准的问题，而这个标准的严密性与落实程度是各企业对自身管理水平与服务水平的关键考评因素，因此剖析服务标准不够严密、执行不到位的原因是十分迫切的，并希望通过"追根溯源"，找到解决办法，将服务标准完善和贯彻下去。那么如何制定服务标准？服务标准的制定有什么前提条件？制定服务标准的方法与原则分别是什么？这是在本任务环节需要掌握的内容。

任务要求

1. 识记：服务标准制定的概念与服务标准类型划分。
2. 领会：制定服务标准的原则。
3. 应用：制定服务标准需要考虑的因素与制定的步骤。

名家名言

管理者需要的是一套判断标准，使他能做真正重要的事情，那就是有贡献的有成效的事。
——【美】彼得·德鲁克

案例引入

麦当劳的标准化服务

（一）案例描述

1955年，52岁的克劳克以270万美元买下了理查兄弟经营的七家麦当劳快餐连锁店及其店名，开始了他的麦当劳汉堡包的经营生涯。

在售中服务里，麦当劳制定了一套完整而严格的《营业训练手册》，详细说明了麦当劳的各项服务要求以及餐厅各项程序、步骤和方法，以保证服务的标准化。比如，一个收银员接待顾客的工作就分为六个步骤，每一个步骤又有许多具体的行为指标。在这六个步骤中，我们看看它有哪些服务标准：

① 顾客点完菜后，将菜单拿到收银员处登记。

② 彻底熟悉菜单上的所有项目。

③ 回答顾客关于调味品、食物新鲜程度、分量和烹调时间等每一个问题。

④ 如果顾客点了一个没有供应的菜，你为顾客建议一种近似的或相近的菜。但不要说："我们不供应这种菜"。

⑤ 对新顾客的详细询问要特别耐心，这样，他将成为我们的老顾客。

⑥ 如果一位顾客在早餐时间结束以后点菜，应有礼貌地向他解释："中间的停业时间是为了能向顾客提供更合格的服务和更新鲜的食品。"

⑦ 对你的顾客只多建议一份菜，如，"来一杯热咖啡怎么样？"

⑧ 接受特殊的、挑剔的点菜，那位顾客将会致谢。

⑨ 可以换菜和加菜，但要做合适的价格调整。

（二）案例分析

有了这样的行为指标，并且每个服务人员均依此而行，就会有使顾客满意的服务行为。当然，一切标准都是机械被动的，它并不能保证服务必然百分之百满意。对此，麦当劳又有自己一套对待各种情形下顾客抱怨的服务标准，麦当劳在顾客对订单抱怨时的服务标准：

① 为任何可能的错误道歉。

② 在更换订单时运用你的判断力。

③ 不要追加费用。

④ 用你的语言和行动表示关心。

这些贴心的服务，使得麦当劳的连锁店从美国开向了世界各地，高质量的服务，制定的一系列服务标准，这些因素是功不可没的。

知识内容

（一）服务标准的概念

在过去，标准化主要体现在制造业的产品和生产流程中。随着技术的快速变化，标准化不仅渗透到现代科技发展的前沿，还突破了传统的标准化领域，延伸到服务领域，已有越来越多的制造业如 IBM、GE 和 HP 都将核心业务从制造转向服务，这使得服务业的标准化研究越来越为人们所关注。为了更好地促进产业结构的合理调整，只有提供完善的服务才能为这种产业变迁创造"肥沃的土壤"。可见，服务标准化正成为一个新兴的领域，它的重要性不仅体现在国家范围内服务水平的提升，还体现在逐渐增加的国际服务贸易中。至今，标准在不同的标准组织中所表达的概念都有所不同，但它们的最终目的都是一致的。根据 ISO 的定义，标准即一种或一系列具有一定强制性要求或指导性功能，内容含有细节技术要求和有关技术方案的文件，其目的是让相关的产品或服务达到一定的安全要求或进入市场的要求。伴随着服务经济的快速增长，服务标准化逐渐提上日程。1995 年，世贸组织（WTO）在《服务贸易总协定》中提出服务质量作为服务贸易的基础，其服务产品的质量、市场准入的资格条件必须规范，并提出用技术标准来支持或促进服务贸易的开展，只有规范服务质量标准，竞争才有尺度，形成国际通用的服务标准对贸易的发展至关重要，也是未来标准化活动发展的方向。

服务标准是指为满足顾客的各种要求，规范相关部门所提供的特定服务，并确保服务方案的适用性和达到顾客满意的标准。由于服务业是为不同客户提供特定的解决方案，不同于传统制造业的有形产品，为此，标准化领域也会有所不同，它主要涉及服务组织的质量管理、服务交付能力、服务行为以及围绕服务提供的设施、服务交付的硬件环境要求等方面制定标准。根据 Sirilli 和 Evangelista 的研究，服务具有以下特点：生产和消费之间紧密地交互影响；服务产出的高信息含量和无形属性；顾客是至关重要的外部因素；在服务提供中，人力资本起到关键性作用；对公司绩效而言，组织因素发挥关键作用；服务部门以中小企业为主导。因此，服务和服务过程以高度个性化为特征，应消费者偏好而提供服务定制化是服务业发展的趋向。

（二）服务标准类型划分

自 ISO 提出"服务标准化"以来，各成员国尤其是发达国家，根据本国的实际情况积极地开展服务标准化工作，例如美国"顾客第一"、英国"服务第一"、加拿大"服务改进行动计划"等框架计划，其目的是通过广泛参与国际和国家服务标准化活动，并且在与消费者生活密切相关的行业优先开展标准化工作，持续地增强服务业的创新能力和竞争能力。

在国内，"全国服务标准发展规划"的提出，在某种程度上促进了服务标准的发展，但有关文献也仅是对具体行业的法律和规范进行简单的描述，例如电信、邮政、互联网和物业管理等部门。由于服务业具有高度个性化的特征，为更好满足顾客偏好，往往以顾客为导向，服务业的这种异质性也使得服务很难进行标准化。但在降低劳动密度、降低顾客互动交易成本、降低客户专用化的倾向方面，又使得服务业对标准有较高的需求，因为竞争压力迫使服务行业的公司提高服务标准。

绝大多数标准组织认为，服务标准是指规定服务应满足要求以确保其适用性。由于该定义表达的比较宽泛，致使许多学者对服务标准类型的划分存在着不同的看法。类似产品标准划分，Henry 对服务标准提出了比较详细的分类，并对标准术语、测度方法、服务组织的特征描述、服务特征和绩效要求等进行了描述。然而，DeVries 为我们提供了一个全新的框架，通过此分类可以对跨部门的服务企业进行比较。根据 DeVries 对服务标准的定义，可以把服务标准归结为实体或实体之间的关系。为此，我们认为服务主要表现为供应商和顾客二者实体之间的交互作用。此外，服务流程和服务结果也可以作为实体来看待，尽管两者经常同时发生。最后，在服务交付和最终结果之间也表现为不同实体。在此基础上，将服务标准类型整理如表 6-1 所示。

表 6-1 服务标准类型划分

服务标准范围	内容
服务组织	质量管理、环境管理、职业健康和安全管理；偿付能力和其他金融方面；员工要求，如员工最低数量和教育水平
服务雇员	知识；技能；态度；伦理要求，如保密、道德水准、诚信
服务交付	相关活动说明；信任；隐私方面；安全方面；行为准则
服务结果	交付结果说明；信任；忠诚
服务交付支持	例如公共运输服务对火车的技术需求、信息系统技术需求

续表

服务标准范围	内容
工作环境	例如光线进入办公室的要求、场所布置、空间颜色
意外防范	紧急措施、投诉处理、担保
服务交付及结果辅助	例如交通工具、信息系统工具、通信方式
顾客和服务组织之间的沟通	语义学，例如数据元素的应用；句法，例如电子信息的句法规则；信息通信技术的应用说明；协议；行为准则；可接近性，例如电话的接入和等待时间
服务组织内部或服务组织与供应商之间的沟通	语义学，例如数据元素的应用；句法，例如电子信息的句法规则；信息通信技术的应用说明；协议；行为准则；可接近性，例如电话的接入和等待时间

（三）制定服务标准的基本原则

为了制定科学的、切合实际的服务标准，明确和把握制定服务标准的基本原则、要求，以及制定服务标准的依据、方法、程序，是制定好服务标准的重要前提。在制定服务标准的过程中，应紧紧体现服务标准化的自身特性，并运用标准化理论作为制定的基础。

1. 具体化原则

所定的标准能准确地告诉职员被期望做的是什么，不需要去猜测你的期望或去编造一些事实。

2. 简明原则

服务标准不用说明行动背后的原理，相反，它们直接谈及要点并详尽说明谁应该在何时做什么。制定服务标准，应在结构、内容和叙述上力求精练，即简化和消除那些不准确、不科学的方法，并剔除多余的、不必要的成分。简化不是单纯减少内容，而是要在科学、准确、完备的基础上求精练。

一个好的服务标准十分具体简洁，并且不带半点含糊，零售商的规模越大，服务标准越简单，比如沃尔玛商场的员工就有这样一个宣誓：我保证，对三公尺内的顾客微笑，并且直视其眸，表达欢迎之意。有许多大商场也建立了一套从顾客一进门开始，怎样接近，怎样打招呼使消费者满意的服务行为规范。一些商场除了对顾客许诺大件电器商品"送货上门，安装到位"外，还要求操作人员进顾客家门必须戴手套、鞋套、抹布，保证顾客的家庭卫生。

3. 可测定原则

因为符合某一服务标准的行为都有具体的准则，直观的，因此易于量化。这些是显而易见的和客观的可量化的。

4. 建立在客户的要求之上的原则

服务标准应建立在客户的要求之上，不能仅仅建立在企业标准之上。满足客户的期望能给你一个战胜竞争者的有利条件。要制定出最佳的服务标准，实现服务标准的整体优化，使标准的各组成部分、各层、各环节，都达到最优状态。与有形产品不同，服务具有无形性的特点，在购买前，很难被顾客所感知，顾客往往无法预知结果。通过制定明确的、具体的服务标准，可以消除顾客的"模糊预期"，使服务具有可衡量性，如果服务达不到既定的标准，企业可以从中发现服务缺陷。

5. 写进工作说明和实施评价中的原则

如果想让职员坚持这些标准,那么把它们写下来,使之成为每位职员的工作说明和实施评价的一部分。用这些准则作为一种管理工具,具有较高的可信度。

6. 和职员共同制定的原则

最好的服务标准是管理者和职员在理解客户需要的基础上共同制定的。在经营过程中,顾客服务是一种无形的软性工作,需因人而异,服务的提供者总会出于心情、身体状况等这样那样的原因影响服务时的质量,也会由于每个服务人员的个人素质、经验、训练程度的差异造成服务水平差异。基于这一情况,有人认为,无法有一个统一的标准来测量服务,或认为标准化的服务是缺乏人情味的,不能适应顾客的需要。这种观点是错误的。但是,实际上许多服务工作是常规性的工作,管理人员很容易确定这类服务的具体质量标准和行为准则,而消除服务水平差异的方法也只有建立规范化的服务标准。

举个简单的例子,要求"旅馆电话总机话务员必须在 10 秒钟之内接听电话",这就是一个具体明确的质量标准,这一标准比要求"话务员必须尽快接听电话"更加具有可操作性和可考核性。

7. 公平实施原则

服务标准要有人实施。公司范围的标准要求每一个人遵从。部门的具体标准适用于部门所有的人,包括主管经理在内。

8. 补充弥补原则

执行服务标准还能使企业在顾客投诉之前就对服务缺陷进行一定程度的弥补。例如,美国的西特尔饭店规定,当顾客等候的时间比他预订的要晚 10 分钟但不超过 20 分钟时,为顾客提供免费饮料;如果等候时间超过 20 分钟,顾客的餐费由饭店支付。

技巧与方法

案例分析与知识内容说明了制定服务标准对于服务企业的重要意义,那么如何制定服务标准呢?制定服务标准的方法与步骤是怎样的?

(一)制定服务标准需要考虑的因素

1. 制定的标准要能满足顾客的需求

一般客人在选择服务产品时,只购买那些能特别满足其需要、愿望、要求和希望的"利益",即服务产品的消费价值,而不是服务产品本身。企业只有激发消费者购买"利益",才能满足顾客具体、经常变化的需求和愿望。因此企业管理人员在确定质量标准时,首先要进行详细的市场调查,了解顾客对各类服务属性的期望,再结合企业自身的状况,建立企业的质量目标和质量方针,使企业的服务目标明确,最后再根据服务目标确定服务标准。

企业在制定服务质量目标时应切合实际,不能以口号的形式,太大太空,应是企业在一定时期内能实现的,这实际上也是对客人的一种承诺。因此企业制定的质量目标必须是有能力完成的,又是客人所期望的。同时建立服务标准时,应尽量发动员工参与,因为员工直接接触客人,最了解客人的需求,从而使制定的标准更精确,而且制定的标准又可以得到员工的支持,从而能在企业顺利实施。

2. 制定的标准要有科学性

企业各项服务标准必须以科学、技术、实践经验的综合成果为基础，把标准的目标定在一个合理的水平上。如果目标高了，员工无法达到管理人员的要求，必然使员工产生不满情绪或使员工超负荷工作而无法保证工作质量，降低了标准的权威性；目标低了，不仅起不到积极作用，还会引起员工产生纪律松懈现象，从而影响企业的形象和气氛。因而企业服务标准应是在认真研究、讨论，并对国内外先进经验加以消化、融会贯通的基础上制定的。科学的服务质量标准，可以指导服务人员的行为方式，调动员工的工作积极性，激励员工努力做好工作。

3. 制定的标准要有严密性

为了有效地进行企业服务质量管理，企业服务标准制定的严密性首先表现在定量化。企业服务质量尽管较抽象，但很多服务质量特性可以直接或间接地以数值来表现，而且也可以把服务的范围、性质和程度数量化，如时间、质量成本、顾客满意度等。通过这种数量化，可以使服务质量标准定量化，进而使企业服务员工明确服务质量目标和服务要求，便于服务人员在服务工作中执行。比如：饭店话务员"必须在电话铃响3声内接听电话"就比"尽快接听电话"的标准要明确的多；同时定量化又为员工的服务业绩考核提供了一定的依据，这也同时要求管理人员必须把服务质量标准作为员工考核、奖励的依据。

（二）制定服务标准的步骤

制定服务标准是一个不断循环的过程，有四个步骤。

1. 分解服务过程

制定服务标准的第一步就是要分解服务过程，也就是把顾客所经历的服务过程化、再细化、放大、再放大，从而找出影响顾客服务体验的每一个要素。

服务圈就是一个分解服务过程的工具。一个服务圈就是一张顾客经历某种服务的各个步骤的图。每当顾客光顾一次，服务圈就运转一次。

2. 确立可衡量的标准

可以衡量的标准在前面已经阐述，这里强调：在你开始确立服务标准时，还应该考虑几个因素：

一是你的竞争对手是怎么做的。不是说你的竞争对手做什么，你就做什么，但你应该知道他们的做法。他们的做法是否已在客户中构成了影响？为了与对手竞争，你应该做些什么？

二是观察客户的行为。客户在调查表中也许并没有抱怨你的干洗店的环境，但当他进来等着拿衣服的时候，皱着眉头，这时你就应该注意了。客户也许并没有抱怨菜的味道不好，但是4个客户中有3个要了这道菜却没吃，这时你就应该注意了。

三是你行业以外其他公司的好的做法。你应该了解当时社会的总的服务水平，你并不是总是要达到那种水平，但是你应该尽可能地接近那个水平，以便使你的服务能被客户接受。另外，革新通常来自于注意观察你的行业以外的其他行业的惯常做法。

3. 定期对服务标准进行检查

只有变化才是永恒不变的。定期检查可以使你的服务标准紧跟市场的变化，紧跟客户的要求，否则，服务标准很快就变成一般服务标准。你的标准制定出来后，这个标准是否合理、按照这个标准是否能达到提供服务的初衷，不是由你说了算，也不是由你的老板说了算，最有发言权的是你的客户。所以，我们要根据客户的需求来对标准重新评估和修改。而且顾客的需求也是在不断变化着的。

这方面有很多例子。比如，以前看房子要自己搭车去，后来有一家房地产公司提供了看楼专线巴士，引起了轰动，也引来同行的竞相效仿，结果是"看楼专线巴士"这一服务变成了房地产业的基本服务标准。又如，"小区穿梭巴士"这一服务，在开始推出的时候，受到了业主的高度赞赏，在这一服务被普遍推广之后，就变成了基础服务标准，也就是说，如果没有这一项服务，业主就不会感到满意，或者说，这个小区给人的感觉是档次不够高。服务标准最常见的形式是各种服务承诺。例如，中国建设银行推出的"三项承诺"服务中规定，银行为储户办理金额为1 000元以下的人民币活期存、取款业务的时限为30秒，如果超时，储户有权要求赔偿。

4. 制定新的服务标准

根据检查的结果，定期修改或制定新的服务标准，不要拘泥于一套标准，要保持标准应有的活力。

实战演练

（一）案例分析

A 通信企业的农村市场服务标准

某省A通信企业的城市家庭市场、低龄市场、农村市场一直保持快速增长，尤其是该省地域狭长，少数民族众多，区域间经济水平、地貌特征差异较大，客户语音通信消费与数据业务消费能力存在较大差异，且现阶段服务体系的标准和规范主要适用于城市市场，在农村服务体系方面存在缺失，突出的问题是渠道标准（厅内布局、门头、服装、服务标准、服务流程等）不规范，农村渠道建设数量、服务范围等没有统一的执行标准。

为建立农村纵深市场服务体系和标准，实现农村规模市场服务网格化（保证服务半径小于3 km），边缘市场支撑电子化（服务提供零距离），该公司从"制定农村市场服务标准""加快三级渠道体系建设""分类开展民族特色服务""完善代销渠道服务授权"四个方面入手制定农村市场服务标准，同时以管理体系为保障，建立片区经理负责制，使农村市场管理机构下沉，实现农村服务管理区域化，建立农村代销渠道服务网络、农用信息收集和发布网络、语音通信网络三张无缝的通信服务网。

1. 管理体系建设

健全物流配送流程，明确当县公司、乡镇提出物资申请后，2个工作日内应当完成配送，如：奖品、礼品、终端、卡类、票据等。建立三级渠道的电子设备配置标准，充实空中充值、空中写号等电子化业务。健全服务体系的营业账务稽核、业务稽核制度。建立从行政村—乡镇—片区的金字塔式的管理体系，明确片区经理对乡镇、村渠道的支撑服务职责。建立分公司窗口服务态度、质量升级投诉处理流程，实行末位淘汰机制，明确分公司客户服务中心责、权、利。

2. 农用信息门户建设

县公司设定专人每周收集和更新12580信息，报至分公司信息库管理员；管理员二次审核后提交省公司 12580 信息库管理员。各分公司依托当地政府,与农业技术部门签订合作协议,定期提取农业技术信息,收集整理后由分公司上报 12580 信息库管理员。各分公司根据当地特色产业,收集特色产业实用信息,报 12580 信息库管理员。省公司设定有奖征集号码 10086,群发征集信息内容至目标客户,客户回复有效农村信息,整理核实后添加至 12580 信息库。

3. 终端维修流程建设

在区域设置县级终端维修服务点,当农村客户终端出现故障,在 2 个工作日内通过带送方式交县公司营销管理人员,由县公司在 1 个工作日内交指定维修网点,根据终端故障程度维修期限在 2~5 个工作日。终端修复后 1 个工作日内县公司营销人员带送至农村代办网点,由营业网点服务人员交至客户。所有需要维修的终端送交农村代办网点、县公司后必须有维修情况登记和客户签字。在维修期间公司为客户提供备用机,与指定维修网点签订维修协议。

4. 服务电子化支撑建设

建立农村内部投诉交流园地,农村实体渠道提交工单至县公司营销中心,由县公司投诉受理负责人督办处理,直接将处理结果反馈客户,如在县公司层面不能解决投诉,提交至地市分公司客户服务中心协助处理,由客服中心将最终处理结果反馈客户。各地市分公司客户服务中心定期整理业务知识信息库,通过内部交流园地下发,形成共享。通过短信、彩信方式将业务知识发送至各级渠道业务受理人员和片区经理,定期学习和培训业务知识。各地市分公司借助业务培训考试系统,每月对农村各级渠道及片区经理进行业务知识培训和考试评估,并按照考试成绩考核奖励,督促各级渠道和片区经理对业务知识的不断熟练掌握。

思考题:

(1)该公司的做法符合服务标准化制定的哪些原则?

(2)你认为该公司还可以从哪些方面对其服务标准进行补充完善?

(二)情景演练

假若你是一家快递公司的服务督办,能否根据本任务所学的知识,制定快递服务的标准?

任务三 如何管理服务承诺

问题引入

随着客户的消费和购买模式的不断发展变化,客户在购买产品的同时也开始逐渐意识到了服务的重要性,很多产品的服务本身也被企业和客户视同为"产品"而被买卖。为了增强企业的营销效果,几乎所有企业都向客户进行了服务承诺,然而由于缺乏对服务承诺进行有效管理,很多企业的"承诺"变成了"沉诺"。那么什么是服务承诺?服务承诺有何重要性?如何设计服务承诺?如何履行服务承诺?这些是在本任务环节需要掌握的内容。

任务要求

1. 识记:服务承诺的定义。
2. 领会:如何管理服务承诺。

3. 应用：如何设计和履行服务承诺。

名家名言

不要过度承诺，但要超值交付。

——【美】戴尔计算机公司 CEO　迈克尔·戴尔

案例引入

（一）案例描述

2015 年，某电信企业在中国电信集团公司三项服务承诺的基础上，自我加压，郑重向外界推出九大服务承诺。

承诺 1：查询详单，透明消费。

解读：在去年市话详单查询的基础上，该电信企业进一步完善了营业厅查询、网上查询、自助查询等多种方式，便于客户更多渠道的了解自身的消费详情，所谓透明消费正是此理。

承诺 2：预约服务，倍享尊荣。

解读：固定电话、宽带等通信安装类服务预约上门，客户可以根据自己时间安排选择上门服务时间，将服务的时间交给客户自己，享受预约上门的尊贵服务。这项承诺的推出为"客户至上"提供了更为丰富的内涵。

承诺 3：自主选择，确认开通。

解读：此项服务承诺要告知客户的是各项收费类业务未经确认，不开通。对于各项体验陷阱，也是剑有所指，对于各种免费体验的新业务，在实施前做到有效告知，体验期满后，未收到确认，不再开通该业务。

承诺 4：业务退订，方便自由。

解读：对于短信、七彩铃音业务做到无障碍退订和订制。客户可以通过发送短信订制指令到 SP 服务代码订阅短信业务，发送"0000"到 SP 服务代码按提示进行分项退订，发送"00000"到 SP 服务代码退订该 SP 提供的所有业务；通过拨打 118100，轻松订制和退订七彩铃音业务。也可以通过拨打 10000 订制或退订相关短信业务和七彩铃音业务。

承诺 5：投诉建议，2 日回复。

解读：2 日回复，这绝对是令客户叹服的时间。该承诺明确了对于客户的投诉或建议，在 2 日做到 100%回复，确保客户的投诉或建议得到快速响应。

承诺 6：新版协议，彰显公正。

解读：从 2015 年 7 月 1 日起，该电信企业在全省范围内统一启用新版客户服务协议，充分体现公正、公平，维护客户的利益。

承诺 7：新装拆机，按天计费。

解读：老客户可能对新装机、拆机业务月租费收取有所了解，以前都是按月计算，而此项承诺明确新装机、拆机月租费将在装拆当月按实际使用天数收取。客户当天办理装机和拆机，各项服务费用的产生和消除也在当天。

承诺 8：业务办理，足不出户。

解读：方便、快捷是现代社会的需要，对于服务业来说更是如此。通过 10000 号进行有关电信业务的咨询及业务受理、10001 号自助业务受理及查询、网上营业厅业务受理及详单查询，上千客户即可足不出户感受生活的轻松惬意。

承诺 9：同城移机，号码不变。

解读：对于搬家的客户来说，再也不用担心换号的烦恼了，该承诺是指对于在同一营业区因搬迁而导致的固定电话迁移，承诺号码不变，简言之，就是移机不改号。

（二）案例分析

该电信企业针对电信服务中人民群众最关心、最直接、最现实的利益问题，对客户进行了郑重承诺，倡导理性维权，共建和谐社会。着力营造诚信经营、放心消费的和谐电信服务环境，让客户尽情享受信息新生活。只有诚信服务，才能放心消费，有了放心消费，才能良性发展。

知识内容

（一）服务承诺的概念

服务承诺（Service Promise），是指服务企业通过广告、人员推销和公共宣传等沟通方式向客户预示服务质量或服务效果，并对服务质量或服务效果予以一定的保证。在服务承诺中，有的承诺是明示的，有的承诺是暗示的。在服务承诺中，仅仅预示服务质量或服务效果的承诺是不完全承诺，而不仅预示服务质量或效果而且予以保证的承诺是完全承诺。服务企业的广告、人员推销和公关宣传等沟通活动，实质上都是对自己服务质量的承诺。

服务承诺是对客户的保证，是对员工的激励，是企业扩大市场占有率，促进利润持续增长的重要途径。

（二）服务承诺的形式

（1）以企业的经营目标和宗旨表现出来。

（2）通过传播媒介，树立良好的企业形象。

（3）以海报、广告等形式向客户提供服务承诺。

（4）以规定的形式向客户保证。

（5）通过服务人员与客户的直接接触，向客户表达企业和服务人员的具体承诺。

（三）服务承诺的作用

1. 服务承诺与服务期望

服务承诺是形成客户对服务的期望的一个关键因素。服务企业通过广告、宣传、推销员、公共关系活动等沟通方式向客户公开提出的承诺，直接影响着客户对服务的期望。

服务承诺可以用来引导、控制和调节客户的服务期望。当客户对服务企业的兴趣不大和期望不高时，服务企业可以增加承诺的内容和力度，以此增强客户对自己的兴趣和提高客户对服务的期望。当服务企业认为客户自己期望过高和由此带来不利影响时，可以减少服务承诺的内容和力度，以此调低客户对服务的期望。

2. 服务承诺与客户风险

服务承诺有利于降低客户感知伴随购买行为及享用服务的各种风险的机会。由于服务的无形性，客户通常要承担较大的认知风险，而服务承诺是对服务效果的一种"有形"的预示（对服务效果的描述）和保证（如赔偿金额）。服务承诺可以起到一种保险作用，因而可以降低客户由于各种不同认知风险而产生的心理压力，增强客户对服务的可靠感、安全感，或者说，增强服务的可靠性质量和保证性质量，从而促进服务营销。

3. 服务承诺与服务理念

服务承诺有利于服务企业树立客户导向的服务理念。服务承诺要对客户有吸引力，就要使承诺的内容（服务质量标准）成为客户最关心的方面，这就推动服务企业关注客户和深入了解客户对服务的各种期望和要求，树立满足客户期望和要求的客户导向的服务理念。

如英国航空公司在制定服务承诺的过程中，专门对旅客做了调查，了解了他们对航空服务的要求和公司服务的薄弱环节，从而找到改进服务的关键，使服务承诺的内容能针对旅客的要求和期望。

4. 服务承诺与客户监督

服务承诺有利于信息反馈和便于客户监督服务企业的活动。服务承诺的提出实际上就是一种信息反馈机制，它为客户提供了评判服务质量是否合格的依据，这有利于客户意见的反馈和便于客户监督，而完善、方便的信息反馈渠道和客户监督机制，是具有营销吸引力的。

5. 服务承诺与内部营销

服务承诺有利于服务企业开展内部营销活动。服务承诺不仅是针对客户的，而且是针对企业自己的员工尤其是服务人员的。服务承诺所承诺的质量标准，对客户是一种吸引力，而对服务人员是一种鞭策力、一种挑战，也是一种激励。这有助于增强服务人员的责任心和振奋他们的精神。事实上，一家服务企业敢于推出服务承诺，这本身就体现了一种气魄、一种信心、一种企业精神，对这家企业的服务人员会起到激励作用。如美国一家人力资源服务公司在推出服务承诺后说："我们的员工对承诺的反响非常强烈。在我们公司，承诺与其说是一种营销手段，倒不如说是公司员工的一种自豪感。员工们从承诺中看到了公司的强大。这正是内部营销的目的。"

技巧与方法

（一）服务承诺的特性

1. 服务承诺的彻底性

服务承诺的彻底性就是无条件性。强而有力的服务承诺，一般是无条件的承诺，不应留有向客户"还价"的余地。彻底的、无条件的承诺，显示了服务质量的可靠性和保证性，也显示了服务企业对自己质量的信心，对客户有很大的吸引力，也不会让客户怀疑服务企业提供的服务承诺的诚意。相反，有些承诺之所以缺乏吸引力，因为它留有一定的"还价"余地。执行服务承诺的条件太多，除让客户怀疑服务企业的诚意外，也让他们感到获取服务承诺的成本太高。对某些条件的理解不足，更可能是日后客户与服务企业产生矛盾的导火索。

2. 服务承诺的明确性

有力的服务承诺应当是明确、不含糊、不引起误解的。例如，肯德基在美国的服务承诺是："客户在任何一家肯德基快餐店付款后必须在 2 分钟内上餐，否则可免费用餐。"这里的"2 分钟内上餐"是明确的承诺。而如果快餐店承诺"保证尽快用餐"，那就是含糊的、不明确的承诺。不明确的承诺，难以真正兑现，从某种意义讲，等于没有承诺，明确的服务承诺一般是对服务"硬"标准的承诺。

3. 服务承诺的利益性

有吸引力的服务承诺，应当针对客户迫切的期望和要求，给客户带来实实在在的利益。承诺所涉及的赔偿或奖励，必须能让客户清楚感受所伴随的利益。例如，江西省婺源县推出的"游客损失预赔制度"，是针对旅游治安环境的一项承诺，这项承诺针对游客最关心的治安问题，提出"游人在婺源游玩期间，遭受失窃、抢劫等不可预测的事件，游客财产损失，在公安机关破案之前，由婺源县财政拨款对游客先行照价赔偿"。这项承诺是利益性的承诺，利益性体现在对游客财产损失"照价赔偿"。又如，杭州大众出租汽车公司的一项承诺是：凡气温在 30 度以上的时候，大众出租一律打开空调接客。如发现擅自不开空调的，投诉乘客可获退所有乘车费，并获得面值 30 元的乘车证一张，违纪司机则视情节轻重予以处罚。这项承诺也是利益性承诺：一是，针对了夏天乘客最迫切的一项期望和要求——空调；二是，明确提出赔偿金额是 30 元。

4. 服务承诺的可靠性

有力的服务承诺应当是可靠的，能实现的。不能兑现的承诺，或过头的承诺，是不可靠的承诺。服务承诺应当如实地反映服务企业的服务质量和服务效果。服务承诺的可靠性或真实性，要求服务与广告之间必须吻合。广告作为一种艺术，容易流于夸张，而可靠的承诺不能有半点夸张，因此，使用服务广告表达服务承诺讯息时，服务企业不能误导客户，不能破坏服务承诺的可靠性或真实性。这也是优秀的服务广告难产的一个原因。过头的承诺容易发生在服务创新的推广上。服务创新在推广初期可能不成熟，还存在一些不足，但营销人员为了推广服务创新常常容易夸大其优点，并做出过头的承诺。过头的承诺也容易发生在竞争激烈的情况下，如为了说服和争夺客户，营销人员也容易做出过头的、实际上难以完全兑现的承诺，埋下日后可能与客户产生不必要矛盾的引线。

5. 服务承诺的真诚性

有力的服务承诺应当是真诚的或坦诚的。例如，美国花旗银行所属的旅行社提出"最低价"承诺，客户如果提出疑问，旅行社立即运用计算机进行价格行情搜寻，并在屏幕上显示出所有同行对手的价格。如果客户的怀疑是对的，就立即兑现承诺，给予赔偿。这是一项比较真诚的承诺。相反，美国另一家旅行社也承诺"最低价"，但是客户申诉时，不能光凭自己所见，必须叫另一家价格更低的旅行社出面作证才认账。这让客户感到是缺乏诚意的承诺。服务承诺的真诚性还应表现在承诺的兑现上，即兑现要简便、爽快。如果服务承诺不兑现，或者手续非常烦琐，那么这样的承诺显然是虚假的，没有诚意的。

6. 服务承诺的规范性

服务企业的服务承诺还应与行业规范和标准即行业服务承诺接轨，增强承诺的社会规范性和合理性。例如，铁道部公布有 6 项服务承诺：

① 站容车貌美观，整洁卫生；
② 车站厕所设备完善，清洁卫生；
③ 列车卧具干净整洁，及时更换，列车终点站到后收回；
④ 饮水供应满足旅客需求；
⑤ 空调列车、候车室空气新鲜，温度适宜；

⑥ 热情服务，礼貌待客。

铁道部的服务承诺替整个铁路客运行业订下标准。各铁路局和铁路分局在涉及服务承诺时应与铁道部的服务承诺接轨，保持一致。若某铁路局的服务承诺体系低于此标准，不仅缺乏吸引力，对乘客的消费心理更会产生负面的影响。

（二）服务承诺的履行

1. 加强运行部门与营销部门的协调

在服务承诺的问题上，营销部门与运行部门之间沟通得不够，会影响服务承诺的履行，造成服务承诺与服务实绩之间的差距。因为营销部门是承诺者，运行部门是承诺履行者，承诺者与履行者之间缺乏沟通和协调，就容易造成服务实绩与服务承诺之间的脱节。加强运行部门与营销部门协调的管理策略是：

（1）加强横向沟通，例如，利用工作会议促进运行部门与营销部门的交流；

（2）利用项目（团队）管理加强运行部门与营销部门的协调；

（3）将运行部门与营销部门的办公地点安排在同一办公室里。

采用项目（团队）管理的服务企业，可以利用项目组（团队）加强运行部门与营销部门的协调。例如，广告公司通常采用项目管理。在广告项目组（团队）里，有营销人员（即客户联系人，或广告业务人员），也有艺术设计、拷贝写作、广告制作、媒体联系等运行人员。广告公司可以在广告项目组里促进运行人员（部门）与营销人员（部门）之间的交流和合作。

服务企业有意安排运行部门与营销部门在同一地点办公，也有利于这两个部门之间的协调。

2. 加强二线人员的配合

服务承诺的履行，需要二线或后勤支撑人员的配合。二线人员是指办公室人员和支撑服务人员。二线人员较少直接接触客户，对客户的期望或要求以及相关的服务承诺了解得不如一线人员多，这可能影响他们在服务过程中履行服务承诺的责任心及反应。加强二线人员配合的管理策略包括：

（1）为二线人员创造直接接触客户的机会；

（2）建立二线人员的服务承诺制度；

（3）在二线人员的业绩考核中增加履行服务承诺方面。

3. 加强客户的配合

在参与服务过程时，客户的行为会影响服务质量和效果，客户有效的参与行为是保证服务质量和满意度的必要条件和重要条件，因此，服务企业对自己承诺的履行，离不开客户的有效参与和配合。客户不配合，服务企业承诺的服务效果就难以达到，服务承诺就难以履行。客户予以配合，服务企业的承诺就比较容易履行。加强客户配合的管理策略主要是：

（1）加强对客户的指导和教育；

（2）加强与客户的沟通和协调。

服务企业对客户进行服务指导和教育，可以帮助客户理解在服务过程中他们的角色要求和期望，其中包括客户的配合活动和责任。因此，越是加强对客户的指导和教育，客户对服务的配合责任就可能越强。

实战演练

（一）案例分析

2015年年初，某移动公司推出了"资费持续减负""通话品质保障""收费错一奖一"等八项服务承诺，为广大客户新年献礼。

据介绍，"2015年新八项服务承诺"，重点关注社会民生，通过主动承诺资费下调，让客户通信更省钱；深度优化网络质量，让客户沟通更顺畅；快速解决客户疑难，让客户使用更放心；足不出户以指代步，让客户办理更便捷等举措，为广大客户提供更专业、更优质的通信服务。

承诺一：资费减负，关爱民生。

资费是广大消费者最为关注的问题。因此，该移动公司将其列为"新八项服务承诺"之首。2015年，客户面临的首要压力是经济压力，该移动公司主动承诺不断降低资费水平，希望通过自身主动的降低资费行动，为客户带来实实在在的实惠，帮助客户降低生活成本，顺利渡过难关。

承诺二：优势网络，全面覆盖。

网络质量是客户的核心利益，是客户顺畅使用移动通信服务的基础，这样的服务承诺充分彰显了该移动公司的优质网络覆盖水平。

值得客户关注的是，该公司为了表达其不断改进网络质量的决心和对客户的感谢，还推出了与客户互动的网络质量提升工作："凡客户发现区域网络盲点，并发送短信到10086110端口反馈的，经我公司确认后，每月从中抽取50个客户，于次月底分别奖励1000元话费。"每一个该移动公司的客户都可以通过发送短信参与此活动，在帮助企业共同完善网络质量的同时，还有机会获得千元大奖！

承诺三：通话品质、全心保障。

电话接通率超过99%、通话保持率超过99%、国际漫游通达率超过99%。

清晰顺畅的通话是服务质量的又一重要指标，直接影响客户的使用感知。这一服务承诺代表了在业界的领先水平，和上一承诺一样，该公司也同时开展了客户互动活动："凡客户发现区域网络单通或掉话现象，并发送短信到10086120端口反馈的，经我公司确认后，每月从中抽取50个客户，于次月底分别奖励1000元话费。"

仅以上两项举措，该移动公司就计划拿出超过100万元的金额奖励积极参与的客户，充分表达了该公司对客户帮助的感谢。

承诺四：收费误差，错一奖一。

客户最担心被收错费，该移动公司的这一承诺无疑可以让客户放下心来。据了解，该移动公司目前已经构建了先进的计费系统确保计费精确，其业务处理能力、支撑用户数、月处理话单数位列全球同类公司前茅，并实现了清单自动统计、计费数据自动检查，自动报警等功能。

有了先进的系统，再加上实实在在的服务承诺，该移动公司在准确收费方面树立了业界的标杆，对广大的移动客户来说，这无疑是一大利好。

承诺五：有诉必回、响应及时。

客户一般是遇到了急事、难事才会去投诉，这一服务承诺"急客户之所急、想客户之所想、解客户之所困"，充分体现了该公司以客户为中心的服务宗旨。采访中，公司的代表表示，投诉是金，对客户的投诉，公司一贯充分重视，并将客户投诉作为不断提升服务质量的重要推动力。当然，对客户而言，能有诉必回，使用手机当然更添了一份底气。

承诺六：业务订退、清晰透明。

面对日益丰富的数据业务，如何选择最适合自己的，一直是众多移动通信客户困惑的问题。第六项承诺也做出了明确表述，"业务开通，二次确认；业务退订，三种选择。"这一承诺可以让用户放心使用数据业务，让客户真正做到"明白消费"。

承诺七：业务办理、轻松便捷。

缴费或办理业务要不要跑营业厅或排队？第七项承诺向公众展示了该移动公司强大的服务体系。该移动公司的客户现在可通过八大e100电子服务渠道办理业务，包括网站、短信服务厅、10086服务热线、自助终端、USSD掌上服务厅、WAP服营厅、电话客户经理、12580综合信息服务门户等，这些7×24小时的服务方式，让客户真正实现了足不出户、以指代步的办理业务，为客户节约了时间、节省了费用；另外客户可以通过十大缴费方式完成缴费，包括银行托收、空中充值、网上充值、自助终端充值、移动充值易、手机充值卡、电子充值券、短信充值、电话充值、沟通100服务厅等，享受信息化社会生活的轻松便捷。

承诺八：十大提醒、贴心关怀。

第八项承诺是全面提醒关怀。该移动公司一下子为客户提供了话费余额提醒、停机提前提醒、办理成功提醒、清单被查提醒、网站登录提醒、邮件到达提醒、充值到账提醒、优惠到期提醒、积分清零提醒、体验到期提醒等十大免费提醒服务。

随着信息社会的到来，客户需要记忆的事情越来越多，很多时候会因为遗忘而造成不应有的损失。十大免费提醒服务，为客户提供全面的贴心关怀，让客户更省心。

在市场竞争日益激烈的今天，该移动公司不断自我加压、自我超越，以服务承诺的庄严方式向社会公示，接受社会和客户的监督。以实实在在的服务行动提升服务质量，也充分体现了其责任型企业形象。

思考题：

（1）结合本任务环节的知识，你认为该如何更好地履行这些承诺？

（2）谈谈你对该公司这种自套"紧箍咒"行为的想法。

（二）情景演练

请你将中国电信、中国移动、中国联通三家通信运营商的服务承诺进行对比，并谈谈你的看法。

任务四　如何减少服务质量风险

问题引入

目前随着我国加入TWO，市场竞争越来越激烈。无论是制造业企业，还是服务业企业，服务都不可或缺，并在很多方面发挥重要作用。但是，服务风险无处不在。那么究竟什么是服务质量风险?服务质量的风险分为哪几种?如何减少服务质量的风险?这是在本任务环节需要掌握的内容。

任务要求

1. 识记:服务质量风险的概念和种类。
2. 领会:服务质量风险的成因。
3. 应用:减少服务质量风险的方法。

名家名言

风险来自你不知道自己正在做什么!

——【美】沃伦·巴菲特

案例引入

某联通公司的纠风服务计划

(一)案例描述

某联通公司为降低服务质量风险,于2015年推出了纠风服务计划。

1. 纠风服务指标

客户感知指标:客户满意度提升:固话业务提升0.2分,移动业务与竞争对手缩小0.2分。

服务质量指标:县以上自有营业厅、合作营业厅、客服呼叫中心、VIP客户俱乐部的22项服务规范指标的达标率为100%。

服务管控指标:万户投诉率:每月固网业务低于2起,移动业务(含小灵通)低于20起。

2. 具体措施

(1)整合服务资源,建立统一的纠风服务体系,为全业务发展提供保障。

① 加快服务渠道整合,提高全业务服务能力。
② 推进窗口服务管理标准的整合。
③ 做好客户服务支撑系统整合。

(2)深化五大服务品牌建设,持续开展服务创新,组织开展"新企业、新形象、新价值"服务创新活动。

提升五大服务品牌建设是新公司的战略部署,各单位要着眼全业务带来的新情况、新问题,提出各品牌的整合方案。每一个品牌整合过程的核心部分是着眼企业重组和全业务的新情况,充实品牌的新内容,使五大服务品牌适应新企业,适应全业务,适应日益增长的客户需求和期望。为了扎实有效的深化五大服务品牌建设,要建立五大服务品牌的效益评价体系,既使五大服务品牌成为新企业的金字招牌,同时又使之成为改进和提升纠风服务管理水平的法宝。

(3)完善纠风服务监督体制,强化监督考核机制,确保各项工作落到实处。

按照现代管理理论,企业管理的50%是检查与监督。为此,我们把服务工作的检查监督放到突出的位置。

① 认真落实服务工作纵横连锁责任制，形成全程联动、全员互动的大服务格局。根据新企业的新情况，重新确定各部门在服务提供过程中应承担的服务职责，明确支撑保障标准及考核办法，完善服务工作纵横连锁责任制。

② 实施全过程的纠风服务管控，打造顺畅的服务链。在服务提供过程中，市场部门、服务质量管理部门和法律与风险控制部门要加强沟通协作，密切配合，加强售前、售中、售后过程中的服务风险管理和控制。服务部门要做到事前参与，控制风险；事中检查，保证服务提供过程的规范性和及时性；事后补救，快速向相关部门反馈信息，完善管理办法或业务流程，防止同类问题重复出现。

③ 强化纠风服务质量监督检查，循序提高和改进服务质量。严格执行上级制定的纠风服务质量检查标准，加大服务质量监督检查力度：拓宽检查渠道，利用电话回访、交叉检查、神秘客户暗访、营业厅视频监控系统等方式和手段进行检查；加大对各单位二、三级情况的检查，注重检查的"有效性"；加强对郊、县局及市内非繁华地区、代理商营业厅的服务质量检查。实行服务质量精细化管控，注重"前瞻性"：继续加强客户投诉管理，通过落实服务质量"日监控、周分析、月通报"制度，及时掌握倾向性问题苗头，完善重大服务质量问题预警机制，体现服务质量管理的"前瞻性"，重点监控违规发展业务、工单超时、越级投诉、服务态度、SP等合作商违规发展业务等重大问题和不良指标；在客户回访方面，结合不同时期的工作重点，设计科学的回访内容，找准回访对象，对回访出的问题进行分析、考核，切实做到"发现问题，解决问题"。

④ 加强重大问题管控，解决热点纠风服务问题。压缩固话障碍修复时限，提高障碍修复质量。完善宽带业务管理，加强系统支撑能力，提高宽带网络质量，提升售后服务水平，降低宽带客户投诉。

（二）案例分析

该公司紧紧围绕其生产经营的中心任务，以提升客户感知、提升服务效能、降低客户投诉为目标，建立了这个服务体系，从而有效地提高了企业的服务质量，降低了企业的服务质量风险。

知识内容

服务质量风险是指因服务质量较差而造成的经济损失。服务质量风险主要包括以下几方面。

（一）服务标准公开的"数字风险"

为吸引客户，企业在服务标准上可谓费尽了心思。越来越多的企业的服务标准具体化、明确化，使服务质量更容易让客户感知与触摸。其中，有一个重要举措就是把服务标准量化，甚至数字化。这本是一件好事，既有利于企业按服务规范执行，也有利于客户维护自身的利益。但是，科学地把服务标准量化是一个关键。企业既不能"设套"给自己钻，又要保证这个量化标准在市场上具有竞争力，对客户来说又具诱惑力。因此，立足国家或行业服务标准，参照竞争对手的服务标准，对自己的服务标准"有限升级"是一个明智的选择。诸如清华同方电脑在明确竞争对手"一年免费上门,三年有限保修或三年有限上门"服务标准的情况下,把自身服务标准定为"三年免费上门,六项免费政策"。要知道,服务标准是不能无限升级的,要涉及大量成本。因此,企业要把握好一个度,过度服务不见得是一件好事。

(二)服务业务外包的"瘸腿风险"

对于很多企业来说,服务并不是利润点,而只是后台支持业务。所谓外包就是指企业将生产或经营过程中的某一个或几个环节交给其他(专门)公司完成,包括生产、服务、销售等领域皆出现了外包。如今,服务外包已经成为一种潮流。但是,把专业的事交给专业的公司去做本是一件好事,但是也存在一定弊端,或者说服务外包有很多风险,诸如服务质量的不可控制性、信息传递的迟滞性,等等。另外,虽然很多企业服务并非专业外包,但却采取了授权服务或委托服务的模式,同样存在一定风险。现在很多企业把呼叫中心业务外包,因此需要签订服务水平协议(SLA)。这不同于传统的服务协议,协议中要求服务提供商保持一定水平或"标准"的服务,而这些服务由呼叫中心来保证。

(三)服务水平协议的"违约风险"

所谓服务水平协议(SLA)通常是指企业与客户方为保证服务质量,与客户共同确立的一种双方认可的服务质量约定。这是一种外部的服务水平协议,企业内部也可以有服务水平协议。需要强调的是,服务水平协议未必是以契约的形式出现,未必要经过甲、乙双方签字盖章。以下几种情况都属于服务水平协议:对外公开宣布的服务的具体标准;广告中发布的对服务质量的服务承诺;销售或服务人员在工作中对客户的承诺……就服务水平协议本身来说,这是一件好事,前提是企业练好内功。

(四)服务效率低下的"速度风险"

服务效率体现在几个方面:服务接待效率、内部处理效率、服务处理效率等。影响服务效率的因素很多,诸如服务人员的素质与能力、服务网络分布与服务半径、零部件及备品资源的充足程度、服务设备设施的技术性能,等等。很多企业为提高服务响应能力,提出了"7×24"服务(全天候服务)、限时服务等措施。麦肯锡 2007 年开展了一项个人金融服务调查,这次调查针对亚洲 12 个市场 13 000 名消费者进行了面对面访谈。其中,在中国 15 个省份的 16 座城市、针对来自各收入阶层的受访者进行了 4 178 人次的面访。在调查中,有 24%的受访者表示,过去两年有过不愉快的银行服务体验,其中 60%的人认为一线服务效率低下是引起不满的主要原因。

(五)企业过度服务的"成本风险"

所谓过度服务是指一些客户在接受一些产品或服务后,产品或服务的某些特色或功能根本用不上,但这些特色或功能却增加了他们的购买成本。过度服务客户群往往具有以下几个基本特征:一是产品或服务复杂难用,以及高成本;二是产品或服务存在他们并不需要的多余功能,这些功能的存在对他们并没有实际意义;三是对企业创新的价值不予认可,使创新价值没有得到体现,乃至影响到投资回报。在医疗服务行业,最常见的过度服务就是要求病人做不必要的检查,以及大量处方,这样做有很多危害。2004 年 5 月,《成都商报》刊发了一篇《嘿着嘿着 100 袋中草药扛回家》的文章,披露了成都某民营医院为来求医的病人开了 100 副中草药,花去 2 800 多元的事实。结果,见报后在百姓中引起强烈反响,医院形象受损。

（六）恪守企业传统的"责任风险"

世界上唯一不变的就是变化，因此服务也需要随需而变。这种变化包括多个方面，诸如随区域市场变化、随客户的实际需求变化、随着技术发展而变化，等等。是企业意志重要还是客户的需要重要，是按自己的标准服务还是按国家的标准服务，是企业必须思考的一个问题。实际上，企业服务必须随时做好"升级"准备，而不恪守服务传统。否则，不仅仅会降低客户满意度，同时也会降低企业竞争力。我们都知道联邦快递公司，这家公司恰恰是通过提升服务——隔夜送达服务，获得竞争的优势与主动权。而联合包裹运输公司、埃默里货运公司、飞虎运输公司等本应该开创隔夜送达服务的大型货运公司，却对那个没有出现的隔夜送达服务市场十分畏惧。结果，这些老牌企业，不仅没有参与隔夜送达服务的创立，而且断言联邦快递公司开创隔夜送达服务一定会失败。然而，失败的却是联邦快递的竞争对手。如今，联邦快递已成为全球快递业的翘楚，而"隔夜送达"服务就是联邦快递的精髓。

（七）服务文化排斥的"冲突风险"

任何一个企业都有其服务文化，包括理念文化、制度文化与环境文化。尤其是对于那些已经把服务品牌化的企业，更是具有鲜明而个性的服务文化。这里有一个服务本土化问题，尤其是在理念层面实现本土化。企业服务能够很好地为广大客户所接受，关键是服务文化能够很好地与消费文化相融合。在这方面，肯德基是最为典型的一个案例。肯德基虽然定位为"世界著名烹鸡专家""烹鸡美味尽在肯德基"，并且以鸡类食品擅长。但是，肯德基在中国市场上并不保守，针对中国人口味、饮食结构、就餐习惯、消费特点等开发了很多适合中国人口味的本土化产品。诸如寒稻香蘑饭、皮蛋瘦肉粥、"榨菜肉丝汤""海鲜蛋花粥""香菇鸡肉粥"等产品，当然这些产品在不同区域投放。到 2007 年，肯德基在中国区域推出的 30 多款新品中，至少有一半是具有中国特色的，甚至还一度被业界指其抢占了中国的"八大菜系"。并且，肯德基平均每个月就推出 1.5 款新产品。

（八）服务形象混乱的"形象风险"

在客户眼里，服务队伍既有"正规军"，也有"游击队"。在客户眼里，"正规军"比"游击队"更值得信赖。因此，一旦企业的服务队伍在客户心目中树立了"游击队"的形象，就会影响企业的口碑。为此，很多企业谋求打造服务"正规军"。在目前装修市场上，油漆工在家装或工装中正在发挥着重要作用。但就专业而言，目前市场上还没有专业油漆工。由于工人手艺参差不齐，施工质量难以保证，使许多好的油漆涂料产品没有发挥出应有的性能。油漆涂料行业中的立邦公司就觉得这是一个树立自身服务形象的好机会，并且有利于促进产品销售。为此，立邦与家装协会连手对一些技术较好的油漆工进行专业培训，提高他们的专业技能，使施工质量更上一个档次。针对专业油漆工，不但提出了服务标准，还实现了持证上岗，施工规范化。

（九）服务概念炒作的"噱头风险"

为在服务上打出差异牌与个性牌，同时也为易于传播与炒作，很多企业想到了概念。总体来说，服务概念主要包括几种类型：一是服务品牌概念，诸如浪潮服务器"360 专家服务"、PLUS（普乐士）的"贴心24"，等等；二是服务模式概念，诸如快递公司提出的"门到门服务"、物业管理公司提出的"5S 服务""无人化服务",等等;三是服务标准概念,诸如"五心级服务""五星级服务"、耀马空调提出的"四小时服务圈",等等;四是服务技术概念,诸如美国电话电报公司采用的"遥控服务",该公司推出了电信医疗,即医生不需与病人接触,就可对病人做出诊断。企业打概念牌无非是想标新立异,作为差异化营销的亮点或者炒作的噱头,以增加营销的砝码。不过,服务概念要有实际意义,并且要有实际内容支撑,否则反而会给企业带来麻烦。

（十）服务政策趋同的"亏损风险"

很多企业在经营中,张口闭口必言"客户就是上帝""客户永远是正确的"。如果从抽象的角度来理解,这种视客户为"衣食父母"的精神并没有错。但是,在实际为客户服务过程中就未必是那么一回事了。美国高科技半导体制造商 LSI 乐基公司在进行 ABC 法分析后,发现企业大约 90%的利润来自 10%的顾客,并且还惊讶地发现公司半数以上的顾客服务是亏损的。由此可见,客户未必都是企业的"朋友",甚至有些客户还在坑害企业。ING 网上银行在其他企业沉浸在"一切以客户为中心"的服务理念之中时,却特立独行,每年都要"炒掉"3 600 位客户,以降低服务成本,提升服务。客户也应分为三六九等,也有必要进行差异化管理与服务,否则必然会造成成本上升与利润降低。当然,这对于以赚取利润为目的的服务业更具有现实价值。

（十一）服务沟通不畅的"爆炸风险"

聪明的企业不会让客户把"苦水"往自己的肚子里咽,而是要让客户把"苦水"向企业都倒出来。如果客户不向企业把"苦水"都倒出来,那么就可能会采取以下举措:一是什么也不说,自认倒霉,但从此就与企业说"再见"了;二是向号称"第四种权力"的媒体、政府执法部门说出自己的抱怨,这时就体现为客户投诉,会使企业更加被动,不仅在经济方面受损失,还可能使企业的形象受损;三是向身边的亲朋好友或企业的其他客户抱怨,这时每一位不满意的客户都可能影响身边的很多人,结果客户的抱怨就会如病毒一般快速扩散,使潜在客户不"上钩",老客户也纷纷"倒戈"。可见,看似小小的抱怨,却很可能会点燃熊熊烈火,甚至"烧毁"企业的市场。

可见,企业必须给客户创造倒出心中"苦水"的渠道,让他们的抱怨能说出来,并且是直接向企业说,而不向"外人"说,"家丑"岂可外扬?为此,很多企业建立了顺畅的客户沟通渠道,把一切问题解决在"家里"。其实,沟通渠道很多,诸如可通过呼叫中心、网站来接受客户抱怨,在服务场所还可以设立客户服务接待处,接受客户的抱怨与投诉。对于制造企业,还可以在产品包装、产品说明书等标明客户服务电话及通信地址,以实现顺畅沟通。另外,企业还可以通过活动主动收集客户意见或了解客户抱怨,诸如"客户问题有奖调查""客户意见座谈会""客户回访"等形式,主动把问题收集上来并逐次解决。企业不要经意或不经意地"积累"客户的抱怨,要知道客户的忍耐是有限的,量变必然要导致质变。如果客户的愤怒真的"爆发"了,场面可能也就难以收拾了。

技巧与方法

减少服务质量风险的唯一方法是提高服务质量,质量是指服务对象的满意度或同行认可度。服务质量是态度、技术、责任心、硬件、管理、亮点、投诉、差错8个要素的总和。其中投诉、差错是负数，应越小。

（一）构成服务质量的8个要素

态度：对待顾客要热情、周到、认真、仔细，而不是态度冷漠、顶撞、甚至更差；

技术：是指业务水平，包括销售流程和售后服务；

责任心：就是真心实意地为顾客服务，让顾客买得放心，用的舒心；

硬件：则是设备、购物环境等；

管理：就是管理人员有效地利用人力、物力和财力去实现组织目标的过程；

亮点：就是服务亮点，服务特色或特需服务，亮点能起到画龙点睛作用；

投诉：顾客对服务不满意，要求企业做出回应。

差错：服务人员或服务系统由于自身原因导致服务出错。

以上8个要素构成我们的服务质量。除硬件外，其他7个要素都可通过我们的努力而提高。

（二）如何提高服务质量

（1）应该知道增强服务意识的重要性，我们要改善服务态度，提倡主动服务。应该认识到只有加强服务，才能满足顾客的消费需求；只有增强服务才能赢得顾客的信赖；只有增强服务，才能提高顾客的满意度，同时也只有增强服务，才能体现自身价值和满足自身需要，因为你的服务得到赞同和市场认可，你就能在这个激烈竞争的市场中立于不败之地。所以，顾客是上帝的理念不应该是一种虚而不实的东西，真正要把顾客当作上帝来对待，做到细心、热情、周到。但由于社会的多元化，我们的优良服务有时不一定能得到应有的反应或认可，我们应明白确保消费者权益不受侵犯是最根本的前提。

（2）要加强内部管理的严格化，要保证服务人员按照公司的要求和计划去执行服务，避免在执行过程当中出现偏差，我们应该注意以下几点管理细则：

① 避免服务标准过于复杂或苛刻；

② 避免服务理念过于抽象的表达，以至于销售员难以理解或产生歧义；

③ 重视销售员培训，增强销售员服务的技能水平；

④ 对服务执行工作进行全面的实时监控，发现问题立即解决。

对销售员进行相关培训是很重要的。销售员和顾客的距离是最近的，如果在服务之前销售员没有接受过任何培训和指导，那么当出现服务差错时，他们就会不知如何应对不满的顾客，在处理服务差错时可能会不知所措，缺乏信心，就不能决定哪一种是最好的解决方法。所以当出现服务差错时，如何来进行补救性服务需要一个学习的过程。

最后，应重点强调避免投诉发生而不是如何解决投诉。为顾客提供售后小常识，包括合同各项条款的解释，让顾客在购买过程中就将可能发生的问题避免，这样才能实现真正的优质服务。

实战演练

（一）案例分析

某通信运营商为有效降低服务质量风险，采取了如下措施。

1. 实施投诉可视化管理

客户投诉作为衡量公司服务工作是否到位的重要依据之一，直接反映了客户的不满和意见，对客户满意度的提升至关重要。该公司通过对当前投诉管理工作和瓶颈问题的深入剖析，建立和实施客户投诉可视化管理，通过各种投诉管理举措，使公司和客户的各种投诉活动"看得见"，通过塑造"看得见的工作现场"，达到增强投诉数据透明度，强化投诉处理督导，提升投诉处理质量，有效降低客户投诉量的目的。

一是建立一般客户投诉可视化处理流程，从而加强客户投诉信息的透明度，强化服务支撑，简化投诉处理流程，完善投诉管理监督机制，缩短投诉处理时限，打造快速、高效的投诉处理机制。

二是建立越级投诉可视化处理流程，以增强越级投诉信息的透明度，有效控制越级投诉，建立越级投诉可视化处理流程，使公司各部门、分公司加快处理速度，提升越级投诉处理质量，避免客户重复越级投诉。

三是建立重复投诉可视化监督渠道，面向社会开通和公布省服务质量监督电话，设立专席受理和处理一般投诉渠道未解决的引起客户重复反映的投诉问题，监督各渠道的服务状况，重点解决客户重复投诉问题，减少越级投诉的发生。

四是在公司内部成立特殊投诉协调领导小组和工作小组，进一步提高投诉处理水平，及时调动各部门资源，对公司"特殊"投诉做出快速反应，确保公司能及时控制与应对各类应急事件，提升对特殊投诉的处理速度和结果质量，避免引起广泛的社会不良影响。

五是建立客户接触点投诉可视化管理机制，增加内部投诉信息的透明度，使各服务界面受理客户投诉时能够及时了解投诉客户的相关信息，使一线人员实现了从被动受理客户投诉向主动做好客户投诉服务的角色转变，从而达到提升投诉客户满意度的目的。

2. 加强客户信誉度管理

按照公司签约客户话费信用度管理办法规定，AAA级客户为党、政、人大、政协以及公、检、法、军队、大型企事业单位内的重点客户，AA级客户为按积分标准 VIP 级别达到银卡以上的大客户（其他大客户或集团客户中没有达到银卡标准的重点客户，可由各分公司拟定评信方案自主确定是否享有 AA 级服务）。与此同时，加强对非信誉度客户欠费的催缴力度。对没有签订按期缴费协议的现有 AAA 级客户，要尽快与所在单位签订重要客户按期付费协议，新增重要客户必须签订付费协议方可录入系统，付费周期以月为主，最长不得超过两个月，按季付费必须由省公司市场部审批，付费方式尽量采用银行托收划账方式。各分公司要建立健全非信誉度管理客户欠费清缴管理办法及流程，要将非信誉度管理客户清欠工作纳入客户经理考核体系，要建立重要客户欠费收缴情况书面记录，在做好重要客户服务、稳定工作的同时做好重要客户欠费管理工作。

思考题：
（1）谈谈你对该企业这些降低服务质量风险措施的看法。
（2）根据服务质量风险的分类，你认为通信企业的服务质量风险主要可以分为哪几类？

（二）情景演练

请你就"三鹿奶粉"事件从服务质量风险的角度分析其最终失败的原因。

本章小结

- 对服务质量的评价来源于顾客的期望和亲身体验的感知质量之间的比较，服务质量的内涵目前仍是学术界讨论的热点之一。

- 服务质量管理差距模型能够帮助我们更好地理解服务质量管理，这个模型展示了影响顾客期望满足程度的过程。从模型中我们可以看出，从顾客产生期望到期望被满足的感知过程中存在几个传递环节，这些环节中的差距直接影响到企业提供的服务质量。基于服务质量差距模型，通过分析期望与现实之间的差距，本章总结出针对这些差距的应对方法。

- 服务标准是指为满足顾客的各种要求，规范相关部门所提供的特定服务，并确保服务方案的适用性和达到顾客满意的标准。制定服务标准应满足具体化、简明、可测定、建立在客户的要求之上、写进工作说明和实施评价中、和职员共同制定、公平实施、补充弥补等原则。本章还介绍了制定服务质量标准的技巧与方法。

- 为了增强企业的营销效果，几乎所有企业都向客户进行了服务承诺。服务承诺是指服务企业通过广告、人员推销和公共宣传等沟通方式向客户预示服务质量或服务效果，并对服务质量或服务效果予以一定的保证。本章介绍了服务承诺的形式、作用、特性以及如何履行服务承诺。

- 最后，本章还涉及服务质量风险的基本内容，介绍了服务质量风险的概念及如何通过提高服务质量有效降低因服务质量较差而造成的经济损失（即服务质量风险）。

第七章

客户投诉处理

本章结构图

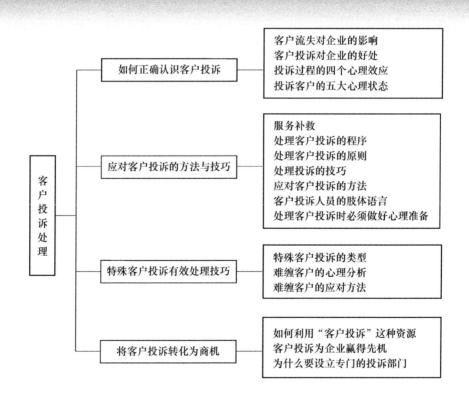

问题引入

客户投诉是客户与企业矛盾的直接表现,是客户对企业市场行为的质疑;客户投诉与客户个性特征、消费心理、投诉心理更密不可分。当前企业在客户投诉管理上存在的问题仍然非常严峻。仅有理念是远远不够的,必须要有切实可行的方法。有个故事讲到,老鼠们一起开会,商讨怎样才能不被猫抓住。其中一只老鼠提议,在猫的脖子上挂一个铃铛。全体老鼠欢声雷动——"这个主意太好了!"但当有老鼠问,怎样才能将铃铛挂到猫的脖子上时,全体老鼠鸦雀无声。在猫的脖子上挂一个铃铛,老鼠能不被抓住,这是理念;如何把铃铛挂到猫的脖子上,就需要方法。那么如何正确认识客户投诉?客户投诉对企业有什么好处?应对客户投诉的方法与技巧有哪些?如何掌握有效处理客户投诉的原则?如何将客户投诉转化为商机?这些都是本章需要解决的问题。

本章内容

本章分四个任务介绍正确认识客户投诉、应对客户投诉的方法与技巧、特殊客户投诉有效处理技巧、将客户投诉转化为商机等。

本章要求

1. 识记:如何正确认识客户投诉。
2. 领会:将客户投诉转化为商机。
3. 应用:应对客户投诉的方法与技巧、特殊客户投诉有效处理技巧。

任务一　如何正确认识客户投诉

问题引入

知己知彼,方能百战不殆。企业在运营的过程中,总是希望自己的产品或服务能够卖出去,让客户觉得物有所值,满意而归。"零投诉"对于企业来说是天真的梦想,企业总会碰到客户投诉,除非企业压根没有客户。处理客户投诉,已经成为企业的必修课。那些不投诉悄悄走掉的人对企业伤害最大,客户投诉是企业维护老客户的契机,那么我们应该如何正确认识客户投诉呢?客户在投诉过程中有什么样的心理特点呢?这是在本任务环节需要掌握的内容。

任务要求

1. 识记:投诉的定义。
2. 领会:客户流失对企业的影响、客户投诉对企业的好处。
3. 应用:掌握客户在投诉过程中的心理特点。

名家名言

客户不会报怨,只会流失。

——【美】戴明

案例引入

(一)案例描述

场景:某手机维修中心

客户：我两周前买了你们的这款手机，刚用了两天，就出现了自动死机的情况。我找到专卖店换了部新的，可才过了两周，又出现同样的问题。这还是新手机呢，就出现这样的问题。现在我也不要求换了，你直接给我退了吧。

假如是你接到了这个投诉，你对客户投诉会是一种什么态度？

A. 天啊，又来一个找麻烦的

B. 以平淡语气接待客户投诉

C. 不会是手机的问题，一定是他不会使用造成的

D. 对客户的投诉表示欢迎

（二）案例分析

选 D 对客户的投诉表示欢迎。有效处理投诉可以将投诉带来的不良影响降到最低点，有效地维护企业形象；挽回客户对企业的信任可以使企业获得再次赢得客户的机会；可以发现企业存在的问题，能防止客户被竞争对手抢走；客户的投诉会使企业的服务更趋完善。

知识内容

客户投诉是指当顾客购买商品时，对商品本身和企业的服务都抱有良好的愿望和期盼值，如果这些愿望和要求得不到满足，就会失去心理平衡，由此产生抱怨和想"讨个说法"的行为，这就是顾客的投诉。

客户投诉是他不满意的表现，客户向企业投诉，一方面是为了寻找解决办法，另一方面说明他对企业的信任。但如果客户的投诉被忽视，服务人员的态度不好，或客户的投诉没有得解决，这样会最终失去客户，如图 7-1 所示。在长期的实践中，企业发现开拓新客户的成本远远高于维持现有客户的成本。

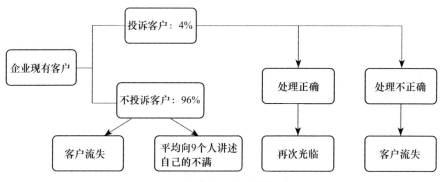

图 7-1 客户投诉与流失关系图

（一）客户流失对企业的影响

1. 失去这些客户创造的价值

客户流失会让企业失去这些客户所创造的价值。客户是企业利润的最终决定者，实践证明企业成功的关键在于重视客户的需求，提供满足客户需求的产品和服务。研究表明，一位忠诚客户可以为公司增加 25%～85% 的利润。

大家都想并且希望得到良好的服务，一旦受到了不好的对待，他们就不再回来了。假如

顾客决定不再回来，这对企业来说可能是很大的损失。有一项研究发现，在美国每获得一个新顾客的平均成本是 118.16 美元，而使一个老顾客满意的成本仅仅是 19.76 美元，获得一个新顾客比保住一个老顾客要多花五倍多的钱。

2. 企业形象受损

当客户的投诉没有得解决时，每个客户平均会将自己的不满意向身边的 9 位亲朋讲述，这极有可能引起其他客户的流失，同时还有可能使现有客户和潜在客户对企业丧失信任。

3. 新业务量减少

这是一个隐性变量，因为很难预测将来可能发生的事情及长期的影响，但却是不可忽视的一个问题。

案例：

美国一家大型运输公司对其流失的客户进行了成本分析。该公司有 64 000 个客户，今年由于服务的质量问题，该公司丧失 5%的客户，也就是有 3 200（64 000×5%）个客户流失。平均流失一个客户营业收入就损失 40 000 美元，相当于公司一共损失了 128 000 000（3 200×40 000）美元的利润。随着时间的推移，公司的损失会更大。

这个案例告诉我们，面对单个客户的流失，很多企业可能不会在意，但面对以上这组惊人的数字，不由得不让企业引起重视。现有客户给企业带来的利润是不可估量的，而吸引一个新顾客的成本是保留一个老顾客的 2~4 倍。

（二）客户投诉对企业的好处

（1）有效处理投诉可以将投诉带来的不良影响降到最低点，有效地维护企业形象。

全国消费者调查统计发现，不投诉的客户有 9%会回来，投诉没有解决的客户有 19%会回来，投诉没有得到解决但还会回来，是什么原因呢？客户有受尊重的需求，投诉尽管没有解决，但他受到了企业的重视。

例如你对餐馆菜的质量不满意，什么也没说结完账就走了，以后再也不会来了，而有些客人则会提出菜炒得太咸或环境太差，服务员则会解释："可能你的口味比较淡，我下次给你推荐一些口味比较淡的菜，环境也会改变，很快就要进行装修。谢谢你提的宝贵意见。"实际上这位客人的问题没有得到解决，但是他可能还会再来吃饭，因为他受到了重视，所以，投诉没有得到解决的人比不投诉的人回来的比例会高出 10 个百分点。投诉得到解决的会有 54%的客人回来，继续在这家企业里消费，有 46%的人不会再回来，而投诉得到迅速解决的，有 82%的客户愿意继续在这家企业消费，有 18%的人不会再回来。这个调查统计分析说明，企业需要客户投诉。客户投诉的意义就在于有效地处理客户的投诉，把投诉所带来的不良影响降到最低点，从而维护企业自身的高大形象。

（2）挽回客户对企业的信任。

也许企业的产品有问题，会有投诉，但如果有很好的处理方法，最终会挽回客户对企业的信任。例如：海尔"小小神童洗衣机"设计存在问题，返修率很高。但海尔承诺"接到投诉电话以后，24 小时之内上门维修"。客户反映说，产品虽有问题，但对海尔的服务我们是满意的。因为他们看到了一家企业对客户的尊重和重视。

（3）可以使企业获得再次赢得客户的机会。

有一些客户投诉，实际上并不是抱怨产品或服务的缺点，而只是向你讲述对你产品和服务的一种期望或是提出了他们真正需要的是一种什么样的产品,这样的投诉,会给企业提供一个发展的机遇。像美国的"戴尔",在笔记本电脑市场竞争这么激烈的情况下,依然能做得那么出色,正是因为它提供给客户一个更好的营销手段:让客户定制。

(4) 可以发现企业存在的问题,能防止客户被竞争对手抢走。

(5) 客户的投诉会使企业的服务更趋完善。

技巧与方法

那么投诉的客户在投诉的过程到底有什么样的心理效应和心理状态呢?

(一) 投诉过程的四个心理效应

客户投诉是一种人与人之间的交流,了解人际来往的基本心理学知识和客户投诉心理,将有助于与客户进行有效沟通。成功处理投诉,有利于恢复与客户之间的良好关系,提高客户的忠诚度。

在人际交往过程中,人会根据自己获取的信息形成对人的认识和判断。在这些过程中,往往会存在一些认识偏差,我们先来了解一下投诉过程中的四个心理效应。

1. 首因效应

所谓首因效应,也称为第一印象作用,或先入为主效应。第一印象作用最强,持续的时间也长,比以后得到的信息对于事物整个印象产生的作用更强。首因,是指首次认知客体而在脑中留下的"第一印象"。首因效应,是指个体在社会认知过程中,通过"第一印象"最先输入的信息对客体以后的认知产生的影响作用。

《三国演义》中大才子庞统准备效力东吴,面见孙权。孙权见庞统相貌丑陋,心中先有不快,又见他目中无人,将其拒于门外。美国总统林肯也曾拒绝了一位朋友推荐的相貌不佳的人才,朋友责怪林肯说:"任何人都无法为天生的脸孔负责",林肯却反驳:"一个人过了四十岁,就应该为自己的面孔负责。"可见第一印象的巨大影响。

一位心理学家对大学生应聘者做过这样一个实验:让两个大学生都做对 30 道题中的一半,但是让大学生甲做对的题目尽量出现在前 15 题,而让大学生乙做对的题目尽量出现在后 15 道题,然后让决策者对两个大学生进行比较:谁更聪明?结果发现,决策者认为大学生甲更聪明。这就是心理学讲的首因效应。这个案例表明第一印象形成的肯定的心理定式,会使人在后继了解中多偏向发掘对方具有美好意义的品质。若第一印象形成的是否定的心理定式,则会使人在后继了解中多偏向于揭露对方令人厌恶的部分。

首因效应就是说人们根据最初获得的信息所形成的印象不易改变,甚至会左右对后来获得的新信息的解释。实验证明,第一印象是难以改变的。因此在日常交往过程中,尤其是与别人的初次交往时,一定要注意给别人留下美好的印象。第一印象主要是依靠性别、年龄、体态、姿势、谈吐、面部表情、衣着打扮等,判断一个人的内在素养和个性特征。首因效应在人际交往中对人的影响较大,是交际心理中较重要的名词。人与人第一次交往中给人留下的印象,在对方的头脑中形成并占据着主导地位,这种效应即为首因效应。我们常说的"给人留下一个好印象",一般就是指的第一印象,这里就存在着首因效应的作用。

首因效应对客户投诉处理非常重要。客户在选购商品或服务时,注意力一般集中在商品和服务本身,当客户考虑开始投诉时,一般地准备与商家的"人"打交道。这时与客户的第一个接触点就对客户起着首因效应的作用。一旦企业给投诉客户留下了不好的第一印象，那真是企业的不幸，最后同样的处理结果可能需要双方都花费更高的成本才能获得，因为客户在最初一两分钟得到的"偏见"，可能需要通过很长的时间才能消除。

2. 晕轮效应

晕轮效应，又称光环效应，最早是由美国著名心理学家爱德华·桑戴克提出的。晕轮是一种当月亮被光环笼罩时产生的模糊不清的现象。爱德华认为，人对事物和人的认知和判断往往从局部出发，然后扩散而得出整体现象。就像晕轮一样，这些认知和判断常常都是以偏概全的。

一个人如果被标明是好的，他就会被一种积极肯定的光环笼罩，并被赋予一切都好的品质；如果一个人被标明是坏的，他就被一种消极否定的光环所笼罩，并被认为具有各种坏品质。

心理学家戴恩做过一个这样的实验：先让被测试者看一些人的照片，这些人形色、着装各不相同。然后让这些被测试者从特定的方面来评定这些人。结果表明，被测试者赋予了那些有魅力的人更多的、理想的人格特征，比方说：和蔼、沉着、好交际，等等。

事实上，晕轮效应不仅仅表现在通常的以貌取人上，我们还常常以服装来判断别人的地位、性格，以初次言谈断定他人的才能与品德，等等。在对不太熟悉的人进行评价时，晕轮效应体现得尤其明显。

许多客户不仅对商品或服务本身的质量、价格有意见，而且对服务态度甚至某个投诉处理人员的态度有意见。在质量、价格、态度几个要素中间，态度就是一个容易产生晕轮效应的因素。"态度决定一切"，处理客户投诉也是如此。什么都很规范，无可挑剔，可是态度却是冷冰冰的，人们的印象将大打折扣；反之，态度非常好，素质有待提升，有时却能博得人们的一些谅解。

3. 投射效应

所谓投射效应是指以己度人，认为自己具有某种特性，他人也一定会有与自己相同的特性，把自己的感情、意志、特性投射到他人身上并强加于人的一种认知障碍。即在人际认知过程中，人们常常假设他人与自己具有相同的特性、爱好或倾向等，常常认为别人理所当然地知道自己心中的想法。投射效应也是一种"推己及人"的心态。

宋代著名学者苏东坡和佛印和尚是好朋友，一天，苏东坡去拜访佛印，与佛印相对而坐，苏东坡对佛印开玩笑说："我看见你是一堆狗屎。"而佛印则微笑着说："我看你是一尊金佛。"苏东坡觉得自己占了便宜，很是得意。回家以后，苏东坡得意地向妹妹提起这件事，苏小妹说："哥哥你错了。佛家说'佛心自现'，你看别人是什么，就表示你看自己是什么。"

由于人都有一定的共同性，都有一些相同的欲望和要求，所以，在很多情况下，我们对别人做出的推测都是比较正确的，但是，人毕竟有差异，因此推测总会有出错的时候。

如客户只是根据自己的业务知识和理解水平去与企业投诉处理人员沟通，当投诉处理人员难以理解有些情况和对话时，客户在潜意识里却认为自己是这样理解和思考，那么投诉处理人员也一定会这样去理解和思考。这样沟通下去，必然导致投诉处理陷入僵局。

针对投射效应，企业要注意提高投诉处理人员的综合素质，并且要有规范的投诉上报机制，一旦出现僵局，及时转换情境，派出更适当的人员与客户沟通。

4. 近因效应

所谓"近因",是指个体最近获得的信息。所谓近因效应(英文名称:recency effect),与首因效应相反,是指在多种刺激一次出现的时候,印象的形成主要取决于后来出现的刺激,即交往过程中,我们对他人最近、最新的认识占了主体地位,掩盖了以往形成的对他人的评价,因此,也称为"新颖效应"。多年不见的朋友,在自己的脑海中印象最深的,其实就是临别时的情景;一个朋友总是让你生气,可是谈起生气的原因,大概只能说上两、三条,这也是一种近因效应的表现。在学习和人际交往中,这两种现象很常见。与首因效应相反,是指交往中最后一次见面给人留下的印象,这个印象在对方的脑海中也会存留很长时间。

心理学者洛钦斯做了这样的实验。分别向两组被试者介绍一个人的性格特点。对甲组先介绍这个人的外倾特点,然后介绍内倾特点;对乙组则相反,先介绍内倾特点,后介绍外倾特点。最后考察这两组被试者留下的印象。结果与首因效应相同。洛钦斯把上述实验方式加以改变,在向两组被试者介绍完第一部分后,插入其他作业,如做一些数字演算、听历史故事之类不相干的事,之后再介绍第二部分。实验结果表明,两个组的被试者,都是第二部分的材料留下的印象深刻,近因效应明显。

客户投诉最初意见很大,最后投诉处理好了,客户满意而归,这个近因效应会抵消和覆盖最初的不满印象,从而实现一次成功的营销。为了得到这个效果,在投诉陷入僵局时,要及时转换情境和"升级",请别人来与客户沟通。

(二)投诉客户的五大心理状态

客户投诉时的心理状态主要有以下五种。

1. 发泄心理

这类客户在接受服务时,由于受到挫折,通常会带着怒气投诉和抱怨,把自己的怨气、抱怨发泄出来,这样客户的忧郁或不快的心情会由此得到释放和缓解,以维持心理上的平衡。

耐心的倾听是帮助客户发泄的最好方式;切忌打断客户,让他的情绪宣泄中断,郁积怨气。此外,客户发泄的目的在于取得心理的平衡,恢复心理状态,在帮助客户宣泄情绪之外,还要尽可能制造愉悦的氛围,引导客户的情绪。作为投诉处理人员,即便有过硬的业务能力和极强的责任心,如果整天苦着脸或神经质地紧张,给客户的感受必定会大打折扣。但是,制造愉悦氛围也要把握尺度和注意客户的个性特征,如果让客户感到轻佻、不受重视,那宁可做一个严肃的倾听者。

2. 尊重心理

客户的情感极为丰富,他们在使用服务产品过程中遭到挫折和不快,在进行投诉时,总希望他的投诉是对的和有道理的,他们最希望得到的是同情、尊重和重视,并向其表示道歉和立即采取相应的措施等。

在投诉过程中,商家能否对客户本人给予认真接待,及时表示歉意,及时采取有效的措施,及时回复等,都被客户认为是是否受到尊重的表现。如果客户确有不当,商家也要用聪明的办法让客户下台阶,这也是满足客户尊重心理的需要。

3. 补救心理

客户投诉的目的在于补救,补救包括财产上的补救和精神上的补救。当客户的权益受到损害时,他们希望能够及时地得到补救。例如电信用户反响最强烈的短信息服务业务中的知情权问题，诸如建立和终止短信息服务业务的条件、方式的不透明，特别是短信息服务的收费标准模糊不清等。这不但给客户造成了财产上的损失，同时由于无法知道如何终止短信息服务的方式，加上电信企业与信息服务商对用户投诉的"踢皮球"现象，也给客户造成了精神上的损失。因此，客户投诉时，需要在这两方面都同时得到补救。

根据我国的法律规定，绝大多数情况下，客户是无法取得精神损害赔偿的，而且实际投诉中客户提出要求精神损害赔偿金的也并不多，但是，通过倾听、道歉等方式给予客户精神上的抚慰是必要的。

4. 认同心理

认同心理是指人们在情感及认知方面对事件所要表达的意义的认同程度，明显地影响他们对这一事件的评价、态度和行为，即心理认同制约人们对特定事件的态度和行为。例如教师上课时提问学生，如果学生认为是教师器重自己才让自己起来回答问题，他就会以积极的态度配合教师；有的学生可能认为是教师惩罚自己、出自己的洋相才让自己起来回答问题的，他就会以消极的态度对待教师的提问。心理认同作用也提示我们：要想在思想上或行为上影响某个人或某个群体，我们首先要尽量取得他们心理上的认同。

客户在投诉过程中，一般都努力向商家证实他的投诉是对的和有道理的，希望获得商家的认同。这也是前面提到的"投射效应"的表现。投诉处理人员在了解客户投诉问题时，对客户的感受、情绪要表示充分的理解和同情，但是要注意不要随便认同客户的处理方案。比如，客户很生气时，投诉人员可以回应："我非常理解您的感受，坐下来慢慢说，我们一起来商量一下怎么解决这个问题。"这样的回应就是对客户情绪的认同、对客户期望解决问题的认同，但是并没有轻易地给出解决方案，而是给出一个协商的解决信号。这样做更有助于接近与客户之间的距离，为协商处理创造良好的沟通氛围。

5. 报复心理

客户投诉时，一般对于投诉的得失，有着一个粗略却理性的经济预期。客户的投诉成本等于货币成本+时间成本+精力。如果不涉及经济利益，仅仅为了发泄不满情绪，恢复心理平衡，客户一般会选择抱怨、批评等对企业杀伤力不大的方式。当客户对投诉的得失预期与企业相差过大，或者客户在宣泄情绪过程中受阻甚至受到新的"伤害"，某些客户会生出报复心理。

自我意识过强、情绪易波动的客户更容易产生报复心理。对于这类客户要特别注意做好工作。客户出于报复心理状态，要通过各种方式及时让双方的沟通恢复理性。

实战演练

（一）案例分析

2015年9月22日，黄先生一家四人与某旅行社签订了一份赴桂林五日旅游的国内旅游合同。根据合同约定，于9月30日下午乘火车赴桂林游览七星岩、漓江、冠岩等景点，每人旅游费用1 150元，共计4 600元。

黄先生当日就交纳了此次旅游的全部费用。9月29日，黄先生早已做好旅游准备，却突然接到该旅行社业务经理电话，通知其原定桂林旅游团队，因无法落实桂林至武汉的返程火车票，而被迫取消。由于旅行社取消旅游活动距"十一"黄金周仅一天时间，而其他旅行社基本组团完毕，造成黄先生及家人的国庆旅游计划随之落空。黄先生以旅行社单方面终止旅游合同为由，要求旅行社退还全部旅游费用，赔偿其相关经济损失和精神补偿。

由于旅行社仅承诺退还全部团款，并只赔偿150元，双方协商未果，黄先生遂向旅游质监所投诉。

思考题：

旅行社应该如何正视黄先生的投诉？

（二）情景演练

作为一个客户服务工作者，如果你遇到客户投诉，应该如何正视客户的投诉？

任务二　应对客户投诉的方法与技巧

问题引入

服务的竞争越来越激烈，消费者权利意识也越来越强，消费时代已经悄然来临。与之相伴，对消费商品和服务的投诉也日趋增多。再规范、优质的企业，也不能100%保证自己的商品或服务没有任何差池；再幸运、豁达的个人，也不能100%保证不会投诉。

绝大多数的投诉都是比较好处理的，我们称之为一般投诉，但一般投诉也不可以随便对待，否则就上升为重大投诉了。那么应对客户的投诉有什么样的方法和技巧呢？这是在本任务环节需要掌握的内容。

任务要求

1. 识记：服务补救、处理客户投诉的程序。
2. 领会：处理客户投诉的原则。
3. 应用：应对客户投诉的方法和技巧。

名家名言

与顾客之间关系走下坡路的一个信号，就是顾客不抱怨了。

——哈佛大学教授　李维特

案例引入

（一）案例描述

客户投诉：我通过你们的酒店预定中心预定了北京某酒店的房间，当我到酒店时，却被告知因为晚到一小时，房间取消了预订，现在酒店已经没房间了。可在预订时我就跟你们说了，我会在4点以前到，但酒店前台却告诉我，房间只保留到下午3点。现在我一家老小和满地行李都已到达酒店，却不能入住。你说怎么办吧？

（二）案例分析

从客户的投诉中，我们可以了解到，投诉表面原因：酒店取消了房间预订。表面需求：酒店的大床房一间，能马上入住。我们稍加分析就可以觉察到客户的实际需求是，客户经过旅途的奔波，需要一间舒适的房间，能让家人安顿下来。但他到达酒店后却被告知预订的房间取消了，所以他投诉的实质原因是对酒店预订中心的工作和服务不满意。

知识内容

服务补救是指企业针对服务失败造成的问题所做出的一系列保护性质的努力，目的在于维持顾客对企业的好感。

由于服务的特殊性，服务失败是难以避免的，但是有了顾客的抱怨，企业就有了一个发现自身问题，重建顾客满意和保留住顾客的机会。而企业处理抱怨，进行服务补救的能力影响着顾客是继续忠诚还是转向别人的决策，从而决定着企业的整体顾客基础和盈利水平，是至关重要的。每一个企业都应该建立自己的服务补救体系（见图7–2）。

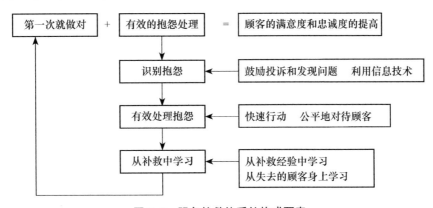

图 7–2 服务补救体系的构成要素

（一）处理客户投诉的程序

很多企业的客户服务部都有处理客户投诉的程序。一般来说，处理客户投诉的程序包括以下几个步骤：记录投诉内容、判断投诉是否成立，确定投诉处理部门，分析投诉原因，提出处理方案，提交主管领导，实施处理方案，总结评价。

（1）记录投诉内容是指利用客户投诉登记表详细地记录客户投诉的主要内容。

（2）判断投诉是否成立是指了解客户投诉的主要内容后，要判断客户投诉是否充分，投诉要求是否合理。如果投诉不能成立，可以用婉转的方式答复客户，取得客户的谅解，消除误会。

（3）确定投诉处理部门是指根据客户投诉的内容，确定相关的具体受理单位和受理负责人。如属运输问题，交由储运部处理，属质量问题则交由质量管理部处理。

（4）分析投诉原因是指要查明客户投诉的具体原因及造成客户投诉的具体负责人。

（5）提出处理方案是指根据实际情况，参照客户的处理要求，提出解决投诉的具体方案，如退货、换货、维修和赔偿等。

（6）提交主管领导是指对于客户投诉问题，领导应予以高度重视。主管领导应对投诉的处理方案一一过目，及时做出指示，根据实际情况，采取一切可能的措施，挽回已经出现的损失。

（7）实施处理方案是指处理直接责任者，通知客户，并尽快地收集客户的反馈意见。对直接责任人和部门主任按照有关规定进行处罚，依据投诉所造成的损失大小，扣罚责任人一定比例的绩效工资或奖金。同时对不及时处理问题造成延误的责任人也要进行追究。

（8）总结评价是指对投诉处理过程进行总结与综合评价，吸取经验教训，提出改善对策，不断完善企业的经营管理和业务运作，以提高客户服务质量和服务水平，降低投诉率。

（二）处理客户投诉的原则

在处理客户投诉的过程中，有几个原则必须掌握。

1. 真心真意为客户，以诚相待是根本

归根结底，处理客户投诉的目的是获得客户的理解和再度信任，这就要求商家在处理客户投诉时必须坚持以诚相见的原则。自古以来，人和人的来往接触、客户和商家的依赖关系等，都是在"诚意"的基础上建立起来的。

在处理客户投诉时一般应站在客户的立场考虑问题，想客户所想，急客户所急。只有这样才能把客户的投诉处理得圆满，甚至为企业培养一个忠实客户。我们来看看迪士尼乐园是怎么做的。美国迪士尼乐园里，一位女士带着5岁的儿子排队玩梦想已久的太空穿梭机。排了40分钟的队，好不容易到跟前了，临上机时，却被告知：由于小孩年龄太小，不能玩这种游戏。母子俩一下愣住了。其实在队伍的开始和中间都有提示"10岁以下的儿童不能参加太空穿梭游戏"。只是母子俩太兴奋了，没有留意到这个提示。正当失望的母子准备离开时，迪士尼的服务人员过来了，上前亲切地询问了孩子的姓名，不一会儿，拿了一张刚刚印制的精美卡片走了过来，卡片上有孩子的姓名。服务人员将卡片交给孩子，说欢迎他够年龄时再来玩这个游戏，到时拿着卡片就不用再排队了，因为他已经排过了。拿着卡片，母子二人愉快地走了。

2. 选择处理投诉的最佳时机

在什么时候处理客户的不满才能起到最佳效果呢？过快，客户正在生气，难以进行良好沟通；过慢，事态扩大，造成客户流失。如三株喝死人的事件，虽然最后查明不是三株的原因，但由于三株公司对事件处理过慢，加上策略使用不当，使得三株的形象受到极大的伤害，加速了自己的死亡。因此工作人员要根据客户的实际情况选择适合的处理时机。在客户服务行业有这么一条不成文的24/48/30原则，即在24小时内承认错误，48小时内承担责任，30天内解决问题。

3. 提供更多的附加值

当客户的不满意是因为自己工作失误造成的时候，企业要迅速解决客户的问题，并提供更多的附加值，最大限度地平息客户的不满。我身边就有这样的一个例子：张小姐在某美发店烫发，烫完后，发卷挺漂亮的，张小姐当时很满意。可是，两天后，张小姐洗完头发现，发卷几乎没了。张小姐没想到自己花了700多块烫的发，只维持了两天，于是很生气地回到美发店要求退钱。美发店的经理了解了事情经过后，跟她解释：她先用的是最好的烫发水，而一般来说，越好的烫发水，越不容易定型。经理提出了可以为她免费重新做一次头发，并送她一套欧莱雅的头发护理产品，同时可提供免费的头发护理服务。张小姐很满意地接受了这个方案,并成了这家美发店的常客,还经常推荐朋友过来。由此可见,为客户提供更多的附加值是有效解决客户投诉,让客户满意最有效的方法。

技巧与方法

那么,我们在处理客户投诉的过程当中,有什么好的方法可以使用呢?

（一）应对客户投诉

1. 倾听,获取相关信息

倾听和提问是为了解客户投诉的原因和需求,客户一般会因为哪些原因而投诉呢?客户又存在哪些需求呢?

客户投诉的原因一般有以下方面（见图7-3）：

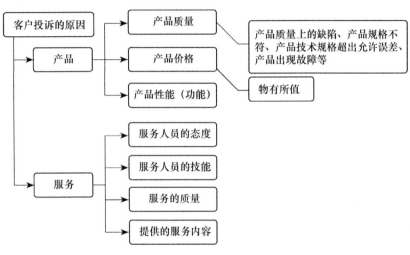

图7-3 客户投诉的原因

（1）产品的质量问题：制造商的因素、零售商自身的管理因素、消费者使用因素。

（2）服务无法令人满意：服务方式不佳,接待慢、搞错了顺序,缺乏语言技巧,不管顾客需求和偏好一味对产品加以说明,商品的相关知识不足、无法满足顾客的询问要求。

（3）服务态度不好：顾客不买就板起脸,瞧不起顾客。

（4）广告误导导致顾客抱怨：夸大产品的价值功能、不切实际地美化产品,大力宣传自己的售后服务而不加以兑现。

客服人员在掌握了客户投诉的一般原因后,就能在倾听客户投诉时准确把握客户投诉的真正原因,也会知道如何来提问,才能找到客户的真实需求。

客户投诉的目的是希望问题得到解决,解决的结果就是满足客户的需求。同样,如果客服人员在接到投诉时,事先能对客户的基本需求有个了解,也能帮助客服人员准确找到客户的真正需求,也才能真正地帮助客户解决问题。客户的投诉过程中需要解决的需求有：技术需求、服务需求、产品需求、情感需求。当客户的这些需求得到满足,你也就有效地处理好客户的投诉了。

案例A：

场景：某手机维修中心

客户：我两周前买了你们的这款手机，刚用了两天，就出现了自动死机的情况。我找到专卖店换了部新的，可这才过了两周，又出现同样的问题。这还是新手机呢，就出现这样的问题。现在我也不要求换了，你直接给我退了吧。

请你以手机投诉案为例分析客户在这几方面会有哪些具体需求。

案例分析：

技术需求：手机死机的原因是什么，是产品质量问题，还是使用问题？常死机会损害手机吗？手机死机能从技术上得到根本解决吗……

服务需求：对我的投诉会如何处理？会为我提供哪些服务，解决手机死机的问题？能提供退货服务吗？

产品需求：希望手机具有某种特殊功能（如摄像功能或其他）；或者是为追求时尚才换新手机的；或者是以前的旧手机无法使用，要找新的代替，只要具备基本功能就行。

情感需求：受欢迎、被尊重、被理解、被同情、及时服务、受重视、被帮助等。

当客户不满时，他们想做两件事：首先，宣泄自己的情绪，然后让问题得到解决。欢迎客户的投诉是处理客户投诉的基本态度，同时也是妥善处理投诉的基本条件。在日本被誉为"经营之神"的松下幸之助先生认为，对于客户的投诉不但不能厌烦，反而要当成一个好机会。因此，对投诉的客户一定要以礼相待，耐心听取对方的意见，并尽量使他们满意而归。即使碰到爱挑剔的客户，也要婉转忍让，至少要在心理上给这样的客户一种如愿以偿的感觉。

我们强调，当客户投诉时，客服人员千万不要一味地向客户解释或辩白，这样只会浪费时间和令客户更加反感。对待客户的投诉，首先要虚心接受，紧接着应站在客户的立场上对这种投诉作深入的分析。从心理学的角度分析，当人们心中有了疙瘩，促使其讲出来比让它闷在心中更好，闷在心中的意见总会不时浮现，反复刺激客户，这种心理刺激对推销工作造成消极的影响，久而久之销售一方会因此失去客户的信任。

因此在处理投诉时，首先要让客户把他内心的牢骚话全部说完，销售人员要认真地听，同时以"是""确实如此"等语言以及点头的方式表示同情，不要流露出不耐烦或讽刺挖苦客户，更不能用"不，我没有那个意思"或"根本就不是那么回事"等话语来打断客户。另外，在聆听过程中，不要加入个人的主观意见，起码在客户没有说完之前千万不要加入，不然问题就会转入另一个方面——争吵。这时客户就会有两个方面的投诉：一是商品，二是争吵，问题就更难处理了。

2. 提问，掌握更多细节

在处理客户抱怨时，倾听是重要的前提，要妥善地解决问题，必须问问"为什么"。有句谚语"明智的提问比明智的回答更为困难"。提问的意义在于抛出一个引子，打开客户的思路，以利于沟通进行。具体来说有以下几点作用：

（1）避免和防止情况恶化，使情况得到改善。

（2）弄清楚如何避免问题的再现——即避免重蹈覆辙。

（3）使对方对问题进行思考。

（4）用问题透视对方的心理。

（5）获取更多的相关信息。

询问"为什么"时，不要使用让人有威胁感的问句。如果你的询问让人有威胁感，你很可能得不到良好的答案，得到的可能只是一个为保全面子而提供的答案。

在获取客户投诉信息时，有些信息是客户主动讲出来的，有些则需要你通过提问来获得。因此对客户服务人员来说，不仅要求会听，还要会问。如何通过提问来获取信息，这也有一定的方法和技巧。提问的目的是迅速而有效地找到客户的问题，了解客户的真正需求和想法。

提问可以分为开放式提问、针对性提问、选择性提问、封闭式提问。

开放式提问是让客户比较自由地把自己的观点讲出来。这种提问方式主要是用来了解客户的情况和事实。

针对性提问是对客户阐述的事实提出针对性问题，了解问题发生的现象。针对性提问能让你获得问题的细节情况。

选择性提问是用来澄清事实和发现问题，客户一般回答"是"或"不是"。

封闭式提问是用来帮助客户判断问题所在的。是指特定背景下的特定答复，一般是二选一，如"这件衣服你买回去穿过吗？"答案只能是"是"或"否"。这种问句简单明确，但有时蕴含一定的威胁性。问题的产生可能有多种原因，通过提问可以逐一排除，找到最终原因。封闭式提问往往需要客服人员具有丰富的专业知识和经验。

案例B：

客户投诉：我通过你们的酒店预定中心预定了北京某酒店的房间，当我到酒店时，却被告知因为晚到一小时，房间取消了预订，现在酒店已经没房间了。可在预订时我就跟你们说了，我会在4点以前到，但酒店前台却告诉我，房间只保留到下午3点。现在我一家老小和满地行李都已到达酒店，却不能入住。你说怎么办吧？

从投诉中，你能获取哪些信息？要想有效处理客户投诉，你还需要了解哪些信息？请根据案例设计提问，并指出属于哪种类型的提问。

案例分析：

从投诉中可以知道客户投诉的原因是客户预订的房间被酒店取消，现在无法入法。我们还需要知道的信息包括：客户预订房间的时间；房间要求；预订房间的详细过程；酒店取消房间的原因；客户期望得到的问题解决方案等。

问题：请问您是在哪天预订的房间？我好帮您查询。（针对性提问）

问题：请问您预订的是北京××酒店的大床房一间，时间是4天，对吗？（选择性提问）

问题：您当时是怎么预订房间的？（开放式提问）

问题：请问你在预订房间时，酒店答应你在什么情况下，将房间保留到下午4点？（封闭式提问）

3. 提供解决方案

道歉和对不起不仅是有用的，也是必要的，但是是远远不够的，能真正让客户平息愤怒，化解焦虑的，是马上帮他解决问题。"对不起，是我们的过失"之后，一句"您看我们能为您做些什么呢？"更实在。单纯地同情，理解不够的，客户需要问题迅速得到解决的方案。

通过倾听和提问，我们掌握了客户投诉的原因和需求。这时我们应该根据实际情况和参考客户的要求，提出解决投诉的具体方案。如退货、换货、维修或赔偿等。但有时客户的期望值无法得到满足，这时就需要根据客户的期望值及现实情况设计多种解决方案，让客户进行选择。

案例 A：

场景：某手机维修中心

客户：我两周前买了你们的这款手机，刚用了两天，就出现了自动死机的情况。我找到专卖店换了部新的，可才过了两周，又出现同样的问题。这还是新手机呢，就出现这样的问题。现在我也不要求换了，你直接给我退了吧。客服人员对手机进行了检测，结果是手机没有问题。原因是手机的开关键比较突出，容易被碰到造成关机。

实际情况是：按规定，退货由经销商在包退期内负责，维修中心不能给以退货。客户的手机超出了包退期。

根据以上信息，你将为客户提供什么解决方案？

参考答案：这个投诉案例不属于产品质量问题，而是使用问题。因此只要告诉客户如何正确使用避免问题产生就可以了，如可以使用手机键盘锁，并告诉客户如何开启键盘锁功能。在这个案例中，客户的期望是退货，当客户的需求无法满足时，客服人员一定要向客户说明无法满足的合理原因。这样客户才能接受你提出的解决方案。

案例 B：

客户投诉：我通过你们的酒店预定中心预定了北京某酒店的房间，当我到酒店时，却被告知因为晚到一小时，房间取消了预订，现在酒店已经没房间了。可在预订时我就跟你们说了，我会在 4 点以前到，但酒店前台却告诉我，房间只保留到下午 3 点。现在我一家老小和满地行李都已到达酒店，却不能入住。你说怎么办吧？

客户期望得到的解决方案：需要大床房一间，马上入住。

实际情况是：该酒店大床房已满。

根据上面的信息，你将提供什么样的解决方案让客户满意？

参考答案：从案例中了解到，客户期望是在预订酒店住上大床房。现实情况是该酒店的大床房已满。由此可知客户的这个期望无法满足。在这种情况下，我们只能根据客户的期望提供多种方案，让客户选择。

a. 该酒店的其他房间，如标准间。

b. 邻近酒店的大床房。

c. 先暂住该酒店的其他房间，一有大床房空出，随时进行调整。

4. 与客户达成协议

与客户达成协议，也就是让客户接受你的解决方案。但客户在寻求解决方案时，可能会有多个需求。例如某汽车用户投诉他的车门很难关上，经检测，原因是车门边的橡皮用得较多，这样做是为了减少雨水的渗进和在快速行驶的过程中减小风的噪声，但车门只有力气很大的人才能关得上。如何解决问题，满足客户的需求？如果要解决车门易关，就必须减少车门的橡皮，这样雨水就容易渗进，也会增大风的噪声，这都是客户不能接受的。这时，只能让这三个因素在客户可忍受的范围内达到最优组合。这样才能让客户满意，他才可能接受你的方案。

达成协议并不就是最终方案，问题不能得到马上解决。很多时候会出现两种情况：一种是不能满足客户的要求，另一种是在能力范围内无法解决问题。你很愿意帮他，但你权力有限，你会将问题提交相关部门解决，并尽快给他答复。但这只是将问题搁置起来，并没有最终解决。

（二）处理投诉的技巧

1. 客户投诉处理人员的用语技巧

在与愤怒的客户沟通的时候，用语是必须非常谨慎的，言语既可能平息怒火，也可能成为冲突的导火索。选择正确的用语，并且表明一种积极的、乐于助人的态度是非常重要的。

（1）对事不对人。

（2）间接说明客户的错误。避免使用"一定是你搞错了"，"你把我搞糊涂啦！"。

（3）负责任地告诉客户能做的。而不是告诉不能做的，即使你无法提供帮助，也不要强调这一点，而是把客户介绍给能帮他的人。让"我不能"变成"您可以"；"这不是我的事"变成"让我想想我能做什么"。

（4）表示理解和认同。如"我非常能理解您现在的心情"；"您一定是个通情达理的人"。

面对愤怒的客户，要让你的语调平静、坚定，充满关切和安慰，如果你的说话声听起来恼怒、不耐烦，或居高临下，那么客户会更加愤怒。如果你的说话声听起来很自信而且有礼貌，那么他会相信你的态度很认真，这样就比较容易平息他的不满，积极的行为促成积极的行为。

2. 客户投诉处理人员的肢体语言

肢体语言（body language）又称身体语言，是指经由身体的各种动作，从而代替语言藉以达到表情达意的沟通目的。实验发现一个人要向外界传达完整的信息，单纯的语言成分只占 7%，声调占 38%，另外 55%的信息都需要由非语言的肢体语言来传达，而且因为肢体语言通常是一个人下意识的举动，所以它很少具有欺骗性。

用肢体表达情绪，我们自然会想到很多惯用动作的含义。诸如鼓掌表示兴奋，顿足代表生气，搓手表示焦虑，垂头代表沮丧，摊手表示无奈，捶胸代表痛苦。当事人以此等肢体活动表达情绪，别人也可由之辨识出当事人用其肢体所表达的心境。

（1）表情。

你的面部表情应当向客户表明你对他们的困境是关心和理解的，你的表情可以是平静的、关切的、真诚的和感兴趣的。

（2）动作。

答复不满的客户时，不要露出一片茫然的样子，即使是自己不清楚的领域，也要自信、礼貌的回答，并将其引见到负责该领域的同事那里。部分肢体语言代表的意义：

眯着眼——不同意，厌恶，发怒或不欣赏

走动——发脾气或受挫

扭绞双手——紧张，不安或害怕

向前倾——注意或感兴趣

懒散地坐在椅中——无聊或轻松一下

抬头挺胸——自信，果断

坐在椅子边上——不安，厌烦，或提高警觉

坐不安稳——不安，厌烦，紧张或者是提高警觉

正视对方——友善，诚恳，外向，有安全感，自信，笃定等

避免目光接触——冷漠，逃避，不关心，没有安全感，消极，恐惧或紧张等

点头——同意或者表示明白了，听懂了
摇头——不同意，震惊或不相信
晃动拳头——愤怒或富攻击性
鼓掌——赞成或高兴
打呵欠——厌烦
手指交叉——好运
轻拍肩背——鼓励，恭喜或安慰
搔头——迷惑或不相信
笑——同意或满意
咬嘴唇——紧张，害怕或焦虑
抖脚——紧张
双手放在背后——愤怒，不欣赏，不同意防御或攻击
环抱双臂——愤怒，不欣赏，不同意防御或攻击
眉毛上扬——不相信或惊讶

3. 处理客户投诉时必须做好心理准备

投诉是一种"人"感情的宣泄，这种"人"的因素使投诉最终将成为人与人之间的相互接触、交流。特别是在对方是一位客户，且是一位有着投诉心理的客户的情况下，交流变得更加困难。因此，对于投诉的客户，动之以情，才能晓之以理。

（1）坚信自己是处理客人投诉的重要人物。

工作人员应坚信自己是通过处理客人投诉，给客人以满足，给客人带来莫大利益的重要人物。同时更应坚信正确处理客人投诉，满足客人的合理要求所产生的利益是不可计量的。

（2）坚信自己是客人的代表。

工作人员应坚信自己是投诉处理的工作者，是"客人的代言人"，如果从"客人的利益就是企业的利益"这个角度来说，处理客人投诉的人负有把客人的呼声反映于企业的任务。因此，处理客人投诉的工作人员是企业与客人沟通的桥梁和纽带。

（3）诚心诚意的听取客人的主张。

对于工作人员来说，可能是微不足道的不满，但对客人来说却是极为重大的问题。当有客人投诉时，最重要的是要把自己的心胸打开，留神聆听对方的主张。切勿主观臆断，简单地判断对方的话。

（4）不可表面恭恭敬敬，内心却无礼。

工作人员与客人接触时的态度，尽管在表面看来很有礼貌，但如果内心轻蔑对方，必定会在言辞片段中露出马脚，使对方不高兴。对于工作人员来说，处理客人投诉属于日常业务，很容易随随便便地加以处理。但对于客人来说那是生活上发生的异常情形，工作人员千万不要忘记这一点。

（5）要认清客人有听取说明的权利。

在客人的投诉中，由于客人的误会所引起的问题，也绝不在少数。例如：客人大声叫嚷你们酒店的窗子打不开，怎么连通风口都没有啊？仔细一听，原来他并没有发现那里有手动调风速的通风口。尽管客人的投诉并没有正当理由，客人还是有听取说明的权利。工作人员

要认为这是客人赐给你的一个启发他的好机会，要好好把握，把事情说清楚，以此为开端，我们与客人之间产生了信任关系，客人可能下次更愿意来。这就是我们工作人员应有的推销能力。

实战演练

（一）案例分析

任何饭店都拥有一批老客户，他们都十分偏爱自己常住的饭店，并且客人与饭店上上下下的工作人员都很亲热友好。C 先生就是这样一位老客户。一天，他和往常一样，因商务出差，来到了 X 饭店。如果是平时，C 先生很快就能住进客房。但是，正在饭店召开的一个大型会议使得 C 先生不能马上进房，服务员告诉他，到晚 9 点可将房间安排好。C 先生只好到店外的一家餐厅去用餐。由于携带手提包不方便，他顺便来到前台，没有指定哪一位服务员，和往常一样，随随便便地说，他把手提包寄存在他们那里，10 点以前来取，请他们予以关照。当然，没有拿收条或牌号之类的凭证。当 C 先生在 10 点前回到饭店吩咐服务员到大堂帮他取回手提包时，大堂经理却说，找不到，并问 C 先生的存牌号是多少？C 先生讲，同平时一样，他没拿什么存牌。第二天，尽管饭店竭尽全力，却仍未找到。于是，C 先生突然翻脸，声称包内有重要文件和很多现金，他要求饭店处理有关人员，并赔偿他的损失。

思考题：

面对 C 先生的投诉，如果你是酒店的管理人员，你会如何处理该投诉？

（二）情景演练

一个客户气冲冲的拿着计费有误的电话详单来营业厅投诉，假如你是电信公司的一名营业员，你将如何处理好这起投诉？

任务三　特殊客户投诉有效处理技巧

问题引入

一个讲道理的人在不满的时候可能会变得不讲道理，然而从根本上说，他还是有理智、讲道理的。但难缠的人，有一种用分裂的破坏性手段使别人注意他的心理需求。这样的人是极其难沟通的，那怎么样才能更好处理这些特殊客户的投诉呢？这是在本任务环节需要掌握的内容。

任务要求

1. 识记：特殊客户投诉的类型。
2. 领会：难缠客户的心理分析。
3. 应用：难缠客户的应对方法。

名家名言

子非鱼，焉知鱼之乐。

——庄子

案例引入

（一）案例描述

某电信客户王女士，拥有模拟网号码 9××××××××，电信模拟网转数字网时，需要客户改号为 139××××××××，但无论客户经理如何解释，王女士就是不同意改号，投诉电信公司，并愿意继续出钱保号。面对这样一位特殊客户，你将如何处理好这则投诉？

（二）案例分析

如何让投诉的客户变为倾诉的客户是处理这则投诉的关键点。首先要平息客户的情绪，了解客户为什么要这样做，让客户自己说出原因，后来我们了解到，原来这个号码是王女士的先生帮她办理的，先生办完号码，在返回家中的路上发生了车祸，王女士觉得这个号码是她对丈夫的思念的寄托，所以不管怎么样也不肯换。客户经理最后帮王女士选了一个 139+王女士丈夫逝世那天的日子，这样的一个号码，很好地解决了这一则投诉。所以在处理投诉的过程中，一定要以尊重客户的情感为先，动之以情，方能晓之以理。

知识内容

（一）特殊客户投诉的类型

难缠的客户是一种用分裂的、破坏性的手段来使别人注意自己的心理需求的客户。这样的人非常难沟通，大多数难缠的客户是因为他们缺乏安全感，实际上他们也有一种被理解、受欢迎、受重视的需求，尽管他们选择了一种不太合适、不太礼貌的方法。难缠的客户类型有：

（1）醉翁之意不在酒的客户。夸大其词、要求企业负责人出面商谈投诉处理、迟迟不提投诉要求。

（2）易怒的客户。脾气比较暴躁。

（3）下流或令人讨厌的客户。寻呼台经常会遇到文化素质很差、品行很差的人，可能就是流氓地痞。但是他在生活当中也扮演着客户的角色。

（4）矜持的客户。为什么把矜持的客户叫作难缠的客户呢？一般来说矜持的客户有一些真实想法，他不愿意说出来，这种人很高傲，很难沟通，不太容易接受服务人员的建议。

（5）霸道的客户。

（6）批评家。什么叫作批评家呢？就是习惯于指责身边的任何事物，他骂来骂去，最后照样买。看待任何商品和服务的时候，都带着批判的眼光。

（7）喋喋不休的客户。唠唠叨叨，没完没了。

（8）古怪的客户。他经常会提出一些超出客户服务人员想象的问题，根本就摸不清他的思路。你不清楚他为什么要这么做，他的思维与常人不同。客户服务人员提供一种服务，平常人都能够接受，但他不愿意接受。有的时候客户服务人员给他提供一些解决方案，但是他不满意，他一定有一些一般人不会提出的要求。

（9）犹豫不决的客户也是比较难缠的。犹豫不决的客户在投诉的时候，对于给出的很多解决方案，他会反复的推翻，反反复复，犹豫不决。

（10）酗酒的客户。就是喝酒以后来享受服务的客户。

（11）爱争辩的客户。

（二）难缠客户的心理分析

（1）他们疲劳和沮丧；

（2）困惑或遭到打击；

（3）在保护自我或自尊；

（4）感到被冷落；

（5）不善于说话或对语言的理解能力很差；

（6）心情不好因而在你身上出气……

（三）常见客户投诉原因分析

（1）他的期望没有得到满足；

（2）他很累，压力很大或遇到了挫折；

（3）他想找个倒霉蛋出气，因为他在生活中没有多大的权力；

（4）他总是强词夺理，而从来不管自己是否正确；

（5）你或你的同事对他作了某种承诺而没有兑现；

（6）他觉得如果对你凶一点，就能迫使你满足他的要求；

（7）他做错了事情时，遭到了你或你同事的嘲弄；

（8）他的信誉和诚实受到了怀疑；

（9）他觉得你和你的同事对他没有礼貌或冷漠；

（10）他觉得自己的利益受到了损失；

（11）他觉得你浪费了他的时间……

技巧与方法

那么如何应对难缠的客户呢？

1. 说话不触及个人

记住：客户不是对你有意见，至少看上去是如此。

客户服务人员在自己情绪变得不稳定的时候，就会把矛头直接指向客户本人，不再就事论事，而是互相之间进行人身攻击。例如：

"你怎么这样，我头一回碰见你这样的服务员！"

"我也没见过你这样的客户，人家别人什么事都没有，怎么就你这么多事呀？"

"我不是已经跟你说了吗，对不对，我不是已经给你解决了吗，你干吗还不满意？"

客户服务人员在说话的时候，始终不能触及个人。因为客户服务人员必须要记住一点，客户不是对你有意见，而是对你的产品有意见，至少是从表面看上去是这样的。

2. 对事不对人——做一个问题解决者

对事不对人就是说，你要做一个问题的解决者，永远提醒自己，我的工作是解决问题，在处理投诉的时候要解决问题。当你把问题解决了的时候，投诉自然就被化解了。

3. 征求对方意见——您看怎样做能让您满意

征求意见是为了让客户感到受到尊重，受到重视。比如说：

"您看怎么做才会让您满意呀？"

"您觉得怎么处理会比较好啊？"

"您看除了刚才您提的两点以外，还有没有我们双方都能够接受的建议呢？"

征询意见的目的，是了解客户的实际想法。

4. 礼貌的重复

当客户坚持其无理要求时，告诉客户你能做什么，而不是你不能做什么！要不断地重复这一点。

客户坚持他的要求，而这种要求根本就不可能满足时，客户就会不断提出这种要求。这个时候，客户就很容易翻脸。因此这时要避免客户有爆发性地投诉。怎么做呢？做到礼貌地重复。当客户坚持其无礼要求时，你不要跟他说"不行不行"或"你别做梦了！"等，不要直接回绝。不断重复告诉他你能做什么，而不是你不能做什么。如果客户放弃了，投诉处理就结束了。如果依然不放弃，那就可能需要你的上级主管来进行解决。

5. 换位思考，运用同理心是关键

同理心就是站在对方立场思考的一种方式。

在已发生的事件上，把自己当成是别人，想象自己因为什么心理以致有这种行为，从而触发这个事件。因为自己已经接纳了这种心理，所以也就接纳了别人这种心理，以致谅解这种行为和事件的发生。与"己所不欲，勿施于人"同出一辙。

就算是自己的看法与人不同也不能判定对方的一定是错；尝试反复地思考，认真从其他角度去看，针对事而不是针对人，便会发现自己原本的定夺不一定完全正确。因为事情发生在"我"身上（主观）跟发生在"你"/"他"/"她"/"它"身上（客观），分别可能非常大。别人的想法和行为总有他的缘由。

有时候可能衡量对人/事的影响，尽量接受/谅解别人的处事方式、作风和行动，调节一下自我的反应，便是"同理"的表现。就算因此而改变原本的做法或甚打消初衷，并不代表被同化，而是体谅和尊重。

从某种程度上说，客户一旦投诉，自然会强烈认为自己是对的，并会要求企业赔偿等值商品或者道歉。但身为卖方，一个供应者通常会将投诉不合理化，尽量把损失压至最低。基于两者各自的立场，彼此往往互相较劲都不肯退让。但是对于交易卖方来说，和客户争吵是一点好处也没有的，即使赢了，客户也不会再来第二次。因此在与客户交涉时，一定要避免争吵，为不使客户产生厌恶情绪，一定要站在客户的立场来考虑问题："如果自己是客户会怎么做？会不会也提出不满呢？"

就好像你在开车的时候，会觉得骑自行车的人和行人都不遵守交通规则，但是当你走在街上，你又会觉得那些开车的真不懂规矩。因为角色转换后，想法和看法就会有很大的转变。

所以作为客服人员一定要有一种能力——融入顾客的情境！

实战演练

（一）案例分析

客户服务热线案例分析

拨打热线客户为 A

客户服务人员为 B

B：喂！你好。

A：你好，我是××的一个用户……

B：我知道，请讲！

A：是这样，我的手机这两天一接电话就断线……

B：那你是不是在地下室，所以信号不好呀。

A：不是，我在大街上都断线，好多次了……

B：那是不是你的手机有问题呀？我们不可能出现这种问题！

A：我的手机才买了三个月，不可能出问题呀。

B：那可不一定，有的杂牌机刚买几天就不行了。

A：我的手机是爱立信的，不可能有质量问题……

B：那你在哪买的，就去哪看看吧，肯定是手机的问题！

A：不可能！如果是手机有问题，那我用×××的卡怎么就不断线呀？

B：是吗？那我就不清楚了。

A：那我的问题怎么办呀，我的手机天天断线，你给我交费呀！

B：你这叫什么话呀，凭什么我交费呀，你有问题，在哪买的你就去修呗！

A：你这叫什么服务态度呀，我要投诉你！

B：挂断……

思考题：

（1）分析该投诉用户的类型。

（2）客服代表在处理投诉过程中有什么不妥之处？

（二）情景演练

你在客户服务的过程，遇到了一个难缠客户的投诉，你该怎样尊重他的情感，照顾他的情绪，更好地来处理投诉？

任务四　将客户投诉转化为商机

问题引入

忠诚的客户无论从哪种角度上来说都是公司最好的消费群。一项数字统计表明，企业的销售额有 8%来自忠实客户的重复惠顾，而 80%完全是建立在排除客户投诉，使客户达到一定满意度的基础上。企业一般每年流失 10%的老客户，如果一个公司将其客户流失率降低 5%，其利润就可能增加 25%～45%。企业成功经营的秘诀就是让客户完全满意，而且要妥善处理客户的投诉。那么如何将客户的投诉转化成为商机，如何让投诉的客户变成企业最忠诚的客户？这是在本任务环节需要掌握的内容。

任务要求

1. 识记：为什么要设立专门的投诉部门。
2. 领会：客户投诉为企业赢得先机。
3. 应用：如何利用"客户投诉"这种资源。

名家名言

我们不仅仅追求现在的销量，我们希望与顾客保持长期的关系。

——【美】管理咨询大师　肯·布兰佳

案例引入

（一）案例描述

从消费者投诉中，日本企业获得灵感嗅出商机

雨伞不吸水

日本福井县的福井工商会近年来致力于向企业提供源自消费者投诉的"金点子"，并于去年10月举办了一场名为"解决抱怨和投诉"的展览，展示了30多种灵感来源于消费者投诉的新产品。据《今日日本》报道，类似的改良型产品近年呈上升趋势。

虽然雨伞是人们在雨天的"好帮手"，但经化学处理、能防水的雨伞往往使用寿命不长。一名消费者曾向福井工商协会投诉说，她的衣服经常被雨伞淋湿。"福井洋伞"公司发现这条投诉后萌生灵感，立即组织研究人员对雨伞材料进行创新。1年后，公司成功研制出一种混有特殊聚酯的材料，将其运用到伞面上可以有效延长雨伞的防水效能。

新型防水伞虽然价格不菲，约3万日元（约260美元），却非常热销，2005年上市不久，就累计销售5 000把。

丰田公司也在豪华轿车雷克萨斯上使用了混有特殊聚酯的新材料。

"福井洋伞"公司总裁桥本平吉（音译）说："这个投诉提醒我们要从消费者的角度出发，为他们着想。"

发光眼镜防滑鞋

对于此类源于消费者投诉的改良型产品，《今日日本》评述说，其共同点是考虑到了日常生活中易被厂商忽视的细节。

比如，不少人都有过在漆黑夜里碰到人而被吓一跳的经历。福井县一家眼镜公司就由此萌生创意——如果戴着能发光的眼镜，这样尴尬的场面在很大程度上能够避免。

这家公司推出一种混有发光材料粉末的鼻托。如果眼镜安装这种"发光"鼻托，那么黑

夜中人们就可以轻易判断前方是否有人。

雪天路滑容易摔跟头，可以试试另一家日本公司发明的特制鞋。特制鞋的鞋底材料混有坚韧的天然橡胶，有效抵抗雨雪天气的湿滑路面。

共　赢

福井工商会2003年开始收集消费者的投诉，并为企业提供相关"金点子"。一方面协会可以摆脱长久以来"空架子"的形象，另一方面也能从中获利。企业每采用消费者的一个投诉来改善产品质量，就需交给协会100日元（0.9美元）。这对双方都有利。

（二）案例分析

俗话说：金杯、银杯，不如消费者的口碑。消费者对产品的反馈意见往往激励企业不断进步。日本企业更从消费者的投诉中获得灵感，而后推出一系列让消费者满意的改良型产品，从而从投诉中获得了商机。

知识内容

在正确认识客户投诉的学习中，我们知道投诉能给企业带来很多好处。其中之一就是投诉中蕴含着商机。那么如何将不满转化成商机呢？

（1）设立专门的客户投诉部门，为客户投诉创造便利的条件，解决客户不愿投诉的问题。

为什么要设立专门的投诉部门？这是在对客户不投诉的原因进行分析后，得出的结果。著名企管大师戴明说过，客户不会报怨，只会流失。为什么大多数客户在不满意时不会投诉，这是因为客户认为投诉没有用，大多是无果而终；客户向企业投诉的程序很麻烦，这需要花费很多的时间和精力；市场上提供了许多可供选择的产品或服务，与其投诉，不如换其他产品，很少有企业会主动了解客户的不满意，一个以客户为中心的企业应该为其客户投诉提供方便。

（2）对客户投诉进行整理，调查研究，发掘客户投诉中蕴含的机会。

客户投诉的根源是其需求没有得到满足。企业可以通过研究客户投诉，发现产品存在的问题，或产品不够完善的地方。海尔公司就接到过这样的投诉：海尔集团的维修服务人员接到客户投诉，说洗衣机不经用，维修人员上门一看，原来北方农民用洗衣机洗地瓜，因泥土太多，堵住了排水口。海尔公司从客户的投诉中发现北方农民的新需求，于是研发了一种能满足北方农民既洗衣又洗地瓜的需求的洗衣机，开创了一个新市场。NOKIA公司接到客户投诉，反映手机在运动时携带不方便，于是研发了新产品运动型手机。以上的成功案例都说明客户投诉能给企业带来创新和改进的机会。

（3）让更多的客户投诉，让客户投诉为企业赢得先机。

在现实社会中，有45%的顾客心存不满却未投诉，他们也许会增加你竞争对手的营业额，因为这些顾客和另外那些曾经投诉然后又放弃的顾客，他们被不满驱使着去散布他们的消极情绪，到你的竞争对手那里去消费。让客户投诉为企业赢得先机，最重要的是先确保让这些顾客知道到哪里去投诉，并且让这些程序尽可能地简单，因此，你需要建立一个情报站。在很多城市餐馆，饭店的电话和饭店的地址被印在餐巾纸上，这样，饭店的知名度会由于许多人使用餐巾纸而引起大家的注意；桀犬吠尧就是确保让顾客感觉到他们的意见被公司听取和理解，并让他们看到公司的实际行为。

通用电气公司为它所有的顾客创立了一个信访中心。作为一个答复顾客疑问并解决顾客问题的机构，它的直接成果是：公司每花十美元，就会有价值十七美元生意的回报。戴尔计算机公司采取一种有效的做法，他们给所有的顾客打电话（在公司购买过一次商品），每年约有50万个电话。不仅公司及时解决了问题，而且使不满意的顾客成为戴尔公司及其产品的宣传大使。

技巧与方法

如何更好地利用"客户投诉"这种资源？

现在客户对产品和服务的期望值越来越高，人们总以"国际标准"来衡量商家的产品和服务，过高的期望与过低的效果带来的就是不满、抱怨、投诉。

在知识经济社会，知识更新、技术的更新、产品的更新越来越快，一种新的产品上市后，过不了多长的时间就会被另一种新产品取代。在IBM公司，40%的技术发明与创造都是来自客户的意见和建议。从客户投诉中挖掘出"商机"，能够寻找市场新的"买点"。客户投诉是一种不可多得的"资源"。

客户对新产品和服务的感知也影响产品的设计和重新改进。没有经过测试和更改就推出的新产品或服务是企业损失人力、财力资本的隐患，在产品推出前，企业研发人员都应该确保与客户积极联系，根据客户提供的反馈和意见进行改进和调试，以增强新产品的适应性，迎合客户的需要以及市场的接受力。

顾客投诉的信息如果能被正确对待和处理，那么将是企业内非常有价值的资源。顾客投诉的内容五花八门，千奇百怪，但其中可能隐藏着我们容易忽视但又非常有价值的信息，可以帮助我们在产品设计、工作流程、服务规范等方面进一步改进。

山西移动通信公司将客户投诉作为企业资源管理的出发点，在全省制定了《客户申诉资源管理办法》，通过对客户投诉进行具体的处理，比如客户回访和原因分析，从中整理出有价值的信息提供给网络技术部门和市场营销部门作为决策参考，取得了良好的效果。制度规定，全省各分公司客户服务中心，每月将客户投诉资料进行归类整理、认真分析、及时回访，提供投诉分析报告，为网络资源的优化配置和市场营销提供决策依据。

及时地处理好投诉，可以提高客户的满意度，较高的客户满意度会带来重复购买，使企业的交易成本降低，利润上升，竞争力增强。处理好客户投诉，做好服务中的"补救"，既是一种让客户满意的经营观念，也是一种竞争策略。企业若能因势利导，顺其自然，"补救"到位，就可能最大限度地提高客户的满意度，保持更多的客户，占据更大的市场。

实战演练

（一）案例分析

处理好客户投诉也是挖掘商机

为了彻底清理无主用户，合理利用号码资源。某电信分公司按省公司的要求，2014年年初便启动了系统批量拆机工作，有效减少号码资源的浪费，同时也带来服务上的隐患问题。强拆也导致了用户的投诉。

当时有件事闹得沸沸扬扬。用户王先生，2010年入网，2012年12月办理停机保号，2014年1月系统批量拆机，王先生的号码被强行拆除。到2015年2月，冷冻了一年的号码被重新释放，卖给了新用户黎女士。2015年4月份，王先生偶然获悉他停机保号的号码被他人使用。于是王先生向当地的客服热线投诉，热线接到投诉后曾多次致电王先生说：号码是一种有限的资源，长期闲置不用，并长期处于停机状态，容易造成号码资源的浪费，因此根据上级领导的要求，对此类用户采取强行拆机的处理，并请此类用户理解。但是，用户对此解释表示很不理解，他要求电信公司给予说法，公司本着一切服务工作让用户满意的宗旨，在2015年4月17日，经与黎女士达成协议，又给王先生置换了新的号码。但投诉人王先生此刻表示，他停机保号的号码已被他人使用，他不要了，要电信公司负责人给予当面道歉，否则法庭上见。于是电信公司对此用户采取了"冷处理"，经过冷处理的客户，在没有及时得到答复的情况下，便通过集团公司的网站、省公司总经理热线、市长热线等多个投诉渠道提起了投诉，不断扩大事态，还声称要向新闻媒体披露此事，一时对电信企业造成极大的负面影响，为了尽快地处理了结此次投诉事件，平息用户的事端，并避免此类投诉再次发生，电信公司组织了一个小组，主动约见了投诉用户王先生单位的领导，请求领导帮助，化解此事，而且主动和王先生见面，当面道歉，最终以恢复王先生原来号码，减免一年多时间的停机保号费用，处理好了该起投诉事件。王先生因此对电信公司的服务很满意，并为电信公司带来了很多新的客户。

思考题：
（1）客户为何要采取如此强烈的方式来进行投诉？
（2）谈谈此案例中你得到哪些启示。

（二）情景演练

假如你是通信行业的一名客户经理，遇到投诉的客户，你将如何将危机转化为商机？

本章小结

本章通过对投诉客户心理层面的研究，了解客户投诉的根本原因；通过有效沟通，有针对性地处理客户投诉，掌握投诉处理的原则、技巧和有效方法；通过对客户投诉的管理，减少客户流失，提升客户忠诚度；通过投诉分析，及时了解企业存在的弊端，增强企业的竞争能力。

鱼儿离不开水，瓜儿离不开秧，企业的发展离不开消费者，企业要发展就必须不断提高产品质量、完善服务网络。竞争是残酷的，市场是客观的，消费者是理性的，只有真正将消费者放在心中才能使企业在激烈的市场竞争中立于不败之地。

第八章

客户关系管理

本章结构图

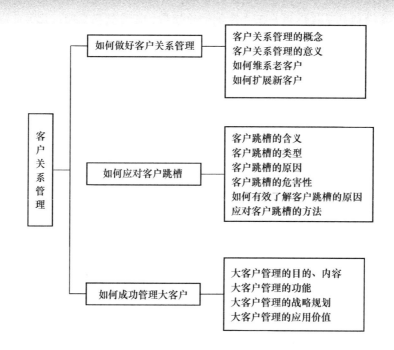

问题引入

在以产品为中心的商业模式向以客户为中心的商业模式转变的情况下,众多的企业开始将客户视为其重要的资产,不断地采取多种方式发展和维持与客户良好的关系,以提高客户对本企业的满意程度和忠诚度。实施有效的客户关系管理,建立与客户的牢固关系成为当今企业的首要任务。因此以客户为中心的客户关系管理成为企业管理新的时代内容和决定性因素。那么如何建立适应企业特色的客户关系管理,如何应对客户跳槽,如何成功管理大客户?这些都是本章需要解决的问题。

第八章 客户关系管理

本章内容

本章分三个任务介绍做好客户关系管理、应对客户跳槽、管理大客户等。

本章要求

1. 识记：客户关系管理的概念、客户跳槽的含义与类型、大客户管理的目的与内容。
2. 领会：客户关系管理的意义、客户跳槽的原因与危害性、大客户管理的功能。
3. 应用：维系老客户和扩展新客户的方法、应对客户跳槽的方法、大客户管理的战略规划制定。

任务一 如何做好客户关系管理

问题引入

在目前竞争日益激烈的知识经济环境下，人们越来越强烈地感觉到客户资源将是企业获胜的最重要的资源之一，客户关系已不再是简单的电话关怀或嘘寒问暖，一条信息一个决策都会影响到企业原有客户和潜在客户的去留，可以决定企业的成败，因此，客户关系管理也变得更加重要。那么什么是客户关系管理？客户关系管理能为企业带来什么样的价值？如何维系老客户？如何扩展新客户？这些都是在本任务环节需要掌握的内容。

任务要求

1. 识记：客户关系管理的概念。
2. 领会：客户关系管理的意义。
3. 应用：如何维系老客户、扩展新客户。

名家名言

核心竞争能力并不在于你必须有一个零部件，更多意味着你有没有抓住市场用户的资源，能不能获得用户对你企业的忠诚度。如果能，那就是市场竞争力，核心竞争力。

——海尔集团总裁 张瑞敏

案例引入

（一）案例描述

某经销商分析自己经营的品牌比 A 公司更有名气，性价比更高，但 A 公司是客户（某通信企业）的老供应商，所以也不好直接向客户提出采购建议。为争得 A 公司的市场份额，经销商决定由公司总经理向客户方提出采购计划，直接向该通信企业购买一批智能手机赠送给公司的资深员工及经理主管，并表示以后每年都要继续采购，送给由普通员工升职为主管或被评为资深员工的人。这笔业务结束不到一周，该经销商的销售部就收到了客户的订货单。客户表示：从今以后，所有的需求都只从该经销商处采购，并希望与其建立长期稳定的合作伙伴关系。到目前为止，该经销商与通信企业的合作已长达 4 年多。在此期间，双方受到其他不少厂家的游说，但都未动摇过与对方合作的信心。

（二）案例分析

由于社会文化等多方面因素的影响，企业与客户之间仅仅只存在交易关系，这样的话，二者的关系会因为利益的波动而受到较大的影响。这个案例中的经销商，用肯定对方产品的方法赢得对方信任，并增进了彼此的情感，这对形成长久的稳固的交易是很有帮助的。因此，企业要在营销上成功，就必须在增进客户的关系上下功夫。

知识内容

（一）客户关系管理的概念

20 世纪 90 年代以后，受西方市场国际化以及全球化竞争的影响，大部分企业认识到吸引客户当然非常重要，但是更重要的是发展和维持与客户的关系。因为这些企业认识到维持与客户的关系，是企业获得长期竞争优势的基础，也就是说谁占有忠诚的客户群体，谁就占有长期的竞争优势。只有你有忠诚的客户群，你的企业才会在全球化的竞争中立于不败之地。客户关系管理（Customer Relationship Management CRM）就应运而生了。我国于 90 年代后期引入这一概念，在市场经济的快速发展中，以客户为中心的 CRM 理念广为人知。客户关系管理（CRM）的产生，是市场竞争对客户资源的重视、企业管理运营模式的更新、企业核心竞争力提升的要求以及电子化和信息化基础等几方面因素推动和促成的。客户关系管理（CRM）是市场与科技发展的结果。在社会发展的进程中，客户关系管理（CRM）就一直存在，只是在不同的社会阶段其重要性不同、具体的表现形式不同而已。现代企业理论经历了几个发展阶段，从以生产力为核心到以产品质量为核心，再到现在的以客户为中心，这些变化的主要动力就是社会生产力的不断提高。

客户关系管理就是挖掘最有价值的客户，与之形成全面满意的、忠诚的、战略的伙伴关系，从而实现企业利润的最大化。

客户关系管理重新诠释客户——客户不仅是已经与企业发生业务往来的现有客户，它还应包括企业的目标客户，潜在客户，业务合作伙伴等。

客户关系管理重新定义客户管理范畴——除客户管理外，客户关系管理还包括相应的市场管理，销售管理，服务管理，客户关怀，分析决策，销售机会挖掘，合作伙伴管理，竞争对手管理，产品管理和员工管理等。

客户关系管理强调业务流程管理——业务流程管理包括：业务产生，业务跟踪，业务控制，业务落实和业务评价等环节。业务流程管理是实现市场、销售、服务的协同工作，确保企业目标达成的有效手段。

（二）客户关系管理的意义

客户关系管理能为企业带来的价值：

让我们首先看一些数据：客户满意度如果有了 5%的提高，企业的利润将加倍（Harvard Business Review）；一个非常满意的客户的购买意愿将六倍于一个满意的客户（Xerox Research）；2/3 的客户离开其供应商是因为客户关怀不够（Yankee Group）；93%的 CEO 认为客户管理是企业成功和更富竞争力的最重要的因素（Aberdeen Group）。

对那些成功地实现客户关系管理的企业的调查表明，每个销售员的销售额增加 51%，顾客的满意度增加 20%，销售和服务的成本降低 21%，销售周期减少了三分之一，利润增加 2%。

技巧与方法

企业要生存和发展，必须创造利润，而企业的利润来自顾客的消费。企业的利润来源主要有两部分：一类是新客户，即利用传统的市场营销组合 4P 策略，进行大量的广告宣传和促销活动，吸引潜在客户来初次购买产品；另一类是原有企业的消费者，已经购买过企业的产品，使用后感到满意，没有抱怨和不满，经企业加以维系愿意连续购买产品。开发新客户时，首先要对其进行大规模的市场调查，了解客户各个方面的感受，然后对调查结果进行总结分析，根据分析结果制定相应的广告宣传，同时还要不定期地进行大规模促销活动来提醒消费者购买。以上每一个环节都需要大量的财力、物力和人力支持，这样一来，单位产品成本大幅度提高，企业盈利相对就会减少，而对原有老客户，让他们进行再次购买则不需要上述环节。

以往的营销活动中，有相当一部分企业只重视吸引新客户，而忽视保持现有客户，使企业将管理重心置于售前和售中，造成售后服务中存在诸多问题得不到及时有效的解决，从而使现有客户大量流失。然而企业为保持销售额，则必须不断补充新客户，如此不断循环。这就是著名的"漏斗原理"。因此，以"漏斗"原理作为制定企业的营销策略的指导思想，只适应于传统的以生产观念以及产品观念和推销观念为主导的时代。

（一）如何维系老客户

1. 明确客户需求，细分客户，积极满足顾客需求

（1）更多优惠措施，如数量折扣、赠品、更长期的赊销等；而且经常和顾客沟通交流，保持良好融洽的关系和和睦的气氛。

（2）特殊顾客特殊对待，根据 80/20 原则，公司利润的 80% 是由 20% 的客户创造的，并不是所有的客户对企业都具有同样的价值，有的客户带来了较高的利润率，有的客户对于企业具有更长期的战略意义。美国哈佛商业杂志发表的一篇研究报告指出：多次光顾的顾客比初次登门的人可为企业多带来 20%～85% 的利润。所以善于经营的企业要根据客户本身的价值和利润率来细分客户，并密切关注高价值的客户，保证他们可以获得应得的特殊服务和待遇，使他们成为企业的忠诚客户。

（3）提供系统化解决方案，不仅仅停留在向客户销售产品层面上，要主动为他们量身定做一套适合的系统化解决方案，在更广范围内关心和支持顾客发展，增强顾客的购买力，扩大其购买规模，或者和顾客共同探讨新的消费途径和消费方式，创造和推动新的需求。

2. 建立客户数据库，和客户建立良好关系

与客户的感情交流是企业用来维系客户关系的重要方式，日常的拜访、节假日的真诚问候、婚庆喜事、过生日时的一句真诚祝福、一束鲜花，都会使客户深为感动。由于客户更愿意和与他们类似的人交往，他们希望与企业的关系超过简单的售买关系，因此企业需要快速地和每一个客户建立良好的互动关系，为客户提供个性化的服务，使客户在购买过程中获得产品以外的良好心理体验。

3. 深入与客户进行沟通，防止出现误解

客户的需求不能得到切实有效的满足往往是导致企业客户流失的最关键因素。一方面，企业应及时将企业经营战略与策略的变化信息传递给客户，便于客户工作的顺利开展。另一方面，善于倾听客户的意见和建议，建立相应的投诉和售后服务沟通渠道，鼓励不满顾客提出意见，及时处理顾客不满，并且从尊重和理解客户的角度出发，站在顾客的立场去思考问题，采用积极、热情和及时的态度。

4. 制造客户离开的障碍

一个保留和维系客户的有效办法就是制造客户离开的障碍，使客户不能轻易跑去购买竞争者的产品。因此，从企业自身角度上，要不断创新，改进技术手段和管理方式，提高顾客的转移成本和门槛；从心理因素上，企业要努力和客户保持亲密关系，让客户在情感上忠诚于企业，对企业形象、价值观和产品产生依赖和习惯心理，就能够和企业建立长久关系。

品牌的层次与其顾客参与的程度存在着一种正比的关系。如果企业品牌在顾客心目中的层次和地位越低，顾客参与企业的愿望也相对较弱，而如果一个品牌在顾客心目中的层次和地位越高，甚至认为这个品牌关系到自己的切身利益，那么这个顾客就越愿意参与这个企业的各种活动，企业与顾客的关系越紧密，特别是当他们将品牌视为一种精神品牌，这种参与程度可以达到最高境界。

5. 培养忠实的员工，不断培训服务人员

忠实的员工才能够带来忠实的顾客。一位推销专家深刻地指出，失败的推销员常常是从找到新顾客来取代老顾客的角度考虑问题，成功的推销员则是从保持现有顾客并且扩充新顾客，使销售额越来越多，销售业绩越来越好的角度考虑问题的。

要保持顾客忠诚必须从员工着手。具体可采取以下手段：

（1）注重员工培训、教育，为企业员工提供发展、晋升的机会。
（2）为员工尽可能创造良好的工作条件，以利于他们高效地完成工作。
（3）切实了解员工的各种需求，并有针对性地加以满足。
（4）提倡内部协作的企业文化，倡导团队合作和协作精神。

（二）如何扩展新客户

不少人都认识到了老客户对于企业的经营和发展具有重要作用。而现实中，没有从天而降的老客户，他们都是从与企业的交易中，从新客户逐渐变化成老客户的。所以，对于企业来说，广泛的扩展与新客户的关系很重要。那么，如何扩展新客户呢？

1. 搜寻对产品有潜在需求的客户开发或服务

任何企业都是通过扎实的开发工作逐渐积累起来的。可以详列名单后分析主要的目标市场，以及如何有效接触潜在客户。也可以根据自己产品的属性，从既有人脉分析目标对象出发，以及其他各种市场营销方法。客户关系的扩展在于企业的重视和关心，即重视他们的真实想法是什么？他们的需求是什么？他们最迫切需要解决的问题是什么？而这些东西不是靠企业员工一直说个不停便能得到的，而要靠真心的聆听与了解，真正愿意花时间和精神与客户互动才能获得。

2. 创造有效的产品解说，创造高成交与缔结率

尽管潜在客户是原有熟悉的人脉，但是在扩展关系时，关键在于通过专业来满足客户需

求与解决问题，而不是通过交情让对方捧场而购买。因此，要想有效经营客户，就要通过有效的沟通与说服，让客户因为感受到我们产品能满足需要而产生购买行为，进而建立长久的客户关系。在这个阶段，要懂得如何引发客户的需求，如何简单有效地解说产品效益，并且发挥足够的技巧，引导对方达成交易，成为客户后，制造有效的后续服务与经营机会。

3. 提升客户关系经营与满意度

客户有了初次的购买行为后，要让其持续地回购产品，成为稳固的购买者。因为开发一个新客户比保有一个老客户要多花很多的人力物力。因此，了解客户的深层次需求，和客户进行最好、最舒服的互动，提供给客户更多的附加价值，以提高客户的满意度和回购率，是最应思考和特别值得注意的事情。当与客户成为朋友，客户所表现出来的就不仅是单纯的客户，他们会对企业和员工的经营事业产生关切的态度，所以企业要多花些时间和客户建立深度关系。

4. 提供给客户更大的附加价值，提高忠诚度

要能持续创造绩效，就必须保证核心客户持续经营，甚至通过这些核心客户的使用口碑或转介绍，创造更大的营销成果，然而，很多企业往往忽略老客户的深度经营。经营与客户的关系，就必须改变观念和做法，最好做到保守承诺、超值给予。要和客户沟通真实状况，并且承诺自己一定会做到的部分；一旦向客户承诺，要尽一切力量表现最好，甚至超越客户期望，尽力维持自己在客户心目中的信用度。

实战演练

（一）案例分析

黄静—华硕维权事件的启示

2006年2月9日，大学生黄静购买了一台华硕笔记本电脑，在使用过程中多次出现异常现象，华硕售后几次检修后，发现该笔记本电脑机内原装正式版Pentium-m7602.0GCPU被更换为工程测试样品ES2.13GCPU，而英特尔公司明确规定其不能用于最终用户产品。

黄静于2006年2月14日上午在律师陪同下，携带录音设备和摄像设备前往华硕公司，华硕公司工程师承认更换CPU的情况，并保证所换CPU为华硕公司原装正品，确认可以在华硕公司享受售后服务。

和解谈判过程中，华硕公司包括中国业务群总经理许佑嘉、品牌总监郑威在内多位高层承认更换工程样品CPU一事，并详细说明更换过程。

2006年2月17日应华硕公司要求，在北京市公证处由华硕公司工程师对该机进行检测，结果确认该机内被换装的是工程样品处理器CPU无误。

2006年3月4日，黄静、代理人周成宇、律师舒梅先后多次与华硕公司协商谈判，并提出将华硕公司出资500万美金用于成立中国反消费欺诈基金会的建议作为和解条件，如果和解不成将向北京市海淀区人民法院提起民事诉讼。

2006年3月7日，华硕公司以谎称进行谈判为由，将黄静和代理人周成宇诱骗至华硕公司北京分公司，然后报警对其进行抓捕。

黄静在看守所被关押10个月后，2007年11月9日，海淀区人民检察院以证据不足为由，对黄静做出不起诉决定。

在华硕设局诱骗拘留黄静之后,多个民间团体以及众多网民一直密切关注此事,其中"华硕维权联合律师团"便是为黄静翻案奔走呼告的一个民间团体,网络上也有团体开始发起一轮又一轮的支持消费维权、抵制华硕的呼声。

虽然案件非常轰动,但中国许多媒体却在此次事件中缄默——华硕在"假芯"事件曝光之后,立即向全国多家主流媒体发出警告声明,强调黄静等二人是敲诈犯罪,警告媒体不要跟风报道,否则将会采取法律手段给以制裁。

所以,从产品质量信誉来说,尽管"假芯"事件性质严重,但是在华硕的高压与对媒体的强力控制之下,媒体并未形成针对华硕的大规模负面舆论,华硕的市场销售未受影响。事隔二年后,"假芯"事件出现了转机,随着黄静的被释放以及黄静对华硕提起了反诉讼,华硕的危机波澜再度掀起。

面对消费者的有些极端的维权手段,华硕似乎也是以极端应对——不惜动用法律的手段以高压的姿态打击消费者及警告媒体。虽然从前阶段来看,华硕的"假芯"危机事件的负面影响受到一定的控制,但其中潜藏的危机却仍然是存在的。随着黄静案的继续深入,一股危险的激流正在涌动。

对于华硕而言,真正的危机来源或许不是使用了"假芯"(在英特尔有意无意的默许下,这似乎成为电脑行业的一种普遍潜规则,只是华硕不幸被曝光)本身,而是在中国市场环境下,强势企业与弱势消费之间不对等博弈可能引发的更严重后果——无数以往的案例告诉我们,在这种博弈与拉锯战中,最终往往是强势企业赢了官司,却输尽民心。

思考题:

针对上述案例,结合客户关系管理的相关理论知识,如果你是企业当事决策方,应如何处理?

(二)情景演练

模拟一次扩展新客户的过程(身份自定)。

任务二　如何应对客户跳槽

问题引入

在以客户为中心的时代,客户资源是企业重要的战略资源。衡量企业盈利能力的重要标志已不是产品或服务市场占有率的高低,而是客户,尤其是忠诚客户拥有量的多少。当然,由于企业之间围绕争夺客户的优惠措施,更由于客户自身寻求更大收益的动机,客户跳槽是难以完全避免的,大多数企业都在关注如何应对客户跳槽的问题。那么什么是客户跳槽,其类型有哪些,原因是什么,危害性如何。如何应对客户跳槽,如何有效了解客户跳槽的原因、应对客户跳槽的方法是怎样的?这是在本任务环节需要掌握的内容。

任务要求

1. 识记:客户跳槽的含义、类型。

2. 领会：客户跳槽的原因、危害性。
3. 应用：如何有效了解客户跳槽的原因、应对客户跳槽的方法。

名家名言

如果企业能使"客户跳槽率"降低1%，企业利润就会翻一番。

——【美】著名学者　雷奇汉

案例引入

算好房贷七折下的跳槽账

（一）案例描述

2009年一开年，关于房贷七折的政策沸沸扬扬，不少老房贷客户这几天也四处打听各家银行政策，"如果我贷款的这家银行不给我七折优惠，那我就要考虑换到另外一家银行。毕竟能不能享受七折优惠会相差很多利息。"

目前市场上对于七折优惠较为明确的只有股份制银行，而四大银行的许多老房奴都被告知要申请或者具体政策未定，正是如此，不少"心急"的市民决定通过房贷"跳槽"来节省利息。

不过，业内人士称，尽管现在有不少银行的房贷政策还没有出来，但是在激烈的市场竞争下，各家银行的政策最终可能会趋于一致。另外房贷"跳槽"还要支付一定的费用，老房奴如果要"跳槽"还是要仔细咨询好有关政策，并给自己算一算账。

两类贷款没法"跳槽"。市民张先生告诉记者，他手上有两套房子贷款都没还完，一套是2003年购买的，当时贷款40万元，公积金贷款已经全部还完，现在还剩下10万元左右的商业贷款。另外一套是今年初才贷的，公积金加商业贷款一共50万元。"我现在一个月还贷款4 000元呢，负担比较重，尤其今年受经济危机影响，公司年终奖、今年正常的收入，可能都会受到一点影响。"所以张先生向自己的贷款银行不停打听，自己的两套房贷究竟能不能享受七折的利率优惠。但是银行方面一直称总行政策还没下来。这让张先生很不放心。"现在我已经打听到其他一些银行有优惠，如果不行，我就考虑把房贷转到其他银行去。"据了解，目前绝大多数银行都提供同名转按揭业务，也就是让客户的房贷从一家银行转到另一家银行。但是并非所有的贷款都可以想"跳"就"跳"。

从银行给出的信息看，有两类贷款做不了同名转按揭。"一类是公积金贷款和组合贷款。"据银行人士介绍，所谓同名转按揭业务是指由下一家银行贷款给客户，将上一家银行的贷款还掉，然后再办理新的贷款，但是公积金贷款如果还清，就不能再贷出来，所以凡是公积金贷款和"公积金贷款+商业贷款"的组合贷款，是没办法"跳槽"的，只有纯商业房贷才能"跳槽"。另一类不能"跳槽"的房贷就是没办两证的房子，因为房贷"跳槽"需要重新办理抵押，需要两证齐全。

那么对于符合条件、想"跳槽"的房贷客户来说，也要先算清楚，"跳槽"是需要支付一笔费用的，到底"跳槽"合不合算。"办理房贷转按揭主要有个阶段性担保，客户需要向中介支付一笔担保费。"一位银行人士举了个例子，比如贷款 5 万～30 万元（含 30 万元）的担保费是 800 元，30 万～50 万元的担保费是 1 000 元。此外其他费用数百元。假设客户需要"跳槽"的贷款金额为 50 万元，那么客户首先需要支付"跳槽"相关费用 1 200 元左右。（目前，很多银行因为竞争的需要，往往愿意为客户支付转按所需的中间费用。）

本金越多，"跳槽"越合算。客户如果想把房贷从一家银行搬到另外一家银行，那么首先要算一下，节省下来的利息是否大于自己需要支付的费用，只有超过支出费用，房贷"跳槽"才是合算的。假设客户贷款本金还剩余 50 万元、贷款期限 20 年，按照央行最新的贷款利率，明年 1 月 1 日起，假设银行只给客户基准利率，为 5.94%，粗略计算一下，月供需要 3 564 元，总的贷款利息为 35.5 万元。如果转到另外一家银行利率可以下浮 30%，那么利率为 4.158%，月供可节省近 500 元，月供减少为 3 071 元，总的贷款利息为 23.7 万元。总共可节省 11.8 万元。假设客户贷款本金还剩余 10 万元、贷款期限 20 年，那么转到利率可下浮 30% 的银行，也能节省 2.3 万元利息。但是如果客户所剩贷款本金不多、期限不长，那么贷款"跳槽"并不划算。市民陈先生贷款了六七年，现在只剩下本金 5 万元左右，贷款期限还剩下 5 年，银行理财人员帮他算了一下，即使按基准利率算，剩下的利息也只有 7 900 多元，假使转到利率下浮 30% 的银行，利息最多也就节省 2 500 元左右，再扣除"跳槽"费用，也省不下太多的利息。如果贷款本金更低，那么节省的利息可能还抵不了"跳槽"的费用。

所以银行人士提醒市民，1 月 1 日后，市民先要打听清楚自己所在的银行给予什么样的优惠政策，如果本来银行就有优惠政策，那么就不需要盲目"跳槽"。即使要跳，也要算好是否合算。

（二）案例分析

客户跳槽的动机之一就是为了寻求更大的收益，因此为了减少这部分跳槽客户，一个有效的方法就是提高客户的转移成本。案例中各银行为了应对客户跳槽，纷纷采取措施，提高客户的转移成本，使客户在跳槽前先要衡量一下，跳槽的成本和收益。如果转移成本过大，客户跳槽的动机也会大大减少。

知识内容

服务经济时代，客户是企业的重要资源，争夺客户成为企业竞争的重要目标，而保持客户，防止客户"跳槽"，也是企业营销任务的重点。

（一）客户跳槽的含义

按照客户关系管理理论，客户跳槽是指，由于各种各样的原因，导致客户离开本企业而转移到别的竞争企业购买产品或服务的现象。

（二）客户跳槽的类型

美国著名企业家 MicroScan 认为，不再购买本企业产品/服务的客户是"完全跳槽客户"，而那些在购买本企业产品/服务的同时也购买竞争对手产品/服务的客户或者那些在本企业购买产品/服务的绝对数量（或金额）在增加但在本企业相对消费份额却在下降（荷包占有率下降）的客户则属于"部分跳槽客户"。

（三）客户跳槽的原因

从顾客关系管理的角度看，客户跳槽的原因是多种多样的，主要有以下几种。

1. 价格背离

由于竞争者的产品或服务与你提供的品质相差不大，消费者自然会选择低价。

2. 产品背离

指顾客转向那些提供高档、优质产品或服务的竞争者。

3. 服务背离

即因企业服务质量太差而致使顾客背离。

4. 促销背离

当其他竞争对手针对本企业的客户实施促销活动时，本企业没有相应的活动而产生的客户跳槽。

5. 市场背离

指客户因市场的变化而退出某个市场领域。此时，客户尽管背离了本企业，却并没有转向其他竞争对手，客户关系还有修复的可能。

6. 技术背离

指客户购买行业外部的企业所提供的产品，也就是购买替代产品。

在以上的原因当中，除了公司无法控制的大环境之外，最根本的一点是，竞争对手比本企业更有效地满足了客户的需求。因此，应对客户跳槽最重要的还是提高客户的忠诚度。

（四）客户跳槽的危害性

客户跳槽对企业可能造成的危害主要表现在以下两个方面。

1. 形成连锁跳槽反应

跳槽客户成为其他客户的标杆，其他客户形成跟随，使企业的核心客户集体叛离。在这种情况下，客户跳槽使企业总体信任度降低，甚至正常的生产经营活动受到影响，甚至影响到企业的生存能力。

2. 形成负面传播效应

负面效应包括很多方面，诸如客户跳槽尤其是重要客户跳槽也是媒体关注的焦点，若被媒体恶性传播，这样有损企业形象、品牌形象，影响其他客户的信任度和忠诚度。同时，有这样的研究结果：客户满意可以把满意传达给 8 个人，不满意就可能影响 25 个人。因此，个人传播也是不可忽略的一个重要方面。

技巧与方法

案例分析与知识内容阐述了应对客户跳槽对于服务企业的重要意义，那么如何应对客户跳槽？如何有效了解客户跳槽的原因？应对客户跳槽的方法有哪些？

（一）如何有效了解客户跳槽的原因

在营销实践中，要很好的应对客户跳槽，就必须要有效了解已经跳槽客户之所以跳槽的原因，这样才能更好地做好预防和挽回工作。具体应做好以下几点：

（1）高层营销经理应亲自了解客户跳槽的原因，而不要委托外部调研人员来做调查，因为外部专业人员不太了解企业的营销管理状况，很难发现企业失误的根本原因。

（2）企业应组建由高层营销经理、基层营销经理和销售人员组成的调查小组，小组成员必须统一思想并充分理解调查工作的重要性（基层营销经理和销售人员参加调查小组不仅可帮助高层经理正确理解客户的行为方式，而且会更努力执行调查小组提出的改进措施）。

（3）调查小组应确定调查对象。如果尚未收集到足够的信息，无法确定主要跳槽者，高层营销经理可安排专人给一批跳槽者打电话来了解他们在多长时间内购买过本企业的产品/服务，收集年龄、经济收入、文化水平等资料，以便于识别跳槽的核心客户，此外，电话调查人员应区别跳槽者（改买竞争对手企业产品/服务的客户）和从前的客户（不再购买者）。

（4）电话调查人员还可为高层营销经理和跳槽者面谈预约时间（因为多数跳槽者通常只愿意向高层营销经理投诉、反映意见）。

（5）在调查了占总数 1/4～3/4 的受访对象后，调查小组中的每位成员都应通过开会来汇报自己收集到的意见，共同研究如何解决调查过程中出现的问题，交流调查经验，并根据初步调查结果提出初步改进方案。

（6）调查小组应根据调查结果确定改进措施（有些措施可立即实行，另一些措施则可能需要大量投资，高层营销经理应做进一步分析和研究）。

（二）应对客户跳槽的方法

面对客户跳槽，不同企业有不同的做法，优秀的企业往往很重视跳槽客户，并善于从客户跳槽中反思自己的营销管理。

1. 经营客户心

当客户跳槽时，企业应该躬身自问：我们是否给客户提供了优质的产品和良好的服务？客户所花的钱是否值得？我国古代的生意人常讲"前半夜想自己，后半夜想别人"，就是讲生意人应该"将心比心"，站在客户的立场考虑问题。唯有如此，才能尽职尽责地为客户服务，创造性地提供超值的服务、甚至连客户都想不到的服务，才能更敏锐地感受到客户的不满和意见。企业经营，与其说是经营产品，还不如说是经营客户心。

企业还必须使所有的营销人员明白："客户是企业的衣食父母"。如果企业不能提供优质的产品和良好的服务，使客户花钱后得到满意，客户就会"跳槽"远离企业而去。"客户至上"，经营客户心，建立客户的信任感和满意感，创造忠诚的客户，是医治客户"跳槽"的金玉良药。

2. 重视跳槽客户

营销经理应重视客户跳槽率。客户跳槽率上升了，企业利润必然会下降，即使企业能吸引足够的新客户来弥补，企业仍然要花不菲的人、财、物力来吸引新客户，企业的经济效益仍然会下滑。因此，很有必要了解客户跳槽的真实原因，也只有深入了解客户跳槽的真实原因，营销经理才能发现营销管理中的问题并采取补救措施，甚至还可以使已跳槽的客户重新回来并与之建立起更为牢固的关系。

营销经理可从跳槽客户身上获得大量信息来改进营销工作，然而，由于文化和心理因素等多方面的原因，许多营销经理往往报喜不报忧，不愿深入了解客户跳槽的真正原因，也无法真正找出营销工作的失误所在。

3. 识别核心客户

保持了核心客户，企业才能形成并保持明显的竞争优势，所以，识别核心客户是企业的一项重要工作。要识别核心客户，营销经理必须回答以下三个问题：① 哪些客户对本企业最忠诚、最能使本企业盈利？营销经理应识别消费数额大、付款及时、愿与本企业保持长期关系的客户。② 哪些客户最重视本企业的产品和服务？哪些客户认为本企业最能满足他们的需求？③ 哪些客户更值得本企业重视？任何企业都不大可能满足所有客户的需求，但企业应尽力留住重要客户。

通过上述分析，营销经理可识别本企业的核心客户，并便于确定本企业应深入了解哪些跳槽者的意见。在分析过程中，营销经理还应仔细研究各类数据，比如，本企业在各细分市场上的盈利状况，客户在本企业的消费份额，各类客户会在多长时间内购买本企业的产品和服务。

4. 提高客户跳槽的转移成本

转移成本又称为客户的跳槽成本，或者是客户离开我们而选用竞争对手的产品所需付出的代价。客户跳槽的动机就是别的竞争者能够提供更高的收益，提高客户跳槽的转移成本将使客户感觉到跳槽的收益大大降低，从而减弱跳槽的努力。客户关系管理的重点工作、核心工作就是要不断提高我们自己客户的转移成本，降低竞争对手客户的转移成本。这样才能稳固已有的老客户，不断开发和吸引新客户。

5. 向客户提供个性化和竞争对手不易模仿的产品或服务

个性化的服务将会使竞争对手很难破坏你与客户之间的合作关系，也将使客户感觉到，改变供应商将付出极大的转移成本。如果竞争对手采用低价竞争策略，个性化服务可使企业通过非价格竞争，与客户加强合作关系；如果竞争对手无法提供相同的产品或服务，客户就不会购买竞争对手的廉价产品或服务。

6. 建立关系比创造购买更重要

一些企业对开拓市场的理解比较片面，把重点放在开发客户资源而非保持客户。他们花费大量人力、物力和财力去开发和吸引新客户，却忽视老客户的需求和对老客户的服务。为此带来的恶果是：企业不断吸引新客户，又不断失去老客户。

企业的销售人员在得到一次销售机会后，要使该客户成为公司的常客，就必须与客户建立"连续性"交往。应该继续关心客户的命运，了解他们存在的问题和机会，并随时以各种方式为他们服务，应该随时打电话联系或拜访他们，而不要只在客户准备下订单时，才打电话同他们联系。

7. 建立与客户的"社交性"联系

如果等客户有"跳槽"倾向后再加强与客户的联系，已为时太晚。企业必须在与客户没有交易时仍然延续与保持与客户的社交性联系。社交性联系即企业主动与客户保持联系，不断研究和了解客户的需要和愿望，向客户赠送礼品和贺卡，表示友谊和感谢；信任客户，并提高客户的信任感；向客户表现出合作态度和敏感的服务态度。这样的社交性联系，竞争对手往往不易模仿。

据美国技术协助研究计划机构调查，只有三分之一的客户是因为产品和服务有毛病而不满，其余三分之二的问题出在沟通不良上。建立"社交性"联系能够"不间断"地了解客户的需求和意见，以便向客户提供更满意的产品和服务。

营销人员在为客户服务时，应坚持"四可"的标准，即要做客户"可亲、可爱、可信、可交"的朋友，做超出生意之外的朋友，在没有业务往来时，仍然与客户保持密切联系。尽管社交性联系通常无法防止价格过高或劣质服务所引起的问题,如果客户没有改购竞争对手产品或服务的理由,社交性联系仍可以鼓励客户与企业保持合作关系,防止客户"跳槽"。

8. 与客户建立互利互惠的"战略伙伴关系"

一旦与客户建立了"战略伙伴关系",客户就会发觉要转向另一位卖主会造成重大的经济损失,而且风险很大,而卖主则发觉失去这位客户将会是一个巨大的损失。因此,"战略伙伴关系"能够创造忠诚的客户。

实战演练

(一)案例分析

从跳槽客户中挖掘商机

Micro Scan 是一家为医院化验室提供自动微生物检测设备的厂商。20 世纪 90 年代初,为进一步提高企业的竞争力和经济效益,公司的营销经理们要求销售人员了解客户跳槽的真实原因。由于医疗设备行业的"完全跳槽客户"(客户在购买医疗设备之后往往会在很长一段时间内继续购买售后服务和易耗品)极为少见,销售人员在接到任务后马上便向营销经理们反映说他们找不到跳槽客户。很显然,这些销售人员忽视了"部分跳槽客户",这类客户并没有停止购买 Micro Scan 的设备、易耗品和服务。此外,营销经理们还发现,有些医院的"小型化验室"是"完全跳槽客户"。于是,公司的营销经理们便要求销售人员与每个"完全跳槽客户"和一批"部分跳槽客户"做深入的交谈,以了解他们跳槽的真正原因。调查结果令大家大吃一惊:客户既怀疑该公司医疗设备的可靠性,又对该公司的售后服务极为不满。

环顾周围,我们不难发现,有不少营销经理不愿听取客户的意见,他们会找各种理由来为自己辩护,但 Micro Scan 的营销经理们却没有这么做,他们虚心听取了跳槽者的意见,重新研制了新型的医疗设备,提高了检测的精确性,缩短了医院的检测时间,并迅速推出了低端检测设备来满足小型化验室的需求,重新设计了客户服务流程来迅速解决客户面临的问题。通过短短二年的努力,Micro Scan 不仅在市场上确立了领先地位,还很明显地提高了经济效益。

思考题:

(1)Micro Scan 如何对跳槽客户进行分类?

(2)Micro Scan 如何应对跳槽客户?

(二)情景演练

假若你是一名电信营业厅客户挽留室接待员(挽留转网客户),如何应对客户跳槽?

任务三　如何成功管理大客户

问题引入

进入 21 世纪,市场竞争焦点由传统单一的产品质量的竞争转移到以客户为中心的服务的竞争。企业只有在提供优质产品的同时,提供更加优质的服务,才能留住现有客户,提高客户的忠诚度,并使潜在客户成为现实客户。随着客户关系管理越来越精细化,对各服务企业的大客户进行个性化的服务和管理也提上日程。大客户管理也是企业立足并取得长期发展的根本。那么大客户管理的目的是什么?大客户管理的内容包含哪些?大客户管理有哪些功能?如何制定大客户管理的战略规划?大客户管理有哪些应用价值?这些都是在本任务环节需要掌握的内容。

任务要求

1. 识记:大客户管理的目的和内容。
2. 领会:大客户管理的功能。
3. 应用:大客户管理的战略规划制定及其应用价值。

名家名言

销售人员要想成为营销赛场上的获胜者,成交后还应当花更多心思增进与客户的关系。

——【美】IBM 营销经理 罗杰斯

案例引入

(一)案例描述

美国希贝公司在 7 年的时间里,由于对客户的强烈关注,令公司业绩迅猛提升,股价在 4 年里狂增 113 倍,为股东创造了 68 亿美元的价值。即使是在网络泡沫破裂重创美国经济之后,希贝依然高速增长,连续多年在《财富》杂志的 100 家增长最快的公司榜单上名列前茅。希贝本人被企业界称作"神人",受到投资家的顶礼膜拜。希贝的经营奇迹是靠什么创造的呢?

原来是由于该公司走的是大客户发展战略,制定的大客户服务战略是其获得超常规发展的主要动力,其生产的客户销售管理软件就是针对每一个行业、每一个大客户量身定制的,价值和利润都非常高。大客户服务战略成就了希贝的经营奇迹。

(二)案例分析

希贝公司的客户名单,都是世界著名品牌:IBM、美国运通、万豪集团、福特、西门子、奔驰、大通曼哈顿……就说明了这一点。凡是追求可持续发展的企业,都会对大客户提供超值服务并进行妥善管理。那些有美好愿景的企业永远都不会在重要的大客户身上打折扣,因为对大客户打折扣就是对企业的未来发展打折扣。管理大客户就是管理企业自己的未来。今天,大客户的开发和对大客户关系的管理已经成为不少企业安身立命的重要砝码。在很大程度上,大客户管理就是对未来的管理。

知识内容

大客户通常是某一领域的细分客户,大客户是实现企业利润和可持续发展的最为重要的保障之一,对于企业具有无与伦比的重要性和战略意义,对大客户的识别、开发与持续经营,已经成为行业竞争的焦点。尽管不同企业对大客户的定义不同,但是大客户,至少都具有以下特征之一:

与本公司事实上存在大订单并至少有 1~2 年或更长期的连续合约,能带来相当大的销售额或具有较大的销售潜力；

有大订单且是具有战略性意义的项目客户；

对于公司的生意或公司形象，在目前或将来有着重要影响的客户；

有较强的技术吸收和创新能力；

有较强的市场发展实力；等等。

因此，企业应该集中精力在大客户身上以寻找价值，创造机会，因为这些客户会使有限资金、资源产生最大效益。而大客户的价值创造，源自将价值交付体系根据具体客户特定的甚至常常是独特的需求而量身定做，则进行大客户管理显得尤为重要。

但是大客户管理的范畴涉及内容很广，需要调动的资源众多，可能造成企业经营管理者和大客户人员对大客户管理流于感性，加之市场竞争的不规范往往形成对大客户管理的关系导向，容易造成大客户销售和维系过程中事倍功半，严重的可能造成大客户的频繁流失，进而影响企业的生存。

大客户管理和服务的重要意义在于以规范化的发掘和引导来获得对企业生存和发展具有绝对影响力的客户，并持续地为其定制产品或服务，满足客户特定需求，从而培养出忠诚的大客户。这里蕴含着运营商传统客户管理观念向灵活多变的管理模式转变的过程，是从客户关系管理（CRM）向客户资产管理（CAM）提升的重要组成部分。

大客户的管理囊括了对现有大客户管理与服务、潜在大客户的识别与开发，以及对流失大客户的控制，等等。如图8-1所示。

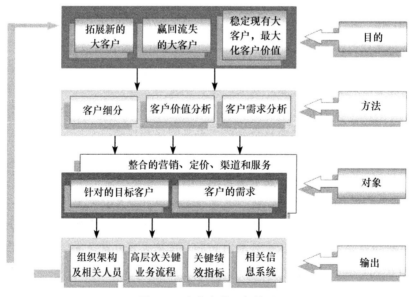

图8-1 大客户管理架构图

从大客户管理架构中不难看出，采用大客户细分、客户价值分析和需求分析是管理和服务大客户的主要和最直接的方法。通过大客户导向营销（CRS）整合企业内外部资源，实行一对一营销，为大客户提供个性化、差异化的服务。

（一）大客户管理的目的

实行大客户管理是为了集中企业的资源优势，从战略上重视大客户，深入掌握、熟悉客户的需求和发展的需要，有计划、有步骤地开发、培育和维系对企业的生存和发展有重要战略意义的大客户，为大客户提供优秀的产品/解决方案，建立和维系好持续的客户关系，帮助企业建立和确保竞争优势。同时，通过大客户管理，解决采用何种方法将有限的资源（人、时间、费用）充分投放到大客户上，从而进一步提高企业在每一领域的市场份额和项目签约成功率，改善整体利润结构。

一般大客户管理的目的可以概括为以下两点：

（1）在有效的管理控制下，为大客户创造高价值；

（2）在有效的客户关系管理和维系下，为大客户提供个性化解决方案，从而从大客户处获取长期、持续的收益。

大客户管理涉及内容很广，包括从寻找客户线索、建立客户关系、对潜在大客户销售到产品安装与实施、售后服务等诸多环节的控制与管理。但它的目的只有一个，就是：为大客户提供持续的、个性化解决方案，并以此来满足客户的特定需求，从而建立长期稳定的大客户关系，帮助企业建立和确保竞争优势。

通过大客户管理，企业可以在以下几个方面保持竞争优势：

（1）保持企业产品/解决方案和竞争者有差异性，并能满足客户需求；

（2）与大客户建立起业务关系后，在合作期内双方逐步了解适应，彼此建立信任，情感递增，容易形成客户忠诚度；

（3）形成规模经营，取得成本上的优势；

（4）在同大客户接触中不断提取有价值的信息，发展与大客户的客户关系，为满足客户的需求做好准备；

（5）分析与研究客户，制定个性化解决方案，建立市场区隔，以赢得客户，增加企业综合竞争力。

同时，大客户管理不是孤立的一个管理流程或管理方法，它是对企业长期投资的管理，是一种竞争战略，更是实现大客户战略的必要手段。因此，大客户管理必须和企业整体营销战略相结合，不仅需要对大客户进行系统、科学而有效的市场开发，更要用战略的思维对大客户进行系统管理，需要大客户部门和其他部门及各层次人员持续努力的工作。从大客户的经营战略、业务战略、供应链战略、项目招标、项目实施全过程到大客户组织中个人的工作、生活、兴趣、爱好等方面都要加以分析研究。

（二）大客户管理的内容

在内容上，大客户管理是在严谨的市场分析、竞争分析、客户分析基础之上，分析与界定目标客户，确定总体战略方向，实现系统的战略规划管理、目标与计划管理、销售流程管理、团队管理、市场营销管理和客户关系管理，为大客户导向的战略管理提供规范的管理方法、管理工具、管理流程和实战的管理图表。

大客户管理的内容主要包括：战略与目标管理、市场与团队管理、销售管理、控制和关系管理等五部分内容，因企业所处环境和所拥有的能力、资源情况不同，大客户管理的内容在不同的企业也不尽相同，但一般包括：

（1）明确大客户的定义、范围、管理、战略和分工；

（2）建立系统化的全流程销售管理、市场管理、团队管理和客户关系管理方法；

（3）统一客户服务界面，提高服务质量；

（4）规范大客户管理与其他相关业务流程的接口流程和信息流内容，保证跨部门紧密合作和快速有效的相应支持体系；

（5）优化营销/销售组织结构，明确各岗位人员的职责，完善客户团队的运行机制；

（6）加强流程各环节的绩效考核，确保大客户流程的顺畅运行；

（7）建立市场分析、竞争分析和客户分析的科学模型；

（8）利用技术手段，建立强有力的客户关系管理支撑系统；等等。

（三）大客户管理的功能

有效的大客户管理是发展和管理大客户的前瞻性战略规划与流程化管理规范，通过大客户管理能够明确：谁是大客户，大客户想要什么，如何建立大客户战略，如何获得大客户，大客户如何被管理，如何维系大客户，大客户如何被长期经营等问题。大客户管理的功能具体包括：

（1）深入了解客户：了解客户的经营；了解客户市场和他们的客户；了解客户所在行业的运作流程；了解公司产品/解决方案对客户的价值。

（2）深入了解竞争者：了解竞争者的经营；了解竞争者的产品/解决方案；了解竞争者的市场区隔；了解竞争者的竞争地位；竞争者的竞争优势在哪里。

（3）确定优先排序：根据客户价值、潜力来确定大客户的优先排序；根据客户的大小、潜力及对企业的相对重要性来决定对资源的最有效分配。

（4）明确主攻方向：知道自己要把客户引向何处；制定能够用具体的阶段目标和目的描述出的远景目标。

（5）采取积极主动的方法：寻找和能够看到别人所看不到的机会；要以积极的心态向前看，并为共同的目标确立行动计划。

（6）科学地制订计划：明确向客户提供或生产哪些产品、服务或解决方案；制定如何发挥客户潜力的策略，并明确实施这一策略所需要采取的行动步骤。

（7）完善团队建设：在企业里建立一支有共同愿景目标的客户团队；这个客户团队会为争取大客户而作出努力，并为达成绩效目标而采取一致的行动。

（8）有效协调沟通：确保由合适的人、在合适的时间采取行动；保持信息正确畅通，双方能根据它来做出决策。

（9）能够调动一切可能因素：调动客户积极性；调动企业内外资源，使其能高效的用于满足客户的需求。

（10）帮助客户解决问题：解决好有关产品/解决方案的送货、安装或调试问题；在自己的专长范围内，帮助客户解决好其他方面的问题。

（11）关注客户动态：保持对客户关系状况的了解；不断了解客户需要什么、担心什么以及提高在交往中获得的价值。

（12）准确衡量评估：评估企业对客户所作投资的回报；满足企业内部希望得到高额投资回报的需求。

技巧与方法

（一）大客户管理的战略规划

大客户管理的战略规划应立足于市场、服务大客户，利用系统的管理平台来为大客户提供最优质服务，企业依此建立起对客户的忠诚度，赢得一个相对其竞争对手的、持续的竞争优势。大客户管理战略规划的目的在于建立公司在市场中的地位，成功地同竞争对手进行竞争，满足客户的需求，获得卓越的业绩。

只有制定了长远的大客户管理战略，才有形成大客户导向的企业文化的可能性。从另一方面来看，企业在实施大客户管理战略时，又离不开组织变革、文化转变。同时，大客户管理战略规划所制定的中、长期的目标必须转化为短期（年度）的目标，才能够分期执行及考核。大客户管理战略规划的执行须通过目标管理才能加以落实，并发挥中、长期目标与短期目标整合的效益。

大客户管理战略的制定过程包括：

（1）公司经营定位，业务使命陈述；

（2）公司外部环境分析，发现营销机会和所面对的威胁及挑战；

（3）内部环境分析，通过对公司的资源、竞争能力、企业文化和决策者的风格等客观地评估，找出相对竞争对手的优势和劣势；

（4）目标制定：基于公司业务定位和内外环境的分析，制定出具体的战略目标，如利润率、销售增长额、市场份额的提高、技术研发、品牌形象等；

（5）企业战略制定，包括企业总体战略和营销战略的制定。企业战略制定要解决下列几个问题：如何完成公司目标？如何打败竞争对手？如何获取持续的竞争优势？如何加强公司长期的市场地位？

（6）大客户管理战略的制定，根据企业战略规划的结果，对企业产品/服务、核心能力、产品的生产/安装基地、企业文化、使命目标、已确立的市场、品牌形象、技术开发等细分领域进行深入分析，进而制定出适合大客户导向的大客户管理战略。大客户管理战略的制定要解决下列几个问题：谁是大客户？大客户想要什么？大客户如何被管理？大客户如何被长期经营？

（7）确定大客户管理战略，可以综合考虑以下几点利益：利用市场趋势（行业趋势、特定客户发展趋势和技术趋势等）；为客户增值的机会（使客户更成功）；对客户进行优先排序（使我们更成功）；利用竞争对手的弱点，等等。

（二）大客户管理的应用价值

1. 保证大客户能够成为销售订单的稳定来源

20%的客户带来公司80%的业务。从企业的角度来看，80%的项目和收益来自于只占其客户总数20%的大客户，而数量众多的中小客户所带来的零散项目却只占其营业收益的20%。当然，这个数字随企业的具体经营范围和特点，在具体的比例上有所差异，但大客户对企业而言具有重要意义则是毋庸置疑的。

2. 使成功的大客户经验在行业客户中产生最大辐射效应

从行业客户角度看，每个行业中都有一些领军企业，这些企业的需求却占了该行业整体需求的绝大部分,而这些企业就是被大多数企业所竞争的大客户。如果这些大客户在需求上发生大的变化,很可能将直接影响到其所在的行业市场的整体走势。而企业对这些客户的成功应用经验将起到标杆作用,进而辐射到整个行业客户中。

3. 通过发展大客户提高市场占有率

大多数大客户的自身组织体系复杂,覆盖地理区域广,业务种类丰富,这使得行业大客户的需求必然具有整体性、稳定性和持续性,而不似中小客户那样,需求具有零散性和相对独立性。同时,大客户对需求的投入数额可观,因此发展大客户不仅仅是整体提升销售业绩的最佳选择,更是提高市场占有率的有效途径。

4. 促使大客户需求成为企业创新的推动力

在特定的经济环境和管理背景下,传统企业管理的着眼点在于内部资源管理,往往忽略对于直接面对以客户为主的外部资源的整合,缺乏相应管理。

大客户经营战略更加重视外部资源的整合与运用,要求企业将市场营销、生产研发、技术支持、财务金融、内部管理这五个经营要素全部围绕以客户资源为主的企业外部资源来展开,实现内部资源管理和外部资源管理的有机结合,保持不断的创新。

5. 使大客户成为公司的重要资产

大客户成为企业发展的动脉,当客户这种独特的资产与其他资产发生利益冲突时,企业应当首先留住客户资产。因为只要不断给予客户足够的满意,客户资产就能够为企业带来长期效应。

企业通过实施大客户导向的经营战略,强化大客户的口碑效应,充分利用其社会网络,来进一步优化企业客户资源的管理,从而实现客户价值最大化。

6. 实现与大客户的双赢

在传统的市场竞争中,往往会形成一种以企业本身利益最大化为唯一目的的企业文化,这种企业文化因为能够有效地使企业各项资源围绕企业如何获取更多利润而展开,在很长一段时间内促进了企业的发展。在这一思想指导下,许多企业为获利自觉不自觉地损害客户利益,而导致客户的满意度和忠诚度很低。

而在以大客户为导向的经营战略中,我们将大客户作为企业重要的资产,因而企业应当更加重视客户满意、客户忠诚和客户保留,在与众多大客户建立稳定的合作关系的基础上,在为客户创造价值的同时,企业也能获得很大的利润,真正实现了客户和企业的"双赢"。

实战演练

(一)案例分析

某移动通信企业为做好本企业的集团大客户的营销服务工作,提出了在网络覆盖、团体服务和集团优惠等方面的"三优"服务。

(1)优先服务。

① 优先保证集团大客户单位所在地的通话质量,对集团大客户单位的障碍申告、投诉和咨询,按照集团单位规模从大到小实行逐级优先处理。

② 优先保证集团大客户单位所在地的网络覆盖,对集团大客户单位提出的通信建设要

求,按照集团单位规模从大到小实行逐级优先处理。

(2)优质服务。

① 为集团大客户提供优质的网络服务,保证集团大客户单位所在地网络畅通。

② 设立集团大客户经理,实行分片包干制度,根据各地的具体情况,明确每个客户经理服务的集团大客户的数量,原则上每个集团大客户经理服务的集团大客户单位个数不能少于10个。

③ 集团大客户经理推行"名片服务"制度,集团大客户的通信需求由集团大客户经理统一受理、联系和跟踪服务。

④ 设立联络员制度。在集团大客户单位内部选择活动能力强、影响力大的"能人"作为集团大客户的联络员,可将其视为社会代办员进行管理,对集团大客户实行"四包"(包发展、包稳定、包收欠、包服务)管理。

⑤ 对集团大客户上门组织业务培训和操作演示。

⑥ 根据集团大客户提出的要求,为其提供话费明细对账单或光盘,打印清单或发 E-mail。

⑦ 加强与集团大客户联络员的联系,不定期召集大客户联络员联谊会。

⑧ 集团大客户联络员及集团大客户单位领导过生日送鲜花、蛋糕等。

(3)优惠服务。

① 集团大客户领导人和联络员按照 VIP 贵宾卡会员营销服务措施进行逐级管理和优惠。大型集团大客户单位的领导人,享受 VIP 贵宾金卡会员的待遇;大型集团大客户单位的联络员和中型集团大客户单位领导人,享受 VIP 贵宾银卡会员的待遇;其他包括中型集团大客户的联络员和小型集团大客户的领导人和联络员可享受 VIP 贵宾卡的待遇。

② 对集团大客户推广 VPMN 业务,最大限度的享受集团优惠政策。

思考题:

结合本任务环节学习内容,试分析该移动企业的"三优"服务实现了大客户管理的哪些应用价值?

(二)情景演练

W 先生是某通信企业的钻石卡用户,假如你是他的大客户经理,请你就如何成功管理 W 先生这个大客户提出自己的有效服务方案。

本章小结

● 客户关系管理是企业为提高核心竞争力,达到竞争制胜、快速成长的目的,树立客户为中心的发展战略,并在此基础上展开的包括判断、选择、争取、发展和保持客户的全部商业过程。本章介绍客户关系管理的几个常见问题:如何做好客户关系管理、如何应对客户跳槽、如何成功管理大客户。

● 客户关系管理就是挖掘最有价值的客户,与之形成全面满意的、忠诚的、战略的伙伴关系,从而实现企业利润的最大化。客户关系管理为企业带来的价值在于通过提升客户的满意度和忠诚度,为企业创造更多的利润。维系老客户的方法有:明确客户需求,细分客户,积极满足顾客需求;建立客户数据库,和客户建立良好关系;深入与客户进行沟通,防止出现误解；制造客户离开的障碍；培养忠实的员工，不断培训服务人员。扩展新客户的方法包括：搜寻对产品有潜在需求的客户开发或服务；创造有效的产品解说，创造高成交与缔结率；提升客户关系经营与满意度；提供给客户更大的附加价值，提高忠诚度。

● 客户跳槽是指，由于各种各样的原因，导致客户离开本企业而转移到别的竞争企业购买产品或服务的现象。跳槽客户可以分为完全跳槽客户和部分跳槽客户。客户跳槽的原因主要有价格背离、产品背离、服务背离、促销背离、市场背离、技术背离。客户跳槽的危害性主要表现在：形成连锁跳槽反应和形成负面传播效应。有效了解客户跳槽原因的方法有高层亲自了解客户跳槽；组建调查小组；确定调查对象；预约面谈时间；交流调查经验；确定改进措施。应对客户跳槽的方法包括经营客户心、重视跳槽客户、识别核心客户、调高跳槽客户的转移成本、提供个性化服务、建立连续性关系、建立社交性联系、建立战略伙伴关系。

● 大客户管理的目的包括为大客户创造高价值；从大客户处获取长期、持续的收益。大客户管理的内容主要包括：战略与目标管理、市场与团队管理、销售管理、控制和关系管理等五部分内容。大客户管理的功能具体包括：深入了解客户；深入了解竞争者；确定优先排序；明确主攻方向；采取积极主动的方法；科学地制订计划；完善团队建设；有效协调沟通；能够调动一切可能因素；帮助客户解决问题；关注客户动态；准确衡量评估。大客户管理战略的制定过程包括：公司经营定位；公司外部环境分析；内部环境分析；目标制定；企业战略制定；大客户管理战略的制定；确定大客户管理战略。大客户管理的应用价值包括：保证大客户能够成为销售订单的稳定来源；使成功的大客户经验在行业客户中产生最大辐射效应；通过发展大客户提高市场占有率；促使大客户需求成为企业创新的推动力；使大客户成为公司的重要资产；实现与大客户的双赢。

第九章

内部服务营销

本章结构图

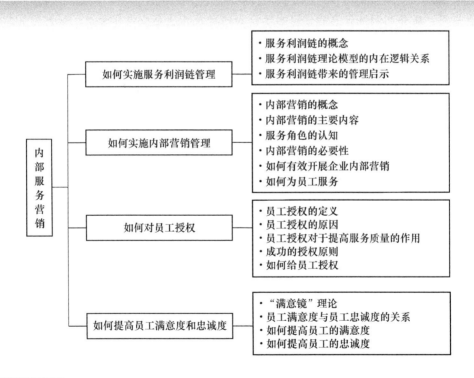

问题引入

在市场竞争日趋白热化的今天,企业大打价格战、品牌战、服务战。在多元化竞争格局下,企业许多差异化优势已不复存在。为赢得市场,服务企业纷纷投入大量精力以改善服务质量。然而,尽管企业在提高服务质量上做了很大努力,制定了一系列服务措施和管理制度,但效果却不甚理想,大多数的服务质量并未因此而得到根本改善。随着人们对服务本质和服务特征认识的不断深化,越来越多的企业开始把提高服务质量的重点由制度转向了人。于是内部服务营销开始受到普遍关注和重视。在服务企业里，员工是决定服务质量的关键。如何实施服务利润链管理？如何为员工服务？如何对员工授权？如何提高员工满意度和忠诚度？这些都是本章需要解决的问题。

本章内容

本章将分四个任务介绍和讨论：如何实施服务利润链管理、如何为员工服务、如何对员工授权、如何提高员工满意度和忠诚度等。

本章要求

1. 识记：服务利润链的概念、内部营销的概念、内部营销的主要内容、员工授权的定义、授权的成本、"满意镜"理论。
2. 领会：服务利润链理论模型的内在逻辑关系、服务角色的认知、内部营销的必要性、员工授权的原因、员工授权对于提高服务质量的作用、成功的授权原则、员工满意度与员工忠诚度的关系。
3. 应用：服务利润链带来的管理启示、如何有效开展企业内部营销、如何为员工服务、如何给员工授权、如何提高员工的满意度、如何提高员工的忠诚度。

任务一　如何实施服务利润链管理

问题引入

20世纪90年代以来，随着服务经济的迅猛发展，越来越多的企业，特别是服务企业的高层管理者意识到企业管理的中心不在于利润和市场份额目标的设定，而在于如何全面地满足企业内部员工和企业外部客户的需求。欧美众多成功服务企业的管理实践体现了这一思想，呈现出一条以企业员工和客户为中心的服务利润连。那么，什么是服务利润链？服务利润链理论模型的内在逻辑关系是什么？服务利润链带来的管理启示又有什么呢？这是在本任务环节需要掌握的内容。

任务要求

1. 识记：服务利润链的概念。
2. 领会：服务利润链理论模型的内在逻辑关系。
3. 应用：服务利润链带来的管理启示。

名家名言

顾客是上帝，尊重每个员工，每天追求卓越。

——沃尔玛公司创始人山姆·沃顿的座右铭

第九章 内部服务营销

案例引入

（一）案例描述

美国美一银行（Bank One）、西南航空公司（Southwest Airlines）、服务大师公司（Service Master）、优盛保险公司（USAA）、塔克·贝尔公司（Taco Bell）和世通公司（MCI）等企业越来越多地认识到，当他们将员工和顾客摆在首位时，他们的管理模式和对成功的认知就发生了彻底的转变。服务经济需要创新的员工衡量方法，这些方法测量员工满意度、忠诚度、生产效率对产品和服务价值的影响，管理者因而可以提高顾客满意度和忠诚度，以及评估其对盈利能力和增长的相应影响。事实上，当考虑到挽留老顾客和有关产品的重复购买所带来的经济利益时，一个忠实顾客的终生价值可以是个天文数字。举个例子，一个忠实的比萨顾客的终生价值大约是 8 000 美元，一个喜爱凯迪拉克汽车的顾客的终生价值是 332 000 美元，而一家商用航空器购买商的终生价值则可能达到数以 10 亿计的美元。

（二）案例分析

成功的服务型机构中，高级人员不会浪费太多时间在制定盈利目标上，也不会过分专注于市场份额。相反，他们明白在新的服务经济中，一线工作人员和顾客必须占据管理事务的中心位置。成功的服务业管理者关注这些在服务业中新出现的、能够刺激企业盈利能力的典型因素。这些因素包括：对工作人员的投资、一线员工的技术支持、改良的招募活动和培训活动，以及与工作表现挂钩的各级员工的薪酬制度。

知识内容

（一）什么是服务利润链

哈斯科特（Heskett）等人通过对众多成功的服务性机构的分析提出服务利润链（service-profit chain）的概念模式。服务利润链是企业通过基本服务活动和辅助服务活动创造价值的动态过程，形成一条循环作用的闭合链。服务利润链模型体现了企业以顾客为导向的经营理念，表明了内部服务品质、员工满意度、员工生产力、为顾客创造价值、顾客满意度、顾客忠诚度对企业创造价值的直接影响及与企业盈利和成长之间的相关关系，同时也反映出企业的服务环境、企业文化、人力资源、经营管理对企业创造价值的支持关系，这为我们有效整合服务利润链、通过提高服务质量创造更多价值、提升企业核心竞争力、促进企业成长指明了方向。

从服务利润链模型（见图9-1）可以得知，内部服务质量包括工作场所与工作内容的设计、员工甄选与发展、员工奖赏与肯定以及服务顾客的工具。良好的内部服务质量能提升员工的满意度，进而对员工的忠诚以及生产力有帮助。由此，员工将会提供良好的外部服务价值，即为顾客创造价值，产生符合顾客需求的服务设计与服务传递，从而提升顾客满意度，创造出忠诚的顾客，并随着顾客挽留，重复购买并推荐给亲友的行为，提高服务企业的收益与获利能力，服务企业有更多的收益成长与获利，更能致力于内部服务质量的提升，形成一个良性的循环。此外，良好的外部服务价值、顾客满意与顾客忠诚都会产生反馈，从而对内部服务质量与员工满意产生影响。

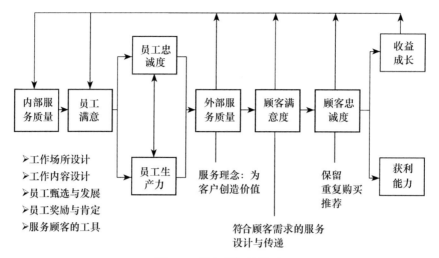

图 9-1 服务利润链模型

罗夫曼（Loveman）为了实证研究上的便利，简化了服务利润链的构架，以 Reigional 银行为对象进行实证研究，探讨员工满意、顾客忠诚与财务绩效间的关系。假设组织对员工所提供的内部服务质量会对员工满意度有影响，而员工是否满意则会影响员工对组织的忠诚度，员工忠诚度的高低则会对提供给顾客外部服务品质有所影响；良好的服务品质能导致较高的客户满意度，而较高的客户满意度则会再度升华为顾客忠诚度，进而增加组织的销量和利润。简化的服务利润链架构如图 9-2 所示。

图 9-2 简化的服务利润链架构

企业还可以把服务利润链理解为领导能力的一种标志。优秀服务企业的首席执行官都非常重视每一位员工和客户的重要性。对于这些 CEO 来说，对顾客和员工的关注不是企业管理年会上的空洞口号。例如，经常可以看到西北航空公司的 CEO 赫伯特（Herbert Kelleher）出现在飞机、停机坪以及机场大厅里，同顾客和员工交流。赫伯特认为雇用具备正确态度的员工是如此重要，以至于整个招聘流程呈现出一种"奉献氛围"。另外，他认为"只关注那些可以轻松量化的评估要素的管理者偏离了管理的核心——人"。服务大师公司的董事长威廉·鲍勒德（William Pollard）一直强调"老师—学生"类经理人的重要性，这类经理人要具备一颗"仆人的心"。美一银行的 CEO 约翰·迈考伊（John Mccoy）一直推崇"非凡的伙伴关系"，即在提供信息系统、顾客满意度一般评估和财务措施的同时，为每位行长提供最大限度的行动或言论自由。

（二）服务利润链理论模型的内在逻辑关系

认真分析服务利润链的每个组成部分，就能发现服务利润链是如何作为一个整体发挥作用的。

1. 顾客忠诚推动企业利润率和企业增长

为了使利润最大化，多年来管理者们一直在追求行业第一或第二这一目标。然而最近对服务业，如软件业和银行业的调查表明，决定企业利润的诸多因素中，顾客忠诚起着更为重要的作用。根据莱希尔德等人的估计，顾客忠诚度只需成长 5%，即可使利润增长 25%～85%。他们认为，由顾客忠诚度决定的企业市场占有率的质量同市场占有率的数量同样重要。

美一银行发明了一种非常精妙的系统用来追踪影响顾客忠诚度和满意度的几个要素。在这一系统完美的运用之后，现在该银行每四个月进行一次顾客挽留率、顾客使用服务的次数或者客户关系的深度以及顾客满意度级别的衡量。在这些信息的指导下制定的战略已经使美一银行近几年的资产收益率达到竞争对手的两倍以上。

2. 顾客满意度推动顾客忠诚度

顾客满意度是一个人所感觉的愉快程度，是来自其对产品和服务的期望。顾客满意与顾客忠诚是紧密相关的。一方面，顾客满意是实现顾客忠诚的有效途径，只有满意的顾客才可能"忠诚"于企业。满意的顾客将会更长时间地支持企业，会与企业建立良好的关系，显示出更低的价格敏感性，并向其他人推荐企业的产品或服务。另一方面，顾客满意是以顾客忠诚为支点的，如果顾客满意不能导致顾客忠诚，那么顾客满意也就失去了意义。顾客满意不一定会令顾客重复购买，重复购买也并不意味着顾客对该品牌有忠诚度。企业必须提供超出顾客期望的产品和服务，让顾客感到非常满意，才能强化其忠诚感，重复购买，并与企业保持长期互动关系。

近些年服务业的领头企业正在尝试着将顾客满意度量化。例如，施乐公司每年选出 480 000 名顾客记录下他们对产品和服务的满意度，采取从 5 分（高）到 1 分（低）的 5 分制。到 2003 年年底，施乐公司的目标已经实现了 100%的 4S（满意）和 5S（非常满意）。但是在 2001 年的一项针对施乐公司的 4S 和 5S 的顾客分析则表明，顾客所给出的分数是否真实地反映了其忠诚度，还取决于这个顾客是满意还是非常满意。给施乐公司评 5S 的顾客重复购买的可能性，是评 4S 的顾客的 6 倍。

这一分析结果让施乐公司投入更大的精力去培养"传道者"，这个词是由因图特公司的 CEO 斯科特·库克（Scott D. Cook）提出来的。"传道者"会帮助企业改进产品和服务。但与盈利能力同样重要的是：企业要避免制造"破坏者"——趁机对糟糕的服务大加批评的不满意顾客。"破坏者"可能与数以百计的潜在顾客接触。某些时候，他们甚至可以打消他们的朋友使用某种服务或产品的念头。

3. 价值促使顾客满意

传统营销观念认为，营销的职能是向顾客传递价值；现代营销观念则认为，营销的职能是为顾客创造价值。顾客满意度是由其所获得的价值大小决定的，在大多情况下，顾客是有很强烈的价值导向的。因此，增加顾客价值可以提高顾客满意度。"顾客价值"是指顾客对从某种产品或服务中所能获得的总价值与在购买或拥有时所付出的总成本两方面的权衡。

当今的顾客十分重视价值。这意味着什么？顾客让我们知道，价值是效用与总成本（顾客为获取服务支付的货币成本和非货币成本之和）之比。企业必须牢记：你出售的不只是产品、服务，还有价值。要想把一位不满意的顾客转变为满意的顾客，必须在你所承诺的、所提供的价值以外，再附加一部分额外的价值给顾客以意外的惊喜。

4. 员工生产效率推动价值

员工生产力不等于实际工作时间，也不等于员工花费在顾客上的时间，而是指真正满足顾客需要之产出。员工生产力是企业价值与竞争力的直接体现，同时也是创造顾客满意度与企业获利的主要因素。

由员工满意产生服务热忱,进而带给顾客高质量的服务,让顾客满意,方能为企业创造价值。借由员工生产力所创造的"企业价值",辅以企业对于"服务内容"之设计,便于工作,能全面提升"顾客满意度"与"忠诚度",创造企业获利的契机。

作为全美第七大承运企业,西南航空公司的员工生产效率之高,让人惊讶。在全公司14 000名员工中,有86%没有加入工会。特别设计的岗位,让员工在必要时可兼任数职。航班时刻、航线和其他业务(如让旅客自行选择座位,以颜色作为代码的可重复使用的登机牌)使其足以应付高出竞争对手三至四倍的旅客人数。事实上,在15分钟甚至更短的时间内,西南航空公司就能完成航班中2/3的"下客"和"再载客"。由于飞机可利用率高、短途航线机组人员无须长时间中途休息,西南航空公司的机师和飞机的使用率约比其主要竞争对手高40%。西南航空公司的机师每月平均飞行70小时,而其他航空公司的机师为50小时。上述因素,在很大程度上解释了西南航空公司的机票为何能以低于市场价60%~70%的价格销售。

5. 员工忠诚度推动生产效率

竞争对手可以复制企业的技术、产品和组织结构,却不可以复制那些充满工作热情、不断进取的员工的理念和行为。忠诚等同于智慧,只有敬业、忠诚的员工才能为顾客提供优良的产品和服务,才能提高工作效率。忠诚意味着员工对企业未来发展有信心,这种信心能够形成强大、持久的动力,能促使其为企业努力地工作。相反,对企业缺乏忠诚的员工给企业造成的直接损失是使生产力下降和顾客满意度降低。经验表明,员工不忠将会影响20%~30%的公司业绩。

例如,某汽车经销商在近期一份对销售人员的研究中指出,用一位工作经验不足1年的员工代替一位有5~8年经验的销售代表,平均每月销售额损失可达36 000美元。而证券公司失去一个重要的经纪人的损失更是可怕。保守估计,一个经纪人要花近5年的时间才可与那些每年为经纪公司带来100万美元收入的客户重建关系,但这5年里累积至少损失佣金250万美元。

6. 员工满意度促进忠诚度

企业如何对待员工,员工就如何对待顾客。正如顾客忠诚度取决于顾客满意度一样,员工满意度提高的同时也会使他们对企业的忠诚度提高,对企业的不满将会导致员工对企业的"不忠",员工对企业不忠会导致顾客流失。

某公司在最近的一次员工的民意调查中发现,在所有不满员工中,有30%表示有意跳槽,潜在的员工流动率是满意员工流动率的4倍。而且,低人员流动率和高顾客满意度有着密切的联系。曾经被评为美国十大最佳工作地点的西南航空公司中,员工挽留率最高,而其员工满意度也非常之高,以至于在某些营运点每年的人员流动率低于5%。类似地,USAA公司(美国一家通过直接邮件和电话提供保险等金融服务的大型服务商)也通过保证员工对工作的高满意度,实现了较低的员工流动水平。

7. 内部服务质量使员工满意

内部服务质量对员工满意度的影响最大。内部服务质量是通过员工对其工作、同事及公司的感觉来衡量的。服务业员工最看重其工作的什么呢?虽然我们得出的是初步的数据,但它正逐步表明服务业员工为顾客提供有效服务的能力和影响力的重要性。以USAA为例,电话销售代表和服务代表有精密的信息系统支持,这使得全面的客户资料在顾客来电时即可获得。另外,USAA公司的员工可以接受水平最先进的职业培训,课程设计相当完善,75间教室可以提供 200 门课程，覆盖了许多学科。

在实践中，可以通过人们的相互态度以及企业内人们相互服务的方式，来推测内部服务质量的高低。例如，服务大师公司是美国一家提供清洁及保养服务的公司，它以实现员工个人尊严最大化为目标。每年，该公司都对一部分保养工作进行科学而深入的分析，以减少完成该项工作花费的时间和精力。针对服务大师公司管理层的培训则再三强调"平凡的重要性"，并努力通过规范化来提高内部服务质量。如，清洁病房有七步曲：第一步是问候病人，最后一步是询问病人有没有其他需要。通过这七步曲，员工的沟通能力提高了，而且也学会以拓展工作深度和广度的方式与病人进行互动。

8. 领导方式是利润链成功的基础

懂得服务利润链管理的领导者，会努力营造并维持一种以服务顾客和员工为中心的企业文化。他们愿意并有能力去聆听顾客和员工的要求。许多成功企业的高层管理人员都会在顾客和员工身上花大量时间，在开展公司服务的同时听取员工的建议并做出改进。他们关心员工并花大量时间在员工的挑选、培训和认可上。例如，USAA 董事长兼首席执行官罗伯特（Robert Mcdermott）表示，"公众对一位杰出员工的认可，是企业文化的自然产物，我们演绎出人们津津乐道的企业文化。"因图特公司（Intuit）的斯科特·库克（Scott.Cook）认为："大多数人觉得文化是既定了的。它在你的周围，事情就这么发生着，你无能为力。然而，当你经营一间公司时，你会发现其实企业文化是可以营造的。"

技巧与方法

（一）如何认识管理利润链中的相关关系

当许多企业着手于衡量服务利润链中各个关联部分之间的关系时，只有少数公司的努力得到了回报，得出了保持持续竞争优势的综合策略。

许多企业中的员工民意调查，大都确认了员工满意和忠诚之间的联系，而且还发现工作满意度从根本上取决于服务业员工对自己能否满足顾客需求的认知。对于那些认为自己有能力满足顾客需求的员工而言，其对工作的满意水平往往是那些持否定意见员工的 3 倍多。但更重要的是，服务员工的"跳槽"很可能导致顾客满意度的降低。例如，有关研究显示，由于一位服务业员工跳槽，顾客的满意水平可能从 75% 迅速下跌至 55%。因此，管理层应该尽量降低顾客接触员工的流动率，并提升他们的工作能力。

类似地，MCI 公司（美国第二大长途电话运营商）在针对其 7 个电话客户服务中心的一项研究中发现，员工对 MCI 公司的内部服务质量的认知和员工满意度之间存在明显的正相关关系，而员工的满意度和顾客满意度、MCI 服务的重复购买意向直接发生联系。在认识到这些关系之后，MCI 管理层开始深入发掘和确认影响客服中心工作满意度的因素是什么。他们发现，影响因素依次为培训、报酬、升迁公平性、尊重、分工合作以及公司对员工福利的关心。在获取了这些信息之后，MCI 公司已经把服务能力的信息融入培训、通信业务和电视广告之中。

另外一个例子是塔克·贝尔快餐公司（百事旗下的子公司）。该公司在认识服务利润链的关系以及据此制定策略上投入了很大的精力。塔克·贝尔公司的管理层每天以市场经理、地区和国家为单位追踪盈利。在此基础上，结合塔克·贝尔公司每年对 80 万名顾客调查访问的结果，管理层发现：处于顾客满意水平前 25% 的店家的各项业绩，都优于其他店家。因此，管理层将直属店家所有部门经理的薪酬与顾客满意评价挂钩。结果，顾客满意度和盈利都实现了增长。但是，塔克·贝尔公司并不满足于此。通过检视各店的员工流动率，该公司发现：20%流动率最低的店家与20%流动率最高的店家相比，前者有两倍的销售额和高出55%的利润。为此，塔克·贝尔公司设立了奖金和其他激励措施，扭转了"员工挑选欠佳—培训不善—报酬低—人员流动率高"的恶性循环。另外，塔克·贝尔公司用800电话网监测内部工作质量、解答员工疑问、处理投诉和赔偿事宜，并向管理层报告有潜在性麻烦的地方。同时，定期召开员工圆桌会议、进行访问，以及每两三年在公司范围内开展综合调查衡量员工满意度。正是以上措施，造就了塔克·贝尔的员工满意度计划具备以下特色：创新员工的挑选过程、改良的能力培养、越来越大的决策自由度、对劳动力的自由支配等。

（二）服务利润链带来的管理启示

通过上述分析可以看出，服务利润链是一种先进的管理框架，它建立了企业运营的三方的联系，使得企业清楚地看到利润的来源，这也给传统的管理方式带来了一些挑战，打破了以往的一些定式思维模式。它给管理者带来了以下启示。

1. 员工第一

由于在服务企业中，员工是服务"产品"的生产者，也是服务的传递者，员工满意对服务感知质量和顾客满意有着重要影响。失去一位核心员工，等于失去和某位甚至某些忠诚顾客的合作关系。因此，管理者要像对待顾客一样对待员工，最大限度地赋予员工为顾客服务的权力，并为其提供所需的各种培训；同时，在企业内树立优质服务的典范，建立合理的考评机制，奖励优秀的服务行为。当然，这样做的前提是企业须招聘"合适的员工"，并且选择"合适的顾客"。

2. 致力于同现有顾客保持长久的关系

培育一个新顾客的花费是保留一个老顾客的6倍，并且一位顾客带来的利润是随着其保留年限增加而递增的，因此，要致力于同现有顾客保持良好、持久的关系，在发展新顾客和保留老顾客的问题上进行平衡，合理分配资源。

3. 进行服务利润链审计

要对服务利润链上的各因素进行定期的测量，及时掌握其变化，了解企业运营情况的同时，预测市场变化和走向，使企业具有市场适应性和前瞻性。

4. 建设服务文化

在整个企业内宣传并实施"服务导向"，使企业形成"优质服务"氛围，一切以顾客为先，所有政策、方式、流程都以提供优质服务、提升顾客价值为归依，在提升企业形象和口碑的同时，增强企业竞争力，这是企业永续经营的根本所在。

实战演练

（一）案例分析

服务利润链：有效改善你的客户服务

施乐公司已有半个世纪的历史了，1959年，他们获得的复印机专利及对市场创造性的开发，使得施乐主宰了复印业并获得了20年的成功，那时的施乐就是复印的代名词。到了70

年代后期，随着美国国内及日本公司的竞争日益加剧以及顾客满意度的下降，施乐的市场份额大幅度下滑，其市场份额下滑到40%以下。

1983年，在为挽留顾客而作的一次尝试中，施乐公司制订了一个称为"质量制胜"的质量改善计划，该公司转型的关键在于重新界定公司是销售产品还是销售服务。

为了了解顾客是如何看待他们的，施乐公司做了广泛的市场调查。他们发现在顾客的满意度与利润之间有明显的内在联系。一个非常满意的顾客和一个满意的顾客之间的区别在于：他们再次购买同一品牌的意愿之比是6:1。因此，施乐公司决定不仅仅要使顾客满意，还要使他们非常满意。1987年，为实现使顾客非常满意这一宏伟事业目标，施乐对整个组织进行了一次由里到外的大改革。该公司把重点放在质量上，他们采取了一个有效的工作组策略来重组他们人事的运行机制。这些工作组就成了施乐团队的核心骨干力量。团队管理的方式提高了服务的质量，使得施乐公司能够通过持续、全面的服务保证，以及高效的问题解决能力向顾客提供优质的服务。团队式发展以及让员工成为主人翁的这种转变，从根本上改变了一线管理者的角色，在工作组这个概念里，经理起着设定边界的作用，并且他又是协调人、拉拉队队长、顾问，以及一个能帮助工作组满足外部顾客排除所遇到的障碍的角色。施乐公司的15 000名服务人员每天都与顾客打交道几次，使顾客对与施乐公司打交道的感觉非常好。

为了充分了解客户的需求，施乐公司在改善他们产品线的过程中，会邀请服务代表和顾客参与设计阶段的工作。施乐公司的工程师还会让手下的那些具有实际经验的员工到大街上去，手拿螺丝刀直接帮助客户处理问题。顾客与设计师或者服务代表、销售代表经常接触，可以帮助施乐公司及时捕获到产品设计潮流的信息，使设计出的产品能够提供各项服务。

从1983年起，施乐公司已经花费了12 500万美元来重新培训它的工作人员，以便让所有的员工从观念上、行为上加强为客户服务的意识，这使得公司在5年内的顾客满意度上升了38%。施乐对质量的不懈追求与精益求精，归根到底都是为了让顾客满意。

思考题：
（1）以上案例，突出了服务利润链的哪些逻辑关系？
（2）施乐公司服务利润链管理有何特点？

（二）情景演练

假如你是某服务企业的一线员工，你认为一线员工在服务提供中有什么作用？

任务二　如何实施内部营销管理

问题引入

在服务型企业的经营实践和企业文化建设中，比较普遍的一个问题是：只注重外部营销而忽视内部营销，只关注客户需求而漠视员工需求。内部营销是近几年来在西方金融服务业中盛行的营销思想，它的引入推进了服务行业经营管理理念的升级。什么是内部营销？内部营销有何必要性？内部营销管理的主要内容有哪些？企业开展内部营销应该从哪些方面入手呢？这些是在本任务环节需要掌握的内容。

任务要求

1. 识记：内部营销的概念、内部营销的主要内容。
2. 领会：服务角色的认知、内部营销的必要性。
3. 应用：如何有效开展企业内部营销、如何为员工服务。

名家名言

内部客户的抱怨有时比外部客户的抱怨更可怕，外部客户的抱怨损失是一个市场，而内部客户的抱怨可能会弄垮整个企业。

——【美】营销专家 乔比·约翰

案例引入

（一）案例描述

几天前，小张添置了一台新的电热水器，厂家是某地的知名企业。第二天，公司派了一位师傅老李来安装。因为电表的功率问题，从设计到安装，老李不辞辛苦跑了几次，中途因堵车耽误了约定的时间他两次给小张打电话，并发短信表示歉意。小张对老李的服务赞赏有加，由衷地对他说："你们公司有你这样的员工真是幸运。"可是老李却闷闷不乐，对小张说，到年底他就要不干了。小张问为什么，他说不想再为这家企业卖命了。原来，老李的孩子几天前不小心被开水烫伤了，住院要交1万元押金，老李向所在公司求援，提出提前支付工资用于押金垫付，却被公司拒接，公司只借了500元钱给他。500元实在是帮不了老李，他只好向亲友挪借，才让孩子住进了医院。老李说500元让他看到了企业的无情和对员工困境的无动于衷，所以他想跳槽。

（二）案例分析

大多数企业非常重视顾客的满意度，无论是产品的设计、安装的效率，还是价格的透明度，以及最后的顾客问卷设计等，都体现出了使顾客满意的理念，可是在处理员工的一些事情上却很短视。殊不知，外部顾客价值是由内部顾客——员工创造的，内部顾客不满意就无法保证外部顾客价值。企业在追逐顾客满意和顾客忠诚的过程中，越来越发现营销执行者对最终效果具有重要作用。企业内部营销就是运用营销策略与方法协调和处理内部市场的各种关系，吸收、发展、刺激和保留优秀员工，达到外部顾客对公司及其产品的满意和忠诚，实现营销目标。

知识内容

（一）服务人员正确的角色认知

服务人员是企业与外部公众联系的直接媒介，企业的形象直接在员工的服务过程中体现出来。员工最根本的需要是高水平的培训和开发，企业对他们能力的精心培养会带给他们一种新的工作安全感，员工也就越乐于表现出其角色的积极性。

1. 服务人员是顾客服务的直接提供者

对服务性企业来说，产品的使用价值中包含大量的服务使用价值，其价值组成中服务劳务价值占了比较大的比重，起着主体作用。员工必须具有相应的仪容规范、仪态规范、服饰规范、评议规范和岗位规范，才能完成企业员工基本的服务角色。

2. 服务人员是企业的内部顾客

营销学认为内部营销就是把员工视为企业内部顾客，把工作视为内部产品，从而努力满足内部顾客需要的一系列活动，也就是通过提供满足人们某种需要的工作来吸引、发展、激励，并保持合格员工留任的一种企业管理哲学和管理策略。这种营销的目的是向内部顾客即员工提供满足需要的产品，与员工建立和保持良好的关系。

按照马斯洛的需要层次理念，员工进入企业的首要或者根本目的是满足其个人生存生活需要，也是就满足必要的个人角色；其次就是个人发展和个人价值实现的需要，他们需要对组织产生一种从属感，希望得到尊重和一定的地位。任何岗位都从属于整体的企业，每个岗位与企业整体都是互相服务的关系。企业服务人员处于基层工作岗位，是企业的内部顾客，自然而然应该得到企业的内部服务。不同的岗位对组织的贡献大小是不同的，企业员工对组织贡献的大小决定了其工作岗位价值的高低。因此，把员工作为企业的内部顾客，满足其职业需要，让他们认识到岗位以及员工个人对企业整体的重要性，无疑会促使员工更加努力工作，以实现自身价值并以积极的个人角色为组织作出更大的贡献。

3. 服务人员的对外媒介角色

公共关系的三大要素是主体、客体和中介。企业服务人员构成了企业的直接中介部分，是企业信息宣传的重要载体，是影响公众价值观念的中间纽带，起着沟通企业与公众双方信息的作用。中介是宣传企业的根本途径，尤其是在人与人的表情动作和体态的信息传递对顾客服务过程中，公司的企业文化和服务质量能够直接地表现出来，从而留给公众良好的印象，有利于企业优良形象的树立。如果公司能够向产品的直接体验者和消费者提供优质的服务和产品，建立融洽的关系，他们就会向社会自觉不自觉地宣传服务和产品，其效果是其他传播中介无法替代的。

4. 服务人员的组织成员角色

20 世纪 30 年代的"堆桑实验"纠正了科学管理学说中关于工人是"经济人"的偏见，认为企业的员工不单纯是一个"经济人"，而是一个社会存在物，是"社会人"。按这一假设，服务人员不是各自孤立存在的，而是作为企业组织一员的"社会人"，是社会的存在。既然员工存在于企业中，就不能把个人需求作为唯一目标，还要把个人目标与企业的整体目标统一起来，融入企业目标中去，真正成为企业的一员。作为服务人员，应该主动参与决策，充分发挥自己的能力，为企业创造应有的价值。

总之，服务人员的内部顾客角色、对外媒介角色及组织成员角色与传统的服务角色是分不开的。任何一种角色都应该建立在服务角色的基础之上，服从于这一角色。如果单独调某一种角色，就会发生角色失调，个人角色就会与组织的整体角色相冲突。只有这四种角色充分融合，员工角色与企业要求的角色才能找到最佳的结合点，员工对企业的作用才能在最大程度上发挥出来。

（二）内部营销的概念

内部营销是近几年来在西方金融服务业中盛行的营销思想，它的引入推进了服务行业经营管理理念的升级。所谓"内部营销"是指企业把营销概念引入企业内部，认为只有首先在内部市场开展积极的营销，企业才能更好地在外部市场服务外部顾客。这一概念要求管理者把员工看成是顾客，重视员工需求，积极地与员工沟通，为员工营造良好的服务氛围，并通过互相协调的方法促使企业内部员工为顾客更好地服务。内部营销是一种把员工当成消费者、取悦员工的哲学，体现了以人为本的企业文化内涵。它以积极的营销式方法来激励员工，使他们的工作体现市场导向（或顾客导向），通过内部营销使企业各项活动更系统、战略性适应市场（或顾客）需要。从价值链理论出发，内部营销要求为企业创造价值的每一项直接或间接活动，即价值链上的每一链节都要为企业利润目标的最终实现而最大限度地发挥作用。内部营销包括前台和后台，前道工序和后道工序，一线和二线，上级和下级，员工和员工间的服务、协调和配合，致力于把企业转变成为一个完整的、协调的服务网络。每个员工、每个部门在这一服务网络中同时扮演着双重角色，既是服务的提供者，又是服务的接受者。

在服务性企业的经营实践和企业文化建设中，比较普遍的一个问题是：只注重外部营销而忽视内部营销，只关注客户需求而漠视员工需求。但从本质上来讲，企业文化是一种以人为中心的管理文化，目的在于使服务顾客的员工能够形成积极的服务态度和主动的服务行为，从而提供优质服务。关系营销是因其良好的商业价值而被广泛推崇的，在实施中，其核心一环——内部营销却往往被忽视。"关系营销是辨识、建立、保持和增进以及在必要时终止与客户和其他相关利益主体的关系，通过双向交流和兑现承诺来实现各相关团体的目标。"（Gronroos，1997）。关系营销强调服务企业通过确定的关系组合并据以分配资源来管理这些关系，成功的组织必须在内部关系和外部关系的营销方面智谋分配资源，内部营销是关系营销构造中的一项基本的组成部分，是成功推行外部营销的前提。在新的环境下，企业职员的角色已由"服务员"变为"推销者"，他们是服务企业推行营销战略的关键性因素，内部营销是进行成功外部营销的前提。

在服务企业里，员工是决定服务质量的关键。服务，一般不是一种有形的实体，而是一种行为或过程。既不能与服务提供者分离，也不能与服务接受者分离，只能是服务人员与顾客之间相互作用。因而，服务企业服务质量和生产企业的产品质量，无论是在内容上还是在管理方式上都有很大的差异。由于服务主要表现为一种过程、一种行为，服务质量归根结底必须通过员工的形象和行为反映出来，因此，人的行为才是服务的中心。尽管可以而且也有必要建立制度进行操作，顾客仍有可能对服务质量不满意。过去不少企业推行"标准化服务"和"微笑服务"，均未能取得预期的效果就充分说明了这一点。因此，服务质量管理不仅仅是要建立健全服务质量体系和制度，更重要的是要把提高服务质量的思想、原则和方法传达、落实到每一个员工，并被他们理解和接受。如果管理者能充分意识到员工在提高服务质量和吸引、保留顾客中的重要作用并采取有效措施加强和改善人员管理，提高员工素质，调动全体员工为顾客服务的积极性和主动性，那么就一定能够创造出一流的服务质量，其经营业绩和竞争实力也一定会有实质性的提高。

（三）内部营销的必要性

内部营销究其实质就是把所有员工培训成"真正的营销人员"，使他们具有强烈的"顾客至上"意识，只有使顾客满意—不论是内部顾客还是外部顾客，个人工作才可以认为是圆满完成。内部营销观念建立在"员工就是顾客"，"如果你不直接为顾客服务，那么，你最好为那些直接给顾客提供服务的员工提供优质服务"的思想之上，这一观念的确立有助于把管理者的注意力转向员工，强调员工在推行关系营销战略中的关键性作用。服务企业开展内部营销的必要性表现在以下几方面：

（1）企业中直接为顾客提供服务的员工，在客户眼中其实就是服务产品的一部分，他们身兼服务表现和服务销售的双重任务。企业服务形象的建立不再简单取决于传统的传播媒介，员工与客户、客户与客户之间的相互关系在很大程度上影响着企业形象的建立和维系，只有通过客户与企业积极"互动"以及客户之间通过经验分享而将其形象广为传播，才能创造和维护企业的整体形象。

（2）服务大多数带着经验性质和情感成分，故能否有效地处理好顾客的互动关系，使顾客有一种独特的、与众不同的感觉，这是服务行业能否在激烈的市场竞争获胜的关键所在。因此，服务企业应主动致力于内部营销工作，促使全体员工树立积极进取的精神，使企业凝聚合力，形成竞争优势。

（3）客户信息的收集是企业产品创新和获得竞争优势的前提，一线员工与客户日常的密切接触使他们成为企业获取客户信息的关键来源；同时一线员工通过清晰、具体地传达新产品的种种优势，可以将新产品涉及的"心理不适"降至最低程度，而这种"心理不适"正是许多产业创新产品市场导入失败的原因。服务企业重视一线员工，可适当降低服务产品营销上的风险。

（四）内部营销的主要内容

内部营销从其本质看，包含两大内容：态度管理和沟通管理，这两大内容实际上也是内部营销的两种类型的管理过程。

1. 态度管理

态度管理是指在管理过程中对员工对服务意识和全员营销意识的态度、员工动机需要分析以及相应激励进行有效管理。态度管理是一个持续不断的过程，从招募、选择、训练、开发人力资源，到服务企业的日常管理工作，无不贯穿着态度管理。积极有效的态度管理使服务企业内各层次的员工从加入企业的那一刻开始就逐渐培养起了真正的"主人翁"意识，在企业适当、正确的员工激励机制下，表现得更加积极、主动，企业将会获得更好的成绩。

2. 沟通管理

沟通管理是指服务企业各层次员工需要充分的信息来完成与他们岗位相符的工作，为内部和外部的顾客服务。他们需要的信息包括：工作计划、产品和服务的特征、对顾客的承诺、岗位规章制度等。另外，他们也需要适时的沟通他们的需要和要求、对提高工作绩效的意见和建议以及他们对发展企业和开拓市场的一些看法。

很多企业已经认识到态度管理和沟通管理的重要性，但是，在实际商务活动中，我们不难发现有一些企业一味地强调沟通管理或态度管理，而忽视了二者在企业内部管理中必须双管齐下，还有一些服务企业关注的是沟通管理中的单向信息沟通，所以在内部营销工作中通常以活动或行动的形式出现，比如：向员工发内部手册，召开各种会议只是向与会者提供书面和口头信息，彼此间的沟通比较少，而且经理和主管对他们的下属关心一般有限，没有认识到他们需要反馈的信息、双向的沟通和鼓励，像这样的企业，业绩发展和前景是可想而知的。当然，也有一些服务企业由于正确对待了内部营销管理的这两个方面而取得显著绩效，例如，斯堪的纳维亚航空公司（SAS）在开展内部营销及其过程管理方面就是一个杰出的案例。他们的态度管理和沟通管理相辅相成，长盛不衰。内部营销表现出色的斯堪的纳维亚储蓄银行前任总裁尼尔斯·德维特讲道："内部营销如同婚姻一样，从结合的那一天起，你就注定要和他（她）待一辈子。"

成功企业的实践经验表明，要使内部营销取得成功，首先它必须是战略管理的组成部分；其次，内部营销管理的全过程都要得到企业各组织管理层的全力支持；第三，高层管理者必须自始至终积极支持内部营销的全过程，而非流于口头或形式。

技巧与方法

（一）如何有效开展企业内部营销

内部营销管理源于市场、融于企业，具有灵活性、主动性和能以较低成本实现有效管理的特点。企业要想在竞争中取胜，内部营销不失为一大法宝。那么，如何有效开展企业内部营销呢？

1. 为员工提供职业发展计划和生涯规划

许多公司都认为，为员工提供职业发展计划和生涯规划十分重要。他们甚至在公司培训管理和人力资源系统中也遵循这种思路。公司应以一定的标准对员工进行分类，确保各种数据信息及时输入 CRM 系统，以便对不同员工制订和实施适当的表彰计划，这样会形成内在的追求动力。这种升级规则，从某种意义上就会成为员工的生涯规划，可以吸引员工自主地努力达到要求，以获得个人价值及利益，从而提高员工生产率和服务质量。

2. 构建内部营销框架

内部营销是围绕内部顾客的心理和情感特征来进行的，因此，可融入体验营销（其实质是要帮助所有顾客真正达到自我实现的境界）理念，构建内部营销框架。基本要素包括 5 个方面：工作、情境、事件、侵入和总结。"工作"强调员工导向，强调人员交流沟通及心理情感；"情境"强调工作的软、硬件环境，即处所、设施、制度、企业文化、内部信息渠道；"事件"强调员工的个性化和主动性；"侵入"强调主动参与，强调激励并使其感受到成就感；"总结"不是对能力和成就的检阅，而是自己成长过程所必需、自己享受总结的过程。工作实际上也是一个学习的过程，公司和员工都会在此基础上实现知识的获得、经验的积累。因此，内部营销的总结必须建立在对绩效考核模式重新审视的基础上。

3. 建立企业文化及价值理念

虽然在内部员工领域已有了人力资源管理、企业文化理论，但从营销角度审视企业内部市场—员工时，将得到一个全新的启发和感受。企业文化对顾客的认识经历了三个阶段：第一阶段是内部顾客价值，关心内部员工价值，不关心外部顾客；第二阶段是外部顾客价值，一切为用户，"服务用户，放弃自我"；第三阶段是顾客价值，既包括外部顾客也包括内部顾客。企业文化最集中的体现是企业精神，而企业精神必须是所有员工的共识，因此，企业文化必然要以人为本。所有成功的企业都有成功的企业文化，而所有成功的企业文化都能留住一大批支撑企业发展的高价值员工。

4. 设置关系经理

如果企业不能开展好内部营销，优秀的员工要么忍，要么离开。关系经理的核心任务是成为沟通的中心,促进企业与员工、顾客的双向沟通,协调内部员工之间、劳资之间、员工与顾客之间的矛盾和冲突。对于内部员工,应建立信息沟通的实时互动渠道,形成联系机制、反馈机制、应答机制,以便及时了解员工的需求,化解矛盾,解决问题。

(二)实施内部营销管理的重点

实施内部营销管理,最重要的就是要围绕以人为本为员工提供服务。它主要包括以下几点。

1. 重视人员的自身价值

在很多企业,管理人员和第一线服务人员有着天生的鸿沟和彼此的敌意,这来自有些管理人员对服务第一线人员本能的轻视,有些人认为向往有意义的生活是那些受过良好教育、衣冠楚楚、追求时尚的人的专利。其实每个人都渴望被尊重、被理解、被关怀,因此,创造一个良好的内部服务范围是必需的。

2. 提供人员的培训

优质的服务是由人来实现的。企业必须雇佣合适的、经过训练的员工为顾客提供服务。可是现在很多企业在招聘服务人员时,上岗前关于技能的培训很多,但如何建立客户满意观念的培训却并不多见,或者只在上岗前提及,上岗后衔接的培训却被终止了。培训是对员工最好的福利,屡屡被人提及。让员工得到充分的培训,一起憧憬企业的未来,他们会在服务顾客时用最优异的表现来让顾客为企业加分,他们本人甚至成为企业最生动最鲜活的广告。

3. 重视员工的压力和困境

服务员工的压力大,并且要面对烦琐的服务、客户的挑剔和抱怨等,如果组织不能给予最及时的关怀,他就成了潜在的逃兵。因为没有人对一个冷漠的组织付出更多的热情。

(三)如何为员工服务

在具体为员工实施服务的时候,最基本的要做到以下几点:

(1)创造良好的人际关系,让员工感受到大家庭的温暖;人际关系的好坏,直接影响企业的凝聚力和工作绩效,同时也影响着员工的身心健康和自我发展。

(2)管理者必须学会运用有关理论和方法,加强员工与员工、员工与管理者之间的有效沟通;培养员工正确处理人际关系的能力,减少不必要的误会及不愉快的冲突,努力建立企业成员间和谐的人际关系。

(3)管理人员应经常调整员工的工作内容;从一个工种转换到另一个工种,多进行岗位间的交叉训练,就可以提高员工的工作热情。

(4)灵活的绩效考核:有些能力、水平高的员工,薪资和工作绩效与一般员工是一样的,这样就会使这些员工感到不公平,如果企业不尽快做出调整,就会使员工降低工作绩效和热情,直至离开企业。

(5)努力改善员工的工作环境。如果员工长期工作在潮湿、闷热、光线不足且有高分贝噪音的环境中,工作绩效肯定会降低,所以管理者应加大对员工工作环境的改善。

(6)注意领导方式:管理者应时刻牢记员工为中心的工作原则,在管理上讲究语言技巧和行为方式,与员工进行充分而有效的沟通,让员工尽可能多地了解企业的发展状况,并且注意员工的意见和建议,还应注意不要摆领导派头。

(7)企业应当适度减少员工的工作压力,多营造积极向上的组织文化氛围,改变员工及管理人员的行为方式，开展体育活动和运用一些联谊会，抵消和减轻工作压力。

（8）企业应给员工提供发展的机会；大量的高水平训练可以提高企业的工作绩效、降低员工的辞职率，以及使企业获得较高的营业额及利润，使员工获得高昂的士气及团队精神，这样员工才对企业有归属感。管理人员还应该注意时刻以员工为中心，为员工着想，了解员工的需求，并教育训练员工培养时刻以顾客为中心的思想。企业只有为员工很好地服务，才能促使员工很好地为顾客服务。

实战演练

（一）案例分析

沃尔玛的内部服务营销

沃尔玛公司提倡"员工为顾客服务，领导为员工服务"。沃尔玛公司从来不会对员工的种种需求置之不理，更不会认为提出更多要求的员工是在无理取闹。相反，每当员工提出某些需求之后，公司都会组织各级管理层迅速对这些需求进行讨论，并以最快的速度查清员工提出需求的原因，然后根据实际情况做出适度的妥协，给予员工一定程度的满足。在沃尔玛，任何一个员工的铭牌上都只有名字，而没有标明职务，包括总裁，大家见面都互称姓名。"分红计划"以及"员工折扣规定"等制度的实施就是沃尔玛在实际利益方面和员工进行的长期合作。沃尔玛向每个员工实施"利润分红计划"，同时付诸实施的还有"购买股票计划""工资折扣规定""奖学金计划"等。除了以上这些，员工还享受一些基本待遇，包括带薪休假、节假日补助，医疗、人身及住房保险等。

权威机构的研究表明，员工满意度每提高3个百分点，企业的顾客满意度将提高5个百分点；员工满意度达到80%的公司，平均利润增长要高出同行业其他公司20%左右。由此可见，对员工服务其实是使员工、顾客和企业在内的每个参与者都获得最大程度的利益的一种有益方式。

思考题：
（1）沃尔玛公司是如何实施内部营销管理的？
（2）你是如何理解"员工为顾客服务，领导为员工服务"的？

（二）情景演练

如果你是某公司营业中心的主任，你将如何为员工做好服务？

任务三　如何对员工授权

问题引入

在管理学中，一个十分经典的原则就是"责任与权力应该对等"。既然服务员工对满足顾客需求和提高顾客满意承担着重要责任，那么就应该赋予服务员工相应的权利。什么是员工授权？为什么要给员工授权？怎样给员工授权？授权的原则又是什么呢？这些是在本任务环节需要掌握的内容。

任务要求

1. 识记：员工授权的定义、授权的成本、员工授权的原因。
2. 领会：员工授权对于提高服务质量的作用、成功的授权原则。
3. 应用：如何给员工授权。

名家名言

能用他人的智慧去完成自己工作的人是伟大的。

——【美】管理专家 旦恩·皮阿特

案例引入

（一）案例描述

子贱放权

孔子的学生子贱有一次奉命担任某地方的官吏。他到任以后，经常弹琴自娱，不问政事。可是，他所管辖的地方却治理得井井有条，民兴业旺。这使那位卸任的官吏百思不得其解，因为他每天勤勤恳恳，从早到晚，也没有把那个地方治理好。于是他请教子贱："为什么你逍遥自在、不问政事，却能把这个地方治理得这么好？"子贱回答说："你只靠自己的力量去治理，所以十分辛苦；而我却是借助下属的力量来完成任务。"

（二）案例分析

凡事亲历亲为的管理者是工作狂，严格地说，这种人不能称之为管理者。这种管理者认为只有自己对所有的事情很清楚，只有自己才有可能高效地处理问题。另外，这种管理者喜欢尽善尽美，总认为员工的工作不够完美。子贱放权的案例，对那些乐于事必躬亲的管理者应该有所启迪。

知识内容

在20世纪末，向服务员工授权的管理思想，逐步引起了实际管理者的重视。管理者期望通过员工授权来改善服务质量、提供服务绩效。与实体产品的生产过程不同，服务员工的行为对顾客的行为会产生直接影响。因此，授予员工完成任务所必需的权利，对于服务组织来说是非常必要的。

（一）员工授权的定义

关于员工授权的定义，有很多不同的版本，但是大多数学者都认同员工授权的核心要素包括给予员工关于某项具体任务的相关活动的决定权（或行动自由）。因此，员工授权意味着允许顾客接触人员在服务传递过程中行使某种程度的决定权。一般来说，可以把员工授权分为三类，即日常事务决定权、创新决定权以及超常规决定权。其中，日常事务决定权是指员工从可以完成他们工作的几种可能的方法中决定一种自己喜爱的方案（例如，投资顾问从其公司所提供的一系列服务产品中自行选择要向顾客推荐的产品);创新决定权是指员工自己能支配可以完成任务的所有选择方案(如教授对教学内容的决定权),并从中决定自己要使用的方法;员工的创新行为虽然没有被组织写入工作说明,但企业还是肯定其积极作用的。相反,超常规决定权则被企业看作是有负面影响的行为,因为它可能包含了超出员工正常工作范围和控制能力的行为。

虽然决定权是员工授权中最重要的因素,但还有一些其他的员工授权的属性对服务提供策略的执行有很重要的影响。例如,除了员工的决定权外,授权还包括有关组织业绩的信息共享,同组织业绩挂钩的员工报酬。进一步而言,授权是一种精神状态。一个得到授权的员工通常会感觉到:① 控制工作的进行;② 意识到工作进行的环境;③ 对个人工作结果负责;④ 为部门或组织的绩效承担责任;⑤ 根据个人或集体的表现获得的收入是公平的。这种关于授权的观点,其重点是通过信息共享使员工清楚自己的工作状态并将员工的报酬同个人绩效和团队绩效结合起来。

(二) 员工授权的原因

对一线服务员工进行授权,可以使其更好地把握销售机会或者由于服务传递过程的互动性而发现交叉销售机会等。这一点已经成为公认的实施授权的主要原因之一。通常,可以把授权的原因归结为以下两种:以提高员工的积极性和生产力为目的和以改进顾客服务和更有效地行销产品为目的。

在服务营销的环境下,一线员工的授权,既可以改变员工的态度,也可以改变员工的行为。其中,态度改变是由于授权可以提高工作满意度、减少角色压力以及减少角色模糊。有研究表明,决策影响力、任务自主性、决策自由度可以增加员工的工作满意度,并降低角色压力。提高工作满意度的一个直接结果,就是员工的工作热情比原来要大得多。同时,授权对员工的行为也有很大影响。例如,决定权可以提高员工的"自我效能",因为决定权允许他们去选择完成既定任务的最佳方法,使员工的调节能力更强,而调节能力是同自主性和决策影响力联系在一起的。随着员工的行为自由度的增加,员工根据顾客需求和工作环境进行工作调节的能力也越强,员工将顾客需求告知一线员工的过程中浪费的时间更少,对顾客需求的反应速度更快。

从市场营销的角度来讲,由于服务的生产和消费是同时进行的,并且整个生产过程中顾客频繁地参与进来,使得服务产品成本的定制化程度和机会要远远大于制造业的产品。事实上,定制化和顾客参与已经成为服务的关键属性。服务的提供过程定制化,构成了差异化和竞争优势的来源,提高了顾客的满意度。因此,企业应该根据服务的定制化程度、员工为迎合顾客需求而具备的决定权的程度,对服务进行分类。很明显,这一过程往往需要对顾客接触人员进行智谋的授权。此外,服务补救也是进行员工授权的一个重要原因。当服务发生失败时,迅速的服务补救是非常重要的。如果失败服务没有得到迅速的和令人满意的矫正,顾客对整个服务的可靠性失去了信心。对一线员工进行授权,是打破服务"失败循环"的关键内容,也是服务企业实施顾客满意战略的重要组成部分。

(三) 员工授权对于提高服务质量的作用

从服务的提供过程来看,一种极端的情况就是生产线式的服务。麦当劳就是这方面的典范。按照这种方式提供服务,为保证稳定的质量和高效的运转,例行工作在完全受到控制的流程下完成,员工只有很少的自主权。这种模式下组织为顾客提供服务的数量受到限制,可能会对员工满意度和顾客满意度都产生东风压倒西风的影响。如果顾客越来越重视个性化的服务，那么就意味着员工授权非常必要。向员工授权可以为服务企业带来诸多好处。

1. 有利于提高员工的满意度

要有满意的顾客，首先要有满意的员工。拥有权力和自主性是员工的自然要求，人们有成长和自我实现的愿望。授权有利于提高员工的成就感、自豪感和满意度。

2. 提高处理应急事件的能力和为顾客提供个性化服务

顾客的服务要求不同且难以预测，如果员工得到授权，对顾客特殊要求做出快速反应，就有更大的可能在短暂的接触时间内让顾客满意。当服务发生失败时，服务员工现场解决问题的能力，对于补救失败服务具有重要的影响。

3. 发挥员工的主动性和创造性，充分利用蕴藏在员工中的资源和智慧

一线员工和顾客直接接触，他们最清楚哪些政策和规定是可行的，哪些是不可行的，顾客对企业的反映如何，授权可以使员工有责又有权去满足顾客的需求。一方面，可以使员工不必因为事事都向他的上级请示，而耽误了对顾客需求做出快速反应的关键时刻，同时，授权可以使员工产生为顾客服务的主动性。当一个员工被授权"可以全权解决顾客的问题"时，他就会产生被信任的感觉，从而激发创造性，更好地为顾客服务。

（四）授权的成本

授权也是有成本的。授权的结果是员工的工作范围增加。这需要员工得到足够的训练去应付更广泛的任务范围。授权还影响企业的一系列问题。有研究表明，授权对员工来说是把双刃剑。虽然被授权的员工对他们的工作更有信心，但是他们在工作中遇到挫折的概率也增加了。这是因为授权需要员工承担更多的责任。另外，被授权的员工需要承担更大的责任并提高自己的工作技能，这需要从物质上给予员工更多的补偿，从而增加了劳动力成本。

授权还会导致服务提供的速度下降，因为被授权的员工总是在想尽办法去为顾客提供个性化的服务，从而降低了服务总体的生产率。这将导致顾客等候的时间更长。另外，个性化服务可能让顾客感觉受到了不同的待遇，因为员工并没有严格地按照服务程序行事。另一个不利方面是得到授权的员工在处理失败服务时可能总是以向顾客让步的方式进行，其明显风险是员工做出的让步太大了。授权的另外一个不利的方面，是员工故意或不故意地利用他们的职权为同他们相似的顾客提供更好的服务。换句话说，同员工的年龄、性别、种族和其他个人特征相似的顾客，将会得到比没有类似特征的顾客更高水平的服务。

（五）成功的授权原则

对服务产品而言，顾客的参与程度越高，也就是意味着服务的个性化程度越高，则适度的员工授权就越必要。但强调员工授权的必要性，并不意味着对员工放弃约束，而是通过适度授权，授予员工在规定的权限范围内，按自己认为好的方式从事日常工作和处理意外事件的自由。但这还不够，成功的授权需要提供给员工必要的信息，通过培训使员工具备更好地为顾客服务的知识和能力，同时，还要建立有效的奖励机制，将员工的工作业绩与奖酬紧密联系起来。

向员工授权，服务组织的管理者首先要改变观念。许多管理者不愿授权，他们或者认为员工不具备单独做出决策的能力，或者是担心失去手中的权力。因此组织的管理者必须改变观念，认识到授权对组织成长的必要性。对于任何一个组织来说，管理者不可能事必躬亲，更不可能为每一位顾客亲自服务，组织必须依靠自己员工。智谋的授权不会削弱管理者手中的权力，相反它会使管理者从日常琐事中分身出来，有更多的时间对组织的发展做出考虑。授权的前提条件是员工必须具备一定的素质，具有对顾客的需要做出快速反应、为顾客提供满足其期望的服务的知识能力。这就要求组织必须对员工的招聘、选拔、培训予以足够的重视。如果组织不能招聘到高素质的员工，不能对招聘来的员工进行不断的培训，以提高其知识和技能水平，同时又授予员工过多的权责，就会给组织带来损失。

另外，对员工授予权责，必须保证员工能够很方便地获取所需的信息，这些信息包括有关顾客需求方面的信息，与组织有关的信息及组织提供的服务产品的信息。在授权的同时，必须建立一套激励机制，对员工的出色表现给予奖励，这会促使员工更好地完成他们的任务。

技巧与方法

（一）如何给员工授权

1. 更新管理理念

管理者要明白，给员工授权，是既成就客户又成就公司、既成就下属又成就自己的好事。公司必须建立一个管理者信任和包容员工的环境，授权才能真正发挥作用。

2. 建立授权指导

公司要建立指导系统，保证给客户经理授权的计划顺利进行而不是半路夭折。

3. 重心转移

管理者要转变以往的思维定式，寻找在权力下放后应该做的一些更有意义的事情，比如，公司战略的规划，公司制度的完善，营销策略的创新，等等。

4. 灌输授权思想

在全公司范围内灌输授权思想，使经理敢于接受权力的挑战，敢于承担更多的职责，管理者要经常与客户经理沟通，了解他们的想法，听取他们的意见，赢得他们的信任。

5. 加强相关培训

具备相应的知识与技能做好工作是授权最重要的部分，因此，培训是授权计划中不可或缺的一环。只有给予客户经理相应的知识与技能培训，才能保证授权计划顺利实施。

6. 实现信息共享

在公司范围内实现信息共享，让客户经理了解公司的运营信息，对改善客户经理的业绩具有相当明显的推动作用。如果客户经理没有理解他们的工作目标，对授权是不会感兴趣的。

7. 保证授权控制

没有制约的权力是不可想象的，仅有授权而不实施控制会招致客户经理滥用被授予的权限。因此，为了防止客户经理在工作中出现问题，对不同能力的客户经理要有不同的授权控制。

（二）授权过程应注意的事项

在实际进行授权的过程中，首先要做到以下两点。

1. 必须明确客户经理的基本职能

客户经理的基本职能是：销售策略的执行人、客户利益的代言人、服务团队的组织者、

企业文化的传播者。要履行好这 4 项基本职能,就要求销售管理团队给客户经理授权。要明确:

(1)授权是结果而不是方法。除非有特别的原因,对客户经理进行授权的时候应当只授权结果。也就是说,只告诉客户经理可以做什么以及要得到什么结果,而客户经理采用何种方法去做则由他们自己决定。只有使客户经理对如何达到目标做出自己的选择和判断,才能激励销售服务团队的工作热情,增进销售管理团队与销售服务团队之间的相互依赖关系。

(2)允许客户经理参与授权的决策。每一项权力都应当与限制相伴随。管理团队在授权的时候只是下放用于完成某项工作的权力,而不是无限的权力。怎样来确定完成一项工作到底需要多大的权力呢?最好的办法是让客户经理参与该项决策,参考一下客户经理认为完成这项工作需要何种权力的意见。但是,过大的权力会妨碍授权的有效性。因此,不要把与完成任务无关的权力下放给客户经理。

2. 使其他人知道授权已经发生

授权不应当在真空中进行,授权是为了完成任务,而完成任务必然要涉及许多其他的人。不仅销售管理团队和客户经理需要知道授予了什么权力以及多大的权力,还应把授权的事实告知与授权活动有关联的其他人,例如,销售服务团队的其他成员以及公司其他部门的员工。不通知其他人很可能会造成冲突,并且会降低客户经理完成任务的可能性。

实战演练

(一)案例分析

中国移动"大客户经理"授权

中国移动通信的大客户经理在 2015 年春节间为大客户提供了 7×24 小时的最真诚的服务承诺,以保障节日里每一位大客户手机的畅通。"大客户经理"是中国移动通信特地为他们的个人大客户或者是集团大客户配备的专门的全天候服务人员。他们的职责是有针对性地为大客户提供适合他们的话费套餐或者是增值业务使用建议,大客户经理会经常与客户保持沟通,随时根据客户的要求调整移动通信服务方案,尤其是当大客户在使用移动通信设备中遇到特殊情况时,大客户经理的作用就会更加明显。在客户临时需要停机/复机,开通国际漫游,国际长途等业务,又无法立即到营业厅办理相关手续时,就可以委托自己的大客户经理进行处理。对中国移动通信"全球通"VIP 客户,客户经理甚至可以在免保证金的情况下为客户先提供长途漫游服务;而对于经常出差和旅行的客户来说,为他们解决在异地遇到的移动通信问题更是大客户经理的重要职能之一,如异地的 SIM 卡补办,手机故障维修和备用机使用,备用 SIM 卡的开通等,只要客户打电话给自己的客户经理,他们会在最短的时间内为客户解决困难。

思考题:
结合本案例,谈谈员工授权在中国移动公司大客户服务中的作用。

(二)情景演练

某饭店的员工经常置身于以下的情景中:饭店每天的离店结账时间是在中午 12 点以前,但某位客人询问前台接待人员,自己是否能在下午 2:00 之前再离店;饭店餐厅的服务员接到一份价格中等的家庭订餐单，菜单上没有客人要点的菜，然而顾客却坚持不要用其他菜来替换；餐厅菜肴出现质量问题，客人感到非常不满，要求餐厅的服务员立即进行赔偿和补救，同时客人希望马上得到答复……诸如此类的问题常常会令服务员们应接不暇，但是此时客人们往往会得到服务员的这样的回答："不行，这不符合我们的制度"或"我得和我的主管商量一下"，甚至会听到很无奈地回答："我希望能为您做点什么，但是现在我什么也做不了，而且这并不是我的错。"

可以设想，遇到如此尴尬的境况，客人不悦之情是显而易见的。

但是如果换一种方式解决问题呢？对此，你有何建议？

任务四　如何提高员工满意度和忠诚度

问题引入

要让企业的客户满意，首先应该让企业员工满意；要让企业的客户忠诚，首先应该让企业的员工忠诚。1958年，美国本杰明·施奈德和大卫·鲍恩经过近8年的实证研究，在一篇论文中提出了"满意镜"这一理论。后经进一步研究完善，将满意镜定位为"服务利润链上最为重要的一环"，"满意镜理论"被广泛应用于服务培训、处理抱怨等各个环节。那么，什么是"满意镜"理论？如何理解员工满意度推动员工忠诚度？如何提高员工的满意度进而提高员工的忠诚度？这些是在本任务环节需要掌握的内容。

任务要求

1. 识记："满意镜"理论。
2. 领会：员工满意度推动员工忠诚度。
3. 应用：如何提高员工的满意度、如何提高员工的忠诚度。

名家名言

设立高期望值能为那些富于挑战的有贤之士提供更多机会。留住人才的关键是，不断提高要求，为他们提供新的成功机会。

——【美】管理顾问　克雷格（Craig Schneier）

案例引入

（一）案例描述

某民营零售企业老总非常重视企业的服务质量，常常亲自抓，而且经常进行服务月评比、星级明星评比等活动。但是在执行中，他从不关心员工，该发给员工的基本福利逐年减少直至取消，有时候竟把一些到期或过期商品发给员工当做福利，却还要收一点成本。员工怨声载道，老总则充耳不闻。在这样的基础上，老总亲自抓的服务质量工作，多以运动式的检查评比等办法硬性推动。老总对此的解释是：服务质量的好坏就是靠管理，管理严了，服务就上去了。但是，事与愿违，这家企业仍有大量顾客投诉服务质量，老总则抱怨管理者没管好人，基层员工素质太差。

（二）案例分析

在现实中，有这种认识和做法的老板不在少数。管理层不关心员工的需求，员工抱怨与不满增多，他们对顾客的服务质量自然就会降低。要改变这样的状况，最根本的就是提高员工的满意度。

知识内容

（一）"满意镜"理论

顾客—员工"满意镜"是哈佛商学院著名教授詹姆斯·赫斯克特、厄尔·萨瑟和伦纳德·施莱辛格三人在其合著《服务利润链》一书中，对顾客满意与员工满意之间的紧密联系所作的一个形象比喻。其含义是，在服务企业中，对工作感到满意的员工会用自己的热诚细心为顾客服务，顾客体验到愉快的服务经历，获得称心如意的服务结果，会用自己的赞扬、忠诚和合作回报员工，对员工产生一种正面反馈激励的效果，从而在顾客下次光顾时员工会表现得更加热情和周到，顾客也就会更加满意。这就是"满意镜"效应（见图9-3）。

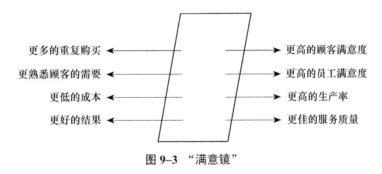

图9-3 "满意镜"

在有形产品制造企业中，组织与顾客相联系的纽带是产品，员工与顾客之间的联系很少，而在服务企业中，组织与顾客相联系的纽带是员工，员工与顾客的高质量接触和互动是服务企业利润的源泉。在具有"满意镜"效应的服务企业中，员工的离职率很低，劳动生产率和服务质量很高，顾客满意度和忠诚度相应很高，而高度的顾客忠诚自然会带来企业的持续经营、低成本和高利润。因此，建立和维持顾客—员工"满意镜"，是每一个服务企业所应努力追求的目标。

（二）员工满意度与员工忠诚度的关系

1. 影响员工满意度的因素

促使员工对公司满意的因素一般包括两个方面：一是公司提供的外在服务质量如薪金、红包、福利、舒适的工作环境等能实际看得到的外在条件；二是公司提供的内在服务质量，它是指员工对同事所持有的态度和感情。根据马斯洛的需求理论，人们在满足了基本生理、安全需求之后，便会重视互相尊重与自我价值的实现，因此公司提供的内在服务质量便显得更为重要，已超过外在服务质量而成为决定员工满意与否的主要因素。具体来说，内部服务质量包括两个方面：

（1）工作本身。

员工对工作本身满意与否取决于其完成预定目标的能力以及在这一过程中所拥有的权力。因为种种原因，自我价值的体现是以能力为基础的，而自我价值的实现又是以权力为保障的。因此，设计能够让员工满意的工作目标、顾客服务体系、服务环境、培训和能力提升及奖励制度以及合理的职、权、责等机制对于提高内部服务质量具有重要意义。

（2）员工之间的关系。

它在很大程度上也决定了企业内部服务质量的高低。这表现为两个方面，一方面是员工之间的人际关系，如果同事之间能维持一种和谐、平等、互相尊重的关系，那么在这样的工作环境中工作，工作效率就会提高；另一方面是员工之间的相互沟通、学习，是否有团队精神，"内在顾客"的重要性等。

2. 员工满意度推动员工忠诚度

对员工而言，满意乃指"对工作付出"与"从工作获得"之间的关系，且"满意是经由对工作评价后，所产生的喜悦或正面的情绪状态。"将员工视为内部顾客，使其能感受到如同外部顾客一样的满意，继而造就出更为忠诚的员工，为企业带来实质的收益。由服务价值链可知，为使顾客满意成为一项事实，企业必须先让员工满意。只有员工拥有了这样一种对企业满意的正面情绪，才可能对公司忠诚。员工满意与忠诚，最终将决定顾客的满意与忠诚。

技巧与方法

（一）如何提高员工的满意度

理想的"满意镜"效应是一个服务企业一系列管理及营销努力的最终体现，对于服务企业来说，员工的表现通常是顾客满意或不满意的最终决定因素。谁能为顾客创造愉悦的服务经历，谁就能在竞争中脱颖而出。而要成功地实现这一点，不能不依赖于企业的雇佣政策。

1. 雇佣决策是最重要的营销决策

服务人员的素质和表现对服务质量和顾客满意度都会造成很大的影响，服务企业在雇佣员工时，特别是雇佣一线服务人员时，要把员工当作一个重要的营销变量来看待。从这个意义上说，服务企业的人员雇佣往往也是营销工作的一个重要内容。每个服务企业都应根据自己的服务特点和业务需要，制定出最相宜的雇佣政策和方法。

2. 让员工当顾客

满意的员工会导致满意的顾客。因此，服务企业要树立员工（尤其是一线员工）也是顾客的理念，提高员工的满意度和忠诚度，即服务企业应特别注重内部营销。为此，企业需做到以下几点。

（1）为员工鼓劲。

通过广泛宣传，让一线员工知道，不只是顾客很重要，他们也很重要，没有他们的积极帮助和参与，公司就无法生存，以此提升员工的态度和感知，树立他们的自尊心和自信心，另外，还要帮助他们树立职业自豪感。

（2）全面培训员工。

由于同顾客高度接触的员工所从事的工作较为复杂，因此，既要培训他们掌握专业技术，又要通过培训使他们懂得搞好人际关系的技巧。培训将增加员工服务顾客所需的知识和能力，使他们在工作时能够得心应手，从而提高他们对工作的满意度。

（3）给员工以工作所需的自由和权限。

从某种意义上讲，一线服务人员是组织中最接近和了解顾客的人，他们懂得怎样做才能更好地为顾客服务，但管理层制定的规章、程序和政策往往束缚了一线员工的手脚，使他们不能对顾客的要求和期望作出快速反应，不仅会导致顾客的埋怨与不满，也会令一线员工在工作中有挫折感。所以，要提高员工的工作满意度，还应授予他们完成工作所需的充分自由和权限。

（4）对员工的优良表现予以赏识和奖励。

授权一定要与奖励恰当结合在一起，这样才能防止员工滥用权限，才能使他们真正以"主人翁"精神对待顾客、对待经营。奖励包括高额工资、奖金、利润分享计划、认股权及精神激励等。

（5）开展员工满意度调查，及时解决员工的不满。

把员工视同顾客，像调查顾客满意度那样经常调查员工的满意度，并把员工满意度作为考核管理人员工作业绩的一个重要指标。

除了以上这些措施，还要管理好员工之间的互动。员工相互之间的态度以及相互提供服务的方式也对员工满意度有相当大的影响。这就需要强化员工的"每一个人都是一个顾客"的内部服务意识，并营造团结、合作、向上的组织文化氛围。

（二）如何防止员工的满意度下降

要提高员工的满意度，还要做好最基础的工作，预防满意度下降，那么如何防止满意度下降呢？

1. 创造公平竞争的企业环境

公平体现在企业管理的各个方面，如招聘时的公平、绩效考评时的公平、报酬系统的公平、晋升机会的公平、辞退时的公平，以及离职时的公平等。公平是每个员工都希望企业具备的特点之一。公平可以使员工踏实地工作，使员工相信付出多少就会有多少公平的回报在等着他。公平的企业使员工满意，使员工能够心无杂念地专心工作。

2. 创建自由开放的企业氛围

现代社会中人们对自由的渴望越来越强烈。员工普遍希望企业是一个自由开放的系统，能给予员工足够的支持和信任，给予员工丰富的工作生活内容，员工能在企业里自由平等地沟通。要想使企业员工的满意度提高，必须给予员工足够的信任与授权，让他们自主地完成工作任务，放开手脚，尽情地把工作才能发挥出来。自由开放的企业应当拥有一个开放的沟通系统，以促进员工间的关系，增强员工的参与意识，促进上下级之间的意见交流，促进工作任务更有效地传达。

3. 创造关爱员工的企业氛围

人是社会性的动物，需要群体的温暖。关爱员工的企业要给予员工良好的工作环境，给予员工足够的工作支持，使员工安心地在企业工作；关爱员工的企业善于鼓舞员工的士气，适时地给员工以夸奖和赞扬，在员工做出成绩时向员工公开地、及时地表示感谢，并组织一些联欢活动使员工分享成功的喜悦；关爱员工的企业重视员工的身心健康，注意缓解员工的工作压力。企业可以在制度上做出一些规定，如带薪休假、医疗养老保险、失业保障等制度，为员工解除后顾之忧。

4. 适时进行员工满意度调查问卷

这样可以方便掌握变化，进行适时调整，员工满意度调查问卷的实施可如下：

（1）您对现在工作环境满意吗？
  A. 很满意　　　B. 还可以　　　C. 不满意　　　D. 不同意

（2）您认为公司提供的整体环境有利于留住优秀人才吗？
  A. 非常赞同　　B. 同意　　　　C. 还可以　　　D. 不同意

（3）公司企业文化令您有认同感和归属感吗？
  A. 赞同　　　　B. 中立　　　　C. 不同意　　　D. 强烈反对

（4）和本地区其他企业工资水平相比，你对目前我们公司的工资满意吗？
  A. 很满意　　　B. 基本满意　　C. 有些不满　　D. 完全不满意

（5）您认为自己的才能在目前的岗位上能否得到充分发挥？
  A. 完全没有发挥　　　　　　　B. 有些方面没有发挥
  C. 发挥尚好　　　　　　　　　D. 充分发挥

（6）目前公司提供给你的工作符合你的期望值吗？
  A. 很符合　　　B. 还可以　　　C. 完全不符合

（7）您对公司的奖惩制度满意吗？
  A. 很满意　　　B. 还可以　　　C. 不太满意　　D. 完全不满意

（8）您对公司的保险福利政策满意吗？
  A. 很满意　　　B. 还可以　　　C. 不太满意　　D. 完全不满意

（9）您是否有机会向上级领导畅谈你的感受与看法？
  A. 总是　　　　B. 经常　　　　C. 偶尔　　　　D. 极少
  E. 几乎没有

（10）您的直接上级是否注重对下级的培养？
  A. 很注重　　　B. 基本注重　　C. 不注重

（11）您对目前公司提供的工作地点满意吗？如果不满意你想到哪个地区工作？
  A. 很满意　　　B. 还可以　　　C. 不满意

（12）您认为公司的组织培训能够满足你的工作需要吗？
  A. 完全能够　　B. 基本能够　　C. 不能

（13）工作中遇到困难，上司和同事能够提供有利的支持和协助吗？
  A. 总是　　　　B. 有时　　　　C. 很少　　　　D. 从不

（14）假如将来有一天您想离开公司，主要原因是？
  A. 个人发展方向　　　　　　　B. 工作压力
  C. 薪酬福利　　　　　　　　　D. 人际矛盾
  E. 其他

（三）如何培养和提高员工忠诚度

1. 用业务能力适合的人

判断职位的能力要求，低于职位要求的人，当然不能用；高于职位要求的容易被人所忽视，不少人认为，企业用人能力也并非高高益善，而应以适合为好。

2. 关注员工能力的提升情况

员工能力提升经常不为企业所注意，也有一些企业注意到了，但是他们认为员工的进步是企业培养的结果，经常持等待报恩的心态。事实上，企业只是给员工的进步提供了条件，内在的起决定作用的还是员工自己。

3. 公司快速成长

市场经济的环境就是逆水行舟的环境。无论是个人还是企业都处于一个不进则退的情况之下。员工的能力提升与企业实力的提升实质上是在"赛跑"，企业发展速度更快，淘汰员工是自然的；员工发展速度更快，离开企业也理所当然。企业发展进入稳定期，就不能要求员工与你一样停下来。这里所指的企业快速的成长，不完全是经营规模的问题，更重要的是企业内部的提升，如专业化程度更高、管理更有序、员工能力提升还有空间，特别不能忽视的是员工还有加薪的空间。

4. 明确离职原因

对于企业来说，准确把握每位员工离职的真正原因关系重大，它是"盲羊补牢"的核心，同时也是准确判断和防止员工流失危机的手段。要以平和的心态与离职员工沟通，换位思考他的处境，体会他的言外之意，在获取准确的信息以后，进行管理机制的分析，只有这样才能找到管理上的漏洞。对于已经处于员工流失危机状态的企业，首先，是要审视企业的用人观和包容度有无问题，其次需要冷静判断，离职的人是否适合他的职位，离职的人之间是否有连带关系，及时调整管理举措，并区别分析对待不同情况，或挽留或欢送，不可任其发展，更不可诋毁抱怨别人，错误一定在自己，要么认识有偏，要么判断有误，要么是行动不当。

（四）在培养和提高员工的忠诚度上，要以潜移默化的影响和培养为主

1. 企业重承诺

一诺千金，诚实守信历来被商家视为信誉。信誉是企业的生命，而现实中真正做到这一点的企业很少，调查资料显示，有一半一上的员工因为一开始企业许诺各种条件后来没有兑现，对企业产生不信任，进而对企业失望而离开企业，这是企业员工忠诚度较低的一个原因。

2. 团队必须彼此承诺

制度和理念是看不见的，但员工会从主管身上观察，包括主管的反应、做事和对待部下的方式。制度是由过去演变而来的，而所有工作流程的目的，就是要让后继的人可以重复下去，而未来许多工作流程的变化就要靠员工继续创新了，高度承诺是忠诚度上升的开始。而领导者就必须在背水一战的情况下做出正确决定和承诺。

3. 领导人必须有气度

和优秀的一流人才相处并博得他们的忠诚度并不容易，更何况有时意见完全不同；所以领导的气度也要经过历练，一听到不同的意见，马上就变脸，肯定是不对的。碰过各种状况、挫折和危机后，一个成熟的主管会用每个人的不同优点，来补强其不足之处，比如主管属于冲刺型，他就会安排保守型的副手；如果栽培的员工要离开，他希望还是可以保持友好的关系。

4. 完善薪酬体系，凸显激励机制

酬薪体系的设计一定要体现公平性、竞争性。酬薪在很大程度上是一个人价值的体现，

一方面要结合当地劳动力市场的实际情况进行设计,过高浪费人力成本,过低必然不能吸引优秀的人才加盟,即使加盟也会很快流失,另一方面要结合企业实际情况及岗位的要求进行合理设计,体现公平性的同时又能体现出竞争性,这样才能激发员工的积极性,让员工通过薪酬得到一种价值的体现。

5. 完善的用人机制

用人机制不灵活,不能为员工提供良好的发展空间。部分企业依然存在论资排辈的做法,或者是有人有内外之分,这在一些私营企业中尤其盛行。基于家族关系建立起来的内部信任,自然对没有类似关系的员工产生不信任感,使之感觉到老板处处设防,不能真正施展自己的能力,导致员工忠诚度降低,而完善用人机制则可以明显提高员工的忠诚度。

实战演练

(一)案例分析

培养员工的忠诚心和事业心

良好的员工关系的一个重要标志,就是广大员工应具有强烈的企业进取心,能够同心同德,与企业风雨同舟。要实现这一点光靠金钱是不可能的,它还必须有赖于有效的思想工作。松下公司和美国戈尔防水布公司为此展示了他们独树一帜的法宝。

松下公司特别注重向自己的员工灌输对企业的忠诚心,想方设法地培养员工的企业信念,激发他们对企业的自豪感和归属感。该公司总裁松下幸之助认为:工作占据了人们一半以上的清醒时间,因此公司对员工个性的塑造、心灵的美化、精神的创造责无旁贷。松下电器公司所有的工作人员,每隔一个月至少要在他所属的团体中进行10分钟的演讲,说明公司的精神和员工的关系。这种设法努力感化别人的做法实际上是松下"自我教育"的一种技巧。松下电器公司还是日本第一家有公司歌曲和价值规范的公司,每天早上8点,全日本有8.7万人一起背诵公司的价值规范,高唱公司的歌曲。此时此刻,松下公司的全体员工似乎已经融为一体。

而美国的戈尔防水布公司为了培养员工的忠诚和事业心则采取了一种爆炸式的管理方式,就是让员工们自己选择自己愿意干的工作。一个新的员工进入公司后,就被领到公司的各个部门参观一番,以便让他们了解公司有些什么工种,并任意选择自己喜欢干的工作。这样,他们在自己选择的工作岗位上,带着浓厚的兴趣和强烈的事业心,自觉自愿地努力工作,无疑大大提高了劳动生产率。

思考题:
松下公司和戈尔防水布公司的做法带给我们哪些启示?

(二)情景演练

老毛是一家民营企业的创始人兼总经理,目前他的企业在整个华北地区已经算是颇具影响力的广告公司。在一般广告公司,销售人员占有举足轻重的地位,但由于历史背景和渊源关系,他们公司有长期稳定的大客户,基本上没有市场开拓与销售的职能,所以设计人员的价值显得格外突出。但是最近,公司的设计创意人员出现大面积流失。眼下,公司接到一个订单后，人事总监非常高兴地告诉老毛，他用尽各种办法，最后通过猎头公司同学的关系，好不容易用优质的待遇吸引来一个合适的人选。但是，当老毛出差一周后回来再找人事总监时，他却告诉老毛，给对方的劳动协议都已经拟定好了，对方却说他不能辞职，原因是原公司要给他加50%的薪水。原来该公司同样承受着设计人员流失之痛，他是最后一批跳槽的优秀设计师之一，该公司绝望中赶紧出手挽留。

假如你是这家广告公司的人事总监，对培养公司员工的忠诚度有何良策？

本章小结

- 内部服务营销是一种将员工视为内部顾客的管理哲学，其目标在于通过运用服务导向和服务意识，与员工建立起良好的合作，甚至是相互依存的关系，从而为外部顾客提供良好的服务感知。其常用的营销手段包括服务利润链管理、对员工授权、提高员工满意度和忠诚度。

- 服务利润链的逻辑关系是：良好的内部服务质量能提升员工的满意度，进而对员工的忠诚以及生产力有帮助。由此，员工将会提供良好的外部服务价值，产生符合顾客需求的服务设计与服务传递，从而提升顾客满意度，创造出忠诚的顾客，并随着顾客挽留，重复购买并推荐给亲友的行为，提高服务企业的收益与获利能力，服务企业在有更多的收益成长与获利后，更能致力于内部服务质量的提升，形成一个良性的循环。

- 有效认识管理服务利润链中的相关关系需要做到：尽量降低顾客接触员工的流动率，并提升他们的工作能力；深入发掘和确认影响客服工作满意度的因素，并在员工管理的各个方面重点注意这些因素的影响；创新员工的挑选过程、改良的能力培养、越来越大的决策自由度、对劳动力的自由支配等。服务利润链带来的管理启示是：员工第一、致力于同现有顾客保持长久的关系、进行服务利润链审计、建设好服务文化。

- 服务人员正确的角色认知包括服务人员是顾客服务的直接提供者、服务人员是企业的内部顾客、服务人员的对外媒介角色、服务人员的组织成员角色。内部营销是指企业把营销概念引入企业内部，认为只有首先在内部市场开展积极的营销，企业才能更好地在外部市场服务外部顾客。内部营销的主要内容包括态度管理和沟通管理。

- 有效开展内部营销的方法有为员工提供职业发展计划和生涯规划、构建内部营销框架、建立企业文化及价值理念、设置关系经理。实施内部营销管理，最重要的就是要围绕以人为本为员工提供服务。它主要包括以下几点：重视人员的自身价值、提供人员的培训、重视员工的压力和困扰。在具体为员工实施服务的时候，最基本的要做到以下几点：创造良好的人际关系，加强员工与员工、员工与管理者之间的有效沟通、经常调整员工的工作内容、灵活的绩效考核、努力改善员工的工作环境、注意领导方式、适度减少员工的工作压力、给员工提供发展的机会。

- 员工授权意味着允许顾客接触人员在服务传递过程中行使某种程度的决定权。一般来说，可以把员工授权分为三类，即日常事务决定权、创新决定权以及超常规决定权。通常，可以把授权的原因归结为以下两种：以提高员工的积极性和生产力为目的和以改进顾客服务和更有效地行销产品为目的。授权成本包括员工的工作范围增加、需要承担更大的责任、导致提供服务的速度下降。

● 成功授权的原则有服务组织的管理者首先要改变观念、授权的前提条件是员工必须具备一定的素质、必须保证员工能够很方便地获取所需的信息。给员工授权的方法包括：更新管理理念、建立授权指导、重心转移、灌输授权思想、加强相关培训、实现信息共享、保证授权控制。在实际进行授权的过程中，首先要做到以下两点：必须明确客户经理的基本职能、使其他人知道授权已经发生。

● 顾客—员工"满意镜"的含义是，在服务企业里，对工作感到满意的员工会用自己的热诚细心为顾客服务，顾客体验到愉快的服务经历，获得称心如意的服务结果，会用自己的赞扬、忠诚和合作回报员工，对员工产生一种正面反馈激励的效果，从而在顾客下次光顾时员工会表现得更加热情和周到，顾客也就会更加满意。公司提供的内在服务质量已超过外在服务质量而成为决定员工满意与否的主要因素。员工满意度能够有效推动员工忠诚度，员工满意与忠诚，最终将决定顾客的满意与忠诚。

● 有效提高顾客满意度的方法包括制定有效的雇佣政策、为员工鼓劲、全面培训员工、给员工以工作所需的自由和权限、对员工的优良表现予以奖励、开展员工满意度调查，及时解决员工的不满。防止员工满意度下降的措施有创造公平竞争的企业环境、创建自由开放的企业氛围、创造关爱员工的企业氛围、适时进行员工满意度调查。培养和提高员工忠诚度的方法有用业务能力适合的人、关注员工能力的提升情况、公司快速成长、明确离职原因。在培养和提高员工的忠诚度上，要以潜移默化的影响和培养为主，具体来说包括以下几点：企业重承诺、团队必须彼此承诺、领导人必须有气度、完善薪酬体系，完善用人机制。

第十章

服务营销创新

本章结构图

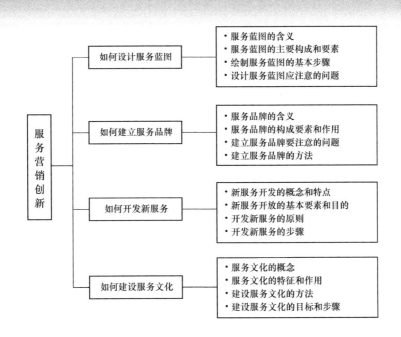

问题引入

科学技术的突飞猛进，特别是知识经济的兴起和发展，使得现代服务营销的重点，由以往那种以体力、技能为主要特征的服务逐渐向以信息、知识为主要特征的服务方向发展。面对服务营销市场发生的巨大变化和顾客日益增长的服务消费需求，现有的服务营销越来越难以适应和满足，迫切需要进行变革和创新。当前主要应该针对现阶段服务消费的特点及其发展变化趋势，以提高服务质量、满足服务需求为中心，着重在服务蓝图、品牌服务、新服务、服务文化等服务方式和服务管理方面进行创新，以达到提高顾客满意度和忠诚度的最终目的。那么如何设计服务蓝图与服务剧本？如何开发新服务？如何建设服务文化？这些都是本章需要解决的内容。

本章内容

本章分四个任务介绍设计服务蓝图、建立服务品牌、开发新服务、建设服务文化。

本章要求

1. 识记：服务蓝图、服务品牌、新服务开发和服务文化的含义。
2. 领会：服务蓝图、服务品牌、新服务开发和服务文化的作用。
3. 应用：设计服务蓝图、建立服务品牌、开发新服务、建设服务文化的方法。

任务一　如何设计服务蓝图

问题引入

顾客常常会希望提供服务的企业全面地了解他们同企业之间的关系，但是，服务过程往往是高度分离的，由一系列分散的活动组成，这些活动又是由无数不同的员工完成的，因此顾客在接受服务过程中很容易"迷失"，感到没有人知道他们真正需要的是什么。为了使服务企业了解服务过程的性质，有必要把这个过程的每个部分按步骤地画出流程图来，这就是服务蓝图。但是，由于服务具有无形性，较难进行沟通和说明，这不但使服务质量的评价很大程度上依赖于我们的感觉和主观判断，更给服务设计带来了挑战。那么什么是服务蓝图，服务蓝图的内容和要素有哪些，设计服务蓝图的方法和步骤是怎样的，设计服务蓝图时应注意哪些问题？这是在本任务环节需要掌握的内容。

任务要求

1. 识记：服务蓝图的含义、内容及要素。
2. 领会：理解设计服务蓝图的作用和应注意的问题。
3. 应用：设计服务蓝图的步骤。

名家名言

创办一个公司就像建立一座大厦，没有蓝图，就不可能顺利地施工，谁都不能在没有蓝图的情况下施工。建立事业的蓝图，就是订一份企业计划。

——比尔·盖茨

案例引入

（一）案例描述

服务蓝图与其他流程图最为显著的区别是包括了顾客及其看待服务过程的观点。实际上，在设计有效的服务蓝图时，值得借鉴的一点是从顾客对过程的观点出发，逆向工作导入实施系统。每个行为部分中的方框图表示出相应水平上执行服务的人员执行或经历服务的步骤。图 10-1 所示是顾客去某品牌服装店购买衣服的服务蓝图设计。

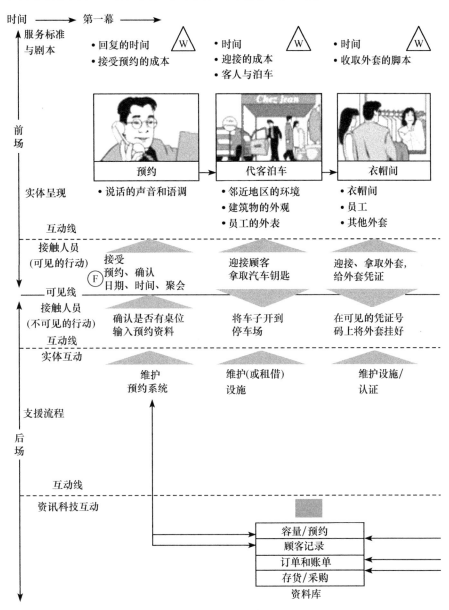

图 10-1 服务蓝图

（二）案例分析

四个主要的行为部分由三条分界线分开。

第一条是互动分界线，表示顾客与组织间直接的互动。一旦有一条垂直线穿过互动分界线，即表明顾客与组织间直接发生接触或一个服务接触产生。

第二条分界线是极关键的可视分界线，这条线把顾客能看到的服务行为与看不到的分开。看蓝图时，从分析多少服务在可视分界线以上发生、多少在以下发生入手，可以很轻松地得出顾客是否被提供了很多可视服务。这条线还把服务人员在前台与后台所做的工作分开。比如，在医疗诊断时，医生既进行诊断和回答病人问题的可视或前台工作，也进行事先阅读病历、事后记录病情的不可视或后台工作。

第三条线是内部互动线，用以区分服务人员的工作和其他支持服务的工作和工作人员。垂直线穿过内部互动线代表发生内部服务接触。

蓝图的最上面是服务的有形展示。最典型的方法是在每一个接触点上方都列出服务的有形展示。

知识内容

（一）服务蓝图的含义

服务蓝图是详细描画服务系统的图片或地图，服务过程中涉及的不同人员可以理解并客观使用它，而无论他的角色或个人观点如何。服务蓝图直观上同时从几个方面展示服务：描绘服务实施的过程、接待顾客的地点、顾客员工的角色以及服务中的可见要素。它提供了一种把服务合理分块的方法，再逐一描述过程的步骤或任务、执行任务的方法和顾客能够感受到的有形展示。

（二）服务蓝图的内容

服务蓝图包括顾客行为、前台员工行为、后台员工行为和支持过程。绘制服务蓝图的常规并非一成不变，因此所有的特殊符号、蓝图中分界线的数量，以及蓝图中每一组成部分的名称都可以因其内容和复杂程度而有所不同。当你深刻理解蓝图的目的，并把它当成一个有用工具而不是什么设计服务的条条框框，所有问题就迎刃而解了。

顾客行为部分包括顾客在购买、消费和评价服务过程中的步骤、选择、行动和互动。这一部分紧紧围绕着顾客在采购、消费和评价服务过程中所采用的技术和评价而展开。

与顾客行为平行的部分是服务人员行为。那些顾客能看到的服务人员表现出的行为和步骤是前台员工行为。这部分则紧紧围绕前台员工与顾客的相互关系展开。

那些发生在幕后，支持前台行为的雇员行为称作后台员工行为。它围绕支持前台员工的活动展开。

蓝图中的支持过程部分包括内部服务和支持服务人员履行的服务步骤和互动行为。这一部分覆盖了在传递服务过程中所发生的支持接触员工的各种内部服务、步骤和各种相互作用。

（三）服务蓝图的要素

服务蓝图包括"结构要素"与"管理要素"两个部分：

服务的结构要素，实际上定义了服务传递系统的整体规划，包括服务台的设置、服务能力的规划；

服务的管理要素，则明确了服务接触的标准和要求，规定了合理的服务水平、绩效评估指标、服务品质要素等。以此制定符合"客户导向"的服务传递系统，首先关注识别与理解客户需求，然后对这种需求做出快速响应。介入服务的每个人、每个环节，都必须把"客户满意"作为自己"服务到位"的标准。

（四）设计服务蓝图的作用

服务蓝图具有直观性强、易于沟通、易于理解的优点，主要表现为以下几个方面：

（1）提供一个全局观点，让雇员把服务视为不可分割的整体，并与"我要做什么"关联起来，从而在雇员中加强以顾客为导向的重点。

（2）识别雇员与客户之间的互动线，它阐明了客户的作用，并表示出客户在何处感受到服务质量的好坏，由此促进被感知服务的设计。

（3）可视线促使有意识地确定出顾客该看到什么及谁与顾客接触，从而促进合理的服务设计。

（4）内部互动线显示出具有互动关系的部门之间的界面，它可加强持续不断的质量改进。

（5）通过阐明构成服务的各种要素和关系，促进战略性讨论。若不能从服务整体性的角度提供一个基本立场，参加战略会议的各方就容易过分夸大自己的作用和前景。

（6）为识别并计算成本、收入及向服务各要素的投资提供一个基础。

（7）为外部营销、内部营销构建合理基础。如服务蓝图为广告代理或房地产销售小组提供服务全景，使其易于选择沟通的重要信息。

（8）提供一种由表及里的提高质量的途径，使客服经理们能够识别出在一线或支持小组中工作的基层雇员为提高质量做出的努力，并给以引导和支持。雇员工作小组可以设计服务蓝图，从而更明确地应用和交流其对改善服务的经验和建议。

技巧与方法

案例分析与知识内容阐述了设计服务蓝图对于服务企业的重要意义，那么如何设计服务蓝图？设计服务蓝图的原则和步骤是怎样的？设计服务蓝图要注意哪些问题？

（一）设计服务蓝图的原则

（1）设计服务蓝图不是某个人或某一个职能部门的事，一般需要建立一个开发小组，需要各方代表的参与，尤其是一线服务人员的积极参与。

（2）对已存在的服务过程，必须按照实际情况设计服务蓝图。

（3）对于不同服务过程需要设计不同的服务蓝图。

（4）在进行服务蓝图设计时，可借助计算机图形技术。

（二）设计服务蓝图的步骤

1. 识别需要制定蓝图的服务过程

服务蓝图可以在不同水平上进行开发，这需要在出发点上就达成共识。快递蓝图，是在基本的概念水平上建立的，几乎没有什么细节，基于细分市场的变量或特殊服务也没有列出。也可以开发这样一些蓝图，如描述两天的快递业务、庞大的账目系统、互联网辅助的服务，或储运中心业务。这些蓝图都与概念蓝图具有某些共同的特性，但也各有特色。或者，如果发现"货物分拣"和"装货"部分出现了问题和瓶颈现象，并耽误了顾客收件的时间，针对这两个步骤可以开发更为详细的子过程蓝图。总之，识别需要绘制蓝图的过程，首先要对设计服务蓝图的意图做出分析。

2. 识别顾客（细分顾客）对服务的经历

市场细分的一个基本前提是：每个细分部分的需求是不同的，因而对服务或产品的需求也相应变化。假设服务过程因细分市场不同而变化，这时为某位特定的顾客或某类细分顾客开发蓝图将非常有用。在抽象或概念的水平上，各种细分顾客纳入在一幅蓝图中是可能的。但是，如果需要达到不同水平，开发单独的蓝图就一定要避免含糊不清，并使蓝图效能最大化。

3. 从顾客角度描绘服务过程

该步骤包括描绘顾客在购物、消费和评价服务中执行或经历的选择和行为。如果描绘的过程是内部服务，那么顾客就是参与服务的雇员。从顾客的角度识别服务可以避免把注意力集中在对顾客没有影响的过程和步骤上。该步骤要求必须对顾客是谁（有时不是一个小任务）达成共识，有时为确定顾客如何感受服务过程还要进行细致的研究。如果细分市场以不同方式感受服务，就要为每个不同的细分部分绘制单独的蓝图。

有时，从顾客角度看到的服务起始点并不容易被意识到。如对理发服务的研究显示，顾客认为服务的起点是给沙龙打电话预约，但是发型师却基本不把预约当成服务的一个步骤。在为现有服务开发蓝图时，在这一步骤可以从顾客的视角把服务录制或拍摄下来，这会大有益处。通常情况往往是，经理和不在一线工作的人并不确切了解顾客在经历什么，以及顾客看到的是什么。

4. 描绘前台与后台服务雇员的行为

首先画上互动线和可视线，然后从顾客和服务人员的观点出发绘制过程、辨别出前台服务和后台服务。对于现有服务的描绘，可以向一线服务人员询问其行为，以及哪些行为顾客可以看到，哪些行为在幕后发生。

5. 把顾客行为、服务人员行为与支持功能相连

我们可以画出内部互动线，随后即可识别出服务人员行为与内部支持职能部门的联系。在这一过程中，内部行为对顾客的直接或间接影响方才显现出来。从内部服务过程与顾客关联的角度出发，它会呈现出更大的重要性。

6. 在每个顾客行为步骤加上有形展示

最后在蓝图上添加有形展示，说明顾客看到的东西以及顾客经历中每个步骤所得到的有形物质。包括服务过程的照片、幻灯片或录像在内的形象蓝图在该阶段也非常有用，它能够帮助分析有形物质的影响及其整体战略及服务定位的一致性。

（三）设计服务蓝图应注意的问题

1. 绘制什么服务过程

绘制什么过程依赖于组织或团队的目标。如果目标未被准确定义，识别过程将非常艰难。需要提出的问题有：为何要绘制服务蓝图？我们的目标是什么？服务过程的起点和终点在哪里？我们是关注整个服务、服务的某个组成部分还是服务的一段时间？

2. 如何能把多个细分市场绘制在一张蓝图上

一般来说该问题的答案是"不"。设想各个细分市场具有不同的服务过程或服务特征，则两个不同细分市场的蓝图会大不一样。只有在一个非常高的水平上（有时称之为概念蓝图）才可能同时绘出不同细分市场的蓝图。

3. 谁来绘制蓝图

蓝图是团队工作的结果，不能在开发阶段指定个人来做这一工作。所有有关的方面都要参与开发工作或者派出代表，包括组织内各职能部门的雇员（营销、运营、人力资源、设计部门），有时也有顾客。

4. 描绘现实的服务过程蓝图还是期望的服务过程蓝图

如果正在设计一项新服务，显然从绘制期望的服务过程开始极为重要。但是在进行服务改进或服务再设计时，从绘制现实服务过程入手非常重要（至少在一个概念水平上绘制）。一旦小组了解到服务实际如何进行，修改和使用蓝图即可成为改变和改进服务的基础。

5. 蓝图应包括例外或补救过程

如果例外事件不多，可以在蓝图上描绘比较简单、经常发生的例外补救过程。但是这样会使蓝图变得复杂、易于混淆或不易阅读。一个经常采用的、更好的战略是在蓝图上显示基本失误点，有必要时，为服务补救过程开发新的子蓝图。

6. 细节的水平应该如何

该问题的答案也依赖于最初开发蓝图的目的或意图。如果目的大体在于表达总的意图，那么，概念蓝图不需要太多细节。如果蓝图要用于诊断和改进服务过程，那就要更加详细些。由于有些人比别人更加重视细节，该问题经常被提出，需要蓝图开发团队给予解决。

7. 应使用的符号

在这一点上，还没有公司通用或认可的蓝图符号词汇。最重要的是符号要有明确定义、使用简便。如果要在组织内部共同使用蓝图，这些符号更应是团队内和组织各部门间常用的才行。

8. 蓝图是否要包括时间和费用

蓝图的用途很广泛。如果蓝图的使用目的是减少服务过程中不同的时间，时间就一定要被包括进来，对费用开销或其他与该目的有关的问题也一样。但是并不提倡把这些东西加入蓝图，除非它们是中心问题。

9. 如何阅读和使用服务蓝图

根据不同的意图，服务蓝图可以用不同的方法阅读。如果你的意图是了解顾客对过程的观点，可以从左到右阅读，跟踪顾客行为部分的事件进行。随之而来会提出这样的问题：顾客是怎样使服务产生的？顾客有什么选择？顾客是被高度涉入到服务之中，还是只需要其做出少数行为？从顾客角度看，什么是服务的有形展示？这与组织的战略和定位始终一致吗？

如果意图在于了解服务员工的角色，也可以水平阅读蓝图，但这要集中在可视线上下的行为上。有关问题会是：过程合理、有效率、有效果吗？谁与客户打交道，且何时进行，频率如何？一位雇员对顾客负责到底还是顾客会从一位雇员转到下一位雇员？

如果意图在于了解服务过程不同因素的结合，或者识别某一员工在大背景下的位置，可以纵向分析服务蓝图。这时就会清楚什么任务、哪些员工在服务中起关键作用，还会看到组织深处的内部行为与一线服务效果之间的关联。有关问题是：为支持客户互动的重要环节，在幕后要做什么事？什么是相关的支持行为？整个过程从一位雇员到另一位雇员是如何发生的？

实战演练

（一）案例分析

北京奥运会交通服务蓝图设计

2008年北京奥运服务体系的结构化要素是指构成服务体系主体框架的要素，主要包括：服务提供系统、服务设施、服务能力、服务系统的集成。根据《北京奥运行动规划》和《交通建设和管理专项》可知，奥运会的交通服务子体系的结构化要素为：服务提供系统的前台服务为车务服务、事故管理服务、路面秩序管理服务。如，奥运会期间运动员、教练员及奥运官员由驻地到比赛场馆时耗不超过30分钟，并专门设置了奥运会交通优先路线，平均车速不低于60公里/小时。而后台服务是指，为确保奥运会期间城市交通方便快捷、安全有序、经济环保，运行智能交通综合集成系统，在运输调度、配载服务及运输信息服务方面实现智能化管理。后台服务是前台服务的保障。奥运会交通服务体系中的服务设施要素为初步建成轮辐与点式相结合的复合型航空枢纽与陆上交通枢纽；建成功能结构较为完善，更具人性化的城市综合交通运输体系。奥运会交通服务体系中的服务能力要素为，城市出行方式的构成有较大改善。以快速轨道交通为骨干、地面公共汽车为主体的公共客运体系将承担市民日常上下班出行的60%，在全日出行总量中分担的比重也将由目前的26%左右提高到40%以上。市区快速路高峰时段平均车速达到35~50公里/小时，一般干道平均车速达到20公里/小时；市区五环路以内范围通勤出行（上下班）平均时耗不超过50分钟。从《交通建设和管理专项》可知，集成的范围，系统集成的方向是信息管理系统，到2008年，实现交通管理设施中两大系统、8个项目的建设。两大系统是智能化的交通指挥调度系统和现代化的交通管理信息系统。8个项目是：扩展完善道路交通实时动态信息管理系统；改造智能交通信号控制系统；建立智能交通管理综合集成系统；建立交通管理无线通信系统；建立智能化通信网络安全保障系统；建设宽带通信综合业务网；建设和完善交通管理综合信息应用系统；完善交通管理对外信息发布系统。

思考题：

请分析北京奥运期间服务蓝图设计时考虑了哪几个方面的问题，从而顺利解决了奥运期间的交通问题。

（二）情景演练

请为学校图书馆的借还书过程设计一个服务蓝图。

任务二　如何建立服务品牌

问题引入

如今，无论是金融、电信、邮政等服务产业领域，还是生产制造领域，都已经迎来了服务品牌时代，服务品牌已成为许多行业关注的核心，各行业都在致力于服务营销制胜理念下的"产物"——服务品牌的打造。让顾客更加忠诚、让顾客的购买力提高更快、让顾客将品牌影响传播的更广，是每一个企业打造服务品牌的最终目的。那么，什么是服务品牌，服务品牌的构成要素和特征是怎样的，建立服务品牌的步骤是怎样的，建立服务品牌应注意哪些问题？这是在本任务环节需要掌握的内容。

任务要求

1. 识记：服务品牌的含义和要素。
2. 领会：建立服务品牌要注意的问题。
3. 应用：建立服务品牌的步骤。

名家名言

品牌服务体系是推动企业竞争力的核心动力。

——【日】松下幸之助

案例引入

大田百货的挽救行动

（一）案例描述

一对美国夫妇在东京的百货公司买了一个索尼牌的 CD 唱机。可当他们回到家中试用唱机时，才发现唱机少了马达或是启动器之类的组件而不能动。

丈夫打算等到早上 10 点整这家大田百货公司一开门营业，就拨电话给他们经理，要求赔偿损失。

不过就在早上 9 时 59 分，电话铃响了，丈夫的妈妈接了电话，听筒中传来日式的尊敬的称呼，是那么热情有力。打电话来的不是别人，正是大田百货公司的副总经理，说他正带着新的唱机赶来他家。

大约一小时，那家公司的副总经理和一个年轻的职员就站在门口，年轻人手上提了一包东西，见到顾客出现，两人立即恭敬地鞠了一个躬。

一边鞠躬，年轻人一边开始向顾客解释他们是如何尝试更正这项错误的。当时，这对夫妇刚结完账离开柜台，售货员就发现问题，并马上请大门守卫拦住他们，但他们已经离开了。售货员就向主管报告这项失误，这位主管又往上呈报，就这样直到副总经理那里。

公司当时掌握的唯一线索，是这对夫妇用来付账的美国运通卡的卡号和持卡人的姓名，他们据此查寻。

售货员打电话给东京附近的 32 家饭店旅馆，问有没有这对夫妇登记住宿。结果都没有找到。因此留下一位职员，等到晚上 9 时在纽约的美国运通总公司开始上班时，通过该公司要到这对夫妇家里的电话号码。这时已经是东京时间的午夜，这位职员用这个号码，联络上了这位太太的父母又通过他们获得这对夫妇在东京的地址和电话。年轻人一口气叙述完这段经过，然后拿出礼物给顾客：一个价值 280 美元的 CD 唱机、一套浴巾、一盒饼干和一张 Chopin 激光唱片。接着拿出售货员重写的发票，他们诚恳地希望这对夫妇能原谅他们的过失。

（二）案例分析

这个案例中，大田百货争取流失客户的"挽救行动"大见成效，他们不仅仅赢得了即将流失的客户，而且还借此做了一个极佳的"口碑广告"，人们会从中看到他们为满足客户需求的真心诚意，牢牢地记住了大田百货的优质服务品牌，并成为大田百货的忠诚顾客和义务宣传员。

知识内容

（一）服务品牌的含义

品牌是一种名称、术语、标记、符号或设计，或是他们的组合运用，其目的是借以辨认某个企业的产品或服务，并使之同竞争对手的产品和服务区别开来。服务品牌的建立，从本质上讲，属于如何建立品牌、如何更好、更贴心、更周到、更精细地让顾客满意的范畴，即在遵循品牌建立规则的前提下，通过品牌内涵的发掘、品牌定位的确定、品牌个性的塑造，从而形成在顾客心目中固有的良好服务印象，进而长久树立一个企业的品牌形象。

服务品牌的内涵，其实就是反映企业服务的独特价值，这种独特价值可能本身存在于一线服务人员的言行中，可能本身存在于企业的一些策略、规章制度中，也可能与企业文化中要求的品牌内涵有一定的融合，但是，所有这些，必须是基于顾客需求的。由于顾客需求的层级性与递进性，服务品牌更需要关注顾客的感性需求，例如个性、情感、友谊等的满足。

（二）服务品牌的构成要素

服务品牌主要由六大核心因素构成，任何一个因素缺失都会导致品牌缺陷。同时，这六大因素是服务品牌内涵的重要组成部分，关系到服务品牌外延（即内涵的影响力和渗透力），更关系到品牌价值。

1. 服务质量

就服务内容而言，包括服务项目、服务标准、服务方式、服务承诺等诸多方面，共同构成了服务质量的评价标准。不过有一点，这些评价标准必须以客户为中心，而不是以企业为中心。服务质量构成了服务品牌的核心，正如产品质量对于产品品牌的意义一样，因此必须把服务具体化、标准化、规范化，以获得稳定的服务质量。

2. 服务模式

服务模式包括经营模式（如外包、特许、自主等服务扩张模式）、管理模式等方面，服务模式与服务反应速度、服务规模共同构成服务的三大核心竞争点。通过服务模式可以保持服务运营质量（包括服务质量、抗风险能力、持续经营能力等）方面的稳定性，使企业不会因组织机构变革、服务人员岗位调整、流失等因素而影响到服务运营，尤其是服务质量，而品牌就标志着一种优质的、稳定的服务质量。同时，也有利于保证服务战略的实现。

3. 服务技术

服务的技术含量是决定服务质量的关键要素之一，同时通过不断创新服务技术可使企业获得持续竞争优势。"IBM就是服务"，为什么IBM服务为全世界所称道？就是因为其拥有独特的服务技术，IBM全球服务部不仅可为客户提供基于软硬件维护和零配件更换的售后服务，更重要的是还能提供诸如独立咨询顾问、业务流程与技术流程整合服务、专业系统服务、网络综合布线系统集成、人力培训、运维服务等信息技术和管理咨询服务，从而满足客户日益复杂和个性化的需求，然而这是很多企业都不具备的技术能力。

4. 服务价格

服务亦有成本，如果为无限制地提升服务质量而不计服务成本，对企业经营无益。同时，也会导致为客户提供服务的价格攀升，亦难令客户满意，结果与预期相背离。因此，企业必须在立足于服务定位的基础上，保证服务价格的公平、合理，为客户所接受，才有利于服务品牌营造。诸如一些企业推出的"7×24×4"服务，承诺每周7天，每天24小时，并且在4小时内到达，为用户提供上门服务，完全数字化，很具体很生动，可执行起来却发现成本很高，并且难度也很大。

5. 服务文化

服务文化是服务品牌内涵的"构件"之一，服务文化立足于对企业传统文化（企业品牌文化、产品品牌文化）的继承，以及对市场消费文化的融合，服务文化必须是建立在客户导向基础上的品牌文化，并且这种文化必须随着企业发展、社会环境、市场环境等因素变化，不断扬弃与创新。

6. 服务信誉

诚信是品牌不容缺失的关键因素之一，然而我国很多企业都缺乏诚信。一些企业在服务上做了承诺，却不去落实，"说了不算，算了不说"，其实这是一个短期行为。企业应该认识到这样一点，客户的不满始于产品而可能止于服务，如果在服务上再缺乏诚信，那么这家企业可能无药可救了，更不要提打造服务品牌。

（三）服务品牌的作用

品牌反映服务，服务要有品牌，二者相互作用，相得益彰，在企业市场竞争中发挥着重要的作用。

1. 有利于顾客对企业服务特色的识别和建立

由于企业服务的无形性，企业的服务特色比较难以识别和建立，而企业服务品牌作为企业服务的一种有形线索能向市场提示其服务的特色，从而有利于企业服务特色的识别和建立。

2. 有利于减少顾客的购买风险

目前市场上的同类服务企业很多，有的甚至是相邻而立、相对而开，这无疑加大了顾客的选择余地，但同时也使顾客做出购买决策更为困难。品牌是减少顾客购买风险的法宝。企业的服务在购买前无法检验，但经过多次或无数实际经历和享用过的顾客用货币"投票"方式筛选出来的优秀服务品牌，本质上是一种信用，是对顾客的承诺，对顾客来说，购买好的服务品牌产品，就意味着放心和舒心，购买的风险可大大减少。

3. 有利于企业的内部营销

服务品牌可以起到传达企业服务管理理念的作用，服务品牌可以起到服务榜样的作用，而这些正好是促进企业内部营销的有利因素。

4. 有利于企业的关系营销

企业一旦树立了自己的服务品牌，尤其是名牌，那么，无论对保持老顾客，还是争取新顾客或发展社会关系都十分有利。其一，品牌尤其是名牌，可以不断提醒顾客对企业的忠诚；其二，品牌有助于老顾客进行口碑宣传，从而有利于发展新的顾客；其三，品牌可以传播企业形象，从而有利于企业与供应商、金融市场、人才市场以及社区各方面建立关系。优秀的服务品牌会产生亲和力，使顾客一闻其名就联想到其提供的温馨暖人的优质服务，并对企业产生长期的信任。因此，服务品牌是企业与顾客关系的黏合剂。

技巧与方法

案例分析与知识内容阐述了服务品牌对于企业的重要意义，那么如何建立服务品牌呢？建立服务品牌要注意哪些问题？建立服务品牌的方法与步骤是怎样的？

（一）建立服务品牌应注意的问题

在建立品牌客户服务体系时，尤须把握以下"五个是什么"。

1. 我们的使命是什么

企业的使命一般是从客户、社会、环境、股东和员工等几个方面进行表述的，其中首先是从客户的需求和利益出发考虑的，因此企业在建立客户关系管理、完善售后服务管理前，必须制定明确的、激励性和实现性强的企业使命，在此基础上，再延伸制定出企业服务理念以及具体的为客户提供服务的管理方法、内容、形式、程度等。

2. 我们的客户是什么

简单地将客户认为是上帝，在我们国家是不实际的，因为很多消费者不知道上帝是什么，企业也不知道上帝是什么。其实企业的客户不是上帝，企业也不应该倡导客户是上帝，如果认同有上帝，上帝和客户是有很大差别的，主要表现在以下五个方面：

（1）上帝是唯一的，客户是多样化的，是个性化的；

（2）上帝是永恒的，客户是有生命周期的；

（3）上帝是造物主，它不以人类的意识而存在（虚拟），客户是因为它的需求而存在和发展并被创造出来的；

（4）上帝创造了客观世界的规律，而市场规则则是由共同处于市场里的客户和商家协同制定和完善的；

（5）上帝是虚无缥缈的，而客户是现实和潜在的。

3. 企业同客户的关系是什么

现在有很多企业讲："客户和企业是命运共同体"，或者讲："客户利益第一，客户至上"等，这些认识和观念都不错，但是，作为企业和客户来讲，更应该清晰的认识企业和客户的关系到底是什么，具体来讲，分以下两个方面：

（1）客户对企业来讲：

客户是考评企业售前、售中、售后服务人员（现场工作人员）绩效的主考官（权重系数最大）；客户是企业产品和服务质量的总评官；客户是企业后续产品最具作用的推销员；客户是对企业形象最具说服力的宣传员。

（2）企业对客户而言：

企业是稳定客户实现正常运营的后援、即时保障；企业是持续增强客户服务社会竞争力的技术支撑；企业是促进客户创新经营和服务的引导者、推动者；企业是促进客户与客户之间健康竞争、共同发展的推动者。

4. 我们同"客户的客户"的关系是什么

（1）客户的客户的承诺依据和基础是我们所提供的产品和服务的功能和质量的提前到位；

（2）客户的客户的投诉也是我们改进产品和服务质量需要分析的数据和参考信息；

（3）客户的客户的现实需求和潜在需求（有意识的潜在需求和无意识的潜在需求）是我们研发新产品的方向。

5. 我们的产品和我们的服务之间的关系是什么

（1）服务是在产品的售前、售中、售后都应该存在的行为，服务不是只在售后才有的，在售前就有服务的内容和要求，如指导客户依据环境和实力选对产品，选对产品升级换代的战略。售前注重技术交流（信息咨询服务为主要内容和形式），售中注重技术交底（客户使用人员的岗位养成和认证、上岗培训），售后注重技术交代（维护、维修跟踪服务、升级换代指导）。

（2）产品是硬产品，服务是软产品，硬产品和软产品相互作用，互为前提，缺一不可，软产品不到位或跟不上，硬产品的功能和价值就要降损，硬产品不过关（达不到客户的需求），软产品难有用武之地。

（二）建立服务品牌的方法

1. 服务品牌合理命名

优秀的服务品牌同样始于命名，既要容易识别，又要个性化，还要易于传播，这就是衡量服务品牌名称是否科学、合理的标准。可采用"连带品牌"命名模式，即"连带品牌＝主品牌+服务品牌"。

2. 建立专业服务运营机构

企业要想打造服务品牌，就必须建立专业品牌管理组织体系，包括组织机构和专业人员配置，负责品牌规划、管理、推广、传播等工作。

3. 设计专业服务形象体系

品牌识别系统（BIS）是形成品牌差异并塑造鲜明个性的基础，基本可以分为三个组成部分：理念识别（MI，包括服务宗旨、服务方针、服务哲学、传播定位等）、视觉识别（VI，包括标准色、标准字、LOGO、卡通形象、服务车辆、人员着装等基础要素、应用要素系统）、行为识别（BI，包括服务语言、服务动作规范等）。企业可以把服务品牌化理解为服务品牌营销上的一次变革，首先要"变"的就是理念（MI）部分，以及其他基础部分（如VI、BI），然后才是组织、流程的变革。

4. 建立专业服务渠道体系

企业欲打造服务品牌，可以把服务渠道、产品渠道结合起来，建立专业化服务渠道体系。这个体系可以包括多个子渠道，如人员服务渠道（销售服务人员主动服务）、电话服务渠道（电话中心或呼叫中心）、网络服务渠道（专业服务网站）、媒体服务渠道（专业平面服务刊物、声光电媒介服务资料等）、店面服务渠道（如特许授权服务店）、会议服务渠道（组织客户俱乐部）等多方面。

5. 建立快速反应机制

企业快速反应不仅代表诚信形象，更可把有损品牌形象的危机事件化解于萌芽之中。企业在持续经营过程中难免遭遇危机。企业优质高效的服务在化解危机时亦有用武之处，因为很多危机事件甚至那些把企业搞垮的危机事件，是因为企业在客户投诉或索赔过程中没有端正服务态度或采取有效措施加以解决，结果产品的牌子"砸"了。产品品牌怕负面传播，服务品牌亦是如此，产品品牌倒了，服务品牌安在？

6. 科学运作服务品牌传播

服务品牌塑造离不开传播，但在服务品牌传播过程中，仅凭"说"得好听还不行，在实际中"做"得好才行。确切地说，服务品牌是实实在在地"做"出来的，因此服务人员才是最实效、最权威的传播大使。在服务品牌传播方面，公关传播的作用恐怕要优于广告传播，因为服务品牌更需要口碑。对于口碑的形成，双向沟通（公关传播）比单向沟通（广告传播）更有效。因此，企业要把活动传播、事件传播、新闻传播、人际传播等工作做好。当然，这并不是否定广告对于服务品牌建设的作用，在打造服务品牌的过程中，形象广告、信息告知广告（如服务产品信息、服务活动信息）也必不可少。

实战演练

（一）案例分析

品牌服务：海尔的服务之道

"海尔"是一个服务品牌。海尔产品质量好吗？不能说是特别好。价格怎么样？是很贵的。海尔空调的价格和进口空调的价格持平，海尔冰箱的价格和进口冰箱价格也是持平的。海尔冰箱比其他牌子冰箱贵一千多元钱，它没有价格优势。

很多营销人员说，为什么我们的东西卖不好，因为太贵了，人家那么便宜，所以我们卖不好。这是一个营销中的错误观念。

海尔产品的价格没有任何竞争优势，质量在国内不算最好，甚至在做客户调查的时候，很多客户都说春兰空调质量比海尔空调质量好。可是春兰的价格比海尔低将近两千元钱。而且春兰是中国很大的一家空调企业，销售额很不错。那么海尔还剩什么？质量没有什么优势，功能也差不多。海尔品牌是因为它的服务好。如有问题，打个电话就来维修，服务态度特别好，这就是服务品牌。海尔通过客户服务创造一种品牌，而这种品牌居然带动了高价产品的销售，弥补了在市场当中的劣势，体现出服务竞争的优势。

以下这个故事讲述了海尔创立的"10分钟满意服务"的有效性。所谓"10分钟满意服务"，有三层含义：10分钟内网点将送修的海尔手机修复，10分钟修复不了的，网点为用户提供周转机，网点在规定时间内将修复完毕的机器，为用户提供送机上门服务。

北京有一个用户，因孩子玩耍时不慎将手机摔在地上，出现了信号弱现象。当她来到海尔远大售后服务中心时，适值海尔在搞"10分钟满意服务"活动。几分钟后，工作人员告知因手机性能不稳定，建议她留机检测，并提供一部周转机供其使用，修好以后送机上门。当天下午，海尔人员就把修复完好的手机送到了她手中。海尔人员解释，此手机属人为摔坏，原则上不在该项目服务范围内，但因配件没有摔坏只是脱焊，只对配件进行了补焊，所以没有收取该用户费用。发生此事之后，这名用户对海尔的服务水平和人员素养赞不绝口。

思考题：

（1）分析海尔服务品牌的特点。

（2）分析海尔服务品牌与产品品牌的关系。

（二）情景演练

假如你是一家淘宝网店的经营者，如何创立你的服务品牌？

任务三　如何开发新服务

问题引入

服务创新是服务企业竞争力的核心，而新服务开发是服务创新的重要组成部分。与有形产品世界中的"新产品开发"对应，服务业中也存在"新服务开发"，而且开发新服务是服务企业开展创新活动的重要工具。通过新服务开发，服务企业不仅可以获得直接的财务收益，还可以获得其他非财务方面的、长期的战略收益，从而确立竞争优势。那么什么是新服务开发，新服务开发的特点和基本要素是什么，如何开发新服务，开发新服务的原则和步骤是怎样的？这是在本任务环节需要掌握的内容。

任务要求

1. 识记：新服务开发的概念和特点。
2. 领会：新服务开发的基本要素和目的。
3. 应用：新服务开发的原则和步骤。

名家名言

在全球化和竞争日趋激烈的市场环境中，企业不能靠过去的成功来生存，而是要持续地产生新的创意和提供新的服务。

——【美】品牌管理专家　凯勒

案例引入

租车公司的新服务开发

（一）案例描述

欧洲有一家已有20多年历史的租车公司（服务内容是向用户提供可租用的汽车；以下简称 B 公司），几年前，他们意识到仅向消费者提供汽车是远远不够的，竞争者也能做到，他们必须开发新的服务。于是，提出了一个服务新概念，即对于任何时间发生的运送问题提供立即的、可及的运送解决方法。

B 公司在设计这个服务新概念时，重点考虑了"服务的可及性""交互作用"和"消费者参与"三个因素，并以服务担保的形式，确定了三个目标，它们是："到达目的地"担保，强调服务的营运安全；"最低价"担保，强调使顾客花费最少，效益最大；"无麻烦服务"担保，强调服务的方便性、可及性。

如果以上三项服务担保未得到履行，公司将向顾客赔偿由此引起的一切额外损失。以上三项担保中的任何一项都要求公司做充分的准备，如"到达目的地"担保要求车子永远处于良好状态，同时还必须有一个救援方案，以防车子抛锚。为此，B 公司同一个具有 24 小时电话服务系统的安全服务公司订立了合同，如果运送途中车子抛锚，又不能自动维修，可以拨叫安全服务公司的电话，45 分钟后可以重新上路。"最低价格"的担保要求有一个全国范围的计算机系统，以便及时、准确地将尽可能最低的成本，连同各种消耗在内进行计算得到一个最低价格，并立即告之顾客。"无麻烦服务"担保要求公司必须使消费者方便地得到车，并在使用后方便地离开车。为此，B 公司决定顾客可以在 B 公司的任何分站租车。归还车时，可交到公司驻地，也可以交到火车站或旅馆。如果顾客为交车耽搁了时间，公司不另收费。

此外，还要对顾客进行必要的咨询服务，使他们懂得如何处理汽车轮胎漏气、发动机故障等，促其能动地参与"救援活动"。同时以各种形式，包括书面的、口头的信息交流，使关于三项服务担保如何发挥功能以及这种担保能带给消费者的实际利益，等等，都尽可能取得消费者的理解和共识。以这种方法，B 公司要将消费者尽可能地培养成服务的共同生产者。预订中心和各分站点上第一线的公司员工，也受到应有的培训，以适应新服务的目标。因此顾客就能够同公司雇员进行友好的和建设性的交互作用。

为了落实新服务方式与物质资源的协调，需要技术上、物质上的许多保障：如为报价所需的全国范围的计算机网络，汽车的维护和保养，24 小时电话受理系统等，这些都需要大量艰苦细致的精心设计和落实。

最终当这项新服务推出之后，运行良好，没有较多的额外费用，整个计划取得了预定的效果。新服务推出之前，由旅行社代理的销售额已下降 10%；新服务推出后，情况立即有了转机，第一个月上升 15%，第二个月上升 9%，第三个月又上升 17%，第九个月时，销售额已比去年同期水平高出 23%。

（二）案例分析

以上实例使我们看到了新服务开发给企业经济效益带来的良好效果。坚实的理论框架，使整个开发活动保持正确的方向，并指出关于这一过程所有应加以考虑的细节，而且它清楚地显示出，重新服务（同市场上竞争者相比）需要在组织内采取实质性或根本性的行动；这绝不仅是一个创造性的市场营销宣传。如果公司的员工，包括自己公司的和合同公司的承诺与合作不能实现，预想的新服务开发就会失败。

知识内容

（一）新服务开发的概念

新服务开发是指服务企业在整体战略和创新战略的指引或影响下，根据顾客和市场需求或在其他环境要素的推动下，通过可行的开发阶段向企业现有顾客或新顾客提供的，包含从风格变化到全新服务产品等各种正式或非正式的新服务开发活动，它形成了现有服务或新服务的价值增值。

（二）新服务开发的特点

由于服务本身具有无形性，因此新服务的开发具备以下特点：

新服务的开发要建立在对市场需求、顾客感知和可行性分析的综合评价基础上，不能以企业的自身主观看法为出发点。

新服务开发的对象是一个无形过程，事先必须对其特征进行准确描述，否则不能确保开发的最终结果符合最初的设计意图。

（三）新服务开发的基本要素

新服务开发的基本要素包括：服务概念开发、服务系统开发、服务过程开发。

1. 服务概念开发

服务概念是指服务的原型，即能够为顾客创造和传递效用及利益（顾客价值）的服务以及各种子服务。它包括两方面的内容：对顾客需求的描述；通过相应形式的服务内容或"服务包"的设计满足顾客需求的方式。

2. 服务系统开发

服务系统是实现服务概念开发的所有必需资源，即资源结构。系统包括很多子系统，这些子系统不仅单独发挥作用，而且和其他子系统整合在一起发挥作用。服务系统的资源包括：企业员工、顾客、物质/技术环境、组织和控制。

3. 服务过程开发

服务过程是指平等或顺序的活动链，通过这些活动链新服务被生产出来（根据需要可以跳过某些开发活动）。需要指出的是，新服务的过程开发包括部分"合作者"和顾客的活动，因此企业不能完全和直接地控制所有开发过程。

（四）新服务开发的目的

新服务开发具有多重目的，获取利润是其根本出发点，因此商业目的是最主要的。除此以外，还包括对现有产品和服务的补充，更充分地利用企业资源，改善企业形象，进行多元化经营，进入新市场等。以电信服务的开发为例，其商业目的包括增强产品的获利能力、吸引新的顾客、提高现有顾客的忠诚度、通过开发新市场为将来的新服务产品提供基础平台。

此外，任何一个新服务开发项目都能给企业带来多重利益，不仅包括直接的财务利益，还包括开发产生的"副产品"带来的额外利益，甚至失败的新产品开发也会扩大企业关于新市场或某一技术的知识，从而对企业产生长期利益。

技巧与方法

案例分析与知识内容阐述了新服务开发对于服务企业的重要意义，那么如何开发新服务？开发新服务的原则是什么？开发新服务的步骤是怎样的？

（一）开发新服务的原则

在开发新服务时，必须采取慎重的科学态度，应符合下列四项基本原则。

1. 要有市场

服务企业必须适应市场经济发展的要求，适应社会经济生活发展的趋势，准确测定市场需要，研究发展适销对路的新服务，确保有一定的市场容量。

2. 要有特色

必须创新，具有一定的特色和显著的优点，使新服务有一定的竞争能力。创新程度影响着新服务产品上市。

3. 要有能力

必须量力而行,在生产条件、技术力量和服务供应上是本企业基本具备的,使新服务的开发建立在可靠的基础上。而且要能形成一定规模的生产能力,形成规模效应。

4. 要有效益

首先,要考虑合适的价格,能为顾客所接受;其次,要考虑投资少、收益大,使企业获得较好的经济效益。

(二)新服务开发的步骤

新服务开发的过程包含很多步骤,一般适用于任何一种新服务开发的类型,无论是全新服务产品的开发,还是现有服务的延伸,或只是服务风格的转变,都可以根据有关步骤实施开发。但各个企业情况不同,在开发时不应僵化地执行所有步骤,而要根据实际情况灵活掌握,可以跳过某些步骤,或者几个步骤同时进行,这表明新服务的开发过程具有较强的灵活性。

图10-2是一个较为全面的新服务开发的过程模型。从最初的环境分析与概念产生,到中间的服务测试与设计,直至最终投放市场和评价,基本包含了新服务开发的各项内容和步骤。

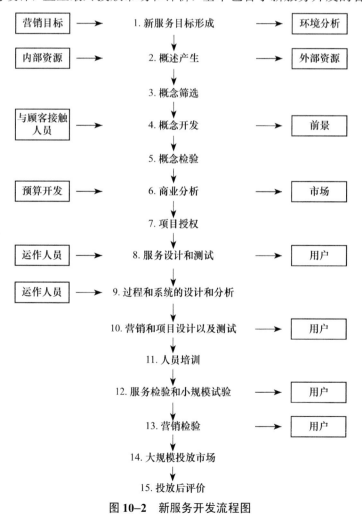

图10-2 新服务开发流程图

可以看出，新服务开发的过程与制造业的新产品开发过程类似，但服务本身的特性决定了在具体开发过程中，这些步骤具有相当独特与复杂的内容，因此与制造业的新产品开发有着较大区别。

下面对新服务开发过程中的几个关键步骤作具体说明。

1. 概念开发与评价

企业根据总体战略和创新战略，采用多种方法和途径获取创新概念，最常用的有头脑风暴法、雇员与顾客征求意见法、首用者调研法和竞争者产品分析法。由此可见，新服务开发的概念来自组织的内部和外部。此外，组织内部应有一些正式的机制和部门保证创新思想的产生，即专门的创新部门。这些部门的形式多种多样，可以是定期开会的新服务开发小组，也可以是顾客与员工共同参加的讨论团队等。一旦某一创新思想得到确认，就可以进行具体的概念开发，其中最重要的是用合适的方法准确描述新服务概念，并在企业内部获得概念上的一致。之后是形成服务说明书并阐明新服务的特性、优势和劣势，估计顾客和员工对新服务概念的反应，并由顾客和员工对新服务进行评价，观察是否达到战略目标的要求。

2. 商业分析

在新服务概念得到认可后，需要进行可行性研究，并分析其潜在利润和收益。另外，在这个阶段还要分析新服务概念与企业现有资源和运营系统间的联系，判断企业现有资源能否满足新服务开发的需求，运营机制和职能是否需要改进。如果新服务概念能通过商业分析，就可以进入具体的实施阶段。

3. 服务开发与实施

该阶段是全面开发和实施的阶段，因此需要将所有的利益相关者包含进来，包括顾客、员工和各职能（营销、运作、人力资源等）部门，并将新服务概念进一步细化，确定实施步骤。新服务开发的一个特点是，服务的开发、设计与实施相互交叉，因此必须协调好参与新服务开发的各方面人员的关系，使其通力协作，保证整个过程运转正常。

4. 市场测试与商品化

服务生产和消费的不可分离性决定了它不能像实物产品一样在远离企业的市场上进行试销等测试活动，比较可行的办法是向企业中员工及其家庭提供新服务，观察他们在不同条件下对新服务的反应，检验价格与促销间的关系等。通过这一步骤，企业就能初步了解新服务投放市场后可能遇到的情况，并对开发过程进行改进。

在市场测试结束后，企业开始将新服务推向市场，完成新服务的"商品化"。在此过程中需要对服务投放市场后的各个方面进行全面监测，并要考虑到所有细节，如服务提供的难易、投诉问题、面对面的交流、单据的获取、电话热线等。

5. 投放后的评价

这是新服务开发过程的最后阶段，即根据新服务商业化过程中收集的各类信息，包括顾客、员工、竞争者的反应，对新服务从各个角度进行评价，如对其获利能力、营销手段、顾客满意度、服务员工技能、服务环境和设施等评价。在评价的基础上，企业应对服务提供过程中涉及的各种要素进行不同程度的调整，以便提升顾客感知的服务质量。

实战演练

(一) 案例分析

某省电信公司面对新形势制定的新发展目标,体现了电信公司实施精确管理,迈上精确经营服务之路。近日该电信公司向外界推出新的八项服务承诺,促进了企业服务品牌的提升,也换来了市场业务迅速发展的回报。

该省电信数据通信网络发展非常迅速,截至目前,已达399万宽带用户。数据业务已经占据电信业务的五分之一左右。今年以来,数据业务每月几乎以两位数的速度增长。这是该省电信全方位为宽带用户提供创新的、贴心的电信宽带服务,带动了整个宽带业务品牌价值提升的结果,确保了电信宽带业务的核心竞争优势。

该省电信推出的光纤宽带服务,一直以优质的服务、可靠的网络质量为广大用户信赖。以"更快、更爽、更精彩"为品牌口号的电信宽带服务也在为客户提供便利、快速、健康的网络服务中不断完善和优化。从市场反应看,该项业务需求旺盛。据该省电信有关人士称,目前宽带每月的平均咨询申请量仅省会一地就达到万人次。

在宽带安装方面,新服务承诺规定:该省电信作出了客户登记后,营业员及时答复是否具备装机条件并预约装机时间、具备装机条件的客户在24小时内开通的承诺。这一新承诺更有力地保证了用户实现快速、便捷地上网冲浪的梦想。此外,电信公司提供全面的预付费服务,使用户真正实现一劳永逸,免除每月都要到营业厅缴费的麻烦,使更多的流动人口更容易享受到宽带带来的非凡乐趣。

该省电信在2014年服务承诺的基础上推出的新八项服务承诺,突破了原有的发展思路和业务模式,找到了新的市场增长点和发展空间,如宽带、固话装机优质服务;宽带、固话快速修障服务;准确的收费服务;全面的预付费服务;提供多种自助服务方式等,为电信用户搭建了一个专业的、安全可靠的、高效的电信级网络和服务平台,体现了电信公司实施精确经营的企业方针。

新八项服务承诺,将为广大用户提供更专业、更规范、更快捷的全方位服务解决方案,让每一位现在和潜在用户,切实感受到新服务承诺的强大执行力和精确力。

新服务承诺涉及八个方面,包括:电话、宽带装机服务;电话、宽带修障服务;计费收费服务;预付费服务;多种自助服务;免费移机不改号服务;电信卡免费送货上门服务;信息台、互联星空自主关停及复通服务。

在新的服务承诺中,针对光纤宽带的特性和服务人群,特别强调了宽带服务的效率和便捷,并对用户非常关心的收费问题作出新的承诺。

针对宽带装机,承诺在客户登记后,即时答复是否具备装机条件,并按照客户预约时间准时装机,同时对宽带新装机、移机等具备装机条件的客户保证24小时内装通,对宽带的普通线路故障保证24小时内修复,因终端故障不能现场修复的,提供备用终端服务,大大缩短了装机和修障的时限。同时在新服务承诺中对预付费的查询方式进一步明确,使ADSL计收费更明确可控,包括为客户提供统一预付费账号缴费服务,为预付费客户提供实时费用查询服务等,使用户的费用支出实时可查,放心消费。

为了使新服务承诺起到实际作用,该省电信提供多种自助服务,宽带用户可以通过登录宽带业务服务专区,进行即时服务要求,使服务效率得到实质性的提高。

根据新服务承诺，涉及宽带使用的方方面面服务等都保证在24小时内完成，再配合多种便利的自助服务，在新型电信服务市场上，不断创新服务标准，进一步抢占了电信运营商服务标准的制高点。

链接：新八项服务承诺

一、固定电话、宽带装机优质服务。客户登记后，营业员即时答复是否具备装机条件并预约装机时间；固定电话、宽带新装及迁移按客户约定时间上门装机；固定电话、宽带具备装机条件的客户24小时内装通。

二、固定电话、宽带快速修障服务。普通线路故障24小时内修复；终端故障不能现场修复的，提供备用终端服务。

三、准确的收费服务。提供市话、声讯详单查询服务；错计多收，原银奉还并补偿等值电信业务；欠费处理申告服务。为客户提供缴费提醒服务，客户可在交费截止期后7天内提出欠费处理申告。对于有理申告，电话将在2小时内恢复正常使用；客户自申告之日起10天内交纳欠费的，免收滞纳金，否则仍按原相关规定处理；客户每月只享受一次欠费处理申告服务。

四、提供全面的预付费服务。按客户需要为宽带、固定电话、小灵通提供预付费业务；提供统一预付费账号缴费服务；为预付费客户提供实时费用查询服务。

五、提供多种自助服务方式，方便客户办理各类业务。提供10001号自动语音、网上营业厅、自助服务终端、短信等多种自助服务方式，开放业务查询、费用查询、业务办理、缴费服务、投诉建议等业务；各项程控新业务开通、欠费复通3小时内完成。

六、免费移机不改号服务。市内固定电话移机不改号免收使用费；客户移机后打电话的资费按安装地的标准执行。

七、电信卡免费送货上门服务。一次性购买电信卡30元以上的客户可通过拨打受理热线8008302000，享受电信卡免费送货上门服务；成功受理后24小时内送卡上门。

八、提供信息台、互联星空的自主关停及复通等服务。客户可自主选择信息台、互联星空关停及复通服务，自申请登记成功起24小时生效；提供小灵通短信订制通知服务。小灵通短信订制成功，将发短信通知确认；为客户提供互联星空、短信订购信息和消费清单查询。

实际上，只看服务承诺的内容不能体会到该省电信新服务承诺的重要意义，但考虑到目前超过4 500万的电话用户和近1 000万的宽带用户，要达到该省电信所承诺的服务标准，电信公司要在内部业务流程、生产组织、IT系统的调整和改造等方面下足功夫，以确保新服务承诺的实施具备完善的后台支撑。特别是对新型的宽带服务，要达到24小时内修障、24小时安装这样的服务速度和素质，要在服务团队和后台支持上下足功夫。就这一点来说，该省电信不断提升服务标准确实是一片苦心，目的就在打造服务至上的形象，今天的电信市场，产品已经不再是主要的竞争点，而以服务促销售已经成为市场共识。

思考题：

（1）某省电信的新服务承诺属于新服务开发的哪个基本要素？

（2）新服务承诺如何凸显电信对用户便利的重视，如何不断创造优质服务？

（二）情景演练

假若你是一家广告公司的服务营销策划人员，结合本任务内容思考如何为公司开发新服务。

任务四　如何建设服务文化

问题引入

目前很多服务企业面临着如何提升服务管理水平的压力和困惑，这些压力和困惑直接体现在客户满意度提升、营业厅服务提升、减少企业沟通内耗等问题上，建设服务文化能够在一定程度上解决这些问题，服务文化能够培养和熏陶员工的主动服务意识，这些意识表现在行为上，就能提高客户的感知，从而带动整个企业服务水平和客户满意度的上升。那么，什么是服务文化？服务文化的特征和作用是怎样的？如何建设服务文化？建设服务文化的方法和步骤有哪些？这是在本任务环节需要掌握的内容。

任务要求

1. 识记：服务文化的概念和特征。
2. 领会：建设服务文化的目标和步骤。
3. 应用：建设服务文化的方法。

名家名言

海尔成功的关键就在于优质服务文化的建立。

——海尔总裁　张瑞敏

案例引入

（一）案例描述

"从小事做起，从点滴做起。"这一直是H电信公司10000热线每位客户服务代表所秉持的工作原则。每一位用户的来电都传达着对中国电信的信任，每一位用户的声音都表达着对中国电信的支持。正因为爱你所以告诉你的不足，正因为信任才来为你锦上添花。

在一个天气微寒的夜晚，L客服代表接到一位先生的来电，对方一开口便怒气冲冲，"你们电信是怎么回事？怎么能开办这么内容不健康的信息台？"那位先生语气强硬，很显然怒火中烧。"你们立即停掉这些业务，否则我上文化局告你们去。"

听到这里，L不禁一愣，脑子里迅速转了起来。这位先生说的是信息台，那是160呢还是96800呢？还是其他台呢？怎么这么严重还要告到文化局去。得先弄清楚情况。L边听用户发完火，边回应着。终于在耐心的倾听下了解到了用户所反映的情况。原来这位用户家里这个月话费中突然多出了高达几百元的160信息费，用户对此很是恼火。

"我家小孩平时挺好，就因为你们这个什么160台害得他老爱打电话，而且全是些不健康的信息。这种信息你们也能开放？简直太可恶了。"用户对此事表示深深的反感。

"先生，160信息台是汇聚多种信息的平台。不知道您家小孩拨打的是哪些业务？"

"好了好了，我现在不想跟你说了，我也不知道他打了什么，反正是不健康的。你们马上关掉这个台，不然把我家的这项业务屏蔽掉好了。"用户正在气头上，什么也听不进去，也不愿多说。于是，L便记录下用户的反映和联系方式，向用户致歉后承诺查清之后立即给用户回复。

通过查询资料和向160台咨询得知，原来这位用户家里拨打的只是聊天室和对游戏充值类电话。看情况可能用户对这件事也并不是很了解，只是一看话费火气上窜了。对电信开办的业务不了解，和对孩子的保护心理使得对其电信公司产生了不信任感，如果不及时正确地处理好和解释清楚，只会增加这种情绪的滋长。

L回复电话时，用户心情已经平静了些，于是与这位先生做了一些沟通。在真诚且坦诚地沟通下，用户和盘托出现在面临的困扰：工作忙没时间照顾小孩，眨眼就快升初三了，怕管不住小孩学坏呀。

天下父母心，哪位做父母的不想自己的小孩听话省点心呢？将心比心又怎能不理解这位先生的心情呢。同理心，正是要站在用户的立场考虑问题呀。

L点点头，认同了用户的话。"先生，您家孩子很不错的，打信息台只是聊聊天，给游戏充充值什么的，没有您担心的乱打电话。"我一一将所查到的情况向用户详细的说明。并开始宽慰用户"现在的小孩子学习压力很大，和朋友聊聊天，心烦的时候打打游戏是有的，孩子嘛还小慢慢来。现在他在家里打电话您还能查到，如果您真把家里的信息台都屏蔽了，他出去打，您也不知道呀。"L静等着用户的反映，终于听到用户认同的回应。

"您现在还能查到他打了什么电话，知道他在做什么。这样能及时了解孩子的想法，其实也不失为一个好办法。"逐一的解释说明，渐渐说动了用户。父爱动力使得后来的沟通取得很好的效果。解释完了后，L向用户表达了美好的祝愿，并希望所提供的回复信息能有助于他们家庭成员的良好沟通。用户被说服了，被感动了。不禁连连感谢："谢谢你，谢谢你。小姐，听你这么一说，这信息台就不屏蔽了，回去我好好和儿子沟通沟通。你的服务真好，以后有事我就找你。"

"这是我应该做的，非常感谢您如此信任我们电信10000客服中心。以后您需要查询可以再次致电，我是11号话务员。……"用户满意了，误解冰释了，信任又回到了彼此中间。

（二）案例分析

从整个案例来看这是一件投诉处理。不难看出处理投诉的过程中，客服代表处处表现了对用户的关心，对企业名誉的爱护。挽留的不仅是一项业务，更挽留了用户的心。真正做到"有问而来，满意而归。" 中国电信企业文化的服务理念："用户至上，用心服务。"从心开始为用户解除后顾之忧，安心、放心、开心、有信心地使用电信业务是其要为顾客做到的。因为爱岗所以敬业，每一个电信人立足本职、开拓创新，以做好点滴小事的涓涓细流去汇聚和促成"完善自我"和"企业长青"的汪洋大海。

知识内容

（一）服务文化的概念

服务是满足他人需求的价值多元的情感性劳动。服务的本质是人与人之间的文化的沟通、价值的确认、情感的互动、信任的确立。服务是企业之本，而文化是服务之根、服务之魂，是服务的最高境界。服务的竞争实质是文化的竞争，文化的经营是最高层次的经营。

服务文化是企业文化的组成部分之一，是体现企业的服务特色、服务水平和服务质量的物质和精神因素的总和。

企业提供服务的目的是满足消费者的需要，消费者的需要得到满足的程度是衡量服务水平和服务质量的最终标准。因此，服务文化就体现在为了满足消费者的需要而提供的服务设施、方式、手段、环境和贯穿于实际服务过程的各种观念上。如商场里舒适优雅的购物环境，"顾客是上帝"的服务观念等。

"服务文化"的构建是一门科学，是企业全员参与的一项系统工程。企业必须着眼于企业产品的特点，按照"服务文化"自身规律的要求，遵循其基本原则，精心策划设计，坚持循序渐进，这样才能构建独具特色且具有竞争力的"服务文化"。

（二）服务文化的特征

服务文化是文化的一个重要分支，是文化建设的一个新的增长点。服务文化除具有文化的一般特征之外，还有自己独特的空间特征和魅力。

1. 开发性

服务文化是开发的文化。服务文化致力于开发顾客、员工和服务资源（为企业带来生机活力的不断增值的资本），赋予员工工作生活意义，使其激情燃烧创新服务。

2. 创新性

服务文化是品牌创新的文化，引领企业实施观念、机制、流程、方式、手段全方位创新，不断提升服务资质和社会的生活品位。服务品牌是撬动市场的杠杆，是服务文化的精品标志和传播载体，是赢得顾客忠诚的点金术。而服务文化是服务品牌的灵魂和支撑。

3. 经营性

服务文化是义利并举的经营型、效益型诚信文化，经营顾客、经营员工、经营团队，最大限度地为顾客、员工创造价值。

4. 和谐性

服务文化是和谐共赢基业长青的文化。

5. 人本性

服务文化是人本管理的文化，是以顾客为本的情感性沟通文化。

6. 社会性

服务文化不仅与社会地域文化共振、共鸣、分享提升；而且服务文化的原理适应各个行业。建设服务文化是各个行业不容回避的战略课题。制造业应该尽快建设服务文化，政府机关媒体应带头建设服务文化，垄断业应率先建设服务文化。

（三）服务文化的作用

1. 服务文化是共振链、充电器

服务文化有激活组织的功能。首先解决为什么服务和为谁服务的服务动力本原问题，使企业充满活力，使员工充满朝气，激情快乐创新服务。

2. 服务文化是路标

对于经营服务活动具有导向功能。不断地提醒规范员工：如何做对做好，提升服务价值、打造服务品牌。

3. 服务文化是文化磁场

形成一种积极向上的正气氛围，激励员工的责任感和自豪感、认同感、公平感，形成良好的精神风貌。

4. 服务文化是黏合剂

服务文化能创造员工忠诚和顾客忠诚；把认同文化价值的员工和目标客户凝聚在一起，形成良好的经营服务发展循环链。员工有自豪感，客户感到优越感，良性互动交相辉映。

5. 服务文化是调节器、是一种心理契约

能科学地确立和调节企业与顾客员工的地位关系，规范制约企业、老板和员工的行为。

技巧与方法

案例分析与知识内容阐述了服务文化对于服务企业的重要意义，那么如何建设服务文化？建设服务文化的方法有哪些？建设服务文化的目标和步骤是怎样的？

（一）建设企业服务文化的方法

当前，要在企业内推进"服务文化"建设，就必须采取各项有力的措施，将企业的"服务文化"建设落实到全体员工的具体行动上。

1. 建立核心价值观

核心价值观的形成，要建立在中国传统文化和企业文化的基础之上，融合当地的风土人情和历史文化底蕴，同时也要征求公司各层员工的意见，最后将这些内容与实际相结合，最终提炼出符合当地实际情况的服务文化理念。

2. 设立支撑性的制度体系和组织

首先应该有专门负责推动该文化的组织，这个组织可以是虚拟的，由公司领导层组成，对于制定出的服务文化制度体系和活动，要由这个组织去强力推进；其次是要建立一系列规章制度体系，通过这些规章制度的执行带动文化的灌输，例如制定营业窗口人员的具体服务规则、领导层管理服务体制、内部服务承诺体系等，通过这些制度的贯穿，营造出互相服务氛围，同时服务文化的理念也在这些制度体系中得以体现。

3. 实施一系列服务文化灌输活动

实施一系列服务文化灌输活动，使员工通过参加这些活动建立习惯性的服务行为方式。这类活动不是短期的行为，而是要长久的做下去，因为文化建设不是一蹴而就的事情，要经过长期的沉淀和融合长成。这些活动可以包括系列服务培训、向客户承诺的服务活动、公司内部的服务活动等。

4. 明确文化的载体

文化也需要载体。物化是必不可少的，服务文化在建设过程中，也要把文化体现在物器上，使服务能够看得见摸得着，这些物化行为能够使客户和员工切身体会到服务文化为自己带来的好处，认为服务不是空谈，从而就会在无意识中将这种文化传递给他人，使服务文化传承下去。

（二）建设服务文化的三目标和四步骤

1. 建设服务文化的目标

（1）通过对市场细分和消费者行为的分析，对服务流程和业务流程进行优化，提升客户满意度；

（2）基于收益的客户服务和资源分配，实现顾客满意度和企业收益的和谐增长；

（3）通过服务文化的建设实践，实现外部顾客和内部员工的全面满意，员工和客户利益协调一致。

2. 建设服务文化的步骤

围绕上述"三个目标"，具体实施服务文化建设工作可分为"四个步骤"：

（1）从服务文化建设项目启动和规范员工行为入手，结合企业的实际特点，总结提炼服务文化的内涵等理论基础和相应解释，凝练企业的特色服务文化；

（2）从解决目前服务的短板问题入手，对现有的客户服务流程进行分析和优化，提升客户满意度；

（3）通过客户细分、建立差异化服务标准等方法，创立服务品牌，丰富客户服务的内涵，强化对客户需求的快速响应，提高客户服务资源的有效分配，获得更大的企业效益；

（4）在现有绩效考核体系的基础上，建立完善面向客户服务流程的绩效考核体系，完善考核办法和考核指标，以保证服务流程落到实处和有效执行。

实战演练

（一）案例分析

招商银行的"葵花向阳"服务文化

在招商银行主要营业场所，都有葵花的醒目图案；该行不少金融产品，也是用向日葵来做形象代表的。公司高层指出，"银行与客户的关系，犹如葵花与太阳的关系。我们一直把招商银行比作葵花，把客户比作太阳。没有太阳的照耀，葵花就不能生长；不因市场和客户而变，招商银行就不能发展，甚至不能生存。"这就是招商银行的"葵花向阳"的服务文化，其核心是"因您而变"和"顾客至上"的服务理念。正是在这种服务理念影响下，招商银行在服务环境、服务品牌、个性化服务等方面下了大力气，在竞争中赢得先机。

1. 领先一步的服务环境

招商银行遵循"顾客至上"的服务理念，不断为顾客营造良好的服务环境，以下是其一些典型做法：

（1）在 2002 年以前，招商银行就采用了目前银行中很常见、但当时非常鲜见的做法：实行挂牌服务，接受客户监督，提供上门服务，星期日储蓄全天营业，亲切问候每一位顾客，为等待的顾客递送香浓的咖啡和杂志、为风雨中的顾客提供红伞等。这一连串为顾客服务的措施，为招商银行赢得了顾客赞誉；

（2）针对银行排队等待的普遍现象，招商银行率先推出了叫号机，同时设置低柜服务，改变了传统银行冷冰冰的面孔和服务模式；

（3）招商银行规定各支行营业大厅均应配备大堂经理，每个网点必须达到2名，在业务高峰时段还相应增加大堂助理等服务人员，一些网点的大堂服务人员达到5人以上，通过主动问候、业务咨询、示范操作、填单指导、客户分流等服务，加强营业厅的主动式服务，提高客户引导效率，提升客户排队的舒适度，增进客户在等待过程中的人性化关怀。

2. 创立现代化服务品牌

在"顾客至上"的服务理念指引下，招商银行推出了一系列现代化服务品牌，改变了传统的交易模式，拉近了与客户的距离：1995年，在国内银行业率先推出了第一张多功能借记卡——"一卡通"，它较好适应了客户追求方便、快捷的需求；1998年，在国内第一家启动了包括网上个人银行、网上企业银行等在内的成熟的网上银行——"一网通"，满足了客户足不出户就能享受银行服务的需求；此外，招商银行还推出了第一家24小时自助银行、第一家24小时炒汇厅等。这一系列致力于为客户提供高效、便利、体贴、温馨的服务的举措，拉近了银行与客户的距离。

3. 满足顾客需求的个性化产品

在"因您而变"的服务理念下，招商银行针对顾客日益增强的个性化和多样化需求，开始了"个性化服务、专业化管理"的新阶段，向顾客提供量身定制的"一对一服务"和个性化服务，配以专业化的客户关系管理，使客户结构进一步优化。2002年10月，招商银行率先提出了客户分层服务的概念，并在国内建立了首家财富中心，推出"金葵花"理财品牌及服务体系，全方位为客户提升生活质量。"一对一"的理财顾问、优越专属的理财空间、丰富及时的理财信息、一路相伴的全国漫游、特别享有的超值优惠、精彩纷呈的理财套餐、方便到家的服务渠道，成为"金葵花"理财七大服务体系。

从服务环境改善到服务品牌创立到个性化服务品种的推出，招商银行在"葵花向阳"服务文化的指引下，一步步把客户引入了大门，赢得了竞争主动。

思考题：

（1）招商银行的服务文化体现在哪些方面？

（2）招商银行的服务文化有何特点？

（二）情景演练

运用所学知识为某健身俱乐部设计一条企业服务文化标语，并说明如何贯彻此服务文化。

本章小结

- 本章内容主要阐述了服务营销创新的四个任务，其中涵盖了如何设计服务蓝图、如何建立服务品牌、如何开发新服务、如何建设服务文化等重要内容。

- 服务蓝图是详细描画服务系统的图片或地图，其内容包括顾客行为、前台员工行为、后台员工行为和支持过程，其要素包括"结构要素"与"管理要素"两个部分。设计服务蓝图的步骤是识别需要制定蓝图的服务过程、识别顾客对服务的经历、从顾客角度描绘服务过程、描绘前台与后台服务雇员的行为、把顾客行为和服务人员行为与支持功能相连、在每个顾客行为步骤加上有形展示。

- 服务品牌的内涵，其实就是反映企业服务的独特价值，这种独特价值可能本身存在于一线服务人员的言行中，可能本身存在于企业的一些策略、规章制度中。其构成要素包括服务质量、服务模式、服务技术、服务价格、服务文化、服务信誉。建立服务品牌的方法有服务品牌合理命名、建立专业服务运营机构、设计专业服务形象体系、建立专业服务渠道体系、建立快速反应机制、科学运作服务品牌传播。

● 新服务开发是指服务企业根据顾客和市场需求或在其他环境要素的推动下，通过可行的开发阶段向企业现有顾客或新顾客提供的，包含从风格变化到全新服务产品等各种正式或非正式的新服务开发活动。其特点包括新服务的开发要建立在对市场需求、顾客感知和可行性分析的综合评价基础上，事先必须对新服务特征进行准确描述。新服务开发的基本要素包括：服务概念开发、服务系统开发、服务过程开发。开发新服务的原则包括要有市场、要有特色、要有能力、要有效益。开发新服务的关键步骤有概念开发与评价、商业分析、服务开发与实施、市场测试与商品化、投放后的评价。

● 服务文化是企业文化的组成部分之一，是体现企业的服务特色、服务水平和服务质量的物质和精神因素的总和。服务文化的特征包括开发性、创新性、经营性、和谐性、人本性、社会性。建设企业服务文化的方法有建立核心价值观、设立支撑性的制度体系和组织、实施一系列服务文化灌输活动、明确文化的载体。

参考文献

[1] 曹礼和. 服务营销 [M]. 武汉：湖北人民出版社，1999.
[2] 陈祝平. 服务市场营销 [M]. 大连：东北财经大学出版社，2001.
[3] 菲利普·科特勒. 市场营销管理（亚洲版）[M]. 梅清豪，译. 北京：中国人民大学出版社，2001.
[4] 克里斯廷·格罗鲁斯. 服务管理与营销——基于顾客关系的管理策略 [M]. 韩经纶，等，译. 北京：电子工业出版社，2002.
[5] 李怀斌，于宁. 服务营销学教程 [M]. 大连：东北财经大学出版社，2004.
[6] 道格拉斯·霍夫曼，约翰·彼得森. 服务营销精要——概念、策略和案例 [M]. 胡介埙，译. 大连：东北财经大学出版社，2004.
[7] 瓦拉瑞尔·A. 泽斯曼尔，玛丽·乔·比特纳. 服务营销 [M]. 张金成，白长虹，等，译. 北京：机械工业出版社，2004.
[8] 范秀成，张彤宇. 顾客参与对服务企业绩效的影响 [J]. 当代财经，2004，8.
[9] 丑文亚. 对电信市场价格博弈的反思及转变 [J]. 长沙通信职业技术学院学报，2007，12.
[10] 吕庆华. 保持客户关系是关系营销的实践 [J]. 理论探索，2005，1.
[11] 郭韶华. 服务营销变现的第三营销模式 [J]. 管理在线，2005，4.
[12] 蔺雷，吴贵生. 新服务开发的内容和过程 [J]. 研究与发展管理，2005，4.
[13] 刘曦. 服务利润链有效改善你的客户服务 [J]. 新材料产业，2005，12.
[14] 杨宏伟，张振宇. 服务效率与服务企业管理优化 [J]. 世界经济情况，2005，6.
[15] 狄振鹏. 服务营销技巧 [M]. 北京：北京大学出版社，2006.
[16] 吴晓云. 服务营销管理 [M]. 天津：天津大学出版社，2006.
[17] 王永贵. 服务营销 [M]. 北京：北京师范大学出版社，2007.
[18] 王永贵，徐宁. 顾客抱怨与服务补救 [M]. 天津：南开大学出版社，2007.
[19] 王永贵. 客户关系管理 [M]. 北京：清华大学出版社，2007.
[20] 叶万春. 服务营销学 [M]. 北京：高等教育出版社，2007.
[21] 朱李明. 市场营销学教程 [M]. 北京：社会科学文献出版社，2007.
[22] 汉斯·卡斯帕尔，皮尔特·V. 赫尔希·丁根，马克·加勃特. 服务营销与管理——基于战略的视角 [M]. 韦福祥，译. 北京：人民邮电出版社，2008.
[23] 胥学跃. 电信服务营销技巧 [M]. 北京：北京邮电大学出版社，2008.
[24] 高桂平，张雷. 服务营销学 [M]. 武汉：武汉理工大学出版社，2008.
[25] 韦福祥. 服务营销学 [M]. 北京：对外经济贸易大学出版社，2009.
[26] 一分钟情景营销技巧研究中心. 服务营销 [M]. 北京：中国工商联合出版社，2009.
[27] 赵申. 如何处理客户的投诉 [M]. 北京：中国经济出版社，2006.
[28] 张梅. 客户投诉管理 [M]. 北京：人民邮电出版社，2006.

［29］陈祝平，陆定光.服务营销管理［M］.北京：电子工业出版社，2002.
［30］季辉，王冰.服务营销［M］.北京：高等教育出版社，2009.
［31］杜振华.国际电信服务贸易［M］.北京：北京邮电大学出版社，2006.
［32］克里斯托弗·洛夫洛克，约亨·沃茨.服务营销［M］.郭贤达，陆雄文，范秀成，译.北京：中国人民大学出版社，2007.